Fritz und Amélie

Anita
*13.5.1909, †20.8.1990
Gabor Zichy von Zich und Vásonkeö
*1.5.1910, †25.5.1974

Heinrich und Margareta

Stephan
*26.7.1907, †23.1.1981
(1) Elisabeth Clarkson
*1912
(2) Ilona (Illy) Kugler-Andrassy
*20.3.1911, †26.9.1992
(3) Ingeborg Müller
*10.5.1918

Margareta
*21.6.1911, †15.9.1989
Ivan Batthany von Némt-Ujar
*21.4.1910, †16.7.1985

Gabrielle (Baby)
*24.12.1916
Adolph Bentinck van Schoonheten
*3.9.1905, †7.3.1970

Hans Heinrich
*13.4.1921, †27.4.2002
(1) Teresa zur Lippe-Weißenfeld
*21.7.1925
(2) Nina Dyer
*15.2.1930, †3.7.1965
(3) Fiona Campell-Walter
*25.6.1932
(4) Denise Shorto
*23.12.1940
(5) Maria del Carmen Cervera y Fernández
*23.4.1943

Hedwig und (1) Ferdinand

Hede (Hedemaus)
*18.8.1900, †23.3.1962
(1) Tassilo von Berg
*31.8.1897, †14.31962
(2) Gustav von Remiz
*6.12.1888, †29.8.1939

Ferdinand
*28.3.1902, †25.1.1922

August
*11.12.1906, †??.??.1996

Hedwig und (2) Maximilian

Maximiliane (Moppi)
*12.11.1908, †20.5.2004
(1) Victor Sessler von Herzinger
*14.10.1901, †??.??.????
(2) Ernst Cassinone
*25.12.1894, †??.??.????
Roman Marquardt
*25.3.1900, †??.??.1944
(4) Bela von Orgovanyi-Hanstein
*5.3.1907, †??.??.????

Mignon
*10.11.1917, †28.11.1958
Friedrich von Wurmbrand-Stuppach
*6.4.1904, †24.6.1997

Julius und Jula

Kunigunde (Kuni)
*20.9.1908, †15.1.2001
Alfred Wegener
*1.7.1898, †19.11.1986

Johanna (Henni)
*8.10.1910, †15.1.2001
Anton Remmen
*20.7.1904, †16.3.1950

Maria (Mia)
*11.12.1911, †9.6.1934
Joseph Schumacher
*13.6.1902, †12.9.1966

Clary
*25.12.1914, †16.10.1984
Hans Friedrich Müller
*7.6.1918, †29.4.2002

Theodora (Dore)
*11.5.1917, †5.5.1985
(1) Jens Magnussen
*16.12.1910, †14.1.1994
(2) Alexis von Wrangel
*7.7.1922

Hans Joseph
*6.2.1919, †6.9.2000
Hiltrud Isphording
*25.2.1926

Juliane
*6.6.1920, †20.3.1943
Carl Heinz Nette
*24.2.1911, †15.3.1983

Hans und Gertrud

Kurt Ferdinand
*5.9.1922, †28.8.1942
Hans Bodo
*9.8.1918, †1.4.2004
(1) Irmgard Biersack
*2.2.1923, †25.11.1964
(2) Erika Kalenberg
*29.9.1924
(3) Renate Kerkhoff-Homey
*20.6.1939
(4) Beatrice von Riedel
*6.10.1920

Hans Eberhard
*12.12.1919
(1) Helga Schmidt
9.10.1921
(2) Maximiliane Magnus, geb. von Einem
*13.7.1928

Barbara (Babsi)
(1) Peter von Stengel
*8.10.1917, †20.12.1951
(2) Horst Herbert Alsen
*3.8.1918, †2.8.2001

Ursula
*31.8.1925
Alexander Cassinone
*1.7.1925, †27.4.1980

Stephan Wegener (Hrsg.) – August und Joseph Thyssen

Klartext

Stephan Wegener (Hrsg.)

August und Joseph Thyssen

Die Familie und ihre Unternehmen

Redaktion Dr. Birgit Siekmann

Die Titelabbildungen zeigen
oben die Porträts von August und Joseph Thyssen. Sie wurden von Franz Josef Klemm gemalt – August noch zu Lebzeiten, Joseph post mortem. Die Originale befinden sich im Arbeitszimmer des Vorstandsvorsitzenden der Mannesmannröhren-Werke AG, im ehemaligen Hauptverwaltungsgebäude von Thyssen & Co. in Mülheim an der Ruhr; unten eine Ansicht der Thyssenschen Werke, Mülheim an der Ruhr, vor 1913.

1. Auflage November 2004
Satz und Gestaltung: Klartext Medienwerkstatt GmbH, Essen
Druck und Bindung: Druckerei Fuck, Koblenz

ISBN 3-89861-312-7

Inhalt

Stephan Wegener

Einführung

Dem vorliegenden Buch ist die von Horst A. Wessel herausgegebene Veröffentlichung „Thyssen & Co. Geschichte einer Familie und ihrer Unternehmung“ vorausgegangen, in deren Zentrum der erste Teil (1871–1926) der von Lutz Hatzfeld zum 100-jährigen Geburtstag von Thyssen & Co. erarbeiteten Firmengeschichte stand. Sie wurde ergänzt durch meine kurze Geschichte der Familie Thyssen, ein von Carl-Friedrich Baumann verfasstes Lebensbild von August Thyssen und eine wiederum von Hatzfeld zusammengestellte Sammlung von Anekdoten über die Unternehmerbrüder August und Joseph Thyssen. Diese Veröffentlichung entsprach dem damaligen Forschungsstand. In den nachfolgenden Jahren sind sowohl im Bereich der Industrie- und Unternehmensgeschichte wie auch der Familiengeschichte Thyssen neue Dokumente hinzugekommen, die für die vorliegende Arbeit verwertet werden konnten.

Es ist an der Zeit, diese Ergebnisse zu berücksichtigen. Der gegenwärtige Band setzt deshalb die Akzente anders. Nicht die Unternehmen, sondern die Familie steht im Vordergrund, deren Geschichte aber natürlich nicht ohne den unternehmerischen und sozialgeschichtlichen Hintergrund verstanden werden kann. Die Wechselwirkungen zwischen Familie und Unternehmen sind gerade im Falle von August und Joseph Thyssen im Positiven wie im Negativen von großer Bedeutung.

Den sozialgeschichtlichen Hintergrund der zweiten Hälfte des 19. Jahrhunderts, dessen Bedeutung ja erst in letzter Zeit mehr und mehr erkannt wird, hat Herr Prof. Dr. Horst A. Wessel vom Mannesmann-Archiv, das die Bestände des Unternehmens Thyssen & Co. verwaltet, eindrucksvoll dargestellt. Der Beitrag von Herrn Dr. Kurt Ortmanns vom Stadtarchiv Mülheim widmet sich dem komplizierten Prozess der kommunalen Neuordnung des Raumes Mülheim.

Herr Prof. Dr. Manfred Rasch vom ThyssenKrupp Konzernarchiv hat die Entwicklung des Konzerns von den Anfängen bis heute in straffer und damit auch für einen Nichtfachmann verständlicheren Art und Weise geschildert. Es ist dies die erste Aufstellung, die einen vollständigen Überblick über die Geschichte der Konzernunternehmungen nach dem Tode von August Thyssen (1926).

Mein Bemühen, die Thyssensche Familiengeschichte darzustellen, ging dahin, aus der Menge der mündlichen Überlieferungen und den schriftlichen Hinterlassenschaften ein anschauliches Bild zu erarbeiten.

Die persönlichen Erinnerungen an die vielen Erzählungen meiner Eltern „von früher“ haben mich vor vielen Jahren veranlasst, mich mit dem Thema näher zu befassen. Ihnen gilt also mein besonderer Dank.

Leider liegt mit Ausnahme von Amélie Thyssen von keinem Familienmitglied bezüglich des hier behandelten Zeitraums ein Tagebuch oder eine ähnliche Quelle vor. Umso mehr danke ich meinem Onkel, Diplomingenieur Eberhard Thyssen, dass er seine Lebenserinnerungen schriftlich niedergelegt und sie mir für das vorliegende

Buch zur Verfügung gestellt hat. Leider sind weitere Familienmitglieder seinem Beispiel bisher nicht gefolgt.

Aber auch viele andere Familienmitglieder haben bewusst oder unbewusst zur mündlichen Überlieferung der Familiengeschichte beigetragen. Als erstes muss hier die einzige Tochter von Thres'chen Hoosemans, geb. Thyssen, nämlich Ella Schiefer, erwähnt werden. Da sie einziges Kind war, war sie seit ihrer frühen Jugend viel in der Familie herumgekommen und hatte es Dank ihres freundlichen Wesens fertig gebracht, sich mit allen, selbst mit einem so schwierigen Mann wie Heinrich Thyssen-Bornemisza sen., ihrem Vetter, gut zu verstehen. Leider bin ich erst sehr spät auf den Fundus ihrer Erinnerungen gestoßen und konnte sie somit nicht mehr systematisch befragen, bevor sie im hohen Alter in Köln 1977 starb.

Eine eher pittoreske Quelle war Illy, die erste Frau von Stephan Thyssen-Bornemisza, nach dem ich meinen Vornamen bekam. Sie war eine Ungarin wie sie im Buche bzw. in jeder besseren Operette vorkommt. Sie war in der ganzen Familie sehr beliebt, weshalb der Kontakt zur Familie auch nach ihrer Scheidung, für die sie nicht verantwortlich war, erhalten blieb. Ich werde nie vergessen, wie ich sie nach dem Zweiten Weltkrieg zum ersten Mal sah. Sie kam mit roter Perücke und einem lila Pullover um ihr nicht gerade schmächtiges Oberteil Arm in Arm mit unserer streng schwarz gekleideten Großmutter Jula Thyssen zu uns zu Besuch. Nie habe ich einen größeren Kontrast gesehen. Als ich sie später während meines Studium einmal in München besuchte, um sie zur Familiengeschichte zu befragen, lebte sie bereits mit Hans Donner, „dem Krupp von Finnland" zusammen. Als sie während des Gesprächs einmal in die Küche ging (sie konnte hervorragend kochen), sagte Hans Donner zu mir: „Von alledem darfst Du nur die Hälfte glauben". Er hatte nicht ganz Unrecht damit, denn Dichtung und Wahrheit gingen bei Illy manchmal sehr durcheinander. Aber sie hatte für vieles auch Fotos und schriftliche Belege, die ich woanders nicht gefunden habe.

Als nächstes wäre meine Großmutter Jula Thyssen zu erwähnen, die aber leider nur in sehr begrenztem Umfang bereit war, über vergangene Zeiten zu sprechen. Sie fürchtete immer, wir würden unseren Vorfahren nicht mit dem nötigen Respekt begegnen. Sie und ihre Schwägerin Gertrud habe ich schwer in Verdacht, dass sie nach dem Tode ihrer, von beiden nicht sehr geliebten, Schwiegermutter Clara Thyssen beim Ausräumen des Hauses auf der Dohne, mit der Julius und Hans Thyssen die beiden beauftragt hatten, alle schriftlichen Unterlagen vernichtet haben, denn aus den Zeiten von Joseph und Clara Thyssen hat sich wenig bis fast gar nichts erhalten. Dafür hat Jula Thyssen aber eine Menge Unterlagen aus ihrem eigenen Leben hinterlassen. Meine Mutter hat nach ihrem Tod Wochen, ja Monate damit verbracht, das riesige Konvolut von Briefen zu sichten, so dass ich daraus später schöpfen konnte.

Wenn es um die fotografische Dokumentation der Familiengeschichte geht, darf man zwei Personen nicht vergessen: meine Tante Mia Schumacher, geb. Thyssen, und Kurt Ernst, ein Enkel von Balbina Bicheroux, geb. Thyssen. Mia Schumacher hatte mit der ihr eigenen Gründlichkeit ihren Eltern Jula und Julius Thyssen zur Silbernen Hochzeit ein Fotoalbum geklebt, das praktisch die einzige systematisch beschriftete Sammlung von Familienfotos ist.

Die fotografische Arbeit von Kurt Ernst ist insofern von großer Bedeutung, weil viele Fotos, die das Leben von August Thyssen auf Landsberg betreffen, von ihm stammen. Er war Diplomingenieur und verstand etwas vom Fotografieren, wie aus zahllosen Familienfotos hervorgeht.

Neben diesen familiären Quellen gibt es drei wesentliche Archivbestände. Da ich lange bei der Konrad-Adenauer-Stiftung gearbeitet habe, wurde ich dort von meinem Kollegen Dr. Günter Buchstab auf den Nachlass Hugo Stinnes hingewiesen, der in der Tat sehr wesentliche Unterlagen zu August Thyssen enthält. Es waren die Dokumente, die Hugo Stinnes bekommen hatte, um in den überaus unerfreulichen Querelen zwischen August Thyssen, seiner Frau und seinen Kindern zu vermitteln.

Die zweite archivalische Quelle ist das heutige ThyssenKrupp Konzernarchiv, damals noch unter der Leitung des unvergessenen Dr. Carl-Friedrich Baumann, der die schwierige Aufgabe übernommen hatte, die fast unleserlichen Briefe von August Thyssen zu entziffern und zu kommentieren. Dadurch wurde eine ganz wesentliche Informationsquelle erschlossen. Er und seine Vorgängerin Frau Dr. Milkereit wie auch sein Nachfolger Prof. Rasch sowie Herr Prof. Wessel vom Mannesmann-Archiv haben sich freundlicherweise nicht nur mit den Firmen, sondern in gewissem Umfang auch um die Thyssensche Familiengeschichte gekümmert. So hat Herr Prof. Rasch nicht nur einen Beitrag für das vorliegende Buch geschrieben, sondern es auch ermöglicht, dass die in meinem bzw. im Besitz meiner Mutter befindlichen Archivalien dort sachlich und fachlich gut gelagert und betreut werden.

Last but not least müssen die Arbeiten von Dr. Lutz Hatzfeld erwähnt werden. Durch die lange zurückliegende Ausgliederung des Röhrenbereiches aus dem Thyssen-Konzern und deren Eingliederung in die Mannesmannröhren-Werke ist ein wesentlicher Teil der Unterlagen heute noch im Mannesmann-Archiv. Dr. Lutz Hatzfeld hatte seinerzeit zum 100-jährigen Gründungstag der Firma Thyssen & Co. eine umfassende Studie erarbeitet, die jedoch nicht veröffentlicht wurde. Es ist seinem Nachfolger Prof. Wessel zu verdanken, dass dieser erste Teil dann 1991 in einem von ihm herausgegebenen Band über Thyssen & Co. erscheinen konnte. Hatzfeld hat im Bereich der Thyssenschen Unternehmensgeschichte in dem amerikanischen Wirtschaftshistoriker Prof. Dr. Jeff Fear (Harvard) einen Nachfolger gefunden, dessen sehr intensiv und gut recherchierte Arbeit über die betriebswirtschaftliche Struktur des Konzerns in den USA erscheinen wird.

Als weitere, wesentliche Arbeit muss auch der von Rasch editierte, sehr umfangreiche Schriftwechsel zwischen August Thyssen und Hugo Stinnes erwähnt werden. Und in jüngster Zeit ist, gefördert durch die Fritz-Thyssen-Stiftung, am Kunsthistorischen Institut der Universität Köln ein Forschungsprojekt zu Schloss Landsberg entstanden, das wichtige Erkenntnisse und Anregungen gebracht hat, für die ich Frau Dr. Claudia Euskirchen und Herrn Stephan Strauß äußerst dankbar bin. Besonders die unterschiedliche Einstellung von August und Joseph Thyssen zur Kunst wurde hier deutlich.

Danken möchte ich auch meinem Schwager, dem Familien-Genealogen Harry Verreet, für die viele Arbeit, die er in die Aktualisierung des Stammbaums investiert hat. Darüber hinaus sei allen Familienmitgliedern für die vielen Hinweise in den zahllosen Gesprächen gedankt, besonders meinem Onkel Eberhard Thyssen und meinem an der Familiengeschichte interessierten Vetter Klaus Remmen.

Die vorliegende Veröffentlichung wäre nicht möglich gewesen ohne die Unterstützung der Herren Prof. Dr. Rasch und Prof. Dr. Wessel, die mich in langjähriger, vertrauensvoller Zusammenarbeit durch das Projekt begleiteten. Deshalb danke ich beiden Herren für die vielen Anregungen, die Geduld und die Ermunterung, die sie mir während der Arbeit an diesem Buch immer wieder entgegengebracht haben. Beiden Herren ist auch zu verdanken, dass sie neben ihren eigentlichen Arbeitsgebieten der Familienforschung in ihren Archiven Raum gewährten und so die Tradition von Milkereit, Hatzfeld und Baumann begründet wurde.

Besonderen Dank schuldet der Autor Dr. Birgit Siekmann, die, durch eigene Arbeiten im Bereich Unternehmensgeschichte und Unternehmerfamilien mit der Materie wohl vertraut, durch geduldiges, aufmerksames und fachkundiges Lektorat zum Gelingen des Buches wesentlich beigetragen hat.

Meerbusch im Sommer 2004

Kurt Ortmanns

Styrum a. d. Ruhr 1878–1903

Eine Industriegemeinde zwischen Stadt-Vision und Eingemeindungs-Realität

Als 1847 nach heftigen Auseinandersetzungen die Bürgermeisterei Mülheim in eine Stadt- und eine Landbürgermeisterei aufgeteilt wurde,[1] ahnte wohl niemand, dass dies den Beginn der Aufgliederung des seit Jahrhunderten zusammengehörenden Mülheimer Raumes durch die nachfolgenden kommunalen Neuordnungen des werdenden Ruhrgebiets bedeutete. Die Wucht dieses Veränderungsprozesses wird deutlich, wenn man bedenkt, dass der in Jahrhunderten zusammengewachsene Mülheimer Raum, gegliedert in die Herrschaften Broich und Styrum, sogar die Französische Zeit territorial unbeschadet überstand, als nacheinander 1806 das Amt Broich-Styrum, 1808 die Munizipalität und 1815 die Gemeinde Mülheim entstanden, die alle gebietsidentisch mit den genannten, nun aufgelösten Territorien waren. Styrum ist dabei ein markantes Beispiel für das Schicksal einer zur Industriegemeinde aufgestiegenen Bauernschaft, Honnschaft genannt, zwischen zwei städtischen Machtzentren, Mülheim und Oberhausen, von denen ersteres seit 1874 Sitz des Kreises war.

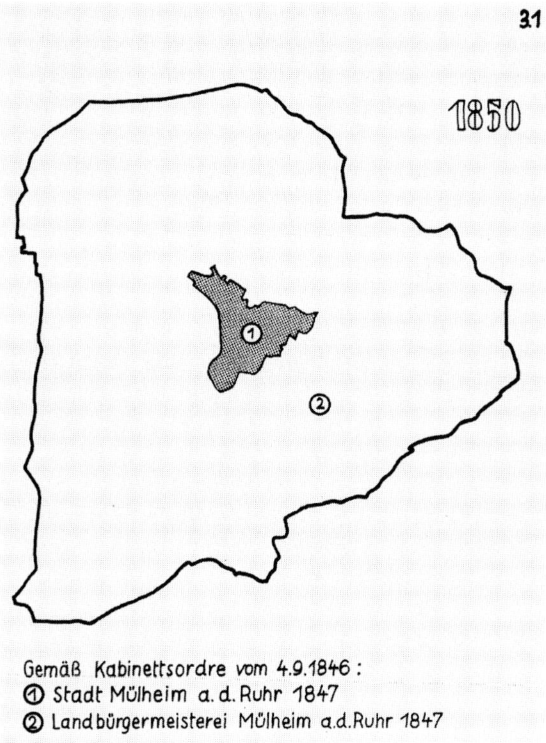

Die Aufteilung der Bürgermeisterei Mülheim in eine Stadt- und eine Landbürgermeisterei (1847). Mülheim wurde damit Stadt mit sehr kleinem Stadtgebiet.

1 Vgl. v. a.: Hauptstaatsarchiv Düsseldorf (HSTAD), Landratsamt Duisburg – Mülheim 25, 21; Stadtarchiv Mülheim a.d. R. (StA MH) 1110/137–143; 1200/1.

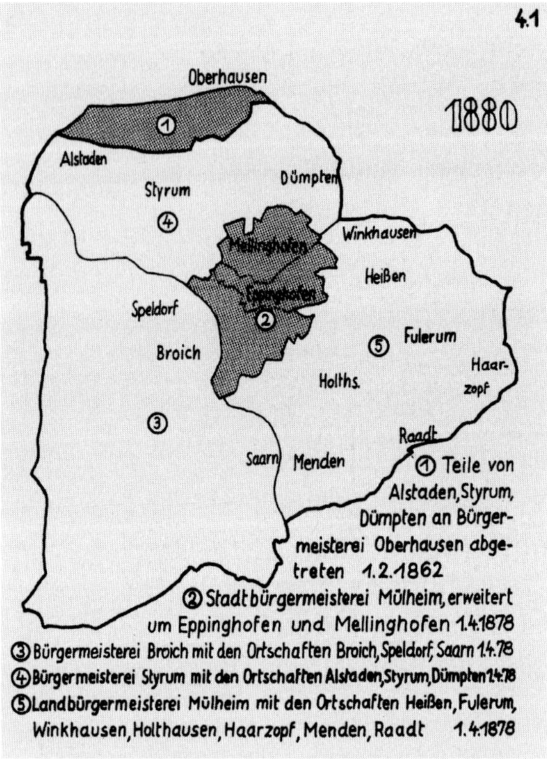

Die Erweiterung der Stadt Mülheim 1878 blieb weit hinter den Plänen von 1874 zurück. Die Landbürgermeisterei Mülheim wurde dreigeteilt. Die Karte zeigt im Norden den 1862 an Oberhausen abgegebenen Gebietsstreifen.

Die erste noch unbedeutende Veränderung der 1847 geschaffenen kommunalen Ordnung ergab sich 1862, als die drei nördlichen Gemeinden der Landbürgermeisterei Mülheim Alstaden, Styrum und Dümpten an die neugegründete Bürgermeisterei Oberhausen einen Gebietsstreifen von etwas mehr als 1.300 Morgen abzutreten hatten, in dem insgesamt 1.947 Einwohner lebten.[2] Bereits 1878, gerade einmal 30 Jahre nach der Entstehung der Stadt Mülheim und der gleichnamigen Landbürgermeisterei, erforderte die industrielle Entwicklung und die dadurch ausgelöste Bevölkerungszunahme der Landbürgermeisterei Mülheim eine weitere Neuordnung des Mülheimer Raumes. Bei der Volkszählung vom 1. Dezember 1875 wies nämlich die Landbürgermeisterei eine Einwohnerzahl von 37.673 auf und übertraf damit die Stadt Mülheim um mehr als das Doppelte.[3] Schon seit 1873 wurden seitens der Stadt Mülheim die Eingemeindungsplanungen vorbereitet. Im Frühjahr 1874 suchte der Mülheimer Bürgermeister Heinrich Bang in einem Schreiben an die Regierung Düsseldorf detailliert möglichst die Teile der Landbürgermeisterei für die Eingemeindung in das Stadtgebiet vorzuschlagen, in denen steuerlich interessante Industrie- und Gewerbebetriebe lagen, eine Belastung mit ländlichen Gebieten jedoch sorgfältig zu vermeiden. So wollte die Stadt Mülheim über die Ruhr nach Westen ausgreifen und jene großen Teile der Bürgermeisterei Broich dem

2 StA MH 1110/5. Die Anzahl der nach Oberhausen eingemeindeten Einwohner betrug: Alstaden 905, Styrum 708, Dümpten 334.

3 Ebda. Die Stadt Mülheim hatte 1875 15.277, 1880 22.146 Einwohner; Statistisches Jahrbuch der Stadt Mülheim a. d. Ruhr, Mülheim a. d. Ruhr 1949, S. 18.

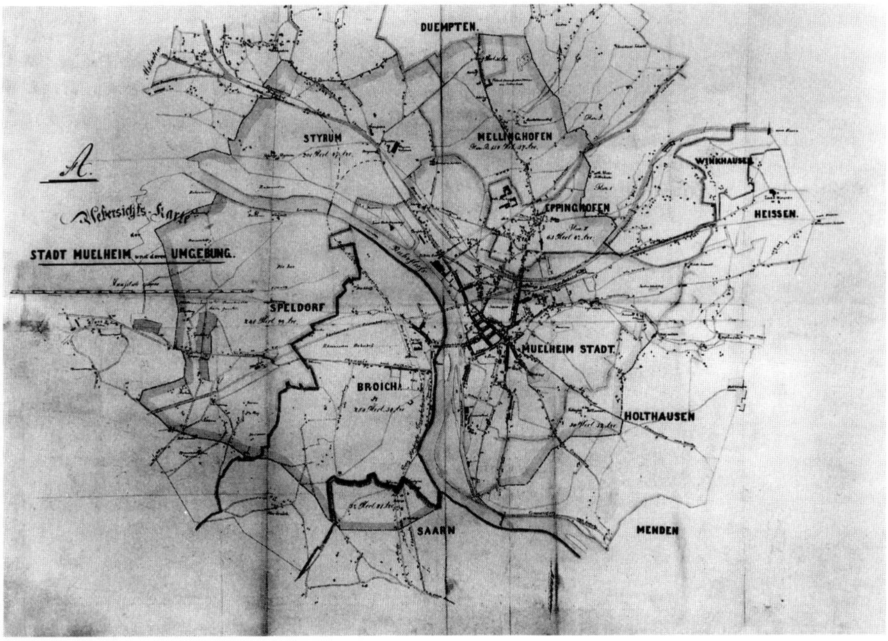

Die groß angelegten Erweiterungspläne der Stadt Mülheim (1874)

Stadtgebiet einverleiben, wo der Bahnhof Speldorf der Rheinischen Eisenbahn, eine Papiermühle, zwei Wassermühlen, neun Gerbereien, drei Brauereien, eine Brennerei sowie Steinbrüche und Sandgruben lagen. In konsequenter Verfolgung dieser Konzeption war die Stadt Mülheim im Norden fast ausschließlich an Ober-Styrum mit seinen „bedeutenden" Gewerbebetrieben interessiert, unter denen auch das Walzwerk der Firma Thyssen genannt ist.[4] August Thyssen hatte seine Firma 1871 in der Gemeinde Styrum gegründet, wo es genügend Freiflächen für eine zukünftige Firmenexpansion und zahlreiche Geschäftspartner gab. Dabei war es Thyssen gelungen, ein Areal in unmittelbarer Nähe nordöstlich des Bergisch-Märkischen Bahnhofs, des späteren Mülheimer Hauptbahnhofs,[5] zu erwerben. Das Werk dehnte sich schließlich so weit

4 StA MH 1200/7, v. a. Bll. 1–6 und 15/16. An weiteren „bedeutenden" Gewerbebetrieben werden in Ober-Styrum genannt: Glasfabrik Itzenplitz, Schlafhorst u. Stallmann, eine Leimfabrik, eine Dampfmühle, eine Kalkbrennerei, eine Fabrik feuerfester Steine, der Bergisch-Märkische Bahnhof sowie bedeutende Ziegeleien. Bll. 15/16 mit dem „Nachweis der nach dem Antrage des Bürgermeisters Bang von der Landbürgermeisterei Mülheim an der Ruhr an die Stadt Mülheim an der Ruhr abzutretenden Grundflächen, Seelenzahl und Steuern" ist eine nachträgliche Abschrift. Dem Schreiben der Stadt Mülheim vom 19.3.1874 sind neben dem „Nachweis" zwei Karten beigelegt, von denen nur eine überliefert ist. HSTAD, Regierung Düsseldorf, Bl. 37.

5 Heute Haltepunkt Mülheim-West der S-Bahn-Linie 3.

nach Süden aus, dass es an die Mülheimer Stadtgrenze stieß, schließlich sogar in das Stadtgebiet hineinreichte. 1873 wies das junge Eisenwalzwerk eine vergleichsweise bescheidene Produktion im Wert von 300.000 Talern auf, erzielt mit 144 Arbeitern.[6]

Die Entscheidung der preußischen Staatsregierung in der anstehenden Neuordnung des Mülheimer Raumes zeigt, dass man höheren Orts keineswegs geneigt war, der offensichtlichen „Rosinenpickerei" der Stadt Mülheim zu folgen, was die Zerstückelung der betroffenen Gemeinden bedeutet hätte, sondern die Neuordnung durch die Neuorganisation ganzer Gemeinden durchzuführen gedachte. Der Stadt Mülheim wurden daher die Landgemeinden Eppinghofen und Mellinghofen mit zehn Gewerbebetrieben[7] einschließlich der ländlichen Gemeindeteile zugewiesen. Damit erreichte die Stadt Mülheim eine Einwohnerzahl von über 20.000. Im verbliebenen Gebiet der Landbürgermeisterei Mülheim entstanden 1878 die drei Bürgermeistereien Broich, Styrum und die 1879 nach Heißen verlegte Landbürgermeisterei Mülheim, die ab diesem Datum unter dem Namen ihres neuen Verwaltungssitzes firmierte. Die mit Abstand meisten Einwohner wies die Bürgermeisterei Styrum mit den Gemeinden Alstaden, Styrum und Dümpten auf, von denen die Gemeinde Styrum

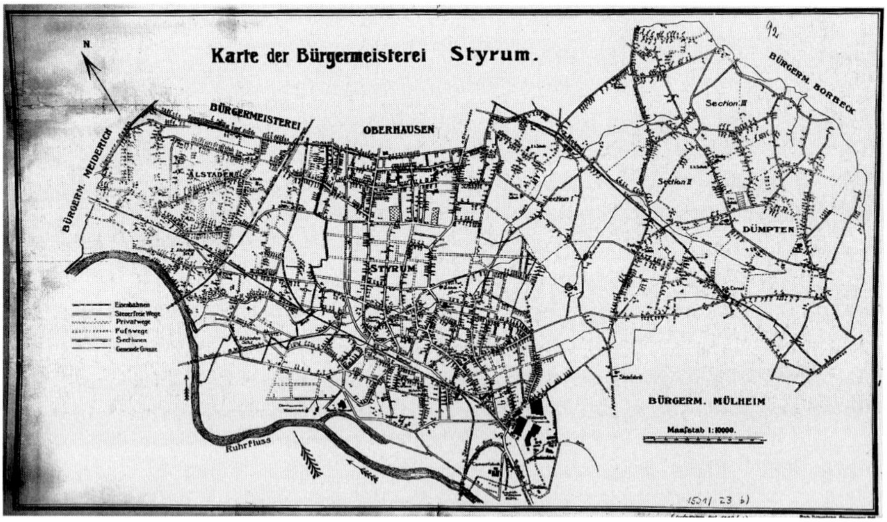

Karte der Bürgermeisterei Styrum im Maßstab 1:10.000 (ca. 1902)

6 „Die Aktien-Gesellschaft für Eisenindustrie zu Styrum" erreichte im selben Jahr mit 705 Arbeitern eine Produktion im Wert von 1.477.084 Talern. Alle Zahlenangaben: Jahresbericht der Handelskammer Mülheim a. d. Ruhr für 1873. In den Folgejahren fehlen konkrete Zahlenangaben der Firma Thyssen. Ihre Herausgabe an die Kammer wurde offenbar sorgfältig vermieden.

7 Genannt werden: sieben Brauereien, zwei Gerbereien, eine Fabrik feuerfester Steine. StA MH 1200/7, Bll. 15/16.

mit dem geschichtsträchtigen Schloss an der Ruhr die beiden übrigen Gemeinden dabei jeweils um mehr als ein Drittel übertraf.[8]

Von diesem Schloss leitete sich der Name der Gemeinde und schließlich auch der neuen Bürgermeisterei ab. Damit waren die Gemeinsamkeiten des neuen kommunalen Gebildes aber auch schon fast erschöpft. Ein Zentrum besaß keine der drei Gemeinden.[9] Erschwerend kam hinzu, dass die in der Mitte der neuen Bürgermeisterei gelegene Gemeinde Styrum in die zwei Siedlungsgebiete Unter- und Ober-Styrum zerfiel, zwischen denen sich ein breiter, nur dünn besiedelter Gebietsstreifen – der Rest der Lipper Heide – hinzog, der sowohl nach Westen in die Gemeinde Alstaden als auch nach Osten in das mehr ländlich geprägte Dümpten hineinreichte. An der Charakterisierung Dümptens als ländlicher Gemeinde mit großen Freiflächen änderten auch die Werksanlagen der Zeche Roland und ihres Schachtes Carnal, südöstlich an der Gemeindegrenze gelegen, wenig. Die beiden Teile der Zeche Roland waren durch eine

Das Rathaus Styrum (um 1900)

Eisenbahnlinie mit dem Bahnhof Oberhausen verbunden. Auf dieser Zechenbahn herrschte reger Betrieb, da über sie auch der Verkehr der Zeche Sellerbeck in der Bürgermeisterei Heißen verlief. Die westliche Gemeinde Alstaden – sehr stark auf die gleichnamige Zeche mit ihren zwei Schächten ausgerichtet[10] – war zusätzlich durch

8 Die Einwohnerzahlen für 1871: Alstaden: 3.110, Styrum: 4.799, Dümpten: 3.199, ebda.

9 Vgl. hierzu und zum Folgenden u. a. die „Karte der Bürgermeisterei Styrum" (ca. 1902), StA MH 1501/23.

10 Bei 3.110 Einwohnern (1871, s. Anm. 8) besaß die Zeche Alstaden (1873) 553 Belegschaftsmitglieder, die 1.390 Menschen ernährten (wie Anm. 6).

mehrere Eisenbahnlinien zerschnitten, ein Schicksal, das die Gemeinde Styrum in abgeschwächter Form mit ihr teilte.

Erst deutlich später als die gleichzeitig entstandenen Bürgermeistereien Broich und Heißen ging man in Styrum daran,[11] sich um den Bau eines eigenen Verwaltungsgebäudes zu kümmern. Das 1893 fertig gestellte Rathaus zeigte durchaus gestalterischen Anspruch, besaß es doch zum Marktplatz hin einen Turm. Auf dem Marktplatz mit einem Feuerwehrturm fand dreimal wöchentlich ein Wochenmarkt statt. Nach Norden lag die evangelische Kirche, südwestlich des Rathauses der Bahnhof Styrum der Bergisch-Märkischen Eisenbahn. Wenn man weiterhin sieht, dass sich in der später so genannten Rathausstraße eine Gewerbebank und eine Krankenkasse sowie in der Kaiser-Wilhelm-Straße neben der dort vorhandenen Schule eine Apotheke befand, so ist unübersehbar, dass sich zwischen der Bahnlinie und der Kaiser-Wilhelm-Straße ein Zentrum der Gemeinde und damit auch der Bürgermeisterei Styrum zu bilden begann.

Dass es der jungen Bürgermeisterei keineswegs an Selbstbewusstsein fehlte und sie deshalb gezielt Maßnahmen zur Verbesserung der Infrastruktur ergriff, um nach innen und außen das Bild des jungen Gemeinwesens zu festigen, lässt sich gleich an mehreren Beispielen belegen. So leitete man 1892, noch vor der Fertigstellung des Rathauses, Schritte ein, um zu einem eigenen Bürgermeisterei-Wappen, das nur der heraldische Löwe des Hauses Limburg-Styrum sein konnte, zu kommen. Dieser prangte bereits in Stein gehauen über dem Rathauseingang und war auch im Sitzungssaal angebracht. Der Versuch, den Wappenentwurf eines Professors aus Hannover gemäß einem Beschluss des Bürgermeistereirates als offizielles Wappen der Bürgermeisterei Styrum genehmigen zu lassen, was dann auch die Verwendung im Dienstsiegel ermöglicht hätte, scheiterte jedoch. Der Regierungspräsident Düsseldorf wies nämlich darauf hin, dass Stadtgemeinden in der Regel ein Wappen verliehen werde, dies für Landgemeinden jedoch nur bei besonderen Umständen möglich sei. Darauf vertagte man in Styrum das Thema mit dem ausdrücklichen Ziel der späteren – dann nicht mehr möglichen – Wiederaufnahme.[12]

Auch in einer anderen Frage bewies die Bürgermeisterei eine große Beharrlichkeit. Als alle drei Gemeinderäte der Bürgermeisterei die Vereinigung der Styrumer Gemeinden mit dem Bezirk des Gewerbegerichts in Mülheim ablehnten, tauchte der Wunsch auf, für die Bürgermeisterei ein eigenes Gewerbegericht mit Sitz in Styrum einzurichten. Die internen Abstimmungen führten im Herbst 1898 zu dem viel weiter reichenden Plan, für die Bürgermeisterei Styrum mit ihren etwa 30.000 Einwohnern ein eigenes Amtsgericht zu fordern, zumal das Amtsgericht Mülheim überlastet und in unzweckmäßigen Räumen untergebracht war. Für die Verantwortlichen in Styrum erwuchs ein erheblicher Handlungszwang, als man erfuhr, dass die staatliche Justizverwaltung beabsichtigte, das Amtsgericht in der an Bevölkerungszahl etwa gleich großen Stadt Mülheim mit erweiterten Arbeitsmöglichkeiten und einem neuen Dienstge-

11 Das Rathaus in Heißen stand 1879, das in Broich 1885 zur Verfügung.
12 StA MH 1130/14.

bäude auszustatten. Nach einem Schreiben an den Justizminister in Berlin, das offenbar ohne Antwort blieb, wandte sich der Styrumer Bürgermeister Karl Branscheid im Juli 1898 an den Präsidenten des Oberlandesgerichts Hamm mit der Bitte um eine Audienz. Der Styrumer Deputation sollte neben dem Bürgermeister und dem ersten Beigeordneten auch der Fabrikbesitzer Joseph Thyssen angehören. Der Präsident des Oberlandesgerichts lehnte die Audienz jedoch ab und verwies auf die Möglichkeit einer schriftlichen Eingabe.

Diese wurde ihm bereits zwei Wochen später übersandt, ebenso Anfang September 1898 ein gleichlautendes Schreiben dem Justizminister in Berlin. Ihren Wunsch nach einem eigenen Amtsgericht – ein Plan, der etwa zu gleicher Zeit auch in der Bürgermeisterei Broich verfolgt wurde[13] – begründeten die Styrumer vor allem mit der außerordentlichen Zunahme der Bevölkerung. In nur 18 Jahren gab es einen Bevölkerungszuwachs von 70 Prozent im gesamten Gerichtsbezirk Mülheim und von 90 Prozent in der Bürgermeisterei Styrum, die zudem einen jährlichen Zuwachs von 1.200 Personen zu verzeichnen hatte.[14] Das rasante Wachstum der Bürgermeisterei konnte man weiterhin durch die Nennung von jährlich 150 neu gebauten Wohngebäuden sowie 25 gewerblichen Anlagen im Durchschnitt der letzten vier Jahre unterstreichen, wodurch sich der ländliche Charakter der Bürgermeisterei völlig zu dem einer Industriegemeinde gewandelt hatte.

Infolge der geschilderten Umstände sahen die Styrumer eine ausreichende Beschäftigungsmöglichkeit des Justizpersonals sowohl für die Zivil- als auch die Strafgerichtsbarkeit als gegeben an. Mit der starken Betonung des Bevölkerungswachstums konnte die Styrumer Verwaltung eines jener bedeutenden Kriterien beweisen, die soeben die preußische Justizverwaltung für die Errichtung von neuen Amtsgerichten gefordert hatte. Aber auch die von der Justizverwaltung genannten weiteren Anforderungen, wie angenehme gesellschaftliche Verhältnisse oder eine entsprechende Versorgung mit Wasser und Energie, glaubte man in Styrum als vorhanden hinstellen zu können. Und was die Versorgung mit weiterführenden Schulen und „geistigen Genüssen“ anging, so erledigte man diese Frage mit dem Hinweis auf die umliegenden Städte, vor allem aber auf die Stadt Mülheim, die in kurzer Bahnfahrt zu erreichen sei. Weiterhin verwies das Styrumer Schreiben auf die weiten Wege, die die Einwohner – mit Ausnahme der Bewohner in Ober-Styrum – zum Amtsgericht Mülheim infolge der fehlenden Verkehrsanbindung zurückzulegen hatten, und zwar zu Fuß.

Auf die Styrumer Darlegungen, die sich bei näherem Hinsehen auf die unbestreitbare Bevölkerungszunahme reduzierten, teilte das Oberlandesgericht Hamm dem Styrumer Bürgermeister Ende Oktober 1898 lapidar mit, „dass wir (...) ein Bedürfnis für die Einrichtung eines Amtsgerichtes in Styrum nicht anerkennen und daher etwas

13 StA MH 1120/12. Über dem Eingang des Rathauses der Bürgermeisterei Heißen war der preußische Hoheitsadler angebracht. S. u. a. StA MH 1511/1516/15.70.

14 Einwohnerzahlen:

Jahr	Gerichtsbezirk Mülheim	Bürgermeisterei Styrum
1879	54.970	15.689
1897	93.457	30.433

Weiteres nicht veranlassen können".[15] Wohl in Erwartung dieser Ablehnung, die man schon wegen der Fortsetzung der Planungen für das Mülheimer Amtsgericht ahnen konnte, war im Styrumer Gemeinderat bereits etwa zwei Wochen vorher beschlossen worden, sich an die drei Landtagsabgeordneten des hiesigen Wahlbezirks zu wenden, die auch ihre Unterstützung zusagten.

Vor allem der Abgeordnete Möller aus Brackwede suchte die Styrumer Sache engagiert zu vertreten, musste jedoch im Dezember 1898 mitteilen, dass die Erfolgsaussichten äußerst gering seien, weil es eine erhebliche Anzahl bedeutend dringenderer Fälle gebe und zudem auch bei Abtrennung eines eigenen Amtsgerichtsbezirks Styrum ein Neubau in Mülheim notwendig bleibe. Dennoch setzte Möller seine Bemühungen fort, wie er noch Anfang Januar 1899 versicherte. Zum Zeitpunkt dieser Mitteilung war die Sache jedoch entschieden, da bereits am 13. Dezember 1898 zwischen der Stadt Mülheim und der preußischen Justizverwaltung ein Vertrag zur Errichtung eines neuen Amtsgerichtsgebäudes geschlossen worden war. Die Stadt Mülheim verpflichtete sich darin zur Errichtung eines Amtsgerichtsgebäudes für sieben Amtsrichter nach den Vorstellungen der Justizverwaltung. Die Stadt übernahm die Kosten des Neubaues einschließlich der Nebengebäude und der notwendigen Straßenbaumaßnahmen und vermietete den Gebäudekomplex an die Justizverwaltung. Mit diesem Schachzug, dem die Bürgermeisterei Styrum etwas Vergleichbares entgegenzusetzen versäumt hatte, entschied die Stadt Mülheim das Ringen um eine wichtige Einrichtung der Infrastruktur zu ihren Gunsten. In der Presse war über den Vertrag zwar noch am Tag der Unterzeichnung berichtet worden, aber die Nachricht war weder zur Kenntnis des Abgeordneten Möller gelangt, noch fand sie einen Niederschlag in den Akten der Styrumer Bürgermeistereiverwaltung. Erst am 7. Februar 1899, also fast zwei Monate später, ist der Eingang des entsprechenden Presseartikels im Styrumer Rathaus dokumentiert.

Die großen Defizite in der Infrastruktur der bevölkerungsreichen Bürgermeisterei hatte die Styrumer Eingabe von 1898 an das Oberlandesgericht Hamm eher offen gelegt als verschleiert. In Styrum hatte man alle Hände voll zu tun, um die notwendigen Neubauten für die konfessionellen Volksschulen zu errichten, an den Aufbau weiterführender Schulen war zu diesem Zeitpunkt nicht zu denken. Im Jahr 1900 war in der Gemeinde Styrum an der Schlägelstraße bereits die fünfte katholische Schule fertiggestellt worden, während noch vor der kommunalen Neuordnung 1904 in der Gemeinde Dümpten die fünfte evangelische Schule den Unterricht in einem neuen Gebäude aufnehmen konnte.[16] Auch das Angebot „geistiger Genüsse" musste zurückstehen, weil man in der Bürgermeisterei Styrum mit viel prosaischeren Themen der Daseinsvorsorge vollauf beschäftigt war. Große Probleme – um nur einige Beispiele zu nennen – bereitete die Verbesserung der Wohnverhältnisse, da der Bau der Kanalisation um die Jahrhundertwende ebenso in den Anfängen steckte wie die Befestigung der Straßen. Erhebliche Aufmerksamkeit erforderten die Bauordnungsangele-

15 Ebd.
16 StA MH 1130/147 u. 149.

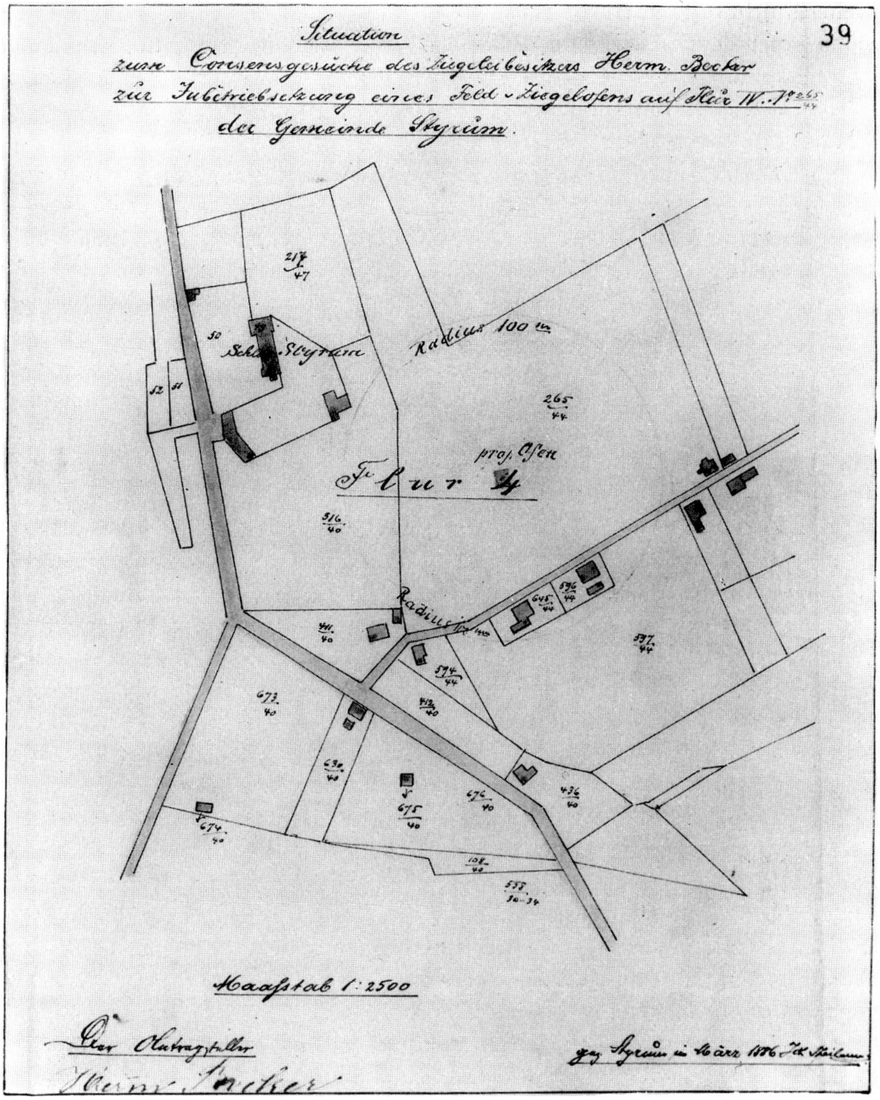

Bauordnungsangelegenheiten: Bei der Ansiedlung von Gewerbebetrieben wurde meist sehr industriefreundlich entschieden: Der Sicherheitsabstand zum Schloss Styrum wurde eingehalten, nicht jedoch zu zwei Wohngebäuden.

genheiten, bei denen es wiederholt zu juristischen Auseinandersetzungen kam. Über Jahre war man mit der vergleichsweise einfach durchzuführenden Nummerierung der Häuser beschäftigt. Straßennamen gab es nur in der Gemeinde Styrum. So musste man es als großen Erfolg ansehen, dass 1888 in Alstaden im Anschluss an das 1884 eröffnete Solbad eine Kinderheilanstalt errichtet werden konnte. Es sollte der Heilung von Kindern aus bedürftigen Verhältnissen dienen und wurde von einem Verein getragen. Zur Anwendung kam auch hier die aus dem Schacht II der Zeche Alstaden geförderte Sole, die ein wirksames Mittel gegen die auch schon bei Kindern als Folge der Lebensumstände auftretende Skrofulose darstellte.[17]

Schon weniger erfolgreich war man bei der Errichtung einer Flussbadeanstalt, die sich die Einwohner Styrums umso mehr wünschten, als das Baden in der sehr verschmutzten Ruhr verboten war. Die Planungen, die ursprünglich eine Flussbadestelle

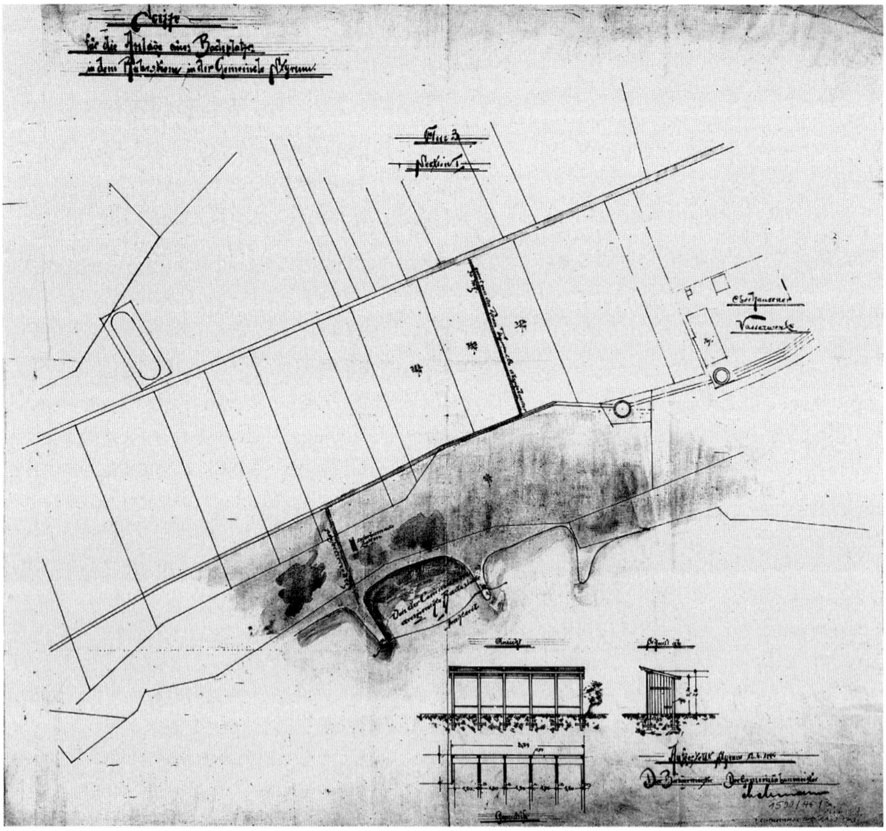

Der ursprüngliche Plan einer Flussbadeanstalt sah lediglich eine Abtrennung zur Ruhr durch ein Seil vor. (1898)

17 StA MH 1130/33 u. 34.

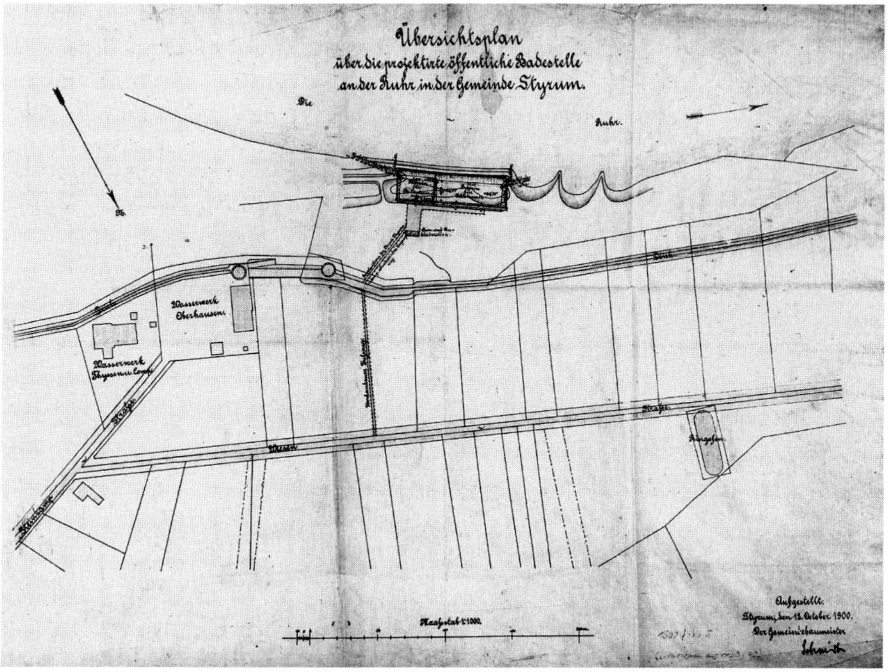

Der endgültige, vor 1904 nicht mehr realisierte Plan der Badeanstalt mit Zu- und Ablauf, wohl auch mit Chlorierung des Badewassers.

mit einer einfachen Absperrung zur Ruhr hin durch ein Seil vorsahen, liefen seit 1898. Da die Planung wegen der äußerst kritischen Wasserqualität der Ruhr nicht genehmigungsfähig war, wurde ein Bad am Ruhrufer mit Zu- und Ablauf des Flusswassers – vermutlich mit Chlorierung, was aber aus den Unterlagen nicht zu ersehen ist – vorgesehen, für das Zeichnungen und Kostenvorschläge erstellt wurden. Der Kostenvoranschlag des Gemeindebaumeisters belief sich auf über 18.000 Mark, während ein zweiter Kostenvoranschlag nur etwa die Hälfte dieser Summe auswies. Finanzmittel zur Realisierung des Projekts wurden für 1903 in den Etat eingestellt – zu spät, um das Projekt noch durch die Gemeinde Styrum zu verwirklichen.[18]

Denn inzwischen waren Bestrebungen in Gang gekommen, die zu grundlegenden Veränderungen der kommunalen Situation im Kreis Mülheim führen mussten. Im März 1902 suchte die Stadt Mülheim nämlich beim Regierungspräsidenten in Düsseldorf um einen Besprechungstermin für eine Deputation nach, die die Absicht der Stadt vortragen sollte, aus dem Kreis auszuscheiden. Zugleich sollte dabei der Umfang der damit verbundenen Eingemeindungen erläutert werden. Mit welchem Nachdruck die Stadt Mülheim ihr Ziel zu verfolgen gedachte, wird daraus ersichtlich, dass der

18 StA MH 1130/70.

Mülheimer Deputation Hugo Stinnes und August Thyssen angehörten. Die Mülheimer Vorstellungen fanden höheren Orts wohlwollende Aufnahme. Auch seitens des Kreises war Zustimmung zu erwarten, da sich bereits im Juni 1902 der Landrat Dr. Paul Lembke bereit erklärte, das Amt des Mülheimer Oberbürgermeisters zu über-

Die 1897 geweihte und 1899 zur Pfarrkirche erhobene katholische Kirche St. Mariä Rosenkranz in Ober-Styrum von Süden. Der Chor der Kirche grenzt an die Neustadtstraße.

nehmen, falls der Kreis Mülheim aufgelöst werde. Zügig kam es auch zur Bildung von Kommissionen für die Eingemeindungsangelegenheiten mit den zur Eingemeindung vorgesehenen Kommunen Broich, Speldorf, Saarn und Holthausen.[19]

Heftiger Widerstand gegen die Mülheimer Pläne zeigte sich jedoch in der Bürgermeisterei Styrum und ihren drei Gemeinden, wo es ein wachsendes Selbstbewusstsein gab, das nur die kommunale Selbstständigkeit und als Ziel der Zukunft wohl nur die Stadtwerdung Styrums zuzulassen schien. Manifest war dieser Gedanke erneut geworden, als man 1900 bei der Benennung des altes Weges von Styrum zur Lipper Heide diesen als „Neustadtstraße" bezeichnete. In dieser Straße wohnten vor allem Arbeiter der Firma Thyssen.[20] Angesichts des auch an diesem Beispiel erkennbaren Stadtbewusstseins der Styrumer war es nur folgerichtig, dass der Styrumer Gemeinderat sich im Juni 1902 gegen eine Eingemeindung nach Mülheim wandte und der Stadt Mülheim mit weniger als 40.000 Einwohnern – die Bürgermeisterei Styrum hatte bei der Volkszählung am 1. Dezember 1900 36.726 Einwohner[21] – rundweg das Recht absprach, aus dem Kreis auszuscheiden. Weiterhin stellte der Gemeinderat fest, dass der Kreis auch ohne die Stadt Mülheim lebensfähig sei. Diesem mit 20 Stimmen gefassten Beschluss standen elf Gegenstimmen gegenüber, zu denen auch die von Joseph Thyssen gehörte. Die unterlegene Minderheit hielt einerseits den Zeitpunkt der Beschlussfassung für verfrüht und forderte andererseits eine sorgfältigere Beratung dieser so wichtigen Frage. Im Januar 1903 wiederholte der Gemeinderat seine Ablehnung einer Eingemeindung nach Mülheim und verlangte für den Fall, dass der Kreis Mülheim nicht mehr lebensfähig sein sollte, die Zuordnung der Bürgermeisterei Styrum zum Kreis Ruhrort, eine Auffassung, die zugleich in Berlin vertreten wurde. Auch dieser mit 22 Stimmen gefasste Beschluss sah sich einer Opposition von neun Gemeindevertretern, darunter wieder Joseph Thyssen, gegenüber. Zu den bekannten Gründen für die Ablehnung kam als drittes Argument, dass es in einer gütlichen Einigung mit der Stadt Mülheim möglich sei, bessere Bedingungen für die Eingemeindung auszuhandeln.

An dieser Stelle ist ein Blick auf die besondere Rolle notwendig, die die Brüder Thyssen – vor allem aber der ältere Bruder August – in der Styrumer Eingemeindungsfrage spielten, zumal sich die Hintergründe nicht sofort erschließen. Beide Brüder hatten ihren Wohnsitz in der Stadt Mülheim. Infolge des Thyssenschen Grundbesitzes war einer von ihnen als Meistbegüterter geborenes Mitglied des Styrumer Gemeinderats. Diese Aufgabe war vertraglich Joseph Thyssen übertragen, der in der Frage des Amtsgerichts seinen besonderen Einfluss zugunsten der Gemeinde Styrum auch hatte zur Geltung bringen wollen. August Thyssen verfolgte jedoch weit über die Wahrnehmung des Meistbegütertenmandats durch seinen Bruder Joseph hinausgehende Ziele. Diese sind

19 StA MH 1200/505.

20 Meißner, Wolfgang: Vom Adlerhorst bis Zwischen den Gärten. Straßennamen in Mülheim an der Ruhr, in: Zeitschrift des Geschichtsvereins Mülheim an der Ruhr, Heft 71, 1999, S. 188.

21 StA MH 1130/13. Die Einwohnerzahl Mülheims wird 1900 mit 38.280 angegeben. Statistisches Jahrbuch, (wie Anm. 3).

auch mit dem Hinweis auf seine tatkräftige Unterstützung der Stadt Mülheim in der Eingemeindungsfrage im Verein mit Hugo Stinnes nur sehr unvollständig erklärt.

Um seine nachfolgend zu erörternden Ziele in Verbindung mit Hugo Stinnes verwirklichen zu können, hielt August Thyssen es offenbar um 1900 für erforderlich, seinen eigenen politischen Einfluss in der Gemeinde Styrum erheblich zu vergrößern. Daher versuchte er, sich in der Gemeinde Styrum das aktive Wahlrecht für die Kommunalwahl 1900 zu sichern. Voraussetzung hierfür war seine Aufnahme in das Wählerverzeichnis. Dies hätte seine Mitgliedschaft im Styrumer Gemeinderat als Meistbegüterter ermöglicht. Um dies zu erreichen, ließ sich August Thyssen als persönlicher Eigentümer eines Gebäudes der Firma Thyssen im Grundbuch eintragen. Die Angelegenheit endete in einem Rechtsstreit, an dessen Schluss im Februar 1902 ein Urteil des Oberverwaltungsgerichts in Berlin stand, das das Wahlrecht für August Thyssen verneinte. Seine Entscheidung begründete das Gericht mit der Klarstellung, dass die Thyssen-Brüder zwar Meistbegüterte seien, aber nur einer das Gemeinderecht ausüben könne. Daher sei der auswärts wohnende August Thyssen aus dem Wählerverzeichnis zu streichen. In dieser Angelegenheit musste das Oberverwaltungsgericht ein weiteres Urteil fällen, als der vor Gericht siegende Kläger, ein Styrumer Gemeindeverordneter, aufgrund des ersten Urteils versuchte, in Styrum Neuwahlen zu erzwingen, da das Styrumer Wählerverzeichnis durch die nun revidierte Aufnahme von August Thyssen erheblich verändert war. Im zweiten Fall unterlag der Kläger jedoch.[22]

Der Hintergrund für die gescheiterte Aktion wird aus einem Schreiben von Hugo Stinnes an August Thyssen vom 21. Dezember 1902 erkennbar, in dem er Thyssen zur weiteren Unterstützung der Pläne im Hinblick auf das RWE ermuntert. Dabei konnte Stinnes seinem Konsortialpartner August Thyssen, mit dem zusammen er seit März 1902 die Kapitalmehrheit beim RWE besaß, mitteilen, dass auch die Gemeinde Heißen einen Monopolvertrag mit dem RWE abgeschlossen hatte.[23] Im folgenden Satz seines Schreibens nennt Stinnes dann das eigentliche Ziel der Planungen: Mit tatkräftiger Hilfe von August Thyssen wollte er für das 1898 gegründete RWE das Strommonopol in der Gemeinde Styrum erlangen, um dem jungen RWE, gestützt auf diese Basis, auch in der durch Eingemeindungen vergrößerten Stadt Mülheim das Strommonopol zu sichern. Voraussetzung war jedoch, dass möglichst große Teile, wenn nicht die ganze Gemeinde Styrum, nach Mülheim eingemeindet wurden. Der zweimalige Styrumer Protest gegen jeden Eingemeindungsgedanken, gegen den Joseph Thyssen jeweils nur eine Minderheit im Styrumer Gemeinderat mobilisieren konnte,

22 StA MH 1130/3 und 168.

23 S. hierzu das Schreiben von Hugo Stinnes an August Thyssen vom 21.12.1902 in: August Thyssen und Hugo Stinnes. Ein Briefwechsel 1898–1922, hrsg. von Manfred Rasch und Gerald Feldman, München 2003, S. 226. Vgl. auch Feldman, Gerald D.: Hugo Stinnes. Biographie eines Industriellen 1870–1924, München 1998, v. a. S. 41–46. Wohl um dem Vorwurf der offensichtlichen Befangenheit vorzubeugen, war August Thyssen 1898 aus der Styrumer Straßenbahnkommission ausgeschieden. Die Ersatzwahl fand in der Gemeinderatssitzung vom 10.10.1898 statt.

gefährdete jedoch die weitreichenden und von langer Hand vorbereiteten Pläne. Welches Gewicht Stinnes und Thyssen ihren hochgesteckten Zielen im Hinblick auf das RWE beimaßen, wird in ganzer Dimension erst deutlich, wenn man berücksichtigt, dass das schließlich fehlgeschlagene Bemühen von August Thyssen, selbst im Styrumer Gemeinderat Sitz, Stimme und damit erheblichen Einfluss zu erhalten,[24] lediglich der eine Teil einer Doppelstrategie war.

Trotz der Rückschläge des Jahres 1902 sowohl in der Frage der Gemeinderatsmitgliedschaft als auch durch die Styrumer Ablehnung der Eingemeindung nach Mülheim, die zudem der Styrumer Gemeinderat Anfang 1903 erneut betont hatte, war es gelungen, Ende Januar 1903 einen Erlass des preußischen Innenministeriums dahingehend zu erreichen, dass der Stadt Mülheim die Gemeinde Styrum wenigstens teilweise zugewiesen wurde. Seine Entscheidung begründete das Innenministerium vor allem damit, dass durch die Ausdehnung des Werksgeländes der Firma Thyssen nach Süden die Gemeindegrenzen zwischen Mülheim und Styrum mitten durch das Werksareal und durch das Bahngelände verliefen. Unausgesprochen ließ das Ministerium jedoch ein weiteres gewichtiges Argument: Infolge der Zerteilung des Thyssenschen Werksgeländes auf zwei Gemeindegebiete war zwischen Mülheim und Styrum ein Streit um die Anteile an den Steuern der Firma Thyssen entstanden, den man nicht nur höheren Orts beendet sehen wollte.[25] Die Realisierung der ministeriellen Entscheidung hätte die Aufteilung Styrums schon 1904 bedeutet. Dass die Zurückhaltung der Stadt Oberhausen in der Unter-Styrumer-Frage dabei auch eine Rolle spielte,[26] ist keineswegs zu bestreiten, dürfte im Entscheidungsprozess jedoch nur am Rande von Bedeutung gewesen sein, wie sich aus der letzten Phase der Eingemeindungsdiskussion ersehen lässt.

Von der Entscheidung des preußischen Innenministeriums, unter Außerachtlassung der beiden grundsätzlichen Styrumer Ablehnungsbeschlüsse zur Eingemeindungsfrage nun nur Ober-Styrum nach Mülheim einzugemeinden, erhielt der Styrumer Gemeinderat in seiner Sitzung vom 25. Februar 1903 Kenntnis. An ihr nahm auch Joseph Thyssen teil. Darauf votierte der Gemeinderat einstimmig dafür, im Hinblick auf die Besteuerung der Thyssen-Brüder sowohl bei der Grenzregulierung als auch in der Eingemeindungsfrage die Entscheidung zu vertagen. Dieser Aufschub bot Stinnes und Thyssen, die beide Mülheimer Stadtverordnete waren, die Gelegenheit, ihre Bemühungen in Bezug auf das RWE weiter in Styrum, vor allem aber nun auf dem anderen Weg ihrer Doppelstrategie direkt bei der Stadt Mülheim zu verfolgen, wo sich ein Erfolg abzuzeichnen begann.[27] Entsprechend seiner bisherigen Haltung gab der Styrumer Gemeinderat den von ihm zu wählenden Mitgliedern der Eingemeindungs-

24 StA MH 1130/1, Bll. 26, 45, 120 (= Auszüge) bzw. die entsprechenden Protokolle der Gemeinderatssitzungen. Ebda. 1131/9.

25 Die vertragliche Regelung des Steuerstreits war Beratungsgegenstand des Styrumer Gemeinderates am 25.2. und 15.5.1903. StA MH 1131/9.

26 Vgl. hierzu: Reif, Heinz: Die verspätete Stadt. Industrialisierung, städtischer Raum und Politik in Oberhausen 1846–1929, Köln 1993.

27 August Thyssen und Hugo Stinnes, a.a.O., S. 228.

kommission den ausdrücklichen Auftrag mit auf den Weg, die Verhandlungen mit dem Ziel zu führen, die gesamte Gemeinde Styrum nach Mülheim einzugemeinden. Der Auftrag entsprach damit auch den Absichten der beiden Mülheimer RWE-Konsortialpartner. Nach Abschluss der Eingemeindungsverhandlungen, in denen die Eingemeindung von ganz Styrum festgelegt wurde, und dem Vorliegen der entsprechenden Gemeinderatsbeschlüsse konnte der Regierungspräsident in Düsseldorf gemäß dem Königlichen Erlass vom 14. Juli 1903 dann die Eingliederung der gesamten Gemeinde Styrum nach Mülheim zum 1. Januar 1904 bekannt geben. Anfang Oktober folgte dann die Entscheidung, durch die Alstaden und Dümpten zu eigenen Bürgermeistereien erhoben wurden.[28]

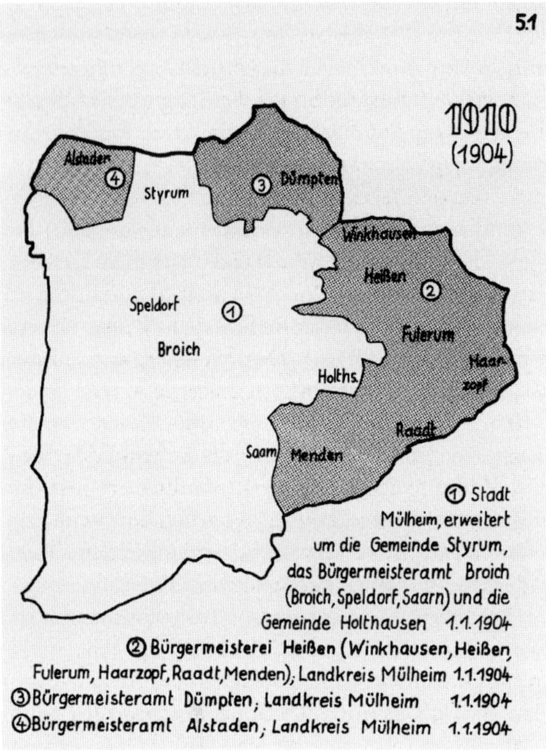

Die kommunale Neuordnung von 1904, bei der die Bürgermeisterei Styrum aufgelöst und die Gemeinde Styrum nach Mülheim eingemeindet wurde.

Im Hinblick auf die Versorgung mit Elektrizität, Gas und Wasser brauchte der Styrumer Vereinigungsvertrag vom 18./19. Juni 1903 die inzwischen eingetretenen Fakten nur noch zu berücksichtigen. Die Stadt Mülheim hatte nämlich bereits am 11. April 1903 mit dem RWE einen Vertrag abgeschlossen, der diesem das alleinige Recht einräumte, das Stadtgebiet mit elektrischer Energie zu versorgen. Die Doppelstrategie von Stinnes und Thyssen hatte über die Stadt Mülheim zum Erfolg geführt und ermöglichte die Realisierung weiterer Ziele. Denn 1905 wurde der Mülheimer Monopolvertrag im Vorgriff auf die kommunalen Neuordnungen der Zukunft durch einen Zusatz ergänzt, der ihn auch auf das Gebiet der Gemeinde Dümpten ausdehnte.[29] Dümpten war zu diesem Zeitpunkt eine selbstständige Bür-

28 StA MH 1130/1 und Anm. 16.

29 StA MH 1100 / 1, Bll. 125 – 130. (Der Text des Vertrages ist mehrfach überliefert, s. u. a. ebda. 1980/4/1).

germeisterei, aber offenbar nicht an den Vertragsverhandlungen beteiligt. Im selben Jahr konnte Hugo Stinnes die Verbindung zwischen dem RWE und der Stadt Mülheim noch enger knüpfen, da sich die Städte Essen, Gelsenkirchen und Mülheim als erste Kommunen am Kapital des RWE beteiligten.

Für die Stadt Mülheim bedeutete die Eingemeindung von Styrum finanziell zwar kein Risiko, weil Styrum kaum verschuldet war,[30] aber sie musste sich in den Verhandlungen der Eingemeindungskommission zu manchen Verpflichtungen bereit finden, die ihr zusätzliche finanzielle Belastungen auferlegten. So sah der Vereinigungsvertrag vom 18./19. Juni 1903 für eine Übergangszeit von fünf oder zehn Jahren Regelungen z. B. bei den Steuern oder der Gasversorgung vor, die den Fortbestand der im Vergleich zu Mülheim günstigeren Tarife der Bürgermeisterei Styrum festlegten. Bei den Personalkosten ergab sich eine Steigerung, weil die Stadt Mülheim die von Styrum zu übernehmenden Verwaltungsangehörigen nach den meist höheren städtischen Bedingungen zu besolden hatte. Detailliert legte der Vertrag die Durchführung auch jener Infrastrukturmaßnahmen fest, die Styrum so dringend benötigte. Dabei wurde sowohl der Fortbestand der bestehenden Einrichtungen als auch die Durchführung der von der Gemeinde Styrum geplanten Maßnahmen festgeschrieben. So musste die Stadt Mülheim zusichern, sowohl die projektierte Badeanstalt an der Ruhr bereits innerhalb von zwei Jahren nach der Eingemeindung als auch die Kanalisierung der Bogen- und Friedrichstraße aus den bereitstehenden Geldern zu realisieren. Auch die Entwicklung des Straßennetzes sollte in dem Umfang fortgesetzt werden, wie dies durch die Gemeinde Styrum während der vergangenen fünf Jahre geschehen war. Zusätzlich sollte der Ausbau und die Entwässerung der Mülheimer-, Oberhausener-, Post- und Heidestraße innerhalb von fünf Jahren nach der Eingemeindung durchgeführt werden. Die Dümptener Straße in Styrum war zur Chaussee auszubauen. Besonders kostenintensiv war die Verpflichtung, eine Wegverbindung zwischen Styrum und Speldorf herzustellen, da die Stadt Mülheim hierzu eine Brücke über die Ruhr zu bauen hatte, die so auszulegen war, dass sie neben dem Personen- auch den Fuhrwerksverkehr aufnehmen konnte.

Weiterhin verpflichtete sich die Stadt Mülheim, ein Krankenhaus in Styrum zu errichten, falls sich hierfür ein Bedarf über die in Broich aufgrund einer Stiftung zu errichtende Krankenanstalt hinaus ergeben sollte.

Auch sollte die nächste neue höhere Schule der Stadt Mülheim möglichst in Styrum entstehen. Im Falle der Realisierung hätte Styrum damit nach der Eingemeindung jene Einrichtungen erhalten, die es als selbstständige Kommune nicht hatte schaffen können. Außerhalb des Eingemeindungsvertrages machte die Stadt Mülheim auf Wunsch der Styrumer Gemeindevertretung in der Stadtverordnetensitzung vom 6. Juni 1903 weitere Zugeständnisse für die Übergangszeit wie den Fortbestand der Bezirkseintei-

30 Die Gesamtschulden der Gemeinde Styrum beliefen sich auf fast 345.000 Mark, denen Vermögenswerte von fast 845.000 Mark gegenüberstanden. Demgegenüber wies die Stadt Mülheim einen Schuldenstand von über 14 Mio. Mark auf, dem sie Vermögenswerte von lediglich über 10 Mio. Mark entgegensetzen konnte. Ebd. Bl. 102 ff.

lung für die Armen-, Schul- und Impfärzte und der Ortskrankenkasse sowie die Nichtbehinderung des Wochenmarktes in Styrum.[31]

Dass die Bürgermeisterei Styrum keine Aussicht hatte, sich gegen die Stadt Mülheim durchzusetzen, hatte sich in den Auseinandersetzungen um die Eingemeindung 1904 zur Genüge gezeigt. Aber damit war die Styrumer Frage noch nicht beendet. Sie fand ihre abschließende Regelung in der kommunalen Neuordnung von 1910, in die man auch die als Bürgermeistereien nun selbstständigen ehemaligen Styrumer Gemeinden Alstaden und Dümpten einbezog. Da man keine Rücksicht mehr auf die Expansionspläne des RWE zu nehmen hatte, zog man 1910 die neuen Grenzen zwischen den Städten Mülheim und Oberhausen allein nach der Zweckmäßigkeit. So kam Unter-Styrum ebenso wie der nördliche Teil von Dümpten und die gesamte Bürgermeisterei Alstaden an die Stadt Oberhausen,[32] während Ober-Styrum mit dem größeren Teil der Fläche und dem höheren Bevölkerungsanteil bei der Stadt Mülheim verblieb, der auch der restliche Teil von Dümpten zugeordnet wurde. Man ist geneigt, angesichts des Geschachers um die Bürgermeisterei und Gemeinde Styrum, das Bild vom Bären zu bemühen, der 1904 von der Stadt Mülheim mit Unterstützung von August Thyssen und Hugo Stinnes erlegt und dessen Fell sechs Jahre später zwischen den Städten Mülheim und Oberhausen geteilt wurde.

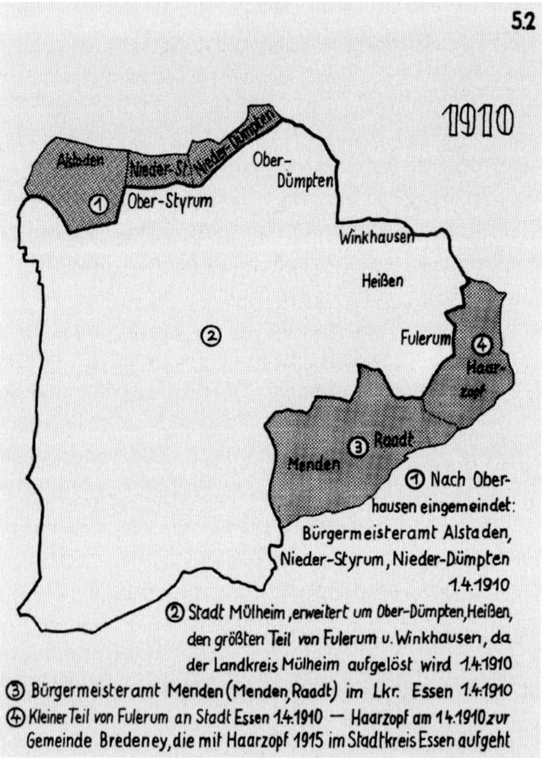

In der kommunalen Neuordnung von 1910 wurden Styrum und Dümpten geteilt. Während die südlichen Teile bei Mülheim verblieben, erhielt Oberhausen die nördlichen Gebiete sowie die gesamte Bürgermeisterei Alstaden.

31 StA MH 1130/1.

32 Für 1901 nennen die Styrumer Akten Einwohnerzahlen der an Oberhausen abgegebenen Teile der ehemaligen Bürgermeisterei Styrum: Alstaden: 9.807, Unter-Styrum: 6.040, Nieder-Dümpten: 3.317. Ebd.

Horst A. Wessel

Bürgerliche Familiendynastien im 18. und 19. Jahrhundert

Das Fallbeispiel Thyssen

„Bürger" und „Dynastie" sind Begriffe, die im allgemeinen nicht nur unterschiedlichen, sondern zu Recht gegensätzlichen und sogar sich gegenseitig ausschließenden Bereichen zugeordnet werden. Darüber hinaus unterlagen beide Begriffe, jedoch vor allem der Inhalt des Begriffs „Bürger" bzw. „Bürgertum", im Laufe der Jahrhunderte einem Wandel. Das Thema stellt jedoch nicht nur eine Verbindung zwischen beiden Begriffen her, sondern unterstellt, dass Dynastiebildung nicht auf den Stand des Adels beschränkt, sondern auch im Bürgertum anzutreffen war – dabei lässt die Adjektivierung zunächst offen, ob die bürgerliche Dynastie von einer anderen Qualität war als die adeliger Familien. Bevor jedoch der Frage nachgegangen wird, ob es bürgerliche Dynastien gegeben hat, wie diese ausgesehen haben und ob auch die Familie Thyssen eine Dynastie herausgebildet hat, sollen die Begriffe bestimmt und ihre Inhalte abgegrenzt werden.

Der Begriff „Dynastie" kommt aus dem Griechischen und bezeichnete zum einen das Herrschaftsgebiet eines kleineren Fürsten, zum anderen eine Herrscherfamilie. Dynasten bzw. Dynastien kannte schon das alte Persien und das Kleinasien der Diadochenzeit. Das Bemühen, die Herrschaft innerhalb der Familie zu halten und zu vererben, führte zur Dynastiebildung im vom Thema vorgegebenen Sinne; das heißt die Familie, die die Herrschaft über mehrere Generationen behauptete, wurde zum Träger des Begriffs.[1] Diese Sinngebung hat sich offensichtlich durchgesetzt. Der Deutsche Wortschatz von Wehrle-Eggers aus dem Jahre 1968 verweist im alphabetischen Teil bei Dynastie auf „Sippe" und „Herrschergeschlecht". In einem Falle geht es um eine Verwandtschaftsbeziehung und im anderen um die Abstammung – auch im Sinne von „Stamm", „Haus", „Geschlecht" und „Familie"; auch das Fürstenhaus erscheint in diesem Zusammenhang.[2]

Deutlicher definiert Collins Cobuild English Dictionary von 1998: „A dynasty is 1. a series of rulers of a country who all belong to the same family, 2. a period of time during which a country is ruled by members of the same family, 3. a family which has

1 Vgl. dazu die Artikel „Dynasteiai" von H. H. Schmitt und „Dynastie" von W. Helck in dtv-Lexikon der Antike, Geschichte, Bd. 1, München 1971, S. 290.

2 Wehrle[, Hugo]-Eggers [, Hans]: Deutscher Wortschatz 1: Ein Wegweiser zum treffenden Ausdruck, Systematischer Teil, S. 3 u. 51/Bd. 2: Alphabetischer Teil, S. 438, Frankfurt/M. und Hamburg 1968.

members from two or more generations who are important in a particular field of activity, for example in business or politics."[3]

Cobuilds Dictionary kennt zwar noch die Vorbilder des klassischen Altertums, verweist aber – im Gegensatz zu Manetho[4] mit seiner Zuteilung der ägyptischen Pharaonen zu bestimmten Gruppen, die nicht immer genealogisch zusammenhängen – immer und ohne jede Ausnahme auf die Familienbindung („same family"). Es geht jedoch weit über die Vorbilder bzw. die ursprüngliche Bedeutung hinaus, indem es im dritten genannten Fall die Familie nicht mehr auf Landesfürsten beschränkt, nicht einmal im Stand des Adels exklusiv verortet, sondern dynastische Möglichkeiten auch anderen Familien, z. B. bürgerlicher Herkunft, zubilligt. Voraussetzung ist, dass zwei oder mehrere Generationen dieser Familie Bedeutendes, z. B. im Wirtschaftsleben oder in der Politik, leisteten. Die Wirtschaft wird hier ausdrücklich und sogar an erster Stelle – noch vor der Politik – genannt. Diese, im Hinblick auf das Thema wichtige Aussage wird noch durch einen Beispielsatz zusätzlich betont: „This is a family-owned company – the currend president is the fourth in this dynasty."[5]

Vor diesem Hintergrund kann es nicht verwundern, dass man z. B. bei der Wiederbegründung der Uhrenmanufaktur A. Lange & Söhne in Glashütte/Sachsen durch den Enkel des Begründers davon sprach, dass damit die „Uhrmacherdynastie" weitergeführt werde.[6] Die angeführten Beispiele, insbesondere die Definition des englischen Wörterbuchs, haben anschaulich gemacht, dass der Begriff die ursprüngliche enge Bindung zur Funktion der Herrschaft gelockert und sich sogar davon emanzipiert hat.

Das Herrschen und auch die Zugehörigkeit zum Stand des Adels sind nicht mehr notwendige Voraussetzung, jedoch auch nicht die zu einem anderen Stand, z. B. dem des Bürgers. Abgesehen davon, dass man heute den Begriff des Bürgerlichen fast nur noch im Zusammenhang mit einer „gutbürgerlichen Küche" verwendet, ist er eindeutig historisch besetzt. Am Ende des 19. Jahrhunderts bezeichnete man mit „bürgerlich" herablassend etwas, was eher einfach, nicht „fein" war. Und diejenigen, die aufgrund ihrer wirtschaftlichen Potenz und ihres Einflusses sich daraus hervorhoben, sich unter Umständen mehr leisten konnten als viele Vertreter der Adelsschicht, z. T. sogar selbst kurz vor der Nobilitierung standen, die wurden als „großbürgerlich" angesehen. Allgemein bezeichnet das Bürgertum die Schicht oder den Stand der Bürger und die kulturelle Eigenart dieses Standes, der im Abendland seit dem Altertum in den Städten ansässig war, heute jedoch auch nicht mehr regional auf die Stadt beschränkt ist, sondern „urban" verortet ist. Für die Betrachtung ist vor allem das 18. und 19. Jahrhun-

3 Collins Cobuild English Dictionary. Helping learners with real English, London 1998, S. 519f. Der ägyptische Hohepriester des Heiligtums Heliopolis, Manetho, der im dritten Jahrhundert v. Ch. gelebt hat, schrieb im Auftrag von Ptolemaios II. die „Aegyptica. Dabei hat er erstmals die Geschichte des Landes in Dynastien unterteilt, eine Unterteilung, die im Wesentlichen bis heute Bestand hat.

4 Vgl. Anm. 1, S. 290.

5 Vgl. Anm. 3, S. 520.

6 Prospekt von 1997, Mannesmann-Archiv, M 17.941.

dert von Interesse, in denen sich das Bürgertum zum Träger und Gestalter des wirtschaftlichen und geistigen, vermehrt auch des politischen Lebens entwickelte. In denen das gewerblich tätige Bürgertum der oberen Mittelklasse die polytechnischen Schulen und Hochschulen besuchte, Geschichtsvereine und Museen gründete, zum Bewahrer von Tradition und von kulturellen Denkmälern wurde und die außeruniversitäre Forschung förderte.[7] Es war die Zeit, in der sich der Unternehmer vom Untertanen, vom Funktionär des Staates zum Staatsbürger nach dem Ideal des Freiherrn vom Stein, zu einem Träger der modernen, allmählich immer mehr bürgerlich und immer weniger feudal werdenden Gesellschaft entwickelte.[8] Bezeichnenderweise sprach man auch vom Stand „des Besitzes und der Bildung".

Es gab bürgerliches „Selbstbewusstsein" und „Bürgerstolz", jedoch auch bereitwillig und sogar erstrebte Standeserhöhungen sowie Grenzüberschreitungen in dem Sinne, dass Vertreter des Bürgertums z. B. Stadthäuser, Landsitze und Fabriken erwarben oder für sich errichten ließen, die in Teilen oder auch ganz den Gebäuden von Angehörigen des Adelsstandes entsprachen, oder zu Förderern der Künste wurden, sich porträtieren, in Stein oder Bronze abbilden ließen. Bildnisse wurden, wie Andreas Beyer in seiner jüngst erschienenen Studie anschaulich macht, gerne auch eingesetzt, um umstrittene Herrschaftsansprüche zu fixieren und Legitimität bildhaft herbeizuzwingen, besonders in gefährdeten machtpolitischen Konstellationen.[9] Es gilt also, unser Augenmerk darauf zu richten, ob es eine Dynastiebildung bei bürgerlichen Familien, vor allem bei Thyssen, gegeben, wie diese ausgesehen hat und wie diese von den Betroffenen und ihren Zeitgenossen eingeschätzt wurde. Diese Auffassung ist weit von dem entfernt, was das „Bürgerliche" in die Nähe des Alltäglichen rückt, den Übermenschen zum Jedermann macht.[10] Sie fokussiert das „Bürgerliche" auf das „Groß-

7 Vgl. dazu Rasch, Manfred: Bürgerliches Selbstbewußtsein und bürgerliche Selbstdarstellung. Zur Musealisierung von Industrie- und Technikgeschichte in Duisburg zu Beginn des 20. Jahrhunderts, in: Duisburger Forschungen, Bd. 48, 2002, S. 145–179, hier S. 146.

8 Treue, Wilhelm: Der Unternehmer und die Differenzierung der deutschen Gesellschaft im 19. Jahrhundert. Ein erster Versuch, in: ZUG. Zeitschrift für Unternehmensgeschichte, H. 1, 22. Jg. 1977, S. 9–25 (Zitat S. 10).

9 Kunstsammeln und Geschmack im 18. Jahrhundert, hrsg. von Michael North, Berlin 2002; Beyer, Andreas: Das Porträt in der Malerei, München 2002; Köhne-Lindenlaub, Renate: Die Villa Hügel. Unternehmerwohnsitz im Wandel der Zeit (Kleine Reihe Villa Hügel), München/Berlin 2002; Rasch, Manfred: Vom geplanten Bau eines Denkmals für August Thyssen in Hamborn, in: Duisburger Forschungen, Bd. 45, 2002, S. 283–311.

10 Dahin jedenfalls scheint sich der Begriff weiterzuentwickeln, wenn man der in einem Beitrag, der anlässlich des ersten James-Bond-Films vor 40 Jahren erschien, geäußerten Auffassung glauben will. Dem „knitterfrei gebügelten Brioni-Bond", Pierce Brosnan, nimmt niemand den Killer ab. „Nicht mal mehr wechselnde Bettgespielinnen trennen den Über- vom Jedermann. Am Ende des Jahrtausends steht also fest: James Bond ist auf dem Weg ins *Bürgerliche*"; Isinghaus, Jörg: Vom *Übermann* zum *Jedermann*, in: Rheinische Post vom 5.10.2002 (Sperrung durch den Verfasser).

bürgerliche", das sich „feine" Dinge ebenso oder inzwischen sogar noch eher leisten konnte als die Vertreter vieler adeliger Familien.

Als der Verfasser vor vielen Jahren anlässlich einer Redaktionssitzung „Wirtschaftsbiographien der Neuen Deutschen Biographie" (NDB) aus gegebenem Anlass vorschlug, man möge doch im Fall Poensgen nicht nur den vorgeschlagenen einen herausragenden Unternehmer behandeln, sondern einen Familienartikel vorsehen, der es erlaube, die Leistungen auch der Vorfahren, Geschwister und Nachfahren zu würdigen, begegnete ich breiter Skepsis und ungläubigem Staunen sowie dem Einwand: „Dynastien haben nur Herrscherfamilien gebildet." Bei Unternehmerfamilien kenne man, wie selbst der Volksmund kolportiere, allenfalls drei Generationen: „Die erste, die's erstellt; die zweite, die's erhält und die dritte, der's zerfällt." Und besonders erfolgreiche Unternehmensgründungen würden bald in die Form der Aktiengesellschaft überführt und damit dem Familieneinfluss entzogen. Dabei wird jedoch zu einem nicht berücksichtigt, dass nach der gängigen Definition schon drei Generationen eine Dynastie bilden können, und zum anderen, dass diese Erkenntnis keineswegs auf Familienunternehmungen beschränkt sein muss.[11] Inzwischen sind mehrere Familienartikel in der NDB erschienen, doch dabei handelt es sich, wie die Beispiele „Mannesmann" und „Poensgen"[12] zeigen, um weitgehend unabhängig voneinander stehende Biografien wichtiger Mitglieder einer Familie; die namensalphabetische – statt chronologische – Anordnung dieser Biografien verstärkt diesen Eindruck noch.

Dabei ging und geht es mir keineswegs darum, politischen und gesellschaftlichen Einfluss als Ergebnis wirtschaftlicher Macht herauszuarbeiten. Vielmehr sollte gezeigt werden, dass gleichsam aus dem Nichts emporsteigende Persönlichkeiten in der Wirtschaft ebenso die Ausnahmen sind wie in der Politik. Zwar hat es in der unternehmerischen Wirtschaft wie in der Politik Gestalten gegeben, die ohne familiär bedingte Voraussetzungen – von den genetisch bedingten einmal abgesehen – groß, vielleicht sogar dynastiebildend geworden sind. Aber im Allgemeinen vollzog sich – und hier machen auch die Fugger keine Ausnahme – der wirtschaftliche Aufstieg über mehrere Generationen einer Familie – auch und gerade in den Fällen, in denen uns, wie z. B. August Thyssen oder Ernst Poensgen, nur allein der eine große Unternehmer in Erinnerung geblieben ist. Dabei kam es durchaus vor, dass, wie z. B. Werner von Siemens,[13] bereits ein frühes Mitglied der Familie herausragenden Erfolg hatte und Dynastie bildend wurde.

Eigentümerunternehmer verfügten dafür seit dem 17. Jahrhundert über bessere Voraussetzungen als beauftragte Manager, obwohl es auch hier, z. B. mit Springorum

11 Mannesmann-Archiv, M 85162 (NDB).

12 Vgl. die Artikel in den betreffenden Bänden – die Beiträge zum „Familienartikel" ‚Poensgen' sind sogar von zwei Verfassern erarbeitet worden.

13 Feldenkirchen, Wilfried: Werner von Siemens. Erfinder und internationaler Unternehmer, München 1996.

bei Hoesch[14] und Reusch bei der Gutehoffnungshütte, erfolgreiche Unternehmertätigkeit über mehrere Generationen gegeben hat, und zwar sogar in ein und demselben Unternehmen. Wie Kometen leuchteten viele geniale Erfinder auf. Weil sie jedoch zur industriellen Verwertung ihrer Erfindung nicht auf eigenes Kapital oder auf das der Familie zurückgreifen konnten, sondern mit fremden Kapitalgebern, denen vor allem an der guten Rendite gelegen war, zusammenarbeiten mussten, verschwanden die meisten von ihnen genau so schnell, wie sie aufgestiegen waren. Dieses Schicksal ist keine Wertung der jeweiligen Erfindung; sie konnte, wie die Beispiele von Nicolaus August Otto[15], Gottlieb Daimler[16] sowie der Brüder Reinhard und Max Mannesmann[17] anschaulich zeigen, von herausragendem Wert sein und die Entwicklung des – oft den Namen des Erfinders tragenden – Unternehmens und sogar der Branche auch weiterhin, das heißt unabhängig von den jeweiligen Erfindern, über viele Jahrzehnte positiv beeinflussen.

Die Erkenntnis der Bedeutung der Familie für die unternehmerische Tätigkeit über mehrere Generationen hinweg ist keineswegs neu. Bereits 1962 hat Wolfgang Huschke in seinen „Forschungen über die Herkunft der thüringischen Unternehmerschicht des 19. Jahrhunderts“[18] auf die in vielen Fällen beachtliche Ahnenliste von Unternehmern dieser Region, die keineswegs zu den klassischen deutschen Industriegebieten zählt, aufmerksam gemacht. Er stellte die Frage nach dem „woher“ dieser „das Wirtschaftsleben beherrschenden und bald auch das politische Geschehen beeinflussenden (...) Gesellschaftsschicht.“[19] Wenn bei dieser Betrachtungsweise auch auf der einen Seite das Individuum mit seiner Leistung hinter seine Familienmitglieder zurücktritt, so wird auf der anderen das Bild, das wir von seinem Hintergrund und damit doch auch wieder von ihm selbst und seiner Familie, von seiner und ihrer „Lebensfülle gewinnen, viel deutlicher, farbiger und reicher an Einzelzügen, Verknüpfungen und Überschneidungen.“[20] Auf jeden Fall werden Chancen und Abhängigkeiten beleuchtet, die bei Betrachtung des Einzelunternehmers und seiner Leistung allein nicht in den Blick kämen und nicht ihrer Bedeutung – auch und nicht zuletzt für den Vertreter, der aufgrund seines herausragenden Erfolgs allgemeine Aufmerksamkeit gefunden hat – entsprechend gewürdigt würden.

14 Zu Hoesch siehe Hashagen, Justus: Geschichte der Familie Hoesch, 2 Bde, Köln 1911, 1916.
15 Reuß, Jürgen: Nicolaus August Otto (Kölner Biographien 11), Köln 1979.
16 Zwei Männer – Ein Stern. Gottlieb Daimler und Karl Benz in Bildern, Daten und Dokumenten, hrsg. von Hans Christoph von Seherr-Thoss, Düsseldorf 1984.
17 Wessel, Horst A.: Kontinuität im Wandel. 100 Jahre Mannesmann 1890–1990, Düsseldorf 1990.
18 In: Zweites Beiheft der „Tradition“, Zeitschrift für Firmengeschichte und Unternehmerbiographie, Baden-Baden (1962).
19 Ebd., S. 7.
20 Treue, Wilhelm: Der Unternehmer und die Differenzierung der deutschen Gesellschaft im 19. Jahrhundert, a.a.O., Einleitung; ebd. S. 6.

Zum einen lernen wir einen Kaufmann kennen, der die industrielle Entwicklung Eisenachs in Gang gesetzt und lange Zeit auch geprägt hat. Er unterhielt wirtschaftliche Beziehungen zu Persönlichkeiten im klassischen Weimar und großen Frankfurter Handelshäusern; er heiratete eine Frau aus einem fränkischen Reichsrittergeschlecht. Die Kinder aus dieser Verbindung wurden in den erblichen Adelsstand erhoben. Damit gewann der wirtschaftliche Erfolg dieses Pionierunternehmers in gesellschaftlicher Hinsicht eine neue, – im damaligen allgemeinen Verständnis – höhere Qualität. Allerdings baute, wie wir weiter erfahren, der Erfolg dieses Mannes auf der Leistung gleich mehrerer Generationen vor ihm auf, von Gewerbe- und Handeltreibenden, und der Vater unseres gesellschaftlichen Aufsteigers trug bereits den Titel eines Geheimen Kommerzienrats von Sachsen-Weimar.[21]

Ähnlich verhielt es sich mit einem Vetter dieses Unternehmers, der als Textilindustrieller mit dem Titel eines Geheimen Finanzrats ausgezeichnet und schließlich in den erblichen Adelsstand erhoben wurde. Auch er stammte aus einer Familie, deren Mitglieder seit mehreren Generationen als Handwerker oder Kaufleute tätig und außerdem fast durchweg ratsfähig waren, das heißt dem städtischen Patriziat angehörten.

In einem weiteren Fall kann bei einem der bedeutenden Pioniere eine bis zur dritten Ahnengeneration völlig geschlossene Gruppe von Handwerkern und Kaufleuten, die neben ihrem Beruf wichtigste Ämter in der Stadtverwaltung bekleideten, nachgewiesen werden.[22] Ein Unternehmer aus Hirschberg zählte unter den fünfzehn männlichen Vorfahren der ersten vier Ahnengenerationen elf Gerbermeister und Lederfabrikanten. Und mit ihm verschwand das Unternehmen keineswegs; sein Sohn und Erbe führte es nicht nur fort, sondern entwickelte es zu einem der größten und bedeutendsten seiner Art in Thüringen.[23]

Huschke bietet nicht nur Beispiele für den über Generationen hinweg vollzogenen wirtschaftlichen und gesellschaftlichen Aufstieg sowie für den Übergang vom Handwerk zur Industrie, sondern auch für den Wechsel zu einer ganz anderen Branche. Hier sind die nach Mühlhausen zugewanderten Frankes zu nennen, bei denen generationenlang das Gerberhandwerk vom Vater auf den Sohn vererbt worden war, bis sich dann einer der Nachfahren dem Schlosserhandwerk zuwandte und folgende Generationen zur industriellen Fertigung von Metallwaren übergingen bzw. sich auf die Herstellung von Fahrzeugteilen spezialisierten. Auch die Familie Dreyse drängt sich in diesem Zusammenhang auf. Der Erfinder des in den Kriegen von 1864 bis 1870/71 überlegenen Infanteriegewehrs, an den man beim Nennen des Namens Dreyse zuerst und vermutlich auch allein denkt, stammte aus einer Familie, die seit der Urgroßelterngeneration des geadelten Erfinders zur Honoratiorenschicht ihrer Stadt gehörte, jedoch in ihrer beruflichen Tätigkeit der Eisenverarbeitung, keine große Nähe zur Waffenfabrikation erkennen ließ.

21 Hier handelt es sich um die Unternehmerfamilie Eichel bzw. um den Unternehmer Carl Eichel.
22 Gemeint ist der Tuchhändler und Textilindustrielle Johann Gottlieb Seige aus Pößneck.
23 Dabei handelt es sich um Heinrich Knock und sein Unternehmen.

Viele der Gewerbetreibenden übten zugleich Handelsfunktionen aus; verkauft wurden eigene und fremde Produkte. Einige von ihnen hatten sich bereits vollständig auf den Handel – und die Kreditvergabe – verlegt, was oft mit einem rascheren wirtschaftlichen und sozialen Aufstieg verbunden war. Etwa ein Fünftel der Handwerker- und Händlerschicht war ratsfähig und in den Ratskollegien ihrer Städte vertreten. Unter den nachgewiesenen Landbewohnern hatte ein Viertel öffentliche Ämter inne. Zahlreiche Familien, die im 19. Jahrhundert als Bürgergeschlechter nachgewiesen wurden, waren erst zwischen 1650 und 1850 vom Lande in die Stadt gezogen; nur ein Bruchteil derjenigen, die im 19. Jahrhundert unternehmerisch tätig wurden, gehörte dem Bürgertum an, das bereits im 15. und 16. Jahrhundert in den nun zu ihrer Heimat gewordenen Städten wohnte.

Die berufliche Tätigkeit der Väter und Vorväter war oft von großem Einfluss auf die ihrer Unternehmernachkommen. Huschke weist nach, dass bei seiner Unternehmer-Ahnensliste derartige Berufstraditionen in 74 Prozent in der Verbindung vom Vater, in 62 Prozent der Fälle vom Großvater und in 50 Prozent vom Urgroßvater oder sogar noch früherer Generationen auf den Sohn, den Enkel, den Urenkel etc. bestanden haben. Das heißt, dass nur ein kleiner Teil der Unternehmer aus dem „Nichts" zu seiner Profession gefunden hat. Der mit weitem Abstand größte Teil von ihnen konnte auf Erfahrungen und wirtschaftliche Ressourcen aufbauen, die von einer oder sogar mehreren Generationen geschaffen worden waren. Es waren Voraussetzungen, ohne die viele große Unternehmerkarrieren gar nicht möglich gewesen wären. Es ist also durchaus berechtigt, in vielen Fällen von einer Dynastiebildung zu sprechen.

Was für die thüringischen Unternehmer herausgefunden wurde, das lässt sich auch für Unternehmer und ihre Familien in anderen Regionen, z. B. Rheinland und Westfalen, nachweisen, für Felten & Guilleaume in Köln,[24] Krupp in Essen[25] und Mannesmann im Remscheid[26] oder, um aktuelle Beispiele anzuführen, Oetker in Bielefeld,[27] Underberg in Rheinberg,[28] Zanders in Bergisch-Gladbach[29] – wobei selbst weibliche Familienmitglieder eine herausragende Rolle spielten –, Haniel in Oberhausen und

24 Wessel, Horst A.: Die Familie Felten & Guilleaume, in: Lebensbilder Kölner Unternehmer, hrsg. von Friedrich-Wilhelm Henning, Bd. 2 (Rheinisch-Westfälische Wirtschaftsbiographien, Bd. 13), Münster 1986, S. 1–112.

25 Schröder, Ernst: Krupp. Geschichte einer Unternehmerfamilie (Persönlichkeit und Geschichte, Bd. 5), Berlin/Frankfurt/M. 1984^{3}.

26 Wessel, Horst A.: Die Techniker der Familie Mannesmann, in: Ingenieure im Ruhrgebiet, hrsg. von Wolfhard Weber, (Rhein.-Westf. Wirtschaftsbiographien, Bd. 17), Münster 1999, S. 123–148.

27 Wels, Thomas: Der Familie verpflichtet. August Oetker steht in vierter Generation an der Spitze des Bielefelder Mischkonzerns, in: Rheinische Post vom 25.10.2002.

28 Underberg, gegründet im Jahre 1846, hrsg. von Underberg AG, Dietlikon/Zürich, Rheinberg 2001.

29 Schmitz, Ferdinand: Richard Zanders (1826–1870), in: Rheinisch-Westfälische Wirtschaftsbiographien, Bd. 4, Münster 1974, S. 103–108.

Duisburg[30] und Freudenberg[31] in Weinheim. Überhaupt ist festzuhalten, dass wohl keine Volkswirtschaft derart durch Familiengesellschaften geprägt wurde wie die Deutsche. Auch von diesen erfolgreichen Unternehmern wurden nicht wenige wegen ihrer wirtschaftlichen Leistung nobilitiert. Wenn dies auch nicht beabsichtigt gewesen war, so wurde doch die Standeserhöhung von fast allen dadurch Ausgezeichneten mit großer Freude und unübersehbarem Stolz aufgenommen. Allerdings war die Nobilitierung nicht Zweck, allenfalls die Krönung der unternehmerischen Tätigkeit. Diese war keineswegs eine Neu- oder Begleiterscheinung der Industrialisierung, sondern Tradition, die die oberdeutschen Fernhandelskaufleute, aus denen die Fugger und Welser herausragen, im 16. Jahrhundert begründeten und die von anderen, z. B. den Hoffaktorenfamilien, in den folgenden Jahrhunderten fortgesetzt wurde. Das Frankfurter Bankhaus B. Metzler seel. Sohn & Co., eine der letzten echten Privatbanken in Deutschland, wird in elfter Generation von Friedrich von Metzler geführt.[32]

Weitaus häufiger als die Nobilitierung selbst sind deren „sekundäre Merkmale" nachzuweisen, nämlich im Stil adeliger Standesvertreter errichtete Wohnsitze und Produktionsstätten sowie soziale Stiftertätigkeit und künstlerisches Mäzenatentum, wobei auch der Förderer und seine Familie zum Gegenstand der kunstvollen Abbildung wurden.

Ein besonderes Beispiel, sogar von internationaler Qualität, bietet die Geschichte der Familie Rothschild.[33] Sie gilt nicht nur als eine der bekanntesten bürgerlichen Familiendynastien, sondern sie wurde sogar von einer ihrer Frauen einmal ironisch, aber nicht ohne Stolz als die „kaukasische Königsfamilie" bezeichnet. Immerhin befinden sich die Rothschildschen Unternehmungen in der achten Generation im Familienbesitz. Dieser Erfolg beruht – nicht nur nach Auffassung der Familie – auf dem besonderen Ethos von Familiensolidarität, religiös verankerter Moralität und harter Arbeit. Entsprechend heißt es im Familienwappen: „concordia", „integritas" und „industria" Wenn auch einige Familienmitglieder den zentrifugalen Tendenzen aller großen Familien, den starken Kräften sozialer Assimilation und den zahlreichen Versuchungen des Reichtums unterlagen, so blieb doch die weitaus überwiegende Zahl von ihnen dem im Familienwappen verankerten Wahl- und Leitspruch treu. Zugleich haben sie mit Erfolg über mehr als zwei Jahrhunderte, über politischen und wirtschaft-

30 Serlo, Walter: Bergmannsfamilien in Rheinland und Westfalen, in: Rheinisch-Westfälische Wirtschaftsbiographien, Bd. 3, Münster 1936, S. 115–130; 200-jährige Geschichte der Firma Franz Haniel & Cie. GmbH, Duisburg-Ruhrort 1956; Spethmann, Hans: Franz Haniel. Sein Leben und seine Werke, Duisburg-Ruhrort 1956; Herzog, Bodo/Mattheier, Klaus J.: Franz Haniel (1779–1868). Materialien, Dokumente und Untersuchungen zu Leben und Werk des Industriepioniers Franz Haniel, Bonn 1979.

31 Neue Deutsche Biographie „Freudenberg".

32 Friedrich von Metzler 60 Jahre, in: FAZ vom 22.4.2003.

33 Ferguson, Niall: Die Geschichte der Rothschilds. Propheten des Geldes, Stuttgart 2002; vgl. auch Jeske, Jürgen: Magie verträgt kein Tageslicht. Auch die Rothschilds erlebten ihr Waterloo: Niall Ferguson entwirrt Bank- und Familiengeschichte, in: FAZ Nr. 233 vom 8.10.2002, S. L44.

lichen Wandel, über Krisen und Kriege hinweg das Familienunternehmen, die Urform des Unternehmens, geführt. Heinrich Heine schätzte die Rothschilds sehr, er sah in ihnen die größten Revolutionäre, weil sie seiner Meinung nach die Vorherrschaft des Bodens und damit der (feudalen) Aristokratie durch die Herrschaft des Geldes abgelöst hatten.

Auch die früheren Vertreter der Rothschild-Bank, die Bleichröders, sind hier zu nennen. Die Familie Bleichröder gehörte zum jüdischen Großbürgertum und etablierte sich später als eigenes Bankhaus. Gerson Bleichröder, der Finanzberater und Kreditvermittler von Preußen und Reich, wurde als erster Jude in Preußen geadelt. Während sein Bruder Julius im jüdischen Milieu verankert blieb, ohne jedoch streng nach den Grundsätzen des jüdischen Glaubens zu leben, glaubte der in den Adelsstand erhobene Gerson, der Standeserhöhung auch in der Hinsicht verpflichtet zu sein, dass er zu Empfängen in seinem Haus mit Rücksicht auf seine nichtjüdischen Gäste keine Juden einlud, weder Familienmitglieder noch Geschäftsfreunde. Zwar waren die Juden real nicht assimiliert, aber sie waren Teil des städtischen Geschäfts-, Gesellschafts- und Kulturlebens, und es hätte durchaus den Versuch gelohnt, den finanziellen Erfolg zu nutzen, um auch die politische Gleichberechtigung zu erreichen.[34]

Im Hinblick auf die im Mittelpunkt des Interesses stehende Familie Thyssen und deren herausragende Unternehmerpersönlichkeit August Thyssen sind in diesem Zusammenhang auch die Familien Troost und Pelzer zu nennen. Sie gehörten zu den alteingesessenen Unternehmerfamilien in Mülheim an der Ruhr, dem Zentrum des sich industrialisierenden Ruhrreviers. Schon im 18. Jahrhundert waren die Troosts mit großem wirtschaftlichen Erfolg im Textil- und die Pelzers im Ledergewerbe tätig.[35]

Wie die Arbeiten von Jürgen Kocka,[36] Hans-Ulrich Wehler/Klaus Tenfelde,[37] Ulrike Döcker[38] und Fred Schrader[39] sowie in jüngerer Zeit des Bielefelder Sonderforschungsbereichs unter der Leitung von Peter Lundgreen,[40] von Manfred Hettling/Ste-

34 „Aus Widersprüchen zusammengesetzt". Das Tagebuch der Gertrud Bleichröder aus dem Jahre 1888, hrsg. von Karin H. Grimme, Köln 2002; vgl. auch den Artikel „Bleichröder" in der Neuen Deutschen Biographie.

35 Wegener, Stephan: Die Familie Thyssen. Aachen-Eschweiler-Mülheim an der Ruhr, in: Thyssen & Co. Die Geschichte einer Familie und ihrer Unternehmung, hrsg. von Horst A. Wessel, Mülheim/Ruhr, Stuttgart 1991, S. 26.

36 Bürger und Bürgerlichkeit im 19. Jahrhundert, hrsg. von Jürgen Kocka, Göttingen 1987; Bürgertum im 19. Jahrhundert. Deutschland im europäischen Vergleich, hrsg. von Jürgen Kocka und Ute Frevert, Bd. 1, Göttingen 1995; Bd. 2, München 1988; Kocka, Jürgen: Das europäische Muster und der deutsche Fall, ebd., Bd. 1, S. 17–22.

37 Wege zur Geschichte des Bürgertums. Vierzehn Beiträge, hrsg. von Hans-Ulrich Wehler und Klaus Tenfelde, Göttingen 1994.

38 Döcker, Ulrike: Die Ordnung der bürgerlichen Welt. Verhaltensideale und soziale Praktiken im 19. Jahrhundert. Frankfurt/M. 1994.

39 Schrader, Fred: Die Formierung der bürgerlichen Gesellschaft 1550–1850, Frankfurt/M. 1996.

40 Sozial- und Kulturgeschichte des Bürgertums. Eine Bilanz des Bielefelder Sonderforschungsbereichs (1986–1997), hrsg. von Peter Lundgreen, Göttingen 2000.

fan-Ludwig Hoffmann[41] und von Jörg Lesczenski/Birgit Wörner[42] anschaulich belegt haben, gab es einen „bürgerlichen Wertehimmel" mit gemeinsamer Kultur und ähnlicher Lebensführung, einem gemeinsamen Spektrum an Sinndeutungen und Verhaltensanleitungen, die identitätsstiftend wirkten und den Bürgerinnen und Bürgern des 19. Jahrhunderts helfen sollten, ihr Leben in geordneten Bahnen zu führen. Zu den allgemein verbindlichen Werten und Normen gehörten u. a. die Hochschätzung der individuellen Leistung, möglichst auf der Grundlage der persönlichen Selbstständigkeit und einer ausgeprägten Schaffensfreude, ferner die Hochschätzung von Bildung und Kultur sowie ein emotionell gebundenes Familienleben, das neben den Ehepartnern auch die Kinder – nicht zuletzt als die Erben und Wahrer des Unternehmens – umfasste. Das Unternehmen war, was häufig übersehen wird, in erster Linie Familiennahrung; nicht von ungefähr hatte der junge Mann erst nachzuweisen, dass er Frau und Kinder standesgemäß ernähren konnte, bevor er von seinen Eltern und denen seiner Braut die Erlaubnis erhielt, eine Familie zu gründen.

Wie verhielt es sich nun in dieser Hinsicht mit dem großen Unternehmensgründer und Konzernlenker August Thyssen? In diesem Zusammenhang wird darauf verwiesen, dass dieser – nach verbreiteter Auffassung – in der Fremde, quasi auf der grünen Wiese, ein Unternehmen mit Weltgeltung aufgebaut hat, dass – mangels geeigneter Nachfolger in der eigenen Familie – mit anderen Montanunternehmen zu einem von Managern geführten Konzern fusionierte. Einem Mitglied der Familie Thyssen, dem Bruder Joseph, wird meist nur eine Alibifunktion zugebilligt: August Thyssen soll unangenehmen Entscheidungen mit dem Hinweis ausgewichen sein, dazu müsse er erst Bruder Joseph fragen. Sämtliche Kinder hätten die ihnen gebotenen Chancen nicht genutzt, sondern als Unternehmer versagt.

Auf die Bedeutung von Joseph Thyssen für seinen Bruder August und für das von diesem gegründete Unternehmen, die weitaus größer gewesen ist, als allgemein angenommen wird, werde ich im gegebenen Zusammenhang zurückkommen. Er war bei weitem nicht das einzige Familienmitglied, dessen Beitrag grundlegend gewesen ist. Und August Thyssen war weder der erste der Familie Thyssen, der unternehmerisch tätig wurde, noch brach die unternehmerische Tradition mit dessen Tode ab.

Die Familie Thyssen[43] ist zurück bis in die zweite Hälfte des 18. Jahrhunderts nach-

41 Der bürgerliche Wertehimmel. Innenansichten des 19. Jahrhunderts, hrsg. von Manfred Hettling und Stefan-Ludwig Hoffmann, Göttingen 2000.

42 Lesczenski, Jörg/Wörner, Birgit: „Ich werde mir Mühe geben ... den entrückten, liebenden Ehemann zu markieren..." Moritz von Metzler und August Thyssen: Ideale und Alltagspraktiken wirtschaftsbürgerlicher Lebensführung zwischen Kaiserreich und Weltwirtschaftskrise (Paper für die Tagung „Die deutsche Wirtschaftselite im 20. Jahrhundert: Kontinuität und Mentalität, Bochum, 11.–13.10.2001).

43 Zur Familiengeschichte Thyssen vgl. Jungbluth, Hermann: Stammtafel der Familie Thyssen-Thissen; Arnst, Paul: August Thyssen und sein Werk (Ergänzungsbände zur Zeitschrift für Handelswissenschaftliche Forschung, Bd. 7), Leipzig 1925; Däbritz, Walther: Herkunft und Werdegang August Thyssens (Ms. im Mannesmann-Archiv, A9M); Matschoß, Conrad: August Thyssen und sein Werk. Zur Erinnerung an die Begründung

weisbar. Isaak Lambert Thyssen (1685–1773) bewirtschaftete ein Hofgut bei Aachen. Ab 1770 war er als städtischer Heumesser tätig; außerdem beaufsichtigte er die Allmenden und war für den Brandschutz in den Scheunen zuständig. Er war also nicht nur ein angesehener Aachener Bürger, sondern er verfügte auch über ein Einkommen, das die um Dienstboten vergrößerte Familie ernährte. Und das war, wie bereits dargelegt wurde, damals weitaus wichtiger als heute.

Sein Sohn Nikolaus (1727–1778) war Bäckermeister in Aachen; er brachte es zum Obermeister seiner Zunft und zum Mitglied des Kleinen Rates der Stadt. Gleichzeitig hatte er als „Brotmarkmeister" namens der Obrigkeit das Gewicht und die Qualität des gebackenen Brotes zu überwachen – das war ein Amt, das ebenso für das Ansehen des Inhabers sprach wie für das Vertrauen seiner Zunftgenossen, der Stadtverwaltung und der gesamten Bürgerschaft. Johann Nikolaus Thyssen erwarb 1775 ein Wohnhaus mit Backstube in Aachen, das damals 18.000 Einwohner zählte. Zwei seiner Brüder waren gleichfalls Bäckermeister in Aachen. Auch sein Sohn Nikolaus (1763–1814) erlernte nach dem Besuch von Volksschule und höherer Bürgerschule das Bäckerhandwerk, wurde dann jedoch Beigeordneter Sekretär der Stadt. In dieser Eigenschaft richtete er auf Anweisung der französischen Präfektur die Feierlichkeiten aus Anlass der Taufe des Königs von Rom, des Sohnes von Napoleon I., aus. Auch hier darf man neben wirtschaftlichen Ressourcen entsprechendes Ansehen bei Mitbürgern und fremder Obrigkeit voraussetzen.

Seine Frau stammte aus einer Aachener Unternehmerfamilie, die später u. a. an der weit über die Stadt Bedeutung erlangenden Aachen-Münchener-Feuerversicherungsgesellschaft und an der Eschweiler Draht-Fabrik-Compagnie beteiligt war; sie war auch selbst kaufmännisch tätig. Mit Arbeitsfreude und Arbeitskraft, Fleiß und Intelligenz, Einfachheit und Sparsamkeit, Selbst- und Gottvertrauen, so berichten es die Quellen, schaffte das Paar trotz politischer und wirtschaftlicher Schwierigkeiten den weiteren wirtschaftlichen und gesellschaftlichen Aufstieg.[44] Hier wird einmal mehr betont, dass diese nicht der Leistung allein des Mannes, sondern der gemeinschaftlichen Anstrengung von Mann und Frau zu verdanken war.

Diese Verbindung war reich mit Kindern gesegnet. Die älteste Tochter heiratete einen Bäckermeister, die jüngste einen Steuerbeamten. Der älteste Sohn wurde wie der Vater Stadtsekretär, ein weiterer Priester. Das fünfte Kind war der Sohn Friedrich (1804–1877), der Vater von August und Joseph Thyssen. Nach dem Besuch der Bürgerschule, die er nach dem frühen Tod der Eltern abbrechen musste, absolvierte er zunächst eine Kaufmanns- und dann bei seinem Onkel Mathias Wergivosse eine Banklehre.

des ersten Werkes am 1. April 1871, in: Zeitschrift des VDI (1921), Nr. 14, S. 333–345; Wegener, Stephan: Die Familie Thyssen, a.a.O., S. 13–52.

44 Däbritz, Walther: Herkunft und Werdegang A. Thyssens, a.a.O.

Produktionsgebäude der Draht-Fabrik-Compagnie in Eschweiler

Die materielle Grundlage für eine eigene Familie legte er mit der Übernahme der kaufmännischen Geschäftsführung und der technischen Leitung der Draht-Fabrik-Compagnie in Eschweiler bei Aachen. Dabei handelte es sich um ein modernes Unternehmen, das nach englischer Methode aus der Eifel bezogenes geschmiedetes Luppeneisen auf Walzen und Ziehbänken zu Feindraht für das im Aachener Raum in Blüte stehende Wollgewerbe verarbeitete. Dieser Draht war bisher in Deutschland nur gezogen worden und wurde nun auf wirtschaftliche Art zum ersten Mal gewalzt. Kapitalgeber waren Aachener Tuchproduzenten und -händler; Erbauer war der englische Ingenieur Samuel Dobbs.[45] Friedrich Thyssen, der sich am Grundkapital des Unternehmens beteiligte, wohnte in Eschweiler in einem einfachen Ziegelhaus, das unmittelbar neben der Fabrik stand. Es heißt von ihm, dass er sein Tagwerk in aller Frühe begann.

45 Wessel, Horst A.: Die Entwicklung des elektrischen Nachrichtenwesens in Deutschland und die rheinische Industrie. Von den Anfängen bis zum Ausbruch des Ersten Weltkrieges (ZUG, Zeitschrift für Unternehmensgeschichte, Beiheft 25), Wiesbaden 1983; S. 390f., 730; Hatzfeld, Lutz: Der Anfang der deutschen Drahtindustrie, in: Tradition, Zeitschrift für Firmengeschichte und Unternehmerbiographie, H. 6, 1961, S. 241ff.

Katharina Thyssen (1814–1888)

Friedrich Thyssen (1804–1877)

Er war es, der das große Schwungrad für den Antrieb der Walze und der Ziehbänke in Gang setzte.

Mit 34 Jahren heiratete er Katharina Thyssen, eine Cousine ersten Grades. Über diese Verwandtenehe ist später manches geschrieben und noch mehr geredet worden. Dabei war damals die Ehe zwischen nahen Verwandten bis hin zum Cousin bzw. zur Cousine ersten Grades ein allgemeines Phänomen, Ausdruck einer internationalen Konjunktur, die ihren Höhepunkt um 1900 erreichte. Im 18. und 19. Jahrhundert entwickelte sich ein System gesellschaftlicher Verflechtungen, in dem Endogamie, die Ehe zwischen Verwandten, eine wichtige Rolle spielte. „Die Heiratspraxis bahnte dauerhafte Beziehungen zwischen Familien, Haushalten und Individuen für viele weitere Austauschprozesse an."[46]

Die Heiratspolitik ergänzte und verstärkte die wirtschaftliche Funktion familiärer Infrastruktur. Den Töchtern fiel die Aufgabe zu, „verschiedene Wirtschaftsgruppen des großbürgerlichen ‚Patriziats' zu integrieren". Es kam nach David W. Sabean zur „Konjunktur der usuellen Verwandtschaft", der nützlichen Gebrauchsverwandtschaft.[47] Die mit der Französischen Revolution erworbene Freiheit des einzelnen Bürgers, sich ungeachtet enger verwandtschaftlicher Nähe zu verheiraten, erhielt mehr

46 Mathieu, Jon: Verwandtschaft als historischer Faktor. Schweizer Fallstudien und Trends, 1500–1900, in: Historische Antropologie 10, Heft 2, 2002.

47 Zitiert von Mathieu, Jon: Verwandtschaft als historischer Faktor, a.a.O.

Gewicht als die Abscheu vor bibelwidrigem Verhalten oder dem Verdacht, lediglich materielle Güter ungeteilt zusammenhalten zu wollen. Kirchliche und politische Rechtsprechung folgten den gewandelten Wertvorstellungen.[48] Übrigens gab es auch bei den Rothschilds sowie bei der großbürgerlichen Familie Hardt-Wülfing im bergischen Lennep[49] viele Heiraten innerhalb der Familie.

Es ist bekannt, dass die Eheleute Thyssen sehr fromm und einander in Liebe verbunden waren. Und dennoch ging es auch hier darum, das Vermögen zusammen zu halten. „Denn nur wer hat, dem wird gegeben" – daran glaubten damals nicht nur die Anhänger von Johannes Calvin, der die überkommenen Ehegesetze schon früh als nicht mehr den veränderten wirtschaftlichen Bedürfnissen entsprechend verworfen hatte.[50] Welche Bedeutung verwandtschaftliche Beziehungen auch heute noch haben, dass machen aktuelle Beispiele aus Afghanistan mit seinen einflussreichen Clans und aus Nord-China[51] anschaulich. „Wenn es ein Mensch an die Spitze schafft, schaffen es auch alle seine Verwandten dorthin." So lautet die erste Hälfte eines chinesischen Sprichwortes. Und die zweite Hälfte entspricht dem im negativen Sinne: „... wenn ein Mensch versagt, verschwinden auch alle seine Verwandten von der Bildfläche."[52] Von dem argentinischen Gouverneur und Präsidentschaftskandidaten Adolfo Saá stammt der Satz: „Um vierzig Jahre lang eine Provinz zu regieren, braucht man Freunde und die Familie."[53]

Der Schwiegervater von Friedrich Thyssen, Isaak Thyssen (1766–1845), war Spezereiwarenhändler in Aachen. Von ihm ist überliefert, dass er sich porträtieren ließ. Er dürfte der erste aus der Familie Thyssen gewesen sein, der einen Künstler mit einer derartigen Aufgabe betraute. Es ist kein Möchtegern-Adeliger, der uns auf dem Bild begegnet; es ist ein selbstbewusster, kunstsinniger Bürger in der Blüte seiner Jahre, in schlichtem, aber feinen Gewand, dem damals modischen Frack. Der offene Kragen und das dort hinein gewundene Halstuch zeigen, dass er sich frei von falschen Standesschranken fühlt. Den linken Arm leicht auf einen damals modernen Stuhl gestützt und die Beine leicht verschränkt, studiert er eine Partitur, während die Rechte den Violinbogen hält. Das zierliche Taschenührchen an goldener Kette ist Ausdruck der Wohlhabenheit dieses Mannes, das Buch mit dem prächtigen Einband, das im Hintergrund auf einem Tisch liegt, steht zugleich für dessen Bildung.[54] Wirtschaftlicher Erfolg und

48 Vgl. dazu Albrecht, Christoph: Wonnemond. Inzest und Geschichte, in: FAZ Nr. 223 vom 25.9.2002, S. N3.
49 Stammbaum der Familie Hardt und seine Ergänzungen 1560–1978, Remscheid-Lennep 1979.
50 Evangelisches Soziallexikon, Stuttgart 1954, Sp. 207–212.
51 Etwa aus der Provinz Fujian mit ihren Jahrhunderte alten Rundburgen, sicheren Festungen für ganze Sippen und sicherer Verwahr für den angesammelten Wohlstand; Leobold, Hans: Chinas Familienkreis, in: DB mobil 10/02, S. 60–65.
52 Hein, Christoph: Vater und Sohn wetten auf die neue Technologie, in: FAZ Nr. 218 vom 19.9.2002.
53 Oehrlein, Josef: Der Staat als Familienbetrieb, in: FAZ Nr. 238 vom 14.10.2002, S. 12.
54 Abbildung in: Wegener, Stephan: Die Familie Thyssen, a.a.O., S. 14.

Isaak Thyssen (1766–1845)

kunstsinnige Bildung schlossen einander keineswegs aus, sondern „adelten" den Bürger – und dass musste man nicht verbergen, sondern durfte man stolz präsentieren. Friedrich und insbesondere Katharina Thyssen hatten einige „Talente" mitbekommen, und sie haben durch Fleiß, Sparsamkeit und bescheidene Lebensführung viele weitere dazu gewonnen. Seinen Anteil an dem von ihm geführten Unternehmen verdoppelte Friedrich Thyssen auf 20 Prozent. Es war jedoch immer noch mittelgroß, und Friedrich schaffte es nicht, die Miteigentümer zur Bereitstellung des für Umbau und technische Erweiterung erforderlichen Kapitals zu bewegen. Deshalb verließ er Ende der 1850er Jahre das Unternehmen, erwarb in Eschweiler ein größeres Haus und gründete ein privates Bankunternehmen mit Wechselstube. Während sein Vater noch fast mittellos gestorben war, gelang es dem Sohn, ein stattliches Vermögen zu bilden. Als er starb, betrug es fast 230.000 Mark – eine ansehnliche Kapitalausstattung für ein Bankhaus dieser Größe; 1888, beim Tode seiner ihn um mehr als zehn Jahre überlebenden Witwe, war es auf 273.000 Mark angewachsen.[55] Friedrich war Mitglied und mehrere Jahre Vorsitzender des Kirchenvorstandes sowie Mitglied der Eschweiler Stadtverordnetenversammlung, war also in Kirchen- und politischer Gemeinde hoch angesehen; sein Wort hatte Gewicht und Bedeutung.

Der Wirtschaftshistoriker Walther Däbritz sah später in der Vereinigung von Friedrich und Katharina Thyssen die Voraussetzung für eine Potenzierung der positiven Anlagen beider Familienzweige.[56] Dass Eigenschaften vererbt werden können, das wird allgemein angenommen – allerdings keineswegs nur die positiven. In der Tat waren deren Kinder nicht weniger gewissenhaft, arbeitsam und persönlich anspruchs- und bedürfnislos. August Thyssen, der älteste von insgesamt acht Geschwistern, galt sogar als Fanatiker der Arbeit. Alle Kinder erhielten eine gute Erziehung, aber die Ausbildung, die August zuteil wurde, war außergewöhnlich, und das dürfte nicht zuletzt auf dessen stark ausgeprägten Eigenwillen und die Zähigkeit, mit der er das von ihm Begonnene verfolgte und zu Ende brachte, zurückzuführen sein.[57] Schon auf der Höheren Bürgerschule in Aachen hatte er sich ungern von anderen lenken lassen.

Mit dem Großherzoglich Badischen Polytechnikum in Karlsruhe, der späteren Technischen Hochschule, besuchte er 1859–1861 eine der besten Schulen für die technische Ausbildung in Deutschland; hier wirkten u. a. Redtenbacher und Eisenlohr.[58] Anschließend verbrachte er auf eigenen Wunsch ein Jahr auf dem Institut Supérieur du Commerce de l'Etat in Antwerpen. Während in Karlsruhe die Fächer Maschinenbau und Bauwesen auf dem Studienplan gestanden hatten, interessierte ihn in Antwerpen die kaufmännische Ausbildung mit Buchhaltung, Handelsrechnen, Warenkunde, Staatshaushaltskunde, Wirtschaftsgeografie und vor allem Sprachen. Nach der Erfüllung seiner Dienstpflicht als einjährig Freiwilliger trat er in das Bankgeschäft des

55 Baumann, Carl-Friedrich: August Thyssen (Vortrag vor der Westdeutschen Gesellschaft für Familienkunde, 1993 – Ms. im Mannesmann-Archiv, R2.3100).
56 Vgl. Anm. 44.
57 Matschoß, Conrad: August Thyssen und sein Werk, a.a.O., S. 333–345.
58 Matrikel der TH Karsruhe, Matrikel 1859/60, Nr. 202; 1860/61, Nr. 171.

Familie Friedrich und Katharina Thyssen

Vaters ein, wo er sich auch die Praxis unternehmerischer Tätigkeit aneignete. 1866 wurde er einberufen und zum Leutnant der Reserve ernannt. Im Deutschen Krieg kam er als Bataillons-Adjutant zum Einsatz. Beim Militär lernte nicht nur August Thyssen, nach klaren militärischen Grundsätzen Operationen zu führen. Er erkannte, dass dies auch für Wirtschaftsunternehmen die einfachste Lösung war und handelte später im eigenen Unternehmen konsequent nach dieser Prämisse. Seine Unternehmensorganisation zeigte eine strenge hierarchische Gliederung mit Kompetenz und Verantwortlichkeit des jeweiligen Vorgesetzten auf jeder Ebene.

Im Frühjahr 1867 beteiligte er sich mit einer Einlage von 8.000 Talern als persönlich haftender Gesellschafter am neu gegründeten Bandeisenwalzwerk Thyssen, Fossoul & Co. in Duisburg. August Thyssen übernahm die kaufmännische Geschäftsführung. Mit den Kommanditisten, Mitgliedern der Familie Bicheroux, waren die Thyssens seit längerem befreundet. Und wenige Monate nach der Gründung des Unternehmens heiratete Balbina Thyssen, die Schwester von August und Joseph, ihren Verlobten Desiré Bicheroux. August hatte zu allen seinen Geschwistern ein sehr gutes Verhältnis, aber besonders nahe standen ihm sein Bruder Joseph und seine Schwester Balbina. Bei beiden war er häufiger zu Besuch; Balbina war auch letzte Zuflucht in den Wirren der Nachkriegszeit.

Obwohl das Unternehmen sich gut entwickelte und niemand August Thyssen in seine Arbeit hineinredete, war es nicht sein Unternehmen. Seiner selbstbewussten Persönlichkeit und seinem Streben nach Selbstständigkeit fühlte er Grenzen gesetzt. Wie zuvor schon sein Vater war er bereit, dafür einen gesicherten und gut bezahlten Posten aufzugeben. Bereits nach knapp vier Jahren schied er aus dem Bandeisen-Walzwerk wieder aus. Seine Einlage und die der Miteigentümer hatten sich in dieser Zeit vervierfacht. Mit seinen 32.000 Talern sowie einer gleich hohen Summe, die sein Vater als stiller Teilhaber zur Verfügung stellte, gründete August Thyssen im benachbarten Mülheim die Kommanditgesellschaft Thyssen & Co. Die rasche Entwicklung des Unternehmens zu einem der größten Montankonzerne im Deutschen Reich ist bekannt, desgleichen, dass August Thyssen fast bis zu seinem Lebensende die bestimmende Persönlichkeit in diesem seinem Unternehmen blieb.[59]

Wichtig dafür war vor allem, dass er sich niemals von fremden Geldgebern abhängig machte, die Einfluss auf seine unternehmerischen Entscheidungen hätten gewinnen können. Abgesehen davon, dass er den Kreditrahmen bis zum letzen ausschöpfte und außerdem die Verflechtung seiner Konzernunternehmen zur – stets legalen – Finanzierung nutzte,[60] stand ihm immer wieder die Familie zur Seite. Der Vater hatte bereits die

59 Rasch, Manfred: August Thyssen: Der katholische Großindustrielle der wilhelminischen Epoche, in: August Thyssen und Hugo Stinnes. Ein Briefwechsel 1898–1922, hrsg. von Manfred Rasch und Gerald Feldman, München 2003.

60 Pinner, Felix: August Thyssen, in: Deutsche Wirtschaftsführer, Charlottenburg 1925, bezeichnete ihn als „Meister des Personalkredits“, der vor allem „ein System des persönlichen Kredits ausbildete, das an kunstvoller Verknüpfung und Ergiebigkeit stärksten Aktiensystemen seiner Zeit nichts nachgab“.

August Thyssen (1842–1926)

Gründung ermöglicht. Schwester Balbina ließ sich 1875 die Anteile ihres verstorbenen Mannes am Bicherouxschen Familienunternehmen auszahlen und stellte die frei gewordenen Mittel ihrem Bruder August zur Verfügung. Nach dem Tod des Vaters, zwei Jahre später, erhielt er seinen Anteil an der Erbschaft. Balbina und Bruder Joseph, vermutlich auch die Mutter, stellten damals in erheblichen Maße weitere Mittel bereit – Joseph als Mitgesellschafter. Bereits 1872 hatte August Thyssen in eine wohlhabende Mülheimer Unternehmerfamilie eingeheiratet und war dadurch in den Besitz einer ansehnlichen Mitgift gelangt, die gleichfalls dem Unternehmen als Kapital zur Verfügung stand. Auch von kirchlichen Einrichtungen lieh er sich Geld, das fristgerecht verzinst und zurückgezahlt wurde. Lange Zeit war er der größte Schuldner Deutschlands.[61] Im übrigen handelte er nach den Grundsätzen eines „Königlichen Kaufmannes" – für den beispielsweise die heute im erschreckenden Umfang vorkommenden Bilanzfälschungen völlig fremd waren (für wen hätte er sie auch fälschen sollen!).

Der gelernte Bankkaufmann Joseph Thyssen, der seinem Bruder auch in der Unternehmensleitung beistand und vor allem für das den Konzern dominierende Röhrenwerk verantwortlich war, heiratete 1880 gleichfalls eine Frau aus einer Mülheimer Unternehmerfamilie. Die Mitgift in Höhe von 15.000 Talern dürfte zu einem guten Teil gleichfalls dem Kapitalstock von Thyssen & Co. zugeflossen sein. Das heißt, dass beim Auf- und Ausbau des Konzerns August Thyssen in einem Maße von seiner Familie unterstützt worden ist, ohne das eine derartige Entwicklung unter anderen Voraussetzungen vorstellbar wäre. August Thyssen hat diese Hilfe nicht notgedrungen hingenommen, sondern erbeten und – konform seinen Vorstellungen – bewusst eingeplant.

Zu einem guten Teil handelte es sich um ein Familienunternehmen, an dem Bruder Joseph Mitbestimmungsrechte hatte, wenn auch die letzte Entscheidung bei August Thyssen lag. Auf jeden Fall ist die Bedeutung von Joseph Thyssen für das Unternehmen wesentlich größer gewesen, als bisher immer dargestellt wurde. Die beiden Teilhaber praktizierten eine harmonische und wirkungsvolle Arbeitsteilung, die Joseph hauptsächlich den Innenbereich zuwies, jedoch keineswegs darauf beschränkte. Ebensowenig fühlte sich August allein für die Außenbeziehungen zuständig. Über seinen Bruder und dessen Mitwirkung urteilte August Thyssen 1922: „Er ist 36 Jahre lang bis zu seinem leider zu früh erfolgten Tode (...) mein treuer Mitarbeiter gewesen, der in guten und schlechten Zeiten mit mir durchgehalten hat, und an dem ich zeitlebens immer meine beste Stütze gehabt habe. Er hat jedenfalls mit mir zusammen die größte Entwicklung unserer Unternehmungen miterlebt, die ich gemeinschaftlich mit ihm und später mit seinen Söhnen und Neffen weiter ausgebaut habe, und wie sie heute unter meinem und dem Namen meiner Familie vereinigt sind." An einer anderen Stelle heißt es: „Das Unternehmen, das ich vor 51 Jahren gründete und mit meinem Bruder sowie mit meinen Söhnen, besonders meinem ältesten Sohn Fritz, und meinen Neffen zu dem heutigen Stande ausbauen konnte."[62]

61 Arnst, Paul: August Thyssen und sein Werk, a.a.O., S. 67.
62 Bericht für die Mülheimer Zeitung vom 3. März 1922, Mannesmann-Archiv, R2.3100.

Es liegt in der Natur des Menschen, dass er versucht, durch Nachkommen und Unternehmensnachfolger ein Stück Unsterblichkeit zu erwerben. Die Voraussetzungen dafür waren bei der Familie Thyssen durchaus vorhanden: Das Ehepaar August und Hedwig Thyssen hatte vier Kinder, darunter drei Jungen, das Ehepaar Joseph und Clara Thyssen zwei Söhne und eine Tochter. Zum Leidwesen von August Thyssen erwiesen sich seine eigenen Kinder seiner Auffassung nach als ungeeignet, um das von ihm geschaffene Werk fortzuführen oder auch nur zu erhalten. Von Fritz, dem ältesten

August Thyssen (1842–1926)

Joseph Thyssen (1844–1915)

Kind, abgesehen, war deren Sinnen und Trachten – wie das der Mutter – nur darauf ausgerichtet, möglichst rasch eine Standeserhöhung zu erreichen und in der Zwischenzeit schon so zu leben, wie es Angehörigen „edleren" Standes entsprach. August jr., Heinrich und Hedwig pflegten sich als „die aristokratische Linie des Hauses Thyssen" zu bezeichnen.[63] Insbesondere der „kleine" August hat es damit – als Angehöriger der „feudalen" Leibschwadron der Gardehusaren in Berlin, durch die Mitgliedschaft im feudalen Union-Club und durch den Erwerb eines Rittergutes – soweit gebracht, dass der entsetzte Vater zum verzweifelten Versuch der Entmündigung und Einweisung in ein Nervensanatorium griff.

63 Arnst, Paul: August Thyssen und sein Werk, a.a.O., S. 73.

Ihm selbst war das Gieren nach Adelstiteln und der Wunsch, in diesen Kreisen zu verkehren, nicht nur fremd, sondern sogar zuwider. Als zu Recht stolzer und selbstbewusster Bürger bedurfte er solcher äußeren, seines Erachtens inhaltsleeren Auszeichnungen nicht; und der Umgang mit der „Hofkamarilla" war nicht nur Zeitverschwendung, sondern kostete darüber hinaus auch noch viel Geld, das im Unternehmen besser angelegt war. Familiendynastie ja, aber in ihrer bürgerlichen, ehrlicheren Variante, daran gab es für August Thyssen keinen Zweifel. „Bürgerkrone" oder „Adelswappen", „gerader Rücken" oder „Hofknix", der „Hände Arbeit" oder „Glanz der Welt", das waren für August Thyssen keine ernst zu nehmenden Alternativen. Er war Ehrendoktor und mehrfacher Ehrenbürger, aber auf seinem Briefbogen stand nur August Thyssen. Als ihm ein staatlicher Orden verliehen werden sollte, lehnte er ab und schlug statt dessen seinen Bruder Joseph vor.

Seiner großen Enttäuschung über die Kinder und Nachfolger gab er in einem Schreiben vom 11. Juli 1902 an Carl Klönne Ausdruck: „Ich sehe alle meine Hoffnungen vernichtet, weil meine Kinder von meinen Errungenschaften den unwürdigsten und unglaublichsten Gebrauch machen wollen und werden."[64] Wenn August Thyssen trotz aller Enttäuschungen immer wieder die Versöhnung mit seinen Kindern suchte, dann ist die Erklärung darin zu suchen, dass er der Vater blieb („Blut dicker als Wasser" ist) und die Hoffnung nicht aufgab, in ihnen doch noch Mithelfer und Nachfolger zu finden. Dafür war er bis zuletzt bereit, manches hinzunehmen und zu verzeihen; denn auf alle Fälle sollte das Familienunternehmen Thyssen erfolgreich weiter geführt werden. Dabei spielten auch die beiden Söhne von Joseph Thyssen, Julius und Hans, eine wesentliche Rolle. Dass dies mehr der Familie und dem Verdienst des bereits verstorbenen Bruders als dem Versagen der eigenen Kinder geschuldet war, lässt sich zwar nicht mit letzter Sicherheit feststellen, ist aber mehr als wahrscheinlich. Zu eng war das Verhältnis der Brüder untereinander sowie das von August zu seinen Neffen.[65]

Schließlich sind jedoch – mit Willen von August Thyssen – die wesentlichen Teile des Unternehmens in eine große Kapitalgesellschaft eingebracht worden, an der die Familien Thyssen nicht mehr die Mehrheit der Anteile hielten. Zumindest blieb für die Unternehmensteile der Name Thyssen erhalten; das gilt auch für die von Heinrich Thyssen-Bornemisza übernommene August Thyssensche Unternehmungen des In- und Auslandes GmbH, die später in der selbstständigen Unternehmensgruppe Thyssen-Bornemisza geführt wurde und sich zu einer vorwiegend international tätigen Holding für zahlreiche, breitgefächerte industrielle und Dienstleistungsaktivitäten entwickelte.[66] Verhindert wurde dadurch, dass das Unternehmen durch familieninterne Streitigkeiten scheiterte. Andererseits ist dieser Fall ein Beleg mehr dafür, dass „ein Streit, der in der Familie beginnt, (...), auch Eingang in unternehmerische Ent-

64 Zitiert von Wegener, Stephan: Die Familie Thyssen, a.a.O., S. 37.
65 Vgl. dazu ders., S. 43.
66 Vgl. Rasch, Manfred: Vom geplanten Bau eines Denkmals für August Thyssen in Hamborn, a.a.O., S. 287.

scheidungen findet."[67] Wenn auf der einen Seite das Zusammenhalten, das vertrauensvolle Zusammenwirken und das kluge Heiraten zu den Grundlagen eines Familienunternehmens gehören, so schwächen es auf der anderen über Jahre sich hinziehende Auseinandersetzungen nachhaltig.

August und Joseph Thyssen dachten als Unternehmer rational und nach Leistungskriterien. So verhielten sie sich auch gegenüber ihren Kindern, die das Unternehmen erfolgreich weiterführen sollten. Da diese jedoch als Kinder und Familienmitglieder eher emotional und nach Bedürftigkeit dachten und handelten, waren Konflikte zwischen den Generationen, denen, die das Unternehmen aufgebaut hatten und denen, die es mit der Verpflichtung zur Weiterentwicklung übernehmen sollten, fast unausweichlich. In diesem Zusammenhang ist es bezeichnend, dass beide mit ihren eigenen Kindern recht streng umgingen, während August mit seinen Neffen wesentlich großzügiger verfuhr. Einiges spricht dafür, dass dies auch bei Joseph und den Kindern von August so gewesen ist – leider ist Joseph zu früh verstorben. Letztlich beabsichtigten sie jedoch durch diese verfehlte, auf jeden Fall nicht erfolgreiche Erziehung, die Unternehmensnachfolger auf ihre Aufgaben vorzubereiten, sie zu befähigen, das Unternehmen und die Familiendynastie fortzuführen. Von nicht zu überschätzender Bedeutung für den Zusammenhalt der Familie und die Bemühungen um eine Dynastiebildung waren in der späteren Phase die Wohnhäuser von Joseph und August Thyssen. Zunächst hatten beide eher bescheidene Häuser in unmittelbarer Nähe oder in der näheren Umgebung der Mülheimer Fabrik, des Stammwerkes, bewohnt. Von der ersten Villa, die August Thyssen in unmittelbarer Nähe seines Stammwerkes in Mülheim an der Ruhr hatte errichten lassen, existieren weder Fotos noch Grundrisse; allerdings lassen die Grund- und Aufrisszeichnungen sowie die Beschreibungen von Pferdestall und Kutscherhaus auf eine überaus gediegene und durchaus repräsentative Gesamtanlage schließen; dafür spricht auch, dass diese Villa nach dem Umzug von August Thyssen nach Landsberg von Fritz Thyssen und dessen Frau bewohnt wurde.[68] Erst gegen Ende des Jahrhunderts, als das Unternehmen bereits zu einem beträchtlichen Umfang entwickelt worden war, entschieden sich die Brüder für Häuser, die ihrer bürgerlichen Stellung und Auffassung entsprachen. Joseph ließ sich von prominenten Architekten in bevorzugter Wohnlage eine Villa errichten, in der die Familie ein gern aufgesuchtes Ziel fand und in der die beiden Brüder ihren gesellschaftlichen Verpflichtungen genügten.[69] Ersteres ist die Villa mit ihrem Park auch noch lange nach dem Tode von Joseph und Clara sowie deren Kindern geblieben; selbst heute wird sie, obwohl zwi-

67 May, Peter: Auch die Familie braucht professionelles Management; in FAZ vom 15.3.2003.

68 Vgl. Maas, Barbara: Im Hause des Kommerzienrats. Villenarchitektur und großbürgerliche Wohnkultur im Industriezeitalter. Das Beispiel Mülheim an der Ruhr, Mülheim 1990, S. 30 und 153.

69 Kierdorf, Alexander: Industriewohnsitze im Ruhrgebiet 1900–1914 (59. Veröff. d. Abt. Architekturgeschichte des Kunsthist. Instituts der Univ. Köln), Köln 1996, S. 37–55, 267–270.

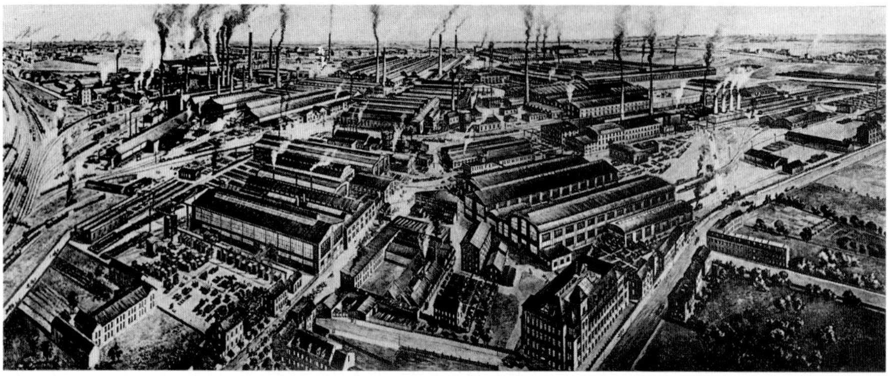

Das Werk Mülheim an der Ruhr, vor 1913

schenzeitlich an eine Einrichtung des Landes Nordrhein-Westfalen vermietet und seit kurzem Sitz der Firma Thyssen & Co., noch für besondere Veranstaltungen der Familie Joseph Thyssen genutzt.

Weit mehr noch als die Villa Joseph Thyssen war ab 1905 das nach den Vorstellungen von August Thyssen umgebaute und eingerichtete Schloss Landsberg zunächst wichtigster Sammelpunkt und später geografischer Ankerpunkt der Thyssenfamilie.[70] An vielen Sonntagen hatte hier August Thyssen seine Geschwister und deren Ehepartner/innen zu Gast – man sprach sogar von der „sonntäglichen Runde".[71] Auch die Kinder, insbesondere Fritz und Heinrich mit ihren Frauen und Kindern sowie die Neffen mit ihren Familien hielten sich hier je länger je lieber auf. Das Anwesen strahlte außen wenig Bürgerliches aus und verbarg seine adelige Herkunft nicht. Für August Thyssen war das von nachgeordneter Bedeutung. Die ruhige Lage in malerischer und vor allem gesunder Umgebung, in der Nähe seiner Unternehmenszentrale und wichtigen Produktionsstätten hatte den Ausschlag für den Erwerb gegeben – das schließt Besitzerstolz keineswegs aus. Ferner ist zu beachten, dass der Erwerb eines derartigen Anwesens und dessen Umbau bzw. Umgestaltung durch bekannte Architekten als Zeichen guter Bonität galt; das war gerade in einer Zeit, in der das Unternehmen einen finanziellen Engpass zu überwinden hatte, von nicht geringer Bedeutung. Das Innere atmete durch und durch gediegene Bürgerlichkeit. Das betrifft das Mobiliar, die Bibliothek und auch die Kunstwerke. Bei vielen Gemälden handelt es sich um Kopien allgemein als vorbildlich anerkannter Werke; auch die Struktur seiner, allerdings kleinen, Bibliothek verrät die Orientierung an bürgerlichen Vorstellungen von klassischer Literatur.

Eine Ausnahme bildeten die Plastiken von Rodin. Es waren Originale, deren Wert die finanziellen Möglichkeiten des weitaus überwiegenden Teils der Bürger bei weitem

70 Ebd., S. 57–74, 271–280.
71 Vgl. Arnst, Paul: August Thyssen und sein Werk, a.a.O., S. 41, Abb. 17.

Villa Joseph Thyssen

überstieg und für die in bürgerlichen Wohnungen meist auch der Platz fehlte. Von den insgesamt sieben zwischen 1905 und 1908 bestellten Marmorskulpturen fanden allein fünf ihren Platz im Wintergarten von Schloss Landsberg. Nach Manfred Rasch wirkte er dadurch – „aus heutiger Sicht – überfüllt wie ein fürstliches Raritätenkabinett".[72] August Thyssen kannte den Künstler persönlich, besuchte ihn bei seinen Aufenthalten in der französischen Hauptstadt, und er, der sonst jede Minute arbeitsam zu nutzen wusste oder besser musste, konnte diesem stundenlang bei der Arbeit zuschauen. Er förderte diese Kunst, die ihm gefiel und die er seinen Gästen nach festem Ritual stolz präsentierte.

Es versteht sich von selbst, dass in allen Wohnhäusern, Verwaltungen und Produktionsstätten von Thyssen Porträts von August Thyssen – teilweise auch von Joseph Thyssen – in Öl, in Marmor oder Bronze gezeigt wurden und auch noch heute werden.[73] Manfred Rasch hat darauf aufmerksam gemacht, dass es schon um die Zeit der

72 Rasch, Manfred: Vom geplanten Bau eines Denkmals für August Thyssen in Hamborn, a.a.O., S. 289.

73 In der Zentralverwaltung der Mannesmannröhren-Werke AG in Mülheim an der Ruhr, der ehemaligen Verwaltung von Thyssen & Co., hängen seit den 1920er Jahren im Büro des Vorstandsvorsitzenden die auf Seite 49 dieser Abhandlung abgebildeten, überlebensgroßen Porträts von August und Joseph Thyssen.

Die sonntägliche Runde in Schloss Landsberg: Theres'chen Hoosemans, Joseph Thyssen, Klara Thyssen, Amelie Thyssen, Galbina Bicheroux, August Thyssen, Julus Thyssen, Jula Thyssen und Fritz Hoosemans

Jahrhundertwende zwei lebensgroße Porträtbüsten von August Thyssen gab, eine Marmorarbeit des Florentiner Bildhauers Raffaello Romanelli (Ort und Name sind bereits fürstliche Attribute!) von 1896 sowie eine Bronze des Bonner Bildhauers Albert Küppers von 1906. Anlässlich der Vollendung des 80. Lebensjahres von August Thyssen ließ die Stahlwerks-Verband AG dessen Kopfbüste durch den renommierten Berliner Künstler Georg Kolbe schaffen. August Thyssen „beabsichtigte sogar, seine Porträtbüste durch Auguste Rodin fertigen zu lassen und wollte zu notwendigen Sitzungen nach Paris reisen; aber wegen Terminschwierigkeiten des viel beschäftigten Rodins blieb es bei der Absicht". In Anbetracht dessen, dass „ursprünglich nur Fürsten zu Lebzeiten Büsten von sich aufstellen ließen, ist die Schaffung dreier Porträtbüsten zu Lebzeiten an sich schon ungewöhnlich (...) noch ungewöhnlicher [ist es], dass August Thyssen anlässlich seines 80. Geburtstages mindestens 600(!) Porträtpostkarten von dem durchaus bekannten Duisburger Hoffotografen Richard Gerling fertigen ließ, um sie an die Gratulanten zu versenden".[74]

Sollten die bisherigen Ausführungen noch einen Zweifel daran gelassen haben, dass August Thyssen bewusst in der Familientradition gestanden und zugleich eine eigene

74 Rasch, Manfred: Vom geplanten Bau eines Denkmals für August Thyssen in Hamborn, a.a.O., S. 288–289, Zitat S. 289.

Marmorbüste von Raffaello Romanelli, 1896

Das Mausoleum Familie August Thyssen in Schloss Landsberg

Familientradition begründet hat, die viele äußere und innere Merkmale einer (groß-) bürgerlichen Dynastiebildung aufweist, so wird dieser durch die Handlung von August Thyssen, mit der er verfügte, dass Schloss Landsberg nicht verkauft, sondern für immer im Besitz der Familie verbleiben sollte, beseitigt. Und daran haben die Nachfahren sich gehalten. Baron Heinrich Thyssen-Bornemisza und dessen Sohn sind regelmäßig auf Landsberg gewesen. Vor zwei Jahren waren Mitglieder aller Thyssenfamilien hier zu Gast.

Und eins sollte in diesem Zusammenhang nicht vergessen werden, nämlich, dass sich auf Landsberg auch das Mausoleum befindet. Hier in der „Familiengruft" ruht August Thyssen in einem Marmor-Sarkophag; darauf liegt die lebensgroße Nachbildung des Verstorbenen in Bronze, geschaffen von dem Bildhauer und Medailleur Ludwig Habich und gegossen von der Firma A. Brandstetter in München. Es ist ein Grabmal, das einem Vertreter fürstlicher Herkunft zur Ehre gereichen würde. Und bei ihm haben – in Übereinstimmung mit der Definition einer Dynastiebildung – weitere Mitglieder seiner Familie ihre letzte Ruhestätte gefunden. Allerdings ist zu berücksichtigen, dass diese Art der Bestattung nicht auf einen Vorschlag von August Thyssen zurückging und auch nicht sein Wunsch war, ja nicht einmal seinen Vorstellungen entsprach. Es war der Wunsch der Kinder, und dieser realisierte Wunsch gibt einen starken Hinweis darauf, dass diese die vom Vater und Großvater erstrebte Dynastiebildung bejahten und nachdrücklich unterstützten. Auch die Einrichtung eines Familienarchivs auf Schloss Landsberg, die vom Vorstand der August-Thyssen-Stiftung beschlossen wurde, kann in diesem Zusammenhang angeführt werden.

Schließlich ist hier noch ergänzend anzumerken, dass sogar Denkmäler geplant waren, die im öffentlichen Raum dankbar an den großen Industriellen erinnern sollten. Das erste Unternehmerdenkmal war 1843 in Gotha für den Politiker und Versicherungsgründer Ernst Wilhelm Arnoldi errichtet worden, und erst „ab den 1880er Jahren lassen sich verstärkt singuläre Unternehmerdenkmale im deutschsprachigen Raum nachweisen".[75] Manfred Rasch schließt nicht aus, dass in Hamborn, um dessen Entwicklung sich August Thyssen außerordentliche Verdienste erworben hatte, die bereits 1911 durch die Ernennung zum ersten Ehrenbürger, 1913 durch die entsprechende Benennung einer Straße und einer Schule sowie 1922 durch die Erneuerung des Ehrenbürgerbriefs anerkannt worden waren, bereits zu Lebzeiten von August Thyssen Pläne zur Errichtung eines Denkmals nachgedacht worden ist. Über ein Modell der Gesamtanlage und die Schaffung des Kopfes in dreifacher Größe für das Original-Denkmal ist das Projekt nicht hinausgekommen.[76]

75 Ebd., S. 284.

76 Vgl. dazu und zu den Gründen für das Scheitern des Projekts: ebd., S. 291, 296–302, 308–309.

Stephan Wegener

Zur Geschichte der Familie Thyssen

1. Die Gründer

Friedrich und Katharina Thyssen und ihre Kinder

Das erste Mitglied der Familie, das sich mit der Familiengeschichte eingehend befasste, war der Aachener Notar Hermann Jungbluth, der mütterlicherseits von der Familie Thyssen abstammte. Sein Großvater war Jakob Thyssen (1808–1861), der sich als Sozialpolitiker und Mitarbeiter von David Hansemann einen Namen gemacht hat.

Hermann Jungbluth erarbeitete in den 1930er Jahren den ersten Stammbaum der Familie Thyssen, der bis ins 18. Jahrhundert zurückreicht. Der Name Thissen[1] lässt vermuten, dass die Familie ursprünglich aus den Niederlanden stammt. Aber schon im 18. Jahrhundert finden wir die Thissens im Aachener Raum,[2] deren Mitglieder als Pächter, Handwerker, Händler, Kleriker und Beamte vorwiegend zum bürgerlichen Mittelstand gehörten.

Der Stammvater der Familie, Isaak Lambert[3] Thissen (1685–1773), saß zunächst als Pächter auf Gut Schlottfeld, das, in der Nähe des Ponttores im Pfarrbezirk Laurensberg vor den Toren Aachens gelegen, noch zum Gebiet der freien Reichsstadt gehörte, und je zur Häfte Besitz der holländischen Familie Pelzer und der Aachener Familie Kahr war. Als 1738 der Hof abbrannte, zog Isaak mit seiner Familie nach Aachen, wo er zunächst mit arger Not zu kämpfen hatte, bis es ihm 1740 gelang, eine Stellung als städtischer Heumesser zu finden. Als solcher war er für die städtischen Weiden zuständig und musste die Heuschober auf Brandgefahr hin kontrollieren. Er war dreimal verheiratet. Ein Sohn aus erster Ehe, Nikolaus (1727–1778), erlernte das Bäckerhandwerk, wurde Meister, später Obermeister der Bäcker-Innung, wodurch ihm der Aufstieg zum Ratsherrn der damals noch freien Reichsstadt Aachen und damit in die städtische Aristokratie gelang.

1 Der Name käme demnach vermutlich von Mathis-sohn. Das von dem Domkapitular Eugen Thissen (1813–1877) entworfene Wappen weist folglich auf den Hl. Mathias hin, der ja bekanntlich enthauptet wurde. In der Mathias-Kirche in Trier wird sein Haupt aufbewahrt.

2 Manfred Rasch hat in seinem zusammen mit Feldman herausgegebenen Briefwechsel zwischen August Thyssen und Hugo Stinnes eine anschauliche Schilderung der wirtschaftlichen und industriellen Entwicklung des Aachen-Eschweiler-Raumes im 19. Jahrhundert gegeben. August Thyssen und Hugo Stinnes. Ein Briefwechsel 1898–1922, hrsg. von Manfred Rasch und Gerald Feldman, München 2002, S. 17ff.

3 Der Name Isaak Lambert kommt von seinem Paten, dem Gutsinhaber gleichen Namens.

Sein gleichnamiger Sohn (1763–1814) lernte ebenfalls das Bäckerhandwerk, avancierte dann aber zum Stadtschreiber,[4] ein Amt, das dem heutigen Stadtdirektor entspricht. In dieser Eigenschaft musste Nikolaus Thissen 1811 auf Anweisung des französischen Präfekten – Aachen war in napoleonischer Zeit Sitz des Departements Roer – die Feierlichkeiten aus Anlass der Taufe des „Königs von Rom" vorbereiten.

Johann Isaak Thyssen (1766–1845).

Es war jener Nikolaus Thyssen, der, um Verwechslungen mit seinen Vettern zu vermeiden, seinen Namen in Thyssen änderte. Er heiratete 1792 Christine Nellessen (1766–1818), die einer aufstrebenden Aachener Industriellenfamilie entstammte. Wir finden die Nellessens[5] später als Teilhaber sowohl an der Aachen-Münchner-Feuerversicherung wie auch an der Draht-Fabrik-Compagnie.

Aus der Ehe von Nikolaus und Christine ging als sechstes Kind der Sohn Johann Friedrich hervor (1804–1877), der Vater von August und Joseph Thyssen. Friedrich heiratete am 1. Oktober 1838 eine Cousine[6] ersten Grades, Katharina Eleonore Thyssen (1814–1888). Ihr Vater Isaak Thyssen (1766–1845) war nach dem frühen Tod von Friedrichs Eltern dessen Vormund gewesen. Als ein vermutlich wohlhabender Spezereiwaren-Händler ließ er als erstes Familienmitglied ein Bild von sich anfertigen, das ihn als einen musisch interessierten, selbstbewussten und arrivierten Bürger seiner Zeit zeigt. Seiner Tochter Katharina gab er eine Mitgift von 600 Talern nebst Möbel und Kleidungsstücken mit in die Ehe, was Friedrich, der mittellos war, sicherlich sehr zu statten kam.

4 Sein klangvoller französischer Titel lautete: „Sécretaire adjoint près de L'administration municipale".

5 Tilla Vahle, eine Freundin aus Kuni Thyssens „Römerkränzchen", des Freundeskreises derer, die zusammen in der Villa Lante in Rom waren, hatte ihr Geld und Gut Schöntal von einer Tante Fin Nellessen geerbt. Das Nellessensche Familiengrab befindet sich auf dem Friedhof oberhalb von Schöntal.

6 Diese Verwandtenehe ist später oft für die schwachen Nerven mancher Familienmitglieder verantwortlich gemacht worden. Und in der Tat gibt es in jeder Generation Sonderlinge oder Personen, die mit psychischen Problemen zu kämpfen hatten. Der Wirtschaftshistoriker Walther Däbritz, der eine Biographie von August Thyssen verfasst hat, sah in dieser Verwandtenehe eher einen Grund für eine Potenzierung der Begabungen bei August. Vermutlich haben beide Recht, denn außerordentliche Begabungen und psychische Schwierigkeiten liegen ja oft dicht beieinander. Däbritz, Walther: August Thyssen, in: Stahl und Eisen, Nr. 32, 62. Jg. 1942, S. 668.

Die von Napoleon 1805 verordnete, gegen die englische Industrie gerichtete Kontinentalsperre sollte für die Geschichte der Familie Thyssen von Bedeutung werden. Besonders der linksrheinische Wirtschaftsraum, der nun gegen billige englische Importe geschützt war, erlebte im Zusammenhang mit der von der französischen Regierung eingeführten Gewerbefreiheit einen wirtschaftlichen Aufschwung, der in den 1830er Jahren zu einer ersten Industrialisierungsphase im Aachener Raum führte. Der Aachener Raum bot hierzu gute Voraussetzungen, weil hier eine blühende Tuchindustrie zu Hause war und in der nahen Eifel eine nicht unbedeutende Eisen verarbeitende Industrie existierte.

Friedrich hat die Chancen seiner Zeit genutzt, obwohl seine persönlichen Voraussetzungen zunächst eher ungünstig waren. Aber mit Entschlossenheit und Härte, deren es in den Anfängen der Industrialisierung bedurfte, und die besonders in den späteren Jahren deutliche Spuren in seinem strengen, ja harten Gesichtsausdruck[7] hinterließen, gelang ihm der Aufstieg. Er hatte bereits mit zehn Jahren den Vater und mit 13 die Mutter verloren. Da die Eltern offenbar kein Vermögen hinterlassen hatten, stand er mittellos da und musste obendrein noch seine jüngeren Geschwister versorgen. Diese Situation zwang ihn, seine Ausbildung an der Bürgerschule abzubrechen und bei seinem Onkel Mathias Wergivosse[8] in die Banklehre zu gehen. 1834 wird er in Eschweiler, das damals rund 13.000 Einwohner hatte, Direktor der 1822 von dem Engländer Samuel Dobbs gegründeten „Draht-Fabrik-Compagnie", eine Aktiengesellschaft mit einem Kapital von 12.000 Talern courant bei einem Wert von 400 Talern pro Aktie und das erste deutsche Walzdraht-Unternehmen, das Kratzendraht für die Aachener Tuchindustrie herstellte. Die Initiative zur Gründung des Unternehmens war von dem Eschweiler Bergwerksbesitzer Ferdinand Englerth-Thelosen ausgegangen. Zu den Geldgebern gehörten führende Aachener Unternehmerfamilien, wie Nellessen, Springsfeld, Beissel und Monheim. Ab 1836, also bereits zwei Jahre nach seinem Eintritt, wurde auch Friedrich Thyssen Teilhaber, wobei ihm die Mitgift seiner Frau den Erwerb möglicherweise erleichtert hat. Im selben Jahr wurden die Statuten mit Hilfe des Notars Daniels neu gefasst und das Aktienkapital auf 26.400 Taler erhöht. 1852 verlängerten die Teilhaber den Gesellschaftervertrag um 15 Jahre. 1865 wurden die Statuten und der Name in „Eschweiler Drahtfabrik Compagnie" geändert.

7 Von Friedrich und Katharina gab es je ein Porträt. Beide befanden sich zunächst im Besitz der Familie Rüsges. In den 1930er Jahren gingen sie an Ella Schiefers, Tochter von Thres'chen Hoosemans. Katharinas Porträt wurde dort im Krieg zerstört. Friedrichs Porträt wurde nach dem Krieg von Jula Thyssen übernommen und befindet sich heute, wie alle im Stamme Joseph überkommenen Familiengemälde, im Besitz der Jula-Thyssen-Stiftung. Von Friedrich gibt es ferner ein Foto, bei dem sich schlecht sagen lässt, ob es sich um ein Foto oder das Foto eines Gemäldes handelt.

8 Sein Vater Mathias Wergivosse (1773–1818) stammte ursprünglich aus Hervée/Belgien, ging dann nach Aachen und war mit Josepha Thissen, einer Cousine von Nikolaus Thyssen, verheiratet.

Eschweiler Drahtfabrik, gegründet 1822.

Friedrich und Katharina waren in ihrem Lebensstil ein typisches Unternehmerehepaar der frühen Industriezeit. Anspruchslos und fleißig wohnten sie in einem einfachen Ziegelhaus an der Mühlenstraße 30 auf dem Gelände des Unternehmens, wobei ein Teil der unverheirateten Arbeiter mit im Haushalt lebte. Katharina läutete morgens die Glocke, um die Arbeiter zu wecken und zog das Schleusengatter auf, (der Betrieb arbeitete zunächst mit der Wasserkraft des Flüsschens Inde) damit das nötige Wasser auf die Schaufelräder umgeleitet wurde. Friedrich war neben seiner beruflichen Tätigkeit als frommer Katholik über 20 Jahre Mitglied des Kirchenvorstandes der St. Peter und Pauls Pfarre und später auch im Eschweiler Stadtrat. Ansonsten war er, wie später auch seine Söhne, gesellschaftlichen Kontakten gegenüber fast ablehnend, selbst dann, wenn es sich um familiäre Feste handelte.

Die Tatsache, dass Friedrich nur ein Minderheitsaktionär des Unternehmens war, behinderte ihn bald in seinen unternehmerischen Plänen, denn die anderen Teilhaber waren offensichtlich nicht bereit, immer wieder entsprechendes Kapital nachzuschießen, um den Betrieb zu erweitern und technisch wettbewerbsfähig zu halten. Als die Firma dadurch 1859 in Schwierigkeiten geriet, zog Friedrich die Konsequenzen und ließ sich auszahlen. Er schied aber offensichtlich nicht ganz aus dem Unternehmen aus, denn auf der erwähnten Aktie Nr. 2 ist von ihm noch handschriftlich der Verkauf der Aktie durch Englert-Thelosen am 12. Januar 1861 vermerkt. Er zog mit seiner Familie in das Zentrum der Stadt, wo er in der Dürener Straße 4, in der Nähe von Kirche und Rathaus, ein größeres Haus erwarb und dort mit seinem Kapital ein privates Bankgeschäft sowie eine Wechselstube gründete.

Das Haus existiert noch heute, wenn auch innen stark verändert. Eine mündliche Schilderung des Hauses stammt von Ella Schiefer, der Tochter von Thres'chen Hoosemans, geb. Thyssen. Danach waren im Parterre die Räume der Bank und die Wirtschaftsräume der Familie untergebracht, im ersten Stock gab es einen großen, saalähnlichen Wohnraum und die Schlafzimmer der Eltern, darüber die Zimmer der Kinder und des Gesindes. Wie bei vielen Kaufmannsfamilien des 19. Jahrhunderts noch üblich und wie Thomas Mann es in den „Buddenbrooks" geschildert hat, waren Wohnen und Arbeiten noch unter einem Dach vereint.

Das Haus ging nach dem Tode von Friedrich Thyssen 1877 an seine älteste Tochter Marie Rüsges, da Mutter Katharina nach dem Tode ihres Mannes 1877 nach Düsseldorf auf die Bismarckstraße, also in die Nähe ihrer Tochter Balbina, zog, die dort seit 1875 auf der Hohenzollernstraße wohnte.

Wie die Entwicklung der Geschäfte von Friedrich Thyssen zeigen, bestand in Eschweiler offensichtlich Bedarf an einem Bankinstitut, wie Friedrich Thyssen es gegründet hatte. Hier konnten die Bürger nicht nur ihre Spargroschen anlegen und die Marktleute ihr Geld deponieren, sondern man wechselte auch die unterschiedlichen Währungen bzw. Münzen, die im Aachener Dreiländer Eck, wie in ganz Deutschland noch bis in die Mitte der 70er Jahre des 19. Jahrhunderts, im Umlauf waren. Vor 1870 liefen in den Staaten des Deutschen Bundes rund 300 verschiedene Sorten an Münzen und Papiergeld um. Mit der Einführung der Mark als einheitlicher Währung ging man

Wohn- und Bankhaus der Familie Thyssen in Eschweiler,
Dürener Straße 4 (heutiger Zustand).

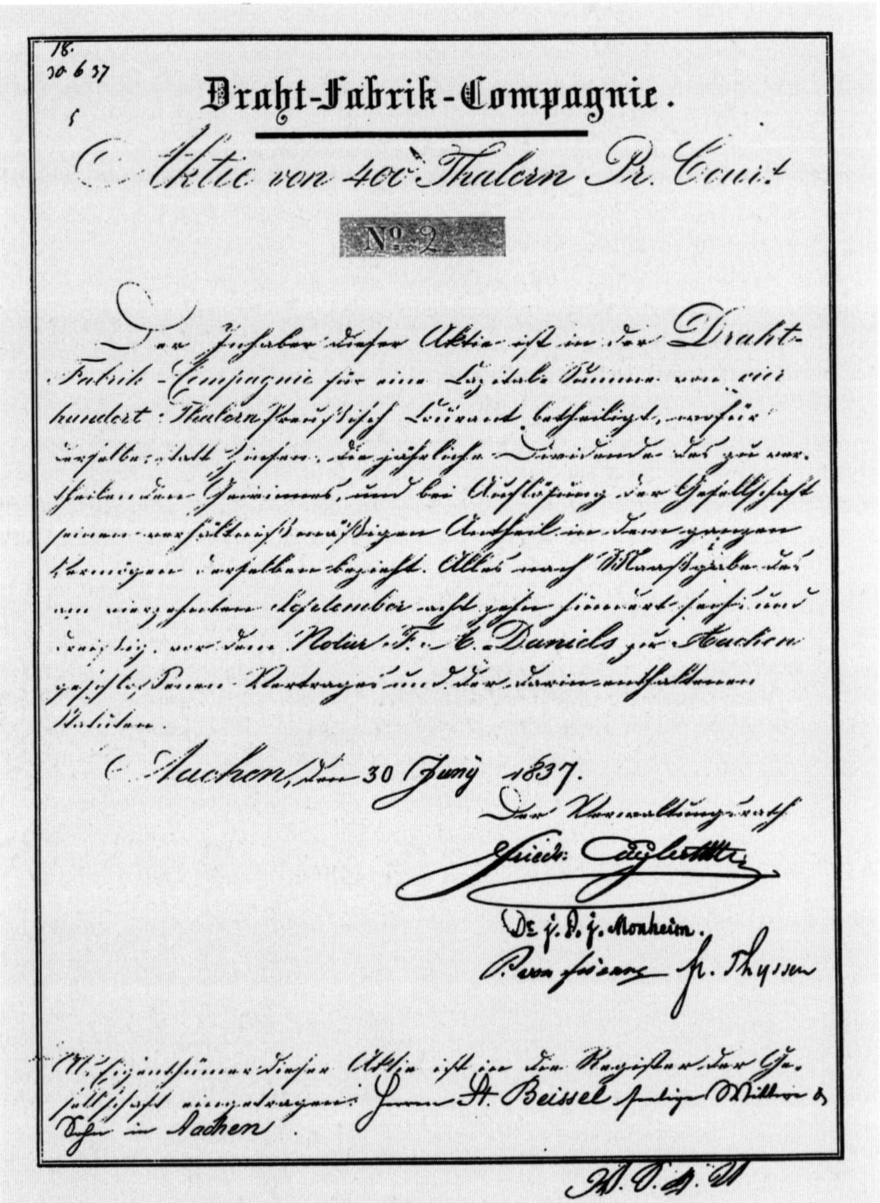

Draht-Fabrik-Compagnie.

Aktie von 400 Thalern Pr. Cour.t

No. 2

Notar F. C. Daniels zu Aachen

Aachen, den 30 Juny 1837.

Dr. J. P. J. Monheim.

Thyssen

H. Beissel

in Aachen

Faksimile der Aktie Nr. 2 der Draht-Fabrik-Compagnie,
ausgegeben im Juni 1838.

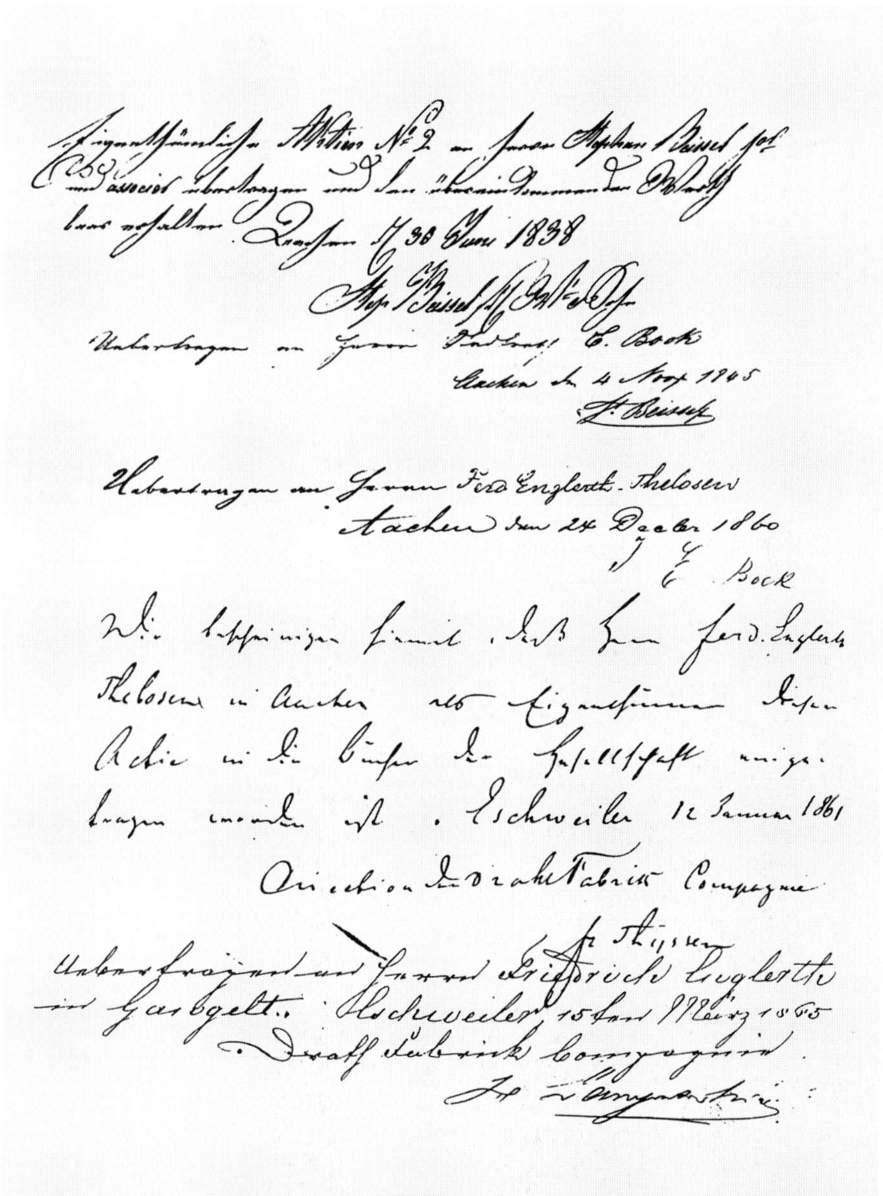
Eigenthümlich Aktien No 2 an Herrn Stephan Beissel sen. [illegible] cedirt übertragen und den übereinkommenden Werth baar erhalten. Aachen d. 30 Juni 1838

Steph. Beissel sen. [illegible]

Uebertragen an Herrn [illegible] C. Bock

Aachen den 4 Novb 1845

J. Beissel

Uebertragen an Herrn Ferd Englerth-Thelosen

Aachen den 24 Decbr 1860

J. G. Bock

Wir bescheinigen hiermit, daß Herr Ferd. Englerth Thelosen in Aachen als Eigenthümer dieser Actie in die Bücher der Gesellschaft eingetragen worden ist. Eschweiler 12 Januar 1861

Direction der Drahtfabrik Compagnie

Fr. Thyssen

Uebertragen an Herrn Friedrich Englerth in [illegible]. Eschweiler 15ten März 1865

Drahtfabrik Compagnie

[illegible]

Katharina Thyssen mit ihren Enkelkindern Julius und Ella
im Park auf der Dohne. (ca. 1885)

auch vom Silber zum Goldstandard über und zum Dezimalsystem. Arbeit für ein Bankhaus gab es also genug und Geld verdienen konnte man dabei offensichtlich auch.[9] Das Rheinland war in den Jahren von 1815–1870 die Gegend Deutschlands mit den meisten Privatbanken. 1845 waren im Rheinland ungefähr 20 Millionen Taler Bankkapital vorhanden, was einem Durchschnitt von 225.000 Talern pro Bank entspricht, das wäre ungefähr die Höhe an Kapital, die Friedrich Thyssen bei seinem Tod 1877 hinterließ. Von der Tendenz her fiel die Schließung des Thyssenschen Bankhauses, dessen Namen leider nicht überliefert ist, just in die Zeit, als die Großbanken durch Aktienkapital einen Großteil der kleinen Privatbanken aufsogen oder diese geschlossen wurden. Dennoch blieb die Anzahl der Privatbanken im Reichsgebiet relativ hoch – 1902 bestanden 2.564 Institute.[10]

Aus der Ehe von Friedrich und Katharina gingen neun Kinder hervor:[11]
Marie (1839–1912) Sie heiratete 1864 den Leinenweber Mathias Rüsges aus Burgwaldniel. Aus der Ehe gingen vier Kinder hervor. Ihre Tochter Nettchen heiratete 1888 den Apotheker Gottfried Heimbach, den Vater von August Heimbach, dem so genannten „Familien-Kardinal". Nach dem Studium der Theologie wurde er 1914 zum Priester geweiht und zunächst Kaplan in Mülheim-Saarn, Rath und dann Kettwig, wo er oft Gast bei seinem Onkel August Thyssen war. Die Familie Thyssen blieb der Pfarre in Kettwig auch nach dem Tod von August Thyssen weiter verbunden, was u.a. dadurch zum Ausdruck kam, dass die Familie sich 1934 finanziell am Bau einer neuen Kirche durch die Stiftung des Altares an der Ausschmückung der Kir-

Friedrich Thyssen (1804–1877).

9 Zu dem interessanten Phänomen der Gründung von Privatbanken im 19. Jahrhundert siehe auch die Veröffentlichung von Treue, Wilhelm: Das Privatbankwesen im 19. Jahrhundert, in: Unternehmens- und Unternehmergeschichte aus fünf Jahrzehnten, hrsg. von Hans Pohl, (Zeitschrift für Unternehmensgeschichte, Beiheft 50), Wiesbaden/Stuttgart 1989, S. 533–566. Siehe ferne die Dissertation von Bräutigam, Heinrich: Das Bankgewerbe im Regierungsbezirk Aachen vom Beginn des 19. Jahrhunderts bis zum Jahre 1933, Köln 1933.

10 Treue, Wilhelm: Die Bankiers Simon und Abraham Oppenheim 1928–1880, in: Unternehmens- und Unternehmergeschichte aus fünf Jahrzehnten, a.a.O., S. 578–618.

11 Die nach Balbina geborenen Kinder Julius (1848–1849) und Wilhelmine (1850–1858) starben bereits im Kindesalter.

Foto anlässlich eines Geburtstages von Marie Rüsges, geb. Thyssen (1839–1912) (Mitte). Darunter: Friedrich und Katharina, (im Uhrzeigersinn) Louise (1840–1902), Therese (1860–1920), Mutter Katharina (1814–1888), August (1842–1926), Balbina (1846–1935), Joseph (1944–1935), Vater Friedrich (1804–1877), Fritz (1854–1916).

che beteiligte. 1936 wurde August Heimbach Pastor in Bad Godesberg. Er hat im Laufe seines Lebens zahllose Familienmitglieder getauft, getraut, beerdigt und dabei sehr gute Ansprachen gehalten.

Da Marie nach 1877 mit ihrer Familie das Elternhaus übernahm, blieb sie mit ihren Angehörigen in Eschweiler wohnen, wodurch später eine gewisse Distanz zu den übrigen, ins Ruhrgebiet gezogenen Geschwistern entstand. Die Nachfahren der Familie Rüsges leben noch heute in Eschweiler.

Luise (1840–1902) Sie legte am 18. Oktober 1862 die Lehramtsprüfung ab und trat in Ahrweiler in den Ursulinen-Orden[12] ein. Unter dem Ordensnamen Mère Catarina von den Heiligen Fünf Wunden legte sie am 3. Oktober 1864 die ewigen Gelübde ab. Danach war sie in Ahrweiler, Saarbrücken und später in Aachen tätig. Ihre Geschwister haben sie oft im Kloster besucht und besonders August hat sie mit großen Blumenspenden für den Altar des Klosters erfreut. Sie starb am 22. November 1902 im Alter von 62 Jahren in Aachen an einem Krebsleiden.

Nach Marie wurden August (1842–1926)[13] und Joseph (1844–1915) geboren. Die Brüder bauten das Familienunternehmen zu dem weltweit bekannten Konzern aus. Sie hatten dafür auch die besten Voraussetzungen.

Als besonderen Beitrag der Eltern zum Erfolg ihrer Söhne August und Joseph muss man die gute Ausbildung betrachten, die sie beiden Söhnen, besonders August, zuteil werden ließen. August wie Joseph besuchten zunächst in Eschweiler die katholische Rektoratsschule und hernach die höhere Bürgerschule in Aachen.

August ging dann 1859 für zwei Jahre nach Karlsruhe auf das 1825 nach dem Modell der französischen ‚Ecole Politechnique' dort von Johann Gottfried Tulla gegründete erste deutsche Polytechnikum, einer Vorläuferin der späteren Technischen Hochschule. Er belegte im ersten Jahr die mathematische Klasse, im zweiten die Bauschule, wo u.a. auch der berühmte Ferdinand Redtenbacher Maschinenbau unterrichtete. Einen formalen Abschluss hat er nicht gemacht, das war damals nur für Studenten üblich, die später in den Staatsdienst treten wollten. Die übrigen Studenten blieben so lange, bis sie den Eindruck hatten, genügend gelernt zu haben. Aber auch ohne formalen Abschluss wurde über die Belegung der einzelnen Fächer ein Zeugnis ausgestellt. Ein solches hat sich von August Thyssen erhalten. Während der Karlsruher Zeit war August Mitglied der Studentenverbindung „Fidelitas". Zu seinen dortigen Bundesbrüdern gehörten u.a. Carl Oskar Henschel und der spätere Kölner Bankier Louis Hagen, der August in späteren Jahren noch öfter auf Schloss Landsberg besuchte.

1861 wechselte August Thyssen nach Antwerpen an das dort 1852 gegründete Institut Superieur du Comerce de l'Ètat, eine renommierte Handelsschule, die sich infolge der weltweiten Antwerpener Handelsverbindungen nicht nur mit dem europäischen Wirtschaftssystem, sondern auch mit Fragen der Weltwirtschaft befasste. Da

12 Von ihr existiert ein Ölbild aus dem Jahre 1862, das sie schon in Ordenskleidung zeigt.
13 Bei seiner Taufe trat der Bruder des Vaters, Anton Lambert Thyssen, Pfarrer in Dreiborn in der Eifel, als Pate auf.

August Thyssen schon in der Bürgerschule gute Noten in Französisch hatte, das im Aachener Raum für die Oberschicht eine Art lingua franca war, dürfte ihm die Unterrichtssprache in Antwerpen keine Schwierigkeiten bereitet haben. Er sprach forthin fließend Französisch.

Nach zweijähriger Tätigkeit in der väterlichen Bank wurde August bei Ausbruch des Deutschen Krieges 1866 im Range eines Leutnants der Reserve als Bataillons-Adjutant zum 28. Eifeler Infanterieregiment eingezogen. Es handelte sich um eine Stabsstelle, bei der er die Befehlsstruktur eines Bataillons kennen lernen konnte. Man kann deshalb diese Zeit beim Militär noch zu seiner Ausbildung hinzurechnen, denn da es in der damaligen Zeit erst wenige Modelle für den Aufbau von Betriebshierarchien gab, lieferte ihm vermutlich die Kommando- und Befehlshierarchie des Heeres Anregungen für seine spätere Betriebsorganisation.[14]

August Thyssen hatte also eine für damalige Verhältnisse außerordentlich umfassende Ausbildung im kaufmännischen, technischen und organisatorischen Bereich erhalten, was ihm später ohne Zweifel beim Aufbau seiner Unternehmen sehr zu statten kam.

Über die Ausbildung seines Bruders Joseph sowie dessen Tätigkeit in der väterlichen Bank in Eschweiler bis zum Tode des Vaters im Jahre 1877 ist wenig bekannt. Er wird durch den Vater dieselbe bankkaufmännische Ausbildung wie August erhalten haben, hat vielleicht noch durch den Vater die technischen Fragen der Drahtherstellung kennen lernen können und soll dann in Aachen eine Webereifachschule besucht haben. Das ist durchaus möglich, da diese Schulen auch eine allgemeine technisch-mathematische Ausbildung im Bereich des Maschinenbaus vermittelten. Die Tatsache, dass er sich später im Unternehmen hauptsächlich um die innere Betriebsführung und das Rechnungswesen kümmerte, lässt vermuten, dass technische Fragen für ihn nicht im Vordergrund standen. Er erwähnt in späteren Briefen an seinen Sohn Julius auch einen Aufenthalt in England, der wohl in jedem Fall vor seiner Übersiedlung nach Mülheim, also vor 1878, stattgefunden haben muss. Es war dies vermutlich eine dieser im 19. Jahrhundert häufigen Informationsreisen deutscher Unternehmer nach England.[15] Es ist für seine sehr zurückhaltende Art kennzeichnend, dass nicht einmal

14 Einer der wesentlichen Punkte der preußischen Heeresreform im 19. Jahrhundert, wie sie besonders vom preußischen Generalfeldmarschall und Chef des Generalstabes Helmuth Graf von Moltke betrieben wurde, war, dass die einzelnen Heeresteile, einem vorgegebenen Gesamtschlachtplan folgend, bei der Ausführung und Anpassung im Wesentlichen auf sich selbst gestellt waren. Das zeigte sich besonders deutlich im Krieg gegen Österreich 1866. August Thyssen hat später nach einem ähnlichen Prinzip die einzelnen Abteilungen und Firmengruppen selbstständig arbeiten lassen, wobei die Kontrolle durch monatliche, von jeder Abteilung vorzulegende Zahlenberichte erfolgte. Fear, Jeffrey: Thyssen & Co. Mülheim an der Ruhr. Blaupause für die Umorganisation der Vereinigten Stahlwerke, in: 900 Jahre Mülheim an der Ruhr, Zeitschrift des Geschichtsvereins Mülheim an der Ruhr, Heft 66, 1993; Craig, Gordon A.: Königsgrätz, Bergisch Gladbach 1977.

15 Wilhelm Treue schildert eine solche „Industrie-Spionage Reise", die sicher für viele andere repräsentativ war. Treue, Wilhelm: Eine preußische „technologische" Reise in die be-

in seinem Nachruf irgendwelche relevanten Daten seines beruflichen Werdegangs erwähnt werden. Selbst seine Schwiegertochter Jula Rintelen wie auch seine Nichte Ella konnten zu diesem Thema nichts sagen.

Wenn es also beträchtliche Unterschiede in der Ausbildung der beiden Brüder gab, so ist doch sicher, dass sie beide das Bankgeschäft beherrschten. Dass Kapitalbildung nur bei sparsamster Lebensführung möglich war, hatten sie im Elternhaus[16] gelernt.

Balbina (1846–1935) Sie heiratete mit 21 Jahren am 8. Juni 1867 Désiré Bicheroux, einen zeitweiligen Geschäftspartner ihres Bruders August. Die ursprünglich aus dem Wallonischen stammende Familie Bicheroux ist ein typisches Beispiel dafür, dass die Industrialisierung des Rhein-Ruhrgebietes ein europäischer Vorgang war.

Der Stammvater, François Bicheroux (1799–1876), ein Baumeister aus dem belgischen Jemappe, war zunächst Mitarbeiter von John Cockerill. Als Cockerill in wirtschaftliche Schwierigkeiten geriet, verlegte er wie viele andere wallonische Unternehmer seine wirtschaftlichen Tätigkeiten mehr und mehr in die Aachener Gegend, da Belgien durch den Zollverein von dem nun sich bildenden deutschen Wirtschaftsraum abgeschnitten wurde.

Da außerdem der „Eiserne Rhein“, das heißt eine Bahnverbindung vom Rheinland nach Antwerpen, zunächst nicht gebaut wurde, bot der belgische Raum nur noch begrenzte unternehmerische Möglichkeiten. François Bicheroux gründete 1855 mit anderen Partnern in Duisburg das Puddel- und Walzwerk Bicheroux, Marcotti & Co. Sein Sohn Désiré, August Thyssens Schwager, wurde Teilhaber der Firma Thyssen, Fossoul & Co., an der sich später auch August Thyssen beteiligte. Als Désiré mit 36 Jahren an Tbc starb, zog Balbina 1875 nach Düsseldorf in die Hohenzollernstraße 33, wo sie bis zu ihrem Tod im hohen Alter von 89 Jahren lebte. Sie war eine fromme und energische Frau, die nicht nur ihre drei Kinder Maria (1869–1957), Carl (1870–1916) und Robert (1871–1934) großzog, sondern auch karitativ tätig war. Sie spendete u.a. der nahe gelegenen Kirche Maria Geburt ein Fenster, machte Gefangenen-Besuche und kümmerte sich um „gefallene“ Mädchen. Für ihre kirchlichen Bemühungen wurde ihr später der kirchliche Orden „Pro Ecclesia et Pontifice“ verliehen. Als ihr Sohn Robert 1934 starb, musste sie für einige Monate die Grafenberger Nervenklinik aufsuchen.

Friedrich (1854–1916) Er beteiligte sich nicht an den unternehmerischen Aktivitäten der Familie, sondern ließ sich beim Tode seines Vaters seinen Anteil auszahlen und

setzten Gebiete im Jahre 1814, in: Unternehmens- und Unternehmergeschichte aus fünf Jahrzehnten, a.a.O., S.180–205.

16 Es gibt eine große Anzahl von Anekdoten über den „Spartick“ oder, wie man es manchmal sah, den Geiz der Geschwister Thyssen. Diese Geschichten stammen alle aus der Zeit, als das Vermögen schon beträchtlich war, so dass diese Einstellung skurril wirken musste. Man darf aber nicht vergessen, dass bei den Eltern Thyssen Sparsamkeit und ein asketischer Lebensstil die eindrucksvolle Kapitalbildung überhaupt erst ermöglicht hatten. Außerdem war Sparsamkeit in der vorindustriellen Zeit für die meisten Menschen eine simple Lebensnotwendigkeit.

Hedwig Thyssen (1878–1960) mit Minna Schömann (links),
die Erzieherin der Kinder von August Thyssen.

lebte fortan als „Rentner“ in Berlin auf der Zimmerstraße. Er war offensichtlich ein Einzelgänger, der die Musik und die Kunst liebte. Er verbrachte den Sommer häufig im Süden. Lediglich zu seiner Schwester Thres'chen hatte er näheren Kontakt. Obwohl seine Brüder August und Joseph im Laufe ihres Unternehmerdaseins häufig nach Berlin fuhren, ist nicht bekannt, dass sie sich mit ihrem Bruder dort getroffen haben. Als sein Neffe Julius, der Sohn von Joseph Thyssen, 1905 zum Studium nach Berlin kam, hatte er zunächst Schwierigkeiten, von seinem Onkel, den er in einer verstaubten Wohnung (die Putzfrau durfte nur kommen, wenn er nicht da war) inmitten von Opernpartituren und Kunstbüchern antraf, empfangen zu werden. Doch dem lustigen Julius gelang es bald, das Misstrauen des Onkels zu überwinden. Als Fritz Thyssen 1916 in Berlin starb, wurde er von dem jungen Graf Clemens von Galen, dem späteren Bischof und Kardinal von Münster, im Beisein von Julius Thyssen und dem Zentrum-Politiker Matthias Erzberger, den August Thyssen vorübergehend (1915–1917) in den Grubenvorstand der Gewerkschaft Deutscher Kaiser berufen hatte,[17] beerdigt. Von der übrigen Familie war niemand zugegen.

Therese, genannt Thres'chen (1860–1920) Als ihr Vater Friedrich Thyssen 1877 starb, war Thres'chen noch im Internat Sacre Coeur in Blumental. Sie heiratete den holländischen Margarine- und Spirituosen-Fabrikanten Fritz Hoosemans (1850–1917). Ihre einzige Tochter (bei den Eheleuten bestand Rhesus-Faktor) war die schon erwähnte Ella (1883–1977). Die Familie lebte zunächst im holländischen Hengeloe, seit 1896 dann in Mülheim in dem Gebäude gegenüber vom heutigen Franziskus-Haus. Das Haus war ursprünglich das Wohnhaus der Textilunternehmerfamilie Troost gewesen. Als August Thyssen später den ganzen Komplex übernahm, hoffte er, sein Schwager Hoosemans könne die darniederliegenden Troostschen Unternehmen wieder hochbringen. Das erwies sich aber als Illusion, da Fritz Hoosemans eher ein typischer Bonvivant der Wilhelminischen Zeit war als ein zupackender Unternehmer. So sollen in seinem Park, dem späteren Park der Dohne, an den Bäumen Klingelknöpfe angebracht gewesen sein mit der Aufschrift: einmal Schellen: Sekt, zweimal Schellen: Bier, dreimal Schellen: Schnaps. Nach den unternehmerischen Jahren zogen Thres'chen und Fritz als „Rentner“ nach Düsseldorf (Grafenberger Allee), wo schon Balbina auf der Hohenzollernstraße 33 wohnte. Tochter Ella heiratete 1906 Ludwig

17 Erzberger, seit 1903 Zentrums-Abgeordneter im Reichstag, war nicht nur eine der vielen Personen, die sich erfolglos als Schlichter im Streit zwischen August Thyssen, seinen Kindern und seiner geschiedenen Frau bemühten. Er war auch Thyssens „Mann in Berlin“. August Thyssen schätzte ihn wegen seines engagierten Arbeitsstils. Über ihn wurden verschiedene Anliegen dem entsprechenden Ressort oder Minister nahe gebracht. Während des Krieges deckten sich die außenpolitischen Pläne Erzbergers mit den Interessen von Thyssen in der Frage der Annexion lothringischer und belgischer Erzvorkommen. Öfter ging es auch um Rüstungsaufträge. Da es Thyssen peinlich war, dass er Erzberger für seine Dienste keine Entschädigung zahlen konnte, nahm er ihn 1915 in den Vorstand der Gewerkschaft Deutscher Kaiser auf und zahlte ihm im ersten Jahr 40.000 Mark und in den beiden folgenden 100.000 Mark Tantieme. Eglau, Hans O.: Fritz Thyssen. Hitlers Gönner und Geisel, 2003, S. 81.

Schiefer, einen Textilingenieur, mit dem sie nach Köln zog. August Thyssen hat Ludwig Schiefer offensichtlich sehr geschätzt, denn als er im Alter nach vertrauenswürdigen Menschen suchte, erwähnte er Ludwig in einem Brief an seinen Sohn Heinrich.

So wurde Düsseldorf im Laufe der Jahre zu einem beliebten Treffpunkt für die Geschwister Thyssen. Aber auch zu Eschweiler, wo nur noch Marie lebte, wie zu den Aachener Thyssens, blieb der Kontakt noch lange erhalten. Er ist wohl erst infolge der späteren Krankheit von Julius und Hans verloren gegangen, so dass man heute nichts mehr von einander weiß.

Die ausgesprochen friedliche Familienatmosphäre im Haus von Friedrich und Katharina führte dazu, dass Eltern und Kinder ihr ganzes Leben menschlich und finanziell zusammenhielten und die Geschwister (vermutlich mit Ausnahme von Fritz in Berlin) auch später noch häufig auf Anregung ihres Bruders August gemeinsam handelten.

Die Brüder August und Joseph Thyssen als Unternehmer

August Thyssen (1842–1926) als junger Unternehmer in Mülheim an der Ruhr.

Die materielle wie ideelle Bedeutung des familiären Hintergrundes für die unternehmerischen Erfolge der Gebrüder August und Joseph Thyssen kann besonders für die Anfangsjahre gar nicht hoch genug eingeschätzt werden. Nicht nur war Vater Friedrich Thyssen ein erfolgreicher Unternehmer, auf dessen finanzielle Mittel und unternehmerische Erfahrungen die Söhne bei Beginn ihrer industriellen Tätigkeit zurückgreifen konnten, sondern auch in der weiteren Verwandtschaft gab es bedeutsame Erfahrungen und Verbindungen zur Geschäftswelt des Aachener Raumes. Erwähnt sei hier nur der Onkel Jakob Thyssen (1808–1861), ein ideenreicher Sozialpolitiker und enger Mitarbeiter des preußischen Politikers und Unternehmers (u.a. Aachen-Münchener-Feuerversicherung) David Hansemann. Jakob Thyssen war Rendant und Leiter des Zentralbüros des „Aachener Vereins zur Beförderung der Arbeitsamkeit“, dem laut Statuten der Feuerversicherung jedes Jahr 50 Prozent der Ausschüttungen für soziale Zwecke zuflossen. Er hat ein heute noch lesenswertes Werk über die Gründung und Führung von Kreditgenossenschaften und andere sozialpolitische Schriften veröffentlicht.[18]

Joseph Thyssen (1844–1915).

Nachdem August Thyssen am Krieg 1866 nur in der Etappe teilgenommen hatte, kehrte er nicht mehr in das väterliche Unternehmen zurück, sondern verließ, wie viele andere Unternehmerfamilien, z. B. Poensgen, Bicheroux, Piedboef, den Eschweiler Raum, um sich im Alter von 24 Jahren mit einem kleinen Kapital von 8.000 Talern, das ihm der Vater vorstreckte, als Unternehmer im aufstrebenden Ruhrgebiet zu versuchen. Er trat als Kommanditist in das Bandeisenwalzwerk der Gebrüder Bicheroux in Duisburg ein, dessen kaufmännische Leitung er übernahm. Das Unternehmen, das sich fortan Thyssen, Fossoul[19] & Co. nannte, lag neben dem Duisburger Bahnhof und beschäftigte 1868 130 Arbeiter. Hier lernte August die Grundlagen für das Bandeisengeschäft in Deutschland und Europa kennen. Als 1870 der Deutsch-Französische Krieg ausbrach, der dann zur Reichseinigung führte, verkaufte August seinen Anteil an Thyssen, Fossoul & Co., um sich auf eigene Füße zu stellen.

Vor den Toren des nahe gelegenen Mülheim, in Styrum,[20] das erst 1904 eingemeindet wurde, gründete er am 16. April 1871 die Firma Thyssen &. Co. Bei der Gründung dieser Kommanditgesellschaft war August Thyssen nicht auf fremde Gelder angewiesen, sondern konnte auf seine eigenen Ersparnisse bzw. auf Kapital der Familie zurückgreifen. Neben den 35.000 Talern, die er als Erlös für seine Einlage von 8.000 Talern beim Ausscheiden aus der Firma Thyssen, Fossoul & Co. erhalten hatte, stellte Vater

18 Thyssen, Jakob: Darstellung der Einrichtung und Wirksamkeit des Aachener Vereins zur Beförderung der Arbeitsamkeit, Aachen 1845.

19 Vier der sieben Teilhaber der Firma waren Belgier, nämlich der Walzwerkspezialist Noel Fossoul, die Brüder Toussaint, Lambert und Désiré Bicheroux, die beiden übrigen Teilhaber Heinrich Schläger und Peter Peters waren Deutsche.

20 Das zu der Gründung notwendige Gelände hatte August Thyssen kurze Zeit vorher von der Familie Becker zum Preis von 2.200 Talern/Morgen gekauft.

Friedrich[21] als stiller Teilhaber, also als Komplementär, einen gleich hohen Betrag zur Verfügung. Aber Vater Friedrich half bei der Gründung offenbar nicht nur mit Kapital, sondern er schickte seinem Sohn August auch eine Gruppe von Facharbeitern aus der ehemaligen Drahtfabrik, unter ihnen, so geht die Sage, befand sich ein älterer Werkmeister, der August Thyssen als einziger duzte.

Noch andere familiäre Umstände sollten August Thyssen beim Aufbau des Unternehmens helfen. 1875 starb Augusts Schwager Désiré Bicheroux im Alter von 36 Jahren. Seine Frau Balbina ließ sich ihre Anteile an den Bicherouxen Unternehmen auszahlen. Die so frei gewordenen Mittel stellte sie ihrem Bruder August, dessen enge Vertraute sie sein ganzes Leben bleiben sollte, als Investitionskapital in der Form eines Darlehens zur Verfügung.

Zwei Jahre später starb Vater Friedrich in Eschweiler,[22] so dass mit der Auflösung der Bank noch einmal erhebliche Kapitalien[23] zur Investition frei wurden. Theoretisch wären durch diese Erbschaft alle Kinder von Friedrich und Katharina Anteilseigner der Firma Thyssen &. Co. geworden. Es gelang August jedoch, seinen Geschwistern – mit Ausnahme von Joseph – ihre Anteile zu einem offensichtlich günstigen Preis abzukaufen, denn in einem Brief vom 6. November 1924, also wenige Jahre vor seinem Tod, plagte August das Gewissen, dass er seine Geschwister durch die Auszahlung um eine gute Geldanlage gebracht hatte.[24] August erhielt also durch den Tod des Vaters nicht nur seinen Anteil an der Erbschaft von insgesamt 230.000 Talern, sondern seine Schwester Balbina und vielleicht auch seine Mutter Katharina stellten die auf sie entfallenden Beträge der Firma Thyssen & Co. als Kredit zur Verfügung, da August Thyssen außer seinem Bruder, den er 1878 mit seinem Anteil als Partner in die Firma aufnahm, niemand sonst Mitspracherecht einräumen wollte.

Joseph Thyssen zog nach Auflösung der Bank 1880 von Eschweiler nach Mülheim, da er schon 1878 anstelle seines Vaters als Teilhaber in die Firma Thyssen & Co. einge-

21 Am 16. April 1871 wurde der Vertrag zwischen Friedrich Thyssen und seinem Sohn August in Eschweiler unterzeichnet. Hatzfeld, Lutz: Thyssen & Co., Mülheim. Werks- und Firmengeschichte, in: Thyssen & Co. Mülheim an der Ruhr, hrsg. von Horst A. Wessel, Stuttgart 1991, S. 57f. Vgl. Treue, Wilhelm: Die Feuer verlöschen nie. August Thyssen-Hütte 1890–1926, Düsseldorf/Wien 1966, S. 24.

22 Er liegt mit seiner Frau Katharina auf dem Eschweiler Friedhof, wo das Grab noch heute erhalten ist.

23 Wenn man die unternehmerische Lebensleistung von Friedrich Thyssen betrachtet und bedenkt, dass er als mittelloser Junge seine Karriere begann und bei seinem Tod seinen Erben ein Vermögen von ca. 260.000 Talern (die Bank, Immobilien und die Beteiligung bei Thyssen & Co.) hinterließ, so ist das dem Erfolg seiner Söhne August und Joseph durchaus vergleichbar.

24 Brief von August Thyssen an seinen Sohn Heinrich vom 6.11.1924, Korrespondenz von August Thyssen mit seinem Sohn Heinrich sowie ergänzende Briefe 1919–1926. Nach den Originalen aus dem Familienarchiv Thyssen-Bornemisza, transkribiert und annotiert von Carl-Friedrich Baumann, Bd. 1–3, Duisburg 1996/1997, TKA A715806-A/15807, hier Bd. 1.

Die Belegschaft gratuliert den Brüdern August und Joseph Thyssen zum 25-jährigen Bestehen der Firma Thyssen & Co. Fast 3.000 Mitarbeiter schrieben sich in das Gedenkbuch ein. (1896)

treten war. Die Schwestern Maria und Therese investierten ihre Anteile vermutlich in die Unternehmen ihrer Männer, den Anteil von Luise erhielt der Ursulinen-Orden, Bruder Friedrich nahm sein Geld mit nach Berlin, um davon als „Rentner" zu leben.

Die Brüder August und Joseph Thyssen haben seit Josephs Eintritt in das Unternehmen immer zusammengestanden. In Bezug auf Sparsamkeit und zurückhaltenden Lebensstil waren sie in gleicher Weise durch ihre Jugend geprägt. Innerhalb der Unternehmen war Joseph der ruhende Pol, der für den reibungslosen Ablauf der inneren[25] Geschäftsführung sorgte. Dadurch erhielt August den nötigen Freiraum für den Ausbau des Unternehmens, grundlegende geschäftliche Entscheidungen, Verhandlungen außer Haus, wie häufige Fahrten nach Berlin und Kundenbesuche im In- und Ausland. Da außer ihnen kein weiterer Gesellschafter an dem Unternehmen beteiligt war, waren sie auch niemandem Rechenschaft schuldig, und die Repräsentation konnte auf das nötige Minimum beschränkt werden, was beider Veranlagung sehr entgegen kam.

Da sie sich außerdem bei der täglichen Arbeit am gleichen Schreibtisch gegenübersaßen und später sogar dasselbe Telefon benutzten, waren nur wenige Worte notwendig, um sich in den grundlegenden Fragen der Unternehmensführung abzustimmen. Sie hatten außerdem bei Josephs Eintritt ins Unternehmen vereinbart, dass sie sich keine Gehälter o.Ä. zahlen würden, sondern jeder nur das für sein Leben Notwendige der Kasse entnahm.

August und Joseph Thyssen verlangten viel von ihrer Mitarbeitern und waren sicher, wie das damals so üblich war, harte Chefs, aber gute Leistungen wurden auch entsprechend honoriert, denn die Thyssenschen Unternehmen zahlten die höchsten Löhne der Umgebung.

Da die Brüder wussten, wie wichtig gute Mitarbeiter waren, ging man bei der Suche nach fähigen Arbeitskräften sehr systematisch vor. So hatte August Thyssen bald nach der Firmengründung mit den Rektoren der im Umfeld seiner Unternehmen gelegenen Volksschulen vereinbart, dass der Rektor ihm die jeweils Besten der Abschluss-Klassen benannte bzw. sie mit einem Empfehlungsbrief an ihn verwies.

Seit Gründung seines Unternehmens dachte August Thyssen auch an soziale Einrichtungen,[26] um seine Mitarbeiter gegen die Folgen von Unfall oder Krankheit abzusichern. So gründete August Thyssen bereits vor der eigentlichen, formellen Firmengründung am 29. September 1871 eine Betriebskrankenkasse, in die jeder Arbeiter zwei Prozent seines Lohnes einzahlte, die Firma tat einen gleichen Beitrag dazu. Die Kasse entstand also lange Jahre, bevor die preußische Regierung mit der Schaffung eines sozialen Sicherheitssystems begann. Nachdem die Kasse ein gewisses Kapital angesammelt hatte, wurden auch Invaliden- und Witwenrenten gezahlt. Es wurden Werkswohnungen gebaut, ein Erholungsverein, ein Gesangsverein und eine Sparkasse gegründet. Bei Beerdigungen zahlte die Firma einen Zuschuss. 1896 wurde aus Anlass des 25-jährigen Firmenju-

25 In den späteren Jahren, als das Auslandsengagement stärker wurde, ist Joseph, wie aus den Briefen seines Sohnes Julius an seine Braut Jula Rintelen hervorgeht, diverse Male in Russland, England und Dänemark gewesen. TKA, Nachlass Joseph Thyssen, NJT.

26 Siehe dazu Hatzfeld, Lutz: Thyssen & Co., a.a.O., S. 116ff.

biläums eine Haushaltsschule eingerichtet, seit 1901 gab es zehn Tage Urlaub pro Jahr, ab 1912 den freien Samstagnachmittag. 1919 wurde für die Angestellten der Unternehmen eine betriebliche Altersversorgung, der Thyssen-Dank, gegründet.

Die Jahre zwischen der Wende vom 19. zum 20. Jahrhundert und dem Beginn des Ersten Weltkriegs 1914 stellen in vieler Hinsicht den Höhepunkt im Leben der Unternehmer-Brüder August und Joseph Thyssen dar. Seit 1872 bzw. 1877 hatten August und Joseph, in wirtschaftlich durchaus nicht einfachen Zeiten, aus einem Unternehmen mit 70 Angestellten und einem Startkapital von 70.000 Talern einen Konzern aufgebaut, der zu den größten Europas gehörte.[27]

Als letztes nahmen sie im Jahre 1913 das Stahlwerk in Hagendingen im damals deutschen Lothringen in Betrieb, in das sie 85 Millionen Mark investiert hatten.[28] Nach dem Ersten Weltkrieg entschädigte die Reichsregierung die Eigentümer mit 246 Millionen Mark.[29] Das Werk in Hagendingen war damals das modernste Stahlwerk in Europa. Das Werk hatte allerdings von Anfang an mit Problemen zu kämpfen, da die Erzgruben, die das Werk versorgen sollten, z. T. in Frankreich und Luxemburg lagen und August Thyssen die noch aus dem Krieg 1870/71 resultierenden Feindseligkeiten Frankreichs Deutschland gegenüber wohl unterschätzt hatte. So gelang es den Franzosen, die nötigen Erzlieferungen immer wieder zu erschweren.

1906 hatten beide eine effektive Teilung ihrer Anteile an ihren Unternehmen im Verhältnis eins zu drei vorgenommen. Daneben verfügten August und Joseph über einen Aktienbesitz von 121.934.208 bzw. 40.030.636 Mark.[30] Beide konnten zufrieden auf ein überaus erfolgreiches Leben zurückblicken. Diese Erfolge bewirkten es wohl auch, dass die Brüder Thyssen Ende des Jahrhunderts übereinkamen, sich in Anbetracht der Größe der Unternehmen einen repräsentativeren Rahmen für ihr privates und gesellschaftliches Leben zu schaffen.

Die Familien August und Joseph Thyssen

So erfreulich das Verhältnis der Geschwister Thyssen zu ihren Eltern und untereinander war, so unterschiedlich sollte sich das Familienleben der Brüder August und Joseph entwickeln. Die familiären Verhältnisse von August Thyssen, der als Unternehmer so überaus erfolgreich war, entwickelten sich geradezu dramatisch. Hier ist er letzten Endes völlig gescheitert.

27 Zur Konzernstruktur vergleiche den Beitrag von Rasch in diesem Band.
28 S. hierzu Maas, Jaques: August Thyssen und die luxemburgische Minen Konzessionsaffaire von 1912, Zeitschrift des Geschichtsvereins Mülheim a. d. Ruhr, Heft 66, 1993, S. 436.
29 Wixforth, Harald: Der Thyssen-Konzern, in: Banken und Schwerindustrie in der Weimarer Republik, Köln/Weimar/Wien 1995, 210.
30 TKA A/8/4/3.

Die Familie August und Hedwig Thyssen

August Thyssen kam aus einem harmonischen, liebevollen Elternhaus. Er hat wenig davon in sein eigenes Familienleben mit herüber genommen, ja er hat als Ehegatte und Vater weitgehend versagt; eine Erkenntnis, die ihm erst im hohen Alter kam.

Die Frau von August Thyssen, Hedwig, geb. Pelzer (1854–1940)

Im Jahr 1872 heiratete der 30-jährige August die 18-jährige Hedwig Pelzer (1854–1940), Tochter des Gerbereibesitzers Heinrich Pelzer (1821–1884) und seiner Frau Hedwig, geb. Troost (1828–1901), die auf dem Froschenteich 96 wohnten. Die Familien Pelzer und Troost zählten zu den alteingesessenen protestantischen Mülheimer Unternehmerfamilien, die schon im 18. Jahrhundert im Textil- und Ledergewerbe tätig waren. Hedwig Pelzer brachte daher vermutlich eine größere Mitgift in die Ehe, die der jungen Firma als Kapital zur Verfügung stand, ein Umstand, der ihr später bei den Scheidungsverhandlungen eine günstige Ausgangsposition gab.

Wie die Verbindung von August Thyssen und Hedwig Pelzer zustande kam, ist schnell berichtet. August Thyssen wohnte, als er nach Mülheim kam, zunächst als Untermieter auf dem Heckhof bei dem Unternehmer (lederne Treibriemen für Dampfmaschinen) Gustav Becker, dessen Familie August Thyssen durch den Ankauf von Grund und Boden für die Errichtung seiner ersten Fabrik bereits kannte. Daraus entwickelte sich offensichtlich ein freundschaftliches Verhältnis, denn Becker wird später in dem Ehestreit zwischen August und Hedwig die Interessen der Kinder juristisch vertreten.

Außerdem hatten die Beckers das erste Telefon, dass anfangs von Thyssen mit benutzt wurde. Auf der anderen Seite waren Pelzers und Beckers Nachbarn. So wird der junge August bald „über den Gartenzaun" oder bei einem der berühmten Bälle in der Mülheimer Casino-Gesellschaft Hedwig Pelzer, ein nach vielen Angaben sehr hübsches und lustiges Mädchen, das bei Männern Erfolg hatte, kennen gelernt haben. Hedwig wird den aufstrebenden jungen Mann, auch wenn er vielleicht bei seiner kleinen Statur (1,58 Meter) und hohen Stimme nicht unbedingt ein Adonis war, wegen seines energischen, selbstsicheren Auftretens gefallen haben. Entscheidend war aber wohl, wie Fritz Thyssen in seinen Erinnerungen berichtet, dass Vater Pelzer auf die Ehe mit August Thyssen drängte, da er froh war, einen vielversprechenden Unternehmer in seine Familie zu bekommen, nachdem er hatte mit ansehen müssen, wie die Textilunternehmen der Familie seiner Frau mangels Interesse der jüngeren Generationen immer mehr zurückgingen.

Obwohl aus der Ehe zwischen August Thyssen und Hedwig Pelzer in rascher Folge die vier Kinder Fritz (1873–1951), August, der so genannte „kleine" August (1874–1943), Heinrich (1875–1947) und Hedwig, genannt Hede, (1878–1960) hervorgingen, entwickelte sich das Verhältnis zwischen den Ehegatten eher unglücklich. Der Unterschied in den Charakteren und Lebenszielen von August und Hedwig war wohl zu groß. August, der sich seinen Geschwistern und Verwandten gegenüber, zumindest im Alter, als freundlicher und fürsorglicher Mensch zeigte, war als Ehemann und Vater offensichtlich ein kühler, ja harter und manchmal sehr distanzierter Mensch, der sich so ausschließlich mit den Fragen seiner Unternehmen beschäftigte, dass für ein Familienleben mit persönlicher Zuwendung an Frau und Kinder wenig bis gar keine Zeit blieb. Außerdem scheint ihm besonders in jüngeren Jahren jede gesellschaftliche Ambition oder Zerstreuung zuwider gewesen zu sein, zumindest hat er solche, sofern sie nicht den unternehmerischen Zielen dienten, wohl als vertane Zeit und den dafür notwendigen Aufwand als verschwendetes Geld betrachtet.

Seine hübsche junge Frau Hedwig war eine eher lustige und freundliche, vielleicht etwas leichtlebige Natur, die unter der Kühle ihres Mannes und seiner wenigen Zeit für sie und die Kinder gelitten hat. Im Gegensatz zu ihrer Schwägerin Clara scheint sie auch keinen rechten Kontakt zur Familie ihres Mannes gefunden zu haben, denn man nannte sie dort, nach einem Gedicht von Friedrich von Schiller, das „Mädchen aus der Fremde".

Wie in den Anfangsjahren der Industrie, in einer Zeit ohne Telefon, üblich, wohnte man als Unternehmer in oder neben dem Betrieb. So ließ August Thyssen schon bald nach der Gründung des Unternehmens neben seinem Werksgelände eine repräsentative Villa errichten, die nach der gleichnamigen Straße der „Froschenteich" genannt wurde.[31] In der Nachbarschaft befanden sich auch noch andere Villen und Unterneh-

31 Nachdem August Thyssen 1905 nach Landsberg übergesiedelt war, wohnte zunächst sein Sohn Fritz mit seiner Frau auf dem Froschenteich, hernach diente das Gebäude als Büro von Dr. Härle. Im Krieg wurde das Haus durch Bomben zerstört und nicht wieder aufgebaut.

men wie z. B. die Friedrich Wilhelms-Hütte, die Villen der Familien Küchen und Pelzer sowie die Büros der Firma Mathias Stinnes. August späterer Diener Anton Mittler hat in seinen Erinnerungen sehr anschaulich geschildert, wie sehr das Umfeld Anfang des Jahrhunderts schon durch die Industriekonzentration „verpestet" war.

Leider sind keine Fotos des Hauses, das im Krieg zerstört wurde, erhalten, aber es gibt sowohl von Ella Schiefer wie von Anton Mittler eine anschauliche Schilderung:

> „Die Villa war mittelgroß, lag von der Straße ab in einem ruhigen, gepflegten Park mit Springbrunnen und einem Turnreck, wie Ella Schiefer sich erinnert. Gleich hinter dem Park lagen die Rangiergeleise des Güterbahnhofs. Links lag das Thyssensche Beamtenkasino (Werkskantine), rechts die Treibriemenfabrik Gustav Becker. Gegenüber lagen die Stallungen, die Kutscher- und Gärtnerwohnungen, anschließend daran zwei große Reitbahnen. Die Villa war gediegen im Neo-Rokokostil mit schönen Boisserien eingerichtet. Im Parterre lagen die Empfangsräume, Wintergarten, Speise- und Billardzimmer. Im ersten Stock, zu dem eine breite Marmortreppe führte, Thyssens Wohn- und Schlafzimmer, einige Gasträume [früher Kinderzimmer, die Beschreibung bezieht sich auf die Zeit, als August Thyssen wieder alleine dort lebte. Anm. des Verf.]. Sein sehr geräumiges Schlafzimmer hatte einen großen Erkerausbau, dort stand auch sein Schreibtisch, an dem Thyssen manche Nacht und frühmorgens gearbeitet hat."[32]

Während der jungen Hedwig Pelzer ein solches Milieu aus ihrer eigenen Familie bekannt war, hatte sie ansonsten wohl einen anderen Lebensstil erwartet als den, den ihr August Thyssen zu bieten bereit war. Sicherlich hatte sie auf ein intensiveres gesellschaftliches Leben gehofft, wie sie es aus ihrer Familie kannte. Vielleicht erwartete sie auch einfach nur mehr menschliche Zuwendung, als August, der seinen Tageslauf manchmal schon um fünf Uhr morgens begann und nicht selten erst spät am Abend beendete, ihr bieten konnte oder wollte.

Um ihre Enttäuschungen und Einsamkeit zu vergessen, begann sie bald, ähnlich ihrer Leidensgenossin Bertha Krupp sen., mit regelmäßigen „Badekuren", besonders im mondänen Wiesbaden, wo sich die internationale Welt traf. Hier fand sie Trost in einem Lebensstil, der ihr sicherlich besser zusagte, hier konnte sie Bekanntschaften machen, die ihrem Naturell und ihren Erwartungen eher entsprachen.

Erwähnt wird zunächst Georg Carl Freiherr von Rotsmann, Major der Kavallerie und Großherzoglicher Badekommissar (man würde heute sagen: Kurdirektor) zu Nauheim. Die Bekanntschaft scheint bald enger geworden zu sein, denn als Hedwig Anfang der 1880er Jahre schwanger wurde und eine Fehlgeburt erlitt, leugnete August die Vaterschaft[33] und reichte die Scheidung ein, die am 2. Dezember 1885 vom Oberlandesgericht in Hamm ausgesprochen wurde. Damit begann eine lange Epoche uner-

32 Mittler, Anton: Erinnerungen, Fragment 1944, ThyssenKrupp Konzernarchiv (TKA) A/1771.

33 Es kam auch früh die Vermutung auf, schon Hede wäre möglicherweise nicht mehr Augusts leibliche Tochter. Doch ihre typisch „thyssensche" schlechte Figur und besonders die große Ähnlichkeit ihres Sohnes August von Neufforge mit seinem Großvater August widersprechen solchen Vermutungen ganz eindeutig.

Minna Schömann (sitzend) mit ihren Zöglingen, (v.l.n.r.) August jun. (1874–1944), Fritz (1873–1951), Heinrich (1875–1947) und Hede (1878–1960). (ca. 1900)

freulichster Auseinandersetzungen zwischen August auf der einen und seiner Frau und den Kindern auf der anderen Seite. August Thyssen hat zunächst immer nur seiner Frau die Schuld an den unglücklichen Familienverhältnissen zugeschoben. Erst in den letzten Jahren seines Lebens, als er erkannte, dass er auch als Vater gescheitert war, schreibt er in einem Brief vom 18. Juli 1925 seiner ehemaligen Frau: „Unsere Scheidung war ein entsetzliches Unglück für unsere Kinder."[34]

Hedwig hatte in die Scheidung nicht von vornherein eingewilligt, sondern knüpfte diese an die Bedingung, dass das ganze Vermögen auf die Kinder übertragen werden sollte und ihr eine entsprechende Apanage zugesichert würde (Verträge vom 15. Januar 1885 und 21. Januar 1886). Sie konnte solche Bedingungen wohl um so eher durchsetzen, als sie vermutlich durch ihre Mitgift einen Anteil am Firmenvermögen beanspruchen konnte. Letztlich ist sie mit ihren Bemühungen aber doch nicht voll durch-

34 Brief von August Thyssen an seine geschiedene Frau Hedwig de Neuter vom 18.7.1925, Korrespondenz von August Thyssen mit seinem Sohn Heinrich, a.a.O., hier Bd. 1, S. 621.

gedrungen, denn August konnte verhindern, dass ein Datum für die Übertragung festgelegt wurde, es somit ihm vorbehalten blieb, darüber zu entscheiden, wann er die Übertragung vornehmen würde, abgesehen einmal von der Tatsache, dass infolge der rechtlichen Konstruktion der Unternehmen für eine Übertragung von Firmenanteilen die Einwilligung des Mitinhabers Joseph Thyssen vorliegen musste, die dieser natürlich nicht gab.

Da August die Übertragung nie vornahm, blieb die Vereinbarung zwischen den Ehegatten, wie ein Gutachten aus dem Jahr 1907 bestätigt, eine reine Absichtserklärung. Dennoch hat dieser Vertrag in späteren Jahren bei den Kindern immer wieder zu der Vorstellung geführt, sie seien schon zu Lebzeiten des Vaters Inhaber der Unternehmen. So vereinbarten Augusts Kinder 1902, bei Banken Kredite aufzunehmen und dabei die angeblich schon übertragenen Anteile an den Firmen als Sicherheit einzusetzen, um dadurch den Vater unter Druck zu setzen. Aber auch das brachte den Vater nicht zum Einlenken. Erst später, nämlich nach dem Ersten Weltkrieg, fand sich August infolge seines Alters und des Verhaltens von August jun. sowie seiner Tochter Hede zu einer Klärung der Verhältnisse bereit, Fritz und Heinrich eine größere Verfügungsgewalt einzuräumen, so dass sie August und Hede auszahlen konnten.

Dass Hedwig ihre persönlichen Ambitionen über die Interessen ihrer Kinder stellte, hat ihr die Familie sehr übel genommen. Sie kam nur nach Mülheim, wenn ein Kind krank oder August auf Reisen war. Ansonsten lebte sie, versehen mit einer Apanage von 6.000 Goldmark (sie wurde später einige Male erhöht), zunächst in Wiesbaden im Nassauischen Hof. Sie heiratete dort am 6. Mai 1887 den erwähnten Freiherrn von Rotsmann, welcher allerdings bereits am 21. Dezember 1891 verstarb. Da es ihr wohl an Verehrern nicht mangelte, ging sie im August 1893 mit dem Belgier François Delhove, Capitain Comandant beim 2. belgischen Jägerregiment zu Fuß, in Frankfurt eine Ehe ein und folgte ihm nach Gent. Als Delhove drei Jahre später starb, heiratete sie am 16. September 1899 den belgischen General Emmanuel de Neuter und zog mit ihm nach Brüssel. Hier wohnte sie bis zu ihrem Tode im Jahr 1940 in der Nähe des Bois de la Cambre auf der Avenue du Congo. Kinder sind aus diesen Ehen nicht hervorgegangen. Ihre Kinder aus der Ehe mit August Thyssen, von denen besonders Fritz sehr an hier hing, haben sie in Brüssel oft besucht. Zum 80. Geburtstag von Hedwig Thyssen im Jahre 1934 hat sie ihre Familien zum letzten Mal um sich versammelt.

Die Ehen mit Delhove und de Neuter verschafften Hedwig offensichtlich den gewünschten Zugang zur belgischen Gesellschaft, so dass sie im Laufe der Zeit zu führenden Kreisen der belgischen Politik, bis hin zum Königshaus, Beziehungen anknüpfen konnte. Sie fand hier wohl endlich den Lebensstil, den sie bei August vergeblich gesucht hatte. Außerdem verfügte sie durch die Heiraten und die hohe Apanage von August Thyssen über beträchtliche Einnahmen, so dass sie trotz ihres aufwändigen Lebensstils noch genügend Mittel zur Gründung der Pelzer-Stiftung besaß, die später im Zusammenhang mit der Verhaftung ihres Sohnes Fritz und der damit verbundenen Vermögensbeschlagnahme bekannt wurde.

August ist nach der Trennung von Hedwig keine neue Ehe eingegangen, obwohl es nicht an Damen gefehlt hat, die sich um ihn bemühten. Wie aus einem erhaltenen Schriftwechsel[35] zwischen ihm und einer Gesellschafterin seiner Tochter Hedwig namens Rosa Metzger hervorgeht, hat er solche Ansinnen immer strikt abgewiesen. Andere Quellen berichten von einer Dame (dem so genannten Mariechen), die er freitagnachmittags[36] von Landsberg aus zu Fuß in Kettwig besuchen ging. In seinem Testament vom 26. März 1926 bedenkt er ein Fräulein Maria Fromen, Teilhaberin einer Rheingauer Konservenfabrik „Marienburg“ in Niederwalluff; es spricht einiges dafür, dass es sich um dieselbe Person handelt. In den letzten Tagen vor seinem Tod veranlasste nämlich sein Sohn Heinrich seine Schwester Hede und die zu seiner Pflege herbeigeholte Ordensschwester, seinen Vater diskret zu fragen, ob er Mariechen noch einmal sehen wolle. Aber generell kann man wohl sagen, dass man in diesen ansonsten als prüde geltenden Zeiten in diesen Dingen sehr realistisch war. Dennoch hat die Tatsache, dass das Testament von August Thyssen weder sein Lebenswerk noch seine Kinder, dafür aber Maria Fromen namentlich erwähnt, bei den Kindern eine große Verstimmung ausgelöst. So schreibt Sohn Heinrich in einem Brief vom 26. August 1926 an seinen Bruder Fritz, er sei überzeugt, „dass dieses Testament nicht das Testament des großen August Thyssen ist.“[37]

Für die Betreuung seiner Kinder stellte August Thyssen 1890 Fräulein Minna Schömann ein, die vorher Leiterin einer Nähschule des Unternehmens war. Inwieweit diese der Aufgabe einer „Vizemutter“ wirklich nachkommen konnte oder wollte, ist nicht bekannt. In dem späteren Briefwechsel von August jun., in dem dieser seine Nöte mit dem Vater schildert, ist Minna Schömann sehr häufig die Adressatin und sie wird immer wieder gebeten, seine Forderungen dem Vater gegenüber zu vertreten. Doch sicher ist auch, dass den Kindern die Mutter, die nur von Zeit zu Zeit, vorzugsweise wenn Vater August nicht da war, auf kurzen Besuch kam, sehr fehlte. Ella Schiefer, die häufig das Wochenende bei ihren Vettern und Cousinen in Mülheim verbrachte, berichtet von ständigen Streitereien der Kindern untereinander und mit ihrer Erzieherin. Möglicherweise haben die Kinder auch dem Vater die Schuld für die Trennung der Eltern zugeschrieben, auf jeden Fall zeigte es sich bald, dass das Verhältnis zum Vater spannungsreich war, ja in einigen Fällen später fast tragische Züge annehmen sollte. Streitereien sind leider auch in späteren Generationen ein Charakteristikum der Familie August Thyssen geblieben.

35 Brief von August Thyssen vom 16.7.1917 und Rosa Metzger vom 20.12.1917, TKA A/9234.

36 Der Journalist Rudolf Pörtner schildert in seinen Erinnerungen „Kindheit in der Kaiserzeit“, dass die Kinder, die unterhalb Landsberg wohnten, diese Gewohnheit kannten und, wenn August Thyssen den Berg herunter kam, hinter ihm herliefen und riefen: „Mariechen, Mariechen“. Kindheit im Kaiserreich. Erinnerungen an vergangene Zeiten, hrsg. von Rudolf Pörtner, Düsseldorf 1987.

37 Brief von Heinrich Thyssen an seinen Bruder Fritz vom 26.8.1926, Korrespondenz von August Thyssen mit seinem Sohn Heinrich, a.a.O., Bd. 2, S. 724.

Der Familiensinn, den August so offenkundig seinen Eltern, Geschwistern und sonstigen Verwandten gegenüber zeigte, beruhte auf der Voraussetzung, dass seine Führungsrolle, und das nicht nur in geschäftlichen Fragen, voll und ganz akzeptiert wurde, wie das bei seinen Geschwistern und den Söhnen seines Bruders Joseph, Julius und Hans, der Fall war. War diese Voraussetzung gegeben, so lief alles glatt und die Zusammenarbeit funktionierte reibungslos. Gab es aber einen in seinen Augen ungerechtfertigten Widerspruch oder gar Auflehnung gegen seinen Willen, dann zeigte er dieselbe Härte, zu der er als Unternehmer fähig war. Er konnte sich in solchen Fällen in fast hilflose Unsinnigkeiten verrennen. Auch in seinem Urteil über seine Kinder war er oft lieblos und streng, ja manchmal unnötig hart. Nie scheint es ihm in den Sinn gekommen zu sein, seine Kinder durch Lob zu ermuntern, statt dessen spielte er meist den autoritären Pater Familias. Es fehlte ihm die väterliche Liebe zu seine Kindern.

Auch neigte August Thyssen offensichtlich dazu, seine Söhne lediglich unter dem Aspekt ihrer Verwendbarkeit im Unternehmen, also nach denselben Kriterien zu beurteilen, wie er das mit Angestellten seines Unternehmens zu tun pflegte. In einem Brief an den „kleinen" August vom Juni 1910 bringt er das sehr gut zum Ausdruck. Er schreibt da: „Ich hatte immer nur den einzigen Wunsch, dass Du ein guter, braver Sohn und fleißiger *Mitarbeiter* [Hervorhebung des Verf.] sein solltest."[38] Für eigene Berufs- oder Lebenspläne seiner Kinder war da wohl kein Platz.

Die Familie Joseph und Clara Thyssen

Am 8. Mai 1880 heiratete Joseph, ähnlich wie sein Bruder August, ein Mädchen aus einer protestantischen Mülheimer Unternehmerfamilie, nämlich Clara Bagel (1856–1918), die, wie die Schwiegertochter Jula berichtet, ihrerseits eine Mitgift von 15.000 Talern mit in die Ehe brachte, wovon zumindest ein Teil in das Firmenkapital geflossen sein wird, denn der Lebensstil des jungen Paares war zunächst eher spartanisch.

Auch Clara repräsentierte alte Geschäftstradition. Die französische Hugenottenfamilie des Gerber-Meisters Pierre Henry Bagel[39] stammte aus Montauban/Dep. Tarne et Garonne. Sie hatte 1687 nach der Aufhebung des Edikt von Nantes durch Ludwig XIV. im Jahre 1685 Frankreich verlassen und war über Morges am Genfer See zunächst ins protestantische Erlangen, 1733 dann nach Wesel gegangen. Die Mitglieder der Familie waren in Deutschland, wie bei Hugenotten häufig, zunächst als Goldschmiede und

38 Brief von August Thyssen an seinen Sohn August vom Juni 1910, TKA A/12605.

39 Lange Zeit glaubte man nach genealogischen „Forschungen" von Vater Julius Bagel, die Familie stamme von der französischen Adelsfamilie Bagé-Durfé ab. Forschungen von Renate Bagel in den letzten Jahren haben aber ergeben, dass dieser Zusammenhang schlankweg von Julius erfunden worden war. Als dieser auf dem Höhepunkt seiner unternehmerischen Erfolge nach Paris fuhr, um Ahnenforschung zu treiben, stieß er dabei offensichtlich in der Nationalbibliothek auf den Stammbaum der Familie Bagé-Durfé und „adoptierte" diese einfach des besseren Klanges wegen. Ein Gerbermeister als Vorfahr, so wie es der Realität entsprach, erschien im wohl zu wenig.

Joseph Thyssen zur Zeit seiner Übersiedlung nach Mülheim an der Ruhr (ca. 1885)

Schmuckhändler tätig, seit Beginn des 19. Jahrhunderts auch als Buchbinder und Verleger. Peter H. Bagel begann 1801 als Buchbinder in Wesel, 1826 kam eine Buchhandlung, 1826 eine Papiermühle und 1836 ein Verlag sowie eine lithographische Anstalt hinzu. Im Zusammenhang mit der Einführung der Schulpflicht in Preußen hatte er die Idee, spezielle Schulbücher für Kinder, die so genannten Fibeln, herauszugeben. Später nahm er erfolgreich einen Volkskalender ins Programm auf.

Der Sohn von Peter H. Bagel, Julius (1826–1900), Clara Thyssens Vater, verließ nach Lehr- und Wanderjahren in Potsdam und Leipzig zusammen mit seinem Bruder Peter August (1809–1900) das heimische Wesel, um sich dem Ruhrgebiet zuzuwenden. Während Peter sich in Düsseldorf niederließ, wo beide Brüder später auch gemeinsam eine Papierfabrik gründeten, erwarb Julius, der 1856 Ferdinande Dreibholtz heiratete,[40] von einem Vetter in Mülheim eine Buchhandlung, der er bald auch einen Verlag (Julius Bagel, graphische Anstalt, Wallstraße 20) angliederte, der u.a. mit den aufkommenden Indianerbüchern großen Erfolg hatte. Auch beteiligte er sich an der in Duisburg erscheinenden „Rhein-Ruhr Zeitung". Nach dem Tod von Vater Julius im Jahre 1900 ging es mit dem Unternehmen infolge der Misswirtschaft seines Sohnes Julius (1861–1929) bergab, so dass die Firma nach 1918 unter finanzieller Hilfe von Julius und Hans Thyssen zunächst saniert werden musste. 1926 wurde sie dann verkauft. Das Düsseldorfer Unternehmen und die dortige Papierfabrik hingegen wurden erfolgreich weitergeführt und befinden sich noch heute im Besitz der Familie Bagel.

Die kirchliche Trauung von Clara und Joseph fand nicht in Mülheim statt, da man auf der Thyssenschen Seite durch eine katholische Trauung in Mülheim die refor-

40 Von den sechs Kindern, die aus der Ehe hervorgingen, überlebten vier: Clara (1856–1918), Johanne (1858–1930), die 1885 Carl W. Roesch heiratete, Julius (1861–1929), verheiratet mit Helene Winkler, und Antoinette (1865–1945), die so genannte Tante Sussi Scholten.

Die Frau von Joseph Thyssen, Clara, geb. Bagel (1856–1918).

mierte Verwandtschaft Bagel nicht herausfordern wollte. So fuhr man mit der Kutsche in die Lambertus-Kirche nach Düsseldorf, feierte hernach aber in Mülheim. Da Joseph als Katholik darauf bestand, dass seine Kinder katholisch erzogen würden, widmete sich Clara später dieser Aufgabe mit großem Eifer, und es geht die Sage, dass sie ihren Söhnen den Katechismus um die Ohren gehauen habe, wenn sie sich mit dem Auswendiglernen nicht die nötige Mühe gaben. Auf der anderen Seite blieb Clara ihrem reformierten Bekenntnis treu, was später u.a. dadurch zum Ausdruck kam, dass sie den beim Tode ihres Vaters ererbten Vermögensanteil, zum Entsetzen ihrer Familie, testamentarisch der reformierten Gemeinde Mülheim zum Bau eines Heims für „gefallene“ Mädchen vermachte. Ihre Söhne sind dem Wunsch ein Jahr nach ihrem Tode durch die Gründung des Clara-Hauses nachgekommen.

Joseph und Clara zogen nach ihrer Hochzeit zunächst in ein einfaches Ziegelreihenhaus auf der Eppinghofer Straße, aber schon 1883 in ein recht ansehnliches Haus auf der Bahnstraße 36, die beiderseits mit schönen, wilhelminischen Bürgerhäusern bebaut war. Beide Häuser lagen in der Nähe des Werksgeländes, somit für Joseph im Ernstfall zu Fuß gut zu erreichen.

Die Ehe zwischen Clara und Joseph war nicht ohne Komplikationen, da Joseph ein verschlossener, sicherlich schwieriger Charakter war, dem es schwer fiel, seinen Gefühlen und Emotionen Ausdruck zu verleihen. So kam es besonders in späteren Jahren immer wieder zu Spannungen, die an Clara wohl nicht spurlos vorübergingen, denn sie litt häufiger an „schwachen Nerven“. Aber die Ehe hielt stand, da Clara nie irgendwelche gesellschaftlichen Ambitionen hatte, die über die Ehe hinaus gingen. Sie war eher ein fröhlicher Charakter und ein Familienmensch. Diese Tradition eines eher unprätentiösen, friedlichen Familienlebens sollte auch die folgenden Generationen des Stammes Joseph Thyssen bis in die Gegenwart kennzeichnen. Viel geholfen hat Clara in schwierigen familiären Situationen sicher auch der Umstand, dass ihre

Geschwister, mit denen sie sich gut stand, in erreichbarer Nähe wohnten. Sowohl ihre Schwester Johanne, die den Textilunternehmer Carl Roesch geheiratet hatte, wie auch ihr Bruder Julius, genannt Onkel Menne, wohnten nur ein paar Straßen weiter in der Friedrichstraße.

Lediglich 1905, als es zu einer heftigen Auseinandersetzung mit ihrem Sohn Julius wegen seiner geplanten Heiratsabsichten kam und ihr Mann sich auf die Seite seines Sohnes stellte, bekam sie einen Nervenzusammenbruch und ging nach Ahrweiler in die damals neu entstandene und nach modernen Methoden arbeitende Privatklinik von Dr. Karl Alexander von Ehrenwald. Ein längerer Aufenthalt in Boppard schloss sich an.

Auch mag ihr das gute Verhältnis zu ihrem Schwager August und zu ihren Geschwistern einen gewissen Rückhalt gegeben haben. In späteren Jahren fuhr Clara Thyssen häufig mit ihrer Schwester Johanne zur Kur, nicht wie ihre Schwägerin Hedwig in mondäne Bäder wie Wiesbaden oder Baden-Baden, sondern ins Hotel Maywald nach Kleve – die Bagels waren mit den Maywalds weitläufig verwandt – oder nach Malente-Gremsmühlen.

Die unablässigen Probleme in der Familie von August Thyssen führten dazu, dass das Verhältnis der Brüder im Laufe der Jahre auch über das Geschäftliche hinaus immer enger wurde, zumal in Josephs Familie vieles so lief, wie August es wohl von seiner eigenen erwartet hatte.

Aus der Ehe von Joseph und Clara Thyssen gingen drei Kinder hervor: Julius (1883–1946) Er hatte bis auf wenige glückliche Jahre zeitlebens mit gesundheitlichen Problemen zu kämpfen. Schon als Schüler wurde er in der Ausbildung durch Magen- und Lungenprobleme behindert und musste deswegen mehrmals die Schule wechseln; er kam schließlich auf eine Privatschule nach Bonn. Nach Abschluss der Schule und Absolvierung eines Praktikums bei der Gewerkschaft Deutscher Kaiser absolvierte er seine Militärzeit bei den Hessischen Dragonern in Darmstadt, wo er

Der älteste Sohn von Joseph Thyssen, Julius (1883–1946) und seine als Kind verstorbene Schwester Johanna (1884–1887).

Die Familie Bagel: (v.l.n.r.) Ferdinande Bagel, geb. Dreibholz (1836–1891), Julius Bagel sen. (1826–1900), Johanne, Antoinette (1865–1945), Clara, Julius (1861–1929).

infolge einer durch Stirnhöhlenprobleme bedingten Ohnmacht vom Pferd stürzte und 13 Monate nach Köln ins Lazarett musste, wo er von seiner Mutter gepflegt wurde. Später ging er wegen angegriffener Lungen und Stirnhöhlen zu einer längeren Kur nach Meran.

Im Oktober 1905 folgte ein Jahr Studium in Berlin an der Bergakademie bei Professor Georg Friedrich Baum. Er belegte gleichzeitig ein juristisches Kolleg an der Börse. Um einen besseren Kontakt zu den wichtigen Oberbergräten und anderen Führungskräften der Industrie zu bekommen, trat er dem Berg- und Hüttenmännischen Verein bei. Die freie Zeit nutzte er, um seinem Onkel Fritz, Verwandten seiner Braut und Geschäftsfreunden seines Vaters, so zum Beispiel Carl Klönne, Besuche abzustatten. Kamen Vater oder Onkel nach Berlin, was häufig geschah, so musste er sie zu geschäftlichen Sitzungen und privaten Dingen begleiten. August Thyssen wohnte bei seinen Berlin-Aufenthalten meist im Hotel de Rome und wollte häufig des abends von seinem Neffen Julius bei einem Besuch im Wintergarten oder ähnlichen Etablissements begleitet werden. Als er diesen Wunsch einmal an einem Buß- und Bettag äußerte, glaubte er dem Neffen zunächst nicht, dass alle entsprechenden Etablissements geschlossen seien. Erst als er sich persönlich davon überzeugt hatte, schlossen beide den Abend mit einer kräftigen Flasche Wein ab.

Ansonsten verlief Julius' Leben in Berlin, im Vergleich zu dem seines Vetters August jun., ruhig und undramatisch. Ab und zu ging er in die Oper, ritt des morgens und badete wie alle Bürger am Samstag. Nach Ansicht seines Vaters nutzte er die Zeit in Berlin nicht genug, um sich zu bilden. Der Vater, der selber sehr auf Bildung achtete und ein Kunstkenner war, warf ihm vor, er lebe zu alleine und werde zum Einsiedler, das alles sei für seinen späteren Lebensweg schädlich. Und in der Tat bezeichnete sich Julius Thyssen in einem Brief an seine Braut Jula als einen „Bauern", was in der Praxis darauf hinwies, dass er an kulturellen Dingen nicht sonderlich interessiert war. Wenn er in die Oper ging oder sich ein Museum ansah, dann mehr, weil das zum guten Ton gehörte. Sein Vater regte sich darüber auf, dass verschiedene Familienmitglieder, die Julius in Berlin besuchten, sich beklagten, Julius wisse bei vielen Museen und Denkmälern nicht, wo sie zu finden seien. Es passt in dieses Bild, dass Julius in seinem späteren Leben[41] den von seinem Vater gesammelten Bildern nichts Wesentliches hinzufügte.

Nach einem kürzeren Aufenthalt in Genf während der Semesterferien ging Julius 1906/1907 eine Zeit an die Technische Hochschule Aachen. Hier wurde er von diversen Verbindungen heftig umworben, aber er lehnte es ab, Mitglied zu werden, da man dort, wie er seiner Braut Jula schrieb, „ein zu positives Verhältnis zum Kaiserhaus pflege, und er eher demokratisch, wie seine Mutter gesagt hätte, eher ein kleiner Sozialdemokrat sei".[42] Aber auch andere Gründe kamen hinzu, nämlich die am Ort reichlich vertretene Familie. Lebten doch in Aachen z. B. sein Vetter, der Notar Robert Bicheroux, Onkel Albert Thyssen (1851–1927), der auf der Kaiserallee eine Apotheke betrieb, und der Architekt Edmund Thyssen, der auf der Monheimsallee wohnte und dessen Haus er sehr bewunderte. Und schließlich die Jungbluths. Julius Thyssen war offensichtlich der letzte, der diese Kontakte zu den Aachener Thyssens pflegte, sie sind später völlig abgerissen.

Unter den Professoren, die er für qualifiziert hielt, hob Julius Thyssen besonders Fritz Wüst und Adolf Wallichs hervor. Er beendete das Studium in Aachen mit dem Grad eines Bergbauingenieurs.

Als Julius 1907 in das Unternehmen eintrat, erhielt er von seinem Vater ein so geringes Gehalt, dass der Onkel sich genötigt sah, diesem aus eigener Tasche einen weiteren Betrag zuzuschießen. Eine Reihe von persönlichen Briefen von August Thyssen an seinen Neffen Julius zeugen von einer fast väterlichen Zuneigung, wie auch Julius in

41 Julius und Jula Thyssen erwarben auf Vorschlag von Dr. Carl Härle nur einige Skulpturen des späten Mittelalters sowie einen mittelalterlichen Flügelaltar als Finanzhilfe an das Kloster Maria Laach. Jula Thyssen war außerdem mit der katholischen Schriftstellerin und Künstlerin Ruth Schaumann befreundet, von der sie u.a. eine bronzene Mutter Maria mit Kind und eine „törichte Jungfrau" in Ton erwarb. Ruth Schaumann vertrat eine Art religiös inspirierten Expressionismus, sie schrieb auch Gedichte und Erzählungen. Dabei ist natürlich zu berücksichtigen, dass sich die Situation spätestens nach dem Ende des Ersten Weltkrieges so verschlechterte, dass neben der Versorgung der Familie und der später hinzu kommenden Krankheit von Julius praktisch kaum Zeit für so etwas bestand. Rolf Hetsch: Ruth Schaumann Buch, Berlin 1933.

42 Schriftwechsel Julius und Jula Thyssen, TKA, NYT 063.

den Briefen an seine Braut Jula Rintelen den Onkel als sein großes Vorbild hinstellte und seine Freundlichkeit im Vergleich zum Vater rühmte. Wohl in Anerkennung seiner Leistungen wurde Julius Thyssen 1912 in den Vorstand von Thyssen & Co. und 1916 als Nachfolger seines Vater in den Vorstand der Gewerkschaft Deutscher Kaiser berufen.

Julius' Schwester Johanna (1884–1887), von der ein prachtvolles Kinderbild erhalten ist, starb infolge einer Tuberkulose, die sie sich von ihrer Amme zugezogen hatte, bereits im Kindesalter.

Die Brüder Julius und Hans (1890–1943) wurde von Vater und Onkel streng erzogen, um den späteren Anforderungen in den ständig wachsenden Unternehmen gerecht werden zu können. Die beiden Brüder haben sich im Gegensatz zu ihren Vettern August jun. und Heinrich dem Führungsanspruch von Vater und Onkel gefügt und wurden deswegen von August besonders geschätzt, obwohl August Thyssen in einem Brief an seinen Sohn Heinrich Julius als „unbedeutend“ bezeichnete, er hielt mehr von dessen Bruder Hans.[43]

Im Gegensatz zu Julius erhielt sein jüngerer Bruder Hans eine mehr kaufmännische Ausbildung. Er absolvierte nach der Schule eine Lehre bei der Deutschen Bank in Mülheim und studierte nach dem obligaten Praktikum in der Firma in Oxford am Norcester College und in Köln Volkswirtschaft. Seine militärische Dienstzeit absolvierte er beim 5. Ulanenregiment in Hanau. Hans war neben seinem Vetter Fritz das einzige Familienmitglied, das während des Ersten Weltkrieges zum militärischen Einsatz gelangte, und zwar vorwiegend auf dem Balkan und in Polen. Bald nach seiner Rückkehr aus dem Krieg 1918 trat er in den Vorstand von Thyssen & Co. ein, da August Thyssen seine Fähigkeiten schätzte.

Julius wie Hans sollten nach der Vorstellung ihrer Eltern in adelige Familien einheiraten. So war z. B. für Hans eine Tochter des 1911 zum Oberpräsidenten der Rheinlande berufenen Klemens Schorlemer-Lieser vorgesehen. Wie aber so häufig erfüllten sich die Pläne der Eltern nicht. Während die Nachfahren von August Thyssen alle adelige Ehepartner bevorzugten, blieb im Stamme Joseph die bürgerliche Tendenz erhalten.

Julius wie Hans waren fröhliche Naturen und hatten zu ihrem manchmal sehr schwierigen Vater ein bemerkenswert unbeschwertes Verhältnis, weshalb es auch nicht zu solch dramatischen Auseinandersetzungen kam wie zwischen August und seinen Kindern. Das mag u.a. auch daran gelegen haben, dass beide frei von ambitiösen gesellschaftlichen Plänen waren.

43 Brief von August Thyssen an seinen Sohn Heinrich vom 6.11.1924, Korrespondenz von August Thyssen mit seinem Sohn Heinrich, a.a.O., Bd. 2, S. 499ff.

2. Die Erben

Die Kinder von August und Hedwig Thyssen

Fritz Thyssen

Fritz (1873–1951)[44] Der Älteste bekam besonders hart zu spüren, was es hieß, der Sohn eines erfolgreichen Vaters zu sein. Eine solche Position erforderte Durchsetzungsfähigkeit und Bereitschaft zum Kampf. Aber Fritz Thyssen war keine kämpferische Natur, was sich noch oft in seinem Leben zeigen sollte.

Er besuchte zunächst das Gymnasium in Mülheim, wo er unter der antikatholischen Haltung des Rektors – es war die Zeit des Kulturkampfes – zu leiden hatte. Es gelang ihm offensichtlich nicht, sich dagegen zu wehren und auch der Vater, der sich ohnehin wenig um seine Kinder kümmerte, stand dem Jungen in dieser schwierigen Situation nicht bei. Man darf wohl annehmen, dass eine energische Intervention des Vaters bei der Schulleitung das Problem hätte abmildern können. Statt dessen wechselte Fritz auf das Hohenzollern-Gymnasium in Düsseldorf. Ob er dort bei seiner Tante Balbina wohnte, ist nicht bekannt.

Nachdem er in Düsseldorf das Abitur abgelegt hatte, absolvierte er auf Wunsch seines Vaters eine Lehrzeit im väterlichen Unternehmen und ertrug dort als gehorsamer Sohn die harte und lieblose Art, mit der der Vater und auf dessen Geheiß auch die Angestellten ihn während der Ausbildung behandelten.

Es folgte ein Studium in Lüttich (Bergbau), in London am Imperial College of Science and Technology (Maschinenbau) und in Berlin. Seit 1896 wurde er in verschiedene Vorstände berufen und ging 1901 zusammen mit Franz Dahl, einem der führenden Direktoren, auf eine Reise in die USA, um dort das Hüttenwesen und die beginnende Vertrustung der Stahlindustrie zu studieren. Es folgten Reisen nach Russland und Indien, auf denen er sich mit der für den Konzern zeitweilig schwierigen Erzversorgung befasste.

Schon 1896, also nach dem Studium, war Fritz Thyssen ins Unternehmen zurückgekehrt und in einige Führungsgremien berufen worden, was aber in vielerlei Hinsicht ein reine Formsache war, da Vater und Onkel alleine das Kommando führten und der Vater nicht bereit war, seinem Ältesten eine gewisse Eigenständigkeit zu konzedieren. Fritz Thyssen war wohl zunächst auch bereit, sich dem fast absoluten Führungsanspruch des Vaters zu fügen, obwohl dieser, wie er 1901 in einem Brief an Carl Klönne ausdrückte, keine hohe Meinung von der Charakterfestigkeit seines Sohnes hatte. Fast könnte man annehmen, dass er instinktiv ahnte, welch tragische Rolle Fritz in späteren Jahren für das Schicksal des Unternehmen noch spielen sollte; jedenfalls kam es bald zwischen Vater und Sohn zu Konflikten, die das ganze Leben andauern sollten, denn August war von Beginn an nicht bereit, seinen Sohn zu fördern oder ihn eigene Ent-

44 Buchstab, Günter: Fritz Thyssen (1873–1951), in: Zeitgeschichte in Lebensbildern, hrsg von Rudolf Morsey, Bd. 9, Münster 1999, S. 115–132.

Die Kinder von August Thyssen: (v.l.n.r.)
Fritz, August, Heinrich und Hede. (ca. 1885)

scheidungen treffen zu lassen. August Thyssen schien völlig vergessen zu haben, dass sein Vater ihn schon in jungen Jahren mit Geld versehen ins Leben entlassen hatte. Solches Vertrauen und solche Möglichkeiten verweigerte August Thyssen seinem Sohn ständig. Er traute seinem Ältesten später nicht zu, die Geschicke der Thyssen-Unternehmen fortzuführen, beließ ihn auf der anderen Seite aber in den Führungsgremien der Firmen. Damit entstand für Fritz Thyssen eine schwierige Situation.

So beklagte sich Fritz in einem Brief an Klönne vom 14. Juli 1902, dass er durch das Verhalten des Vaters keine Autorität bei den Angestellten habe und zum Beispiel Direktor Julius Kalle über einen passenderen häuslichen Rahmen verfüge als er als Sohn des Inhabers.[45] Er zog aber auch keine Konsequenzen und verließ das Unternehmen nicht.

Nach seinen Auslandsaufenthalten hat sich Fritz Thyssen offensichtlich besonders auf die Frage der Modernisierung der technischen Abläufe in den ihm zugeordneten Firmen konzentriert. Er hat hier wohl eine ähnliche Rolle gespielt wie Friedrich Krupp in seinem Unternehmen. Beide haben sich nicht so sehr um einen Ausbau der von ihren Vätern aufgebauten Unternehmen bemüht, sondern mehr um die Anpassung an modernere Produktionstechniken. August Thyssen scheint aber auch hier nicht bereit gewesen zu sein, die Leistungen seines Sohnes in diesen Bereichen anzuerkennen. Noch im Alter äußert er sich in einem Brief an seinen Sohn Heinrich abfällig darüber, dass Fritz stolz auf die von ihm angeregten technischen Produktionsverbesserungen in den einzelnen Firmen sei.[46]

Fritz Thyssen in fröhlichen Tagen.

Fritz hat sich seinerseits später dadurch an seinem Vater gerächt, dass er bei Sitzungen, in denen er den Vorsitz führte, seinen Vater „übersah“. Dieser fühlte sich dadurch im eigenen Hause brüskiert. Eine Lösung für diese Probleme haben beide bis zu Augusts Tod nicht gefunden. Im August 1923 schrieb Fritz an seinen Vater:

45 Brief von Carl Klönne an August Thyssen vom 14.7.1902, TKA A/9570, Bl. 22.
46 Brief von August Thyssen an seinen Sohn Heinrich vom 29.12.1922, Korrespondenz von August Thyssen mit seinem Sohn Heinrich, a.a.O., Bd. 1, S. 165.

Lieber Vater,
im Besitz deines Briefes vom 22. cr. [currentis = des laufenden Monats] danke ich dir für die liebenswürdige Aufforderung, nach der unwürdigen Behandlung deinerseits bedingungslos meine Funktionen wieder aufzunehmen. (...) Nur wirst du es vielleicht verständlich finden, dass (...) ich auf eine Mitarbeit höflichst verzichte. Ich verzichte um so mehr darauf, als du die tyssenschen Unternehmungen lediglich als dein Werk ansiehst. Ich bin zwar unbescheidenerweise etwas anderer Ansicht, meine aber, dann solltest du auch selbst die Verantwortung allein übernehmen. Jedenfalls verzichte ich in aller Form darauf, nach deinen oft genug gehörten liebenswürdigen Eröffnungen weiter mir dir zusammen tätig zu sein. (...) Wie gesagt, ich nehme dir deine Haltung nicht übel und fühle mich ganz wohl dabei, denn ein Vergnügen ist es wirklich nicht, mit dir zusammen zu arbeiten, das habe ich lange genug erfahren. (...)
Mit verbindlichem Gruß Dein Sohn
Fritz Thyssen.[47]

Als Fritz Thyssen nach seinem Studium 1897 in Düsseldorf beim 5. Westfälischen Ulanenregiment (das Denkmal steht noch heute am Rheinufer) seinen Militärdienst absolvierte, lernte er bei einer Abendgesellschaft Amélie Zurhelle (1877–1965)[48] kennen, deren Eltern vor einiger Zeit von Köln nach Düsseldorf auf den Fürstenwall umgezogen waren. Fritz hatte sich wohl ziemlich „stante pede“ in sie verliebt, doch als er seinem Vater seine Heiratsabsichten mitteilte, kam es auch hier zu einem schweren Konflikt zwischen Vater und Sohn. Wie aus dem Tagebuch von Amélie Thyssen hervorgeht, hatte August Thyssen 1898 die Ehepläne zunächst rundweg abgelehnt. Warum er so dagegen war, ist letztlich nie ganz klar geworden. Seine Vermutung, in der Familie Zurhelle gebe es eine Erbkrankheit, klingt sehr nach einem vorgeschobenen Argument. Auch hinsichtlich der Herkunft war eigentlich nichts einzuwenden. Dennoch widersetzte sich August Thyssen diesen Plänen mit der ihm eigenen Hartnäckigkeit. Das schon gespannte Verhältnis zu seinem Ältesten wurde dadurch noch schlechter, so dass sich Fritz mit dem Gedanken trug, aus der Firma auszuscheiden und für ein Monatsgehalt von 500 Mark eine Stelle in einem Hochofenwerk in St. Petersburg anzunehmen.

An Klönne schrieb August Thyssen über seine spätere Schwiegertochter: „Sie ist hübsch, aber unbedeutend. Sie hat nur Sinn für Äußerlichkeiten, wie man dies in allerbesten Häusern zeigt.“[49] Wenn man den Berichten eines Berliner Blattes glauben darf, hat der Vater (wie auch später bei August jun.) mit eigenartigen Methoden (zum Beispiel Versuch der Entmündigung) versucht, den Sohn mit Gewalt von seinen Heiratsplänen abzubringen. Fritz Thyssen entzog sich zunächst diesen Versuchen durch eine Flucht zu seiner Mutter nach Brüssel und setzte sich schließlich mit ihrer Hilfe durch. Er, der seine Mutter ohnehin sehr liebte, hat ihr diesen Dienst sein Leben lang nicht vergessen.

47 Brief von Fritz Thyssen an seinen Vater August vom 27.8.1923, TKA A/15805, Bl. 269f.
48 Auch über Amélie Thyssen liegt ein kurzes Lebensbild vor. Kielinger, Thomas: Amélie Thyssen, in: Die großen Stifter, hrsg. von Joachim Fest, Berlin 1997, S. 381–406.
49 Brief von August Thyssen an Carl Klönne vom 11.7.1902, TKA A/9570, Bl. 19.

Amélie Zurhelle (1877–1965) und Fritz Thyssen (1873–1951)
während ihrer Verlobungszeit. (1899)

Drei Jahre nach dem ersten Zusammentreffen von Fritz und Amélie konnte die Hochzeit am 18. Januar 1900 stattfinden. Es mutet wie eine Ironie des Schicksals an, dass die von Vater August so bekämpfte Ehe die einzige seiner Kinder war, die durch Höhen und Tiefen des Lebens Bestand hatte und es sich erwies, dass die oben genannte Charakterisierung von Amélie nicht zutraf. Sie hat sich gerade in den schweren Zeiten der Haft als eine starke Stütze ihres Mannes erwiesen und alle Qualen der Konzentrationslager-Haft mit ihm durchgestanden.

Während nach all' diesen Vorfällen das Verhältnis von August zu seiner ersten Schwiegertochter nicht gut sein konnte, freundete sich diese sehr bald mit Augusts Schwägerin Clara Thyssen an, so dass Clara bald zu Amélie ein besseres Verhältnis hatte als zu ihrer eigenen Schwiegertochter Jula. Julius und Hans nannten Amélie in ihren Briefen immer etwas abfällig: Fritzens „Malchen".

Fritz und Amélie zogen zunächst auf den Oberhof Beeck, siedelten dann 1905, nachdem der Vater nach Landsberg gezogen war, in den schon erwähnten Froschenteich über, bevor Fritz im Jahre 1910/11 von der Firma Girmes & Oedinger nach englischem Muster ein Landhaus[50] im Speldorfer Wald bei Mülheim bauen ließ. Er stattete das Haus, wohl auch angeregt durch Vater und Bruder, mit Kunstwerken aus, die

Der Oberhof Beeck, 1899–1912 Wohnsitz der Familie Fritz Thyssen.
Im Hintergrund die evangelische Kirche. (1964)

50 Schwanke, Hans Peter: Das Landhaus Thyssen, in: Zeitschrift des Geschichtsvereins Mülheim a.d.R, Heft 61, 1998, S. 27–47.

Landhaus Fritz Thyssen im Speldorfer Wald, Mülheim a.d.R., erbaut 1910–1911.

nach und nach eine beachtliche Sammlung[51] ergaben. Über seine Mitgliedschaft bei der „Gesellschaft der Freunde des Archäologischen Instituts“ in Berlin förderte er auch die Arbeit deutscher Archäologen im Ausland.

Aus der Ehe von Fritz und Amélie ging erst nach neunjähriger Ehe ein Kind, die Tochter Anita (1909–1990), hervor. Mehr Kinder waren, so hieß es, wegen der „Zartheit“ der Mutter nicht möglich. Anita hat unter dieser Situation des Einzelkindes offensichtlich sehr gelitten. Kuni Thyssen berichtet, dass, wenn sie mit ihrer Schwester Henny zu Anita zum Spielen kam, diese sich mit Geschrei auf ihre Cousinen stürzte, weil sie offensichtlich unter der Einsamkeit litt. Viele Probleme, mit denen Anita später immer wieder zu kämpfen hatte, haben hier wohl ihren Ursprung. So müssen möglicherweise auch Lähmungserscheinungen gesehen werden, die offiziell zu Folgen einer Kinderlähmung erklärt wurden.

51 Diese Sammlung hatte später ein fast ebenso abenteuerliches Schicksal, wie das ihres Sammlers. Um sie vor einer Enteignung durch die Nazis zu schützen, hatte sie Dr. Härle nach der Flucht von Fritz in die Schweiz durch seine Beziehungen, vor allem mit Hilfe von Prof. Rademacher, auf verschiedene Museen (Folkwang, Germanisches Nationalmuseum, Rheinisches Landesmuseum Bonn etc.) verteilt. Ein Teil der Bilder gelangte auch nach Argentinien. Ein anderer Teil, der nach dem Krieg in Puchhof war, wurde von Anita 1986 dem Bayerischen Nationalmuseum gestiftet. Vgl.: Sammlung Fritz Thyssen. Ausgewählte Meisterwerke, hrsg. vom Bayerisches Nationalmuseum, München 1986.

Anita wurde nicht in die normale Grundschule geschickt, sondern von Hauslehrern erzogen. Als ihre Spielgefährtinnen wurden von den Eltern nur ihre Cousinen oder ausgewählte Mädchen aus gesellschaftlich gleichgestellten Familien, wie zum Beispiel Henkel oder Scheidt, eingeladen. Auf den späteren Hochzeitsfotos sind sie alle als Brautjungfern zu sehen.

Als Anita ins heiratsfähige Alter kam, hatten die Eltern keine glückliche Hand bei der Auswahl eines Lebenspartners für ihre Tochter. Anita wurde zunächst mit ihrer Gesellschafterin, einer Frau Möricke, nach Bonn geschickt. Hier wurde u.a. ein Neffe von Jula Thyssen, Fritz Joachim von Rintelen (1898–1979), der dort den Lehrstuhl für Philosophie inne hatte, als Heiratskandidat in Betracht gezogen, doch er lehnte dankend ab. Andere Kandidaten wie der polnische Adelige Julian von Godlewski,[52] ja sogar der seiner Zeit verwitwete Hermann Göring, in dessen Vorzimmer Anita einige Zeit „volontierte", wurden in Betracht gezogen, lehnten aber höflich ab.

An einen Kandidaten aus dem Ruhrgebiet, der in Anbetracht der Tatsache, dass Anita keine Geschwister hatte, auch in der Lage sein würde, Unternehmen zu führen, ist wohl eigenartigerweise nie gedacht worden. Schließlich entschied man sich für den Vorschlag von Frau Möricke, den ungarischen Grafen Garbor von Zichy, eine unglückliche Wahl, wie sich schon bald nach der Heirat herausstellen sollte. Mit dieser Wahl folgte die Familie einem damals üblichen Beispiel, das schon Heinrich Thyssen sen. und Hede praktiziert hatten. Bürgerliche mit Vermögen heirateten verarmte Adelige. So kamen die einen zu gesellschaftlicher Rangerhöhung, die anderen zu Geld. Ähnliche Ehebündnisse gab es in der Familie August Thyssen mehrere. Dass es sich dabei in allen Fällen um ungarische Adelige handelte, war wohl eher Zufall. Mit diesen Verbindungen zu adeligen Familien entstand ein Kontakt zu gesellschaftlichen Kreisen, denen die unternehmerische Arbeit und Gedankenwelt fremd war. Geld war zum Erhalt traditioneller Lebensformen notwendig, wobei die Frage, wie das Geld erarbeitet worden war, völlig in den Hintergrund trat.

Aus der Ehe zwischen Anita und Garbor, die am 6. August 1936 in Mülheim-Speldorf groß gefeiert und durch Kardinal Karl Joseph Schulte von Köln eingesegnet

52 Anita hatte Jules Godlewski während einer Kur in Davos, wo sie wegen Tbc-Verdachts in der Hüfte zur Kur war, kennen gelernt. Fritz und Amélie hätten ihn gerne als Schwiegersohn gesehen. Godlewski lehnte zwar höflich ab, blieb aber auch nach dem Krieg in Kontakt mit der Familie und fungierte als Berater und Begleiter von Amélie Thyssen. Ihn verband auch eine frühe Freundschaft mit dem damaligen Erzbischof von Krakau, Karol Woityla, dem späteren Papst Johannes Paul II. Godlewski half diesem, u.a. anderem mit Spenden vom Amélie Thyssen, bei der Finanzierung einer in der Nähe des großen Hüttenkomplexes Nova Huta geplanten Kirche. Die Kommunisten hatten in dem an die Hütte angrenzenden Wohngebiet bewusst keine Kirche vorgesehen und dies u.a. mit dem Hinweis auf Geldmangel zu rechtfertigen gesucht. Godlewski ist einige Jahre vor seinem Tod nach Polen zurückgekehrt.

Amélie Thyssen mit ihrer Tochter Anita (1909–1990). (ca. 1915)

Die Hochzeit von Anita Thyssen und Graf Gabor von Zichy. (1936)

wurde,[53] gingen zwei Söhne hervor, Fritz August (später Federico), der 1937 in Bonn, und Claudio, der 1942 in Argentinien geboren wurde.

Nach einem kurzen Aufenthalt in Bonn und auf Gut Puchhof, das für Garbor, der sich als Landwirt fühlte, gekauft worden war, gingen Anita und Garbor 1939 wegen des drohenden Krieges nach Argentinien auf eine Hazienda, die einem Bruder von Amélie Thyssen gehört hatte, der aber einige Jahre vorher verstorben war. Später zogen sie nach Buenos Aires, nahmen aber keinen Kontakt zu dem dort lebenden Sohn von Hede, August von Neufforge, auf.

Während Amélie nach dem Tode von Fritz Thyssen und der Restituierung des Vermögens wieder nach Deutschland zurückkehrte und fortan auf dem Puchhof bei Straubing lebte, blieb Anita bis zum Tode ihrer Mutter in Argentinien, wo die Söhne Federico und Claudio, die sich immer als Lateinamerikaner fühlten, geheiratet hatten. Sie kam aber häufiger auf Besuch nach Deutschland.

53 Zu dieser Zeit war das Verhältnis von Fritz Thyssen zu Hitler schon sehr gespannt. Göring, der auch eingeladen war, sagte seine Teilnahme angeblich wegen der Gegenwart des Kardinals ab.

Der „kleine" August

Weder August jun. noch Heinrich waren bereit, sich – wie zunächst ihr älterer Bruder Fritz – in Bezug auf ihren Lebensstil wie auf ihre beruflichen Pläne widerspruchslos den Vorstellungen ihres Vaters zu fügen. Ihnen kam die Lebensweise des Vaters, der seine Zeit fast ausschließlich seinen Unternehmen widmete und am gesellschaftlichem Leben, sofern es über das für die Unternehmen Nötige hinausging, nicht interessiert war, inadäquat vor. Folglich suchten sie den Vater zu Kontakten zum Hof in Berlin und zur Annahme eines Adelstitels wie zu einem repräsentativeren Lebensstil zu bewegen. Der Vater lehnte jedoch die Idee einer Nobilitierung und den damit verbundenen Kontakt zum Hofe in Berlin ab. Trotz seiner im Grundsatz vielleicht eher monarchistischen Einstellung war August Thyssen in Fragen der Staatsverfassung eigentlich ein Pragmatiker. Besonders der Person Wilhelms II. und seiner Hofgesellschaft mit ihrem immer offenkundiger werdenden Widerspruch zwischen Anspruch und Leistung stand er sehr kritisch gegenüber. Als Kompromiss ließ er sich schließlich dazu bewegen, durch den Ankauf und Umbau von Schloss Landsberg seinen im Laufe der Jahre immer mehr von eigenen und fremden Fabriken umgebenen Wohnsitz vom Froschenteich auf die Ruhrhöhen bei Kettwig zu verlegen. Er war hier dem Drängen seiner Kinder auch deswegen gefolgt, weil ihm mit fortschreitendem Alter die Verlegung seines Wohnsitzes in eine ruhigere, aber verkehrsmäßig gut zu erreichende Gegend durchaus recht war.[54]

August Thyssen jun. (1874–1943)

Als sich der Vater darüber hinaus nicht bereit fand, den finanziellen und gesellschaftlichen Erwartungen seiner Kinder, die sich aufgrund des Vertrages von 1885 als Inhaber der Unternehmen sahen, mehr zu entsprechen, suchten diese auf andere Weise ihren Zielen näher zu kommen.

Es muss den Vater in diesem Zusammenhang besonders geschmerzt haben, dass sein Lieblingssohn, August jun., hier den Vorreiter machte. Von Statur und in der

54 Brief von August Thyssen an Conrad Verlohr vom 12.12.1902, zitiert nach Baumann, Carl-Friedrich: August Thyssen. Ein Bürger Mülheims, Sonderdruck der Zeitschrift des Geschichtsvereins Mülheim a.d.R., Heft 61, 1989, S. 190.

Fritz Crzellitzer erbaute das Herrenhaus auf Gut Rüdersdorf bei Berlin für August Thyssen jun.

Stimme dem Vater ähnlich, war er von Jugend an ein intelligenter, nervöser und sprunghafter Charakter. Ella Schiefer berichtet, dass er schon als Kind unter den Geschwistern ständig für Unruhe sorgte und eine Tendenz zum Sadistischen hatte.

Als er heranwuchs, kam es bald zu den ersten Liebesaffären. So zeigte uns Großmutter Jula auf dem Mülheimer Friedhof eine Grabstele in Form einer abgebrochenen Säule, auf der lakonisch geschrieben stand: „Luise“. Und darunter: „Es hat sich nicht gelohnt“. Es handelte sich um die Tochter eines Werkmeisters, die von August ein Kind erwartete und bei einem Abtreibungsversuch gestorben war.

Seine späteren Heiratspläne und Amouren waren ebenso wirr wie zahlreich, sie gehen von der Tänzerin Lucy Nanou vom Skala Theater in Berlin bis hin zu einer Gräfin Schaffgotsch, Marina von Kent oder einer Dame namens Paola Stagni. Auch scheint er schon früh dem Alkohol zugesprochen zu haben.

Im beruflichen Bereich sollte er, wie sein älterer Bruder, zunächst bei der Gewerkschaft Deutscher Kaiser in Bruckhausen ein Praktikum absolvieren, doch schon bald musste der Vater feststellen, dass, wenn er abends in den Betrieb kam, um die Tagesleistungen zu überprüfen, sein Sohn bereits das Werk verlassen und nicht selten in umliegenden Gaststätten eine Schar von Zechern um sich versammelt hatte.

Um ihn aus Mülheim zu entfernen und vielleicht in der Hoffnung, dass er durch Arbeit in einem fremden Milieu sein Gleichgewicht finden würde, erteilte der Vater ihm mit 24 Jahren Kollektiv-Prokura und schickte ihn in das 1884 gegründete Berliner Büro der Firma. Doch August jun. „akklimatisierte“ sich in Berlin anders, als der Vater es erhofft hatte.

Das wilhelminische Berlin mit seinem Hang zu Hochstapelei, Schuldenmacherei und Renommiersucht war genau das Milieu, das August jun. wohl gesucht hatte. Hier fanden sich genügend mittellose, aber anspruchsvolle Adelige, die gegen Bezahlung ihrer Schulden bereit waren, ihm Tür und Tor zu öffnen. So trat er am 10. Januar 1900 – zunächst ohne Wissen des Vaters – als Einjähriger in die feudale Leibschwadron der Gardehusaren in Potsdam ein, in der Absicht, eine Hofkarriere zu machen. Mit der Unterstützung „hilfebedürftiger“[55] Regimentskameraden gelang es ihm, zum ersten bürgerlichen Reserveoffizier dieses Traditionsregimentes zu avancieren. Ein Blumenstrauß, den ihm Kaiser Wilhelm II. anlässlich eines „Liebesmahles“ zu Augusts bestandener Offiziersprüfung überreichte, ist noch erhalten.

Vergeblich versuchte er, seinen Bruder Fritz zum Übertritt in sein Regiment zu bewegen, damit beide in Berlin ein entsprechendes „Haus“ führen konnten. Der Vater sollte das Jagdschloss Glienicke kaufen.

Außerdem bewarb sich August jun. um eine Mitgliedschaft im feudalen Unionsclub und suchte sich durch den Erwerb des 3.900 Morgen großen (wovon allerdings 1.500 Wasserflächen waren) Rittergutes Rüdersdorf[56], dem ein Zementwerk[57] angeschlossen war, eine Grundlage zur Erhebung in den Adelsstand zu verschaffen. Zu seinem „Sekre-

55 Neben den fast schon zum guten Ton gehörenden Spielschulden mussten damals die Mitglieder der feudalen Regimenter ihre Pferde, Uniformen und Burschen selber zahlen. Diese Kosten beliefen sich z. B. bei Fritz und Heinrich auf 1.000 bzw. 1.500 Reichsmark monatlich.

56 August Thyssen jun. ließ von dem Berliner Architekten Fritz Crzellitzer auf Rüdersdorf ein Herrenhaus im Jugendstil erbauen und einrichten. Eine Reihe von Fotos sind erhalten, s. hierzu: Berliner Architekturwelt, 11. Jg, Berlin 1909, S. 423–438. Vgl. Strauß, Stephan: Eine Burg als „Country House“, Vortrag, unveröffentlichtes Manuskript.

57 Das Unternehmen besteht noch heute, es wurde 1990, nachdem es unter der kommunistischen Herrschaft ein VEB war, an ein britisches Unternehmen verkauft. FAZ vom 14.9.1990.

tär" gewann er den Grafen Hans von Oppersdorf, Mitglied des Reichstages und des preußischen Herrenhauses. Oppersdorf behielt dieses „Amt" bis in die 1930er Jahre.

August Thyssen war über die Pläne seines Sohnes, wie wir aus dem ausgedehnten und sehr persönlichen Schriftwechsel[58] mit Carl Klönne[59] wissen, entsetzt. Er missbilligte Augusts „devotes Wesen gegen hochgestellte Leute, seine Neigung für den Adel" sowie seine Versuche, durch wirre Heiratspläne diesen gesellschaftlichen Zielen näher zu kommen.

Was ihn besonders erschütterte, waren die rücksichtslosen Methoden, mit denen sein Sohn ihn zum Eingehen auf seine Forderungen zu zwingen suchte. Vater August hatte sich beispielsweise im Scheidungsvertrag mit Hedwig verpflichtet, jedem Kind monatlich 3.000 Mark zu zahlen, und August jun. wollte jetzt höhere Monatszahlungen für sich und seine Geschwister durchsetzen. Auch drang er auf die Aufnahme in den Vorstand der Gewerkschaft Deutscher Kaiser.

In der Tat war der Junior bei der Wahl seiner Druckmittel nicht sehr rücksichtsvoll. Zunächst beauftragte er den Bruder seiner Mutter, Ferdinand Pelzer, der in Frankfurt ein Detektivbüro unterhielt, mit der Bespitzelung seines Vaters. Er selbst streute gezielt Gerüchte an der Berliner Börse aus und schrieb an die mit dem Vater zusammenarbeitenden Banken, um diesen in Misskredit zu bringen.

„Ich fühle mich so unglücklich, wie noch nie in meinem Leben", schrieb der Senior am 9. Juli 1900 an Klönne, der in dem Streit zu vermitteln suchte.[60] Und zwei Jahre später, am 11. Juli 1902, als es August jun. gelungen war, die Geschwister auf seine Seite zu ziehen, schrieb er: „Ich sehe alle meinen Hoffnungen vernichtet, weil meine Kinder von meinen Errungenschaften den unwürdigsten und unglaublichsten Gebrauch machen wollen."[61] Neben Klönne, der in seinen Briefen an August Thyssen ein gewisses Verständnis für die Wünsche der Kinder durchblicken ließ, versuchten auch andere zu vermitteln. So fand am 13. Oktober 1902 ein Gespräch im Hause von Joseph statt, aber ohne Ergebnis. 1904 suchte die Mutter von Brüssel aus in die Ver-

58 Dieser Schriftwechsel ist eine der erschütterndsten Quellen für das Verhältnis von August zu seinen Kindern. Die Unfähigkeit des Vaters, seinen Kindern einen gewissen Freiraum zu geben und dadurch die Probleme zu entschärfen, ist erschreckend. Klönne versucht bemerkenswert objektiv zu bleiben und scheint für die verzweifelten Versuche von August jun. ein gewisses Verständnis gehabt zu haben. August Thyssen vergaß offensichtlich, dass Vater Friedrich sich seinerzeit seinem Sohn Fritz gegenüber wesentlich klüger verhalten hatte, als dieser nicht in die Bank eintreten wollte und er ihn nach Berlin ziehen ließ.

59 Carl Klönne wurde mit 29 Jahren Vorstand des Schaaffhausenschen Bankvereins, mit dem August Thyssen zusammenarbeitete. Ab 1899 war Klönne im Aufsichtsrat der Deutschen Bank in Berlin; im Geschäftsjahr 1900 wechselte er dann in den Vorstand, dem er bis 1914 angehörte. Feldman, Gerald D.: Die Deutsche Bank vom Ersten Weltkrieg bis zur Weltwirtschaftskrise 1914–1933, in: Die Deutsche Bank 1870–1995, hrsg. von Lothar Gall, München 1995, S. 44.

60 Brief von August Thyssen an Carl Klönne vom 9.7.1900, TKA A/9570, Bl. 6.

61 Brief von August Thyssen an Carl Klönne vom 11.7.1902, TKA A/9570, Bl. 17f.

handlungen einzugreifen. Zu allem Überfluss mischte sich auch noch Ferdinand von Neufforge, Hedwigs Mann, in die Angelegenheit.

Carl Härle (1879–1950).

Schließlich wusste der Vater sich keinen anderen Rat mehr, als 1904 ein Entmündigungsverfahren gegen August jun. einzuleiten und seine Einweisung in eine Nervenklinik zu beantragen. Doch der Versuch scheiterte. Die ärztlichen Gutachten konnten nichts Relevantes zu Tage fördern und da der Junior über genügend Beziehungen in Berlin verfügte, gelang es ihm, sich dem Zugriff des Vaters zu entziehen. Über den ihm bekannten Herausgeber des Berliner Klatschblattes „Der Roland von Berlin", Dr. Leo Leipziger, brachte er den Streit an die Öffentlichkeit. Er war bei der Wahl seiner Mittel insofern auf der Höhe der Zeit, als er die neuen Printmedien, die ein breites Publikum erreichten, mit seinem Fall befasste. Damit traf er seinen Vater, der in Familien- und Firmenfragen auf absolute Diskretion Wert legte, an seiner empfindlichsten Stelle.

Doch der Vater ließ sich durch solche Methoden nicht zu Konzessionen bewegen. Für ihn zählte allein die Leistung und nur die gedachte er zu honorieren. Die Kinder verständigten sich deswegen bei einem Treffen in Hamburg im Jahr 1906 auf eine andere Taktik. Sie nahmen bei einer holländischen Bank Kredite auf und stellten sich hierüber aufgrund der Verträge von 1885 gegenseitig Bürgschaften aus. Dabei kam es allerdings zu Auseinandersetzungen zwischen ihnen, da es weder August jun. noch Hede gelang, ihre Finanzen zu konsolidieren. Beide baten deswegen im selben Jahr den Mülheimer Industriellen Hugo Stinnes, der mit ihrem Vater bei verschiedenen Projekten zusammenarbeitete (Rheinische Bank/Essen, Mülheimer Bergwerksverein, RWE, Saar-Mosel-Bergwerksgesellschaft), um Hilfe. Hede schrieb ihm 1910 einen Brief, in dem sie den Vater derart beschimpfte, dass Stinnes diesen Brief ablehnte und an den Vater weitergab.[62] Ein Brief, den August jun. in diesem Zusammenhang an Stinnes schrieb (20. März 1906), ist fast ein Programm. Er bat nicht nur um Vermittlung, sondern erläuterte auch seine Nobilitierungspläne und bot schließlich Stinnes seinen Geschäftsanteil an Thyssen & Co. zum Kauf an. Stinnes war es peinlich, dass er in diese

62 August Thyssen und Hugo Stinnes, a.a.O., S. 493ff.

August Thyssen sen. in seinen besten Jahren. (um 1890)

Familienangelegenheit hineingezogen wurde, denn er fürchtete um seine Beziehungen zu August sen.[63] Für Hede brachte er 1911 eine Einigung zustande.

Für August jun. kam es erst 1919 zu einer Lösung, nachdem in Berlin über sein Privatvermögen die Zwangsvollstreckung verhängt worden war. August jun. schied im selben Jahr aus Thyssen & Co. aus. Der Vater übernahm die Anteile und die Schulden. August erhielt eine Abfindung und begann nun ein Wanderleben, das er bis zu seinem Tode im Jahre 1943 beibehielt.

Eine seiner bevorzugten Stationen war Paris, wo er normalerweise im Hotel Ritz oder Claridge wohnte (Fritz Thyssen wohnte, wenn er nach Paris kam, im Crillon) und abends eine Runde durstiger Adeliger um sich versammelte. Als Carl Härle ihn einmal in Paris wegen einer geschäftlichen Angelegenheit aufsuchte, kam Marina von Kent durch die Halle, was August zu der Bemerkung veranlasste: „Früher musste ich ihre Schulden bezahlen und heute sieht sie mich nicht mehr an."

So verbrachte er Jahre auf Reisen, erst als 1939 der Krieg ausbrach, ging er zu seinem Patensohn Stephan Thyssen-Bornemisza nach Hannover bzw. Gut Borntal bei Einbeck. 1942, auf einer Reise nach Süden, brach er in München zusammen. Man brachte ihn ins Hotel Continental, wo er von seinem Patensohn Stephan und dessen Frau Illy betreut wurde. Am 13. Juni 1943 ging sein rastloses Leben zu Ende. Aber noch über seinen Tod hinaus sorgte er für Skandale. Schon zu Lebzeiten hatte er gesagt, er wolle an einem unbekannten Ort beerdigt werden. Als man den Sarg vor der Beerdigung für eine Obduktion durch seinen Arzt Geheimrat Professor Stupler noch einmal öffnen ließ, stellte man fest, dass sich die Leiche eines jungen Soldaten in dem Sarg befand, der Leichnam von August jun. war in der Tat nicht aufzufinden, weshalb in manchen Dokumenten hinter seinem Todesdatum „verschollen" vermerkt ist. Eine Urne, mit wessen Asche auch immer, wurde auf dem Münchner Ostfriedhof beigesetzt.

Heinrich Thyssen-Bornemisza und seine Familie

Der dritte Sohn von August Thyssen war ohne Zweifel der begabteste und im Verhältnis zu seinem Vater der klügste. Ihn betrachtete August Thyssen im Alter als das einzige seiner Kinder, das im Leben Erfolg hatte.

Heinrich ließ sich gar nicht erst auf eine Mitarbeit im Unternehmensbereich ein und distanzierte sich auch räumlich von seinem Vater, was diesen in einem Brief vom 11. Juli 1902 an Klönne zu der Bemerkung veranlasste: „Heinrich und August, die sich trotz aller meiner Bemühungen um eine regelmäßige Arbeit nicht bemühen wollen."

Heinrich hatte ursprünglich Diplomat werden wollen, dann aber davon Abstand genommen, weil katholische Bewerber im diplomatischen Dienst in Preußen kaum

63 August Thyssen hat die außerordentlichen Fähigkeiten von Hugo Stinnes, der immerhin 26 Jahre jünger war als er, früh erkannt und ihn stets geachtet, denn es gibt keinen anderen Industriellen, mit dem er so häufig gemeinsame Projekte durchführte, wie mit Stinnes.

Heinrich Thyssen und seine Frau Margit (1887–1971)
mit den Kindern Stephan (1907–1981), Margit (1911–1989) und Gabriele (*1915).
Der „kleine“ Heinrich ist noch nicht geboren. (um 1917)

Chancen hatten. So studierte er in München, London und Berlin Kunstgeschichte und Naturwissenschaften und wurde 1899 von der Universität Heidelberg zum Dr. rer. nat. promoviert. 1906 heiratete er in Wien die ungarische Baronin Margit Bornemisza de Kászon (1887–1971). Zur Hochzeit reisten Vater August und Onkel Joseph sowie seine Neffen Julius und Hans an. Wie aus einem Brief von Julius Thyssen an seine Braut Jula hervorgeht, taten sie es sehr ungern, da gesellschaftliches Getue ihnen zuwider war.

Heinrich hatte Margit eines Tages per Zufall in Bad Homburg vor der Höhe kennen gelernt, als er mit einem Freund in seinem neuen Mercedes aus England kommend, dort wegen eines Motorschadens Station machen musste. Er ging, um sich die Zeit zu vertreiben, nachmittags ins Kurhaus, wo die Eltern Bornemisza, die sich trotz der Herkunft der Mutter, die aus einer amerikanischen Industriellenfamilie stammte, in einer finanziell schwierigen Lage befanden, nach günstigen Partien für ihre beiden Töchter umsahen. Heinrich, ein Mann schneller Entschlüsse, entschied sich für Margit. Mit dieser Verbindung gab Heinrich ein Beispiel, das dann noch häufiger in der Familie August Thyssen praktiziert wurde. Es war letztlich die einfachste Art, zu der angestrebten Standeserhöhung zu kommen. Heinrichs Schwester Hede wie auch seine Töchter Margit und Gabriele hatten ja ähnliche Lösungen für ihr Verlangen nach Standeserhöhung gefunden.

Da Vater Bornemisza keine männlichen Erben hatte, adoptierte er 1907 seinen Schwiegersohn, dem vom Kaiser Franz Joseph I. das Privileg eingeräumt wurde, sich fortan Thyssen-Bornemisza zu nennen. Ob er durch diesen Vorgang auch ungarischer Staatsbürger wurde, blieb lange Zeit umstritten.

Heinrich zog mit seiner Familie nach Wien bzw. auf Schloss Rohoncz, dass er seinem Schwiegervater zur Abdeckung der Schulden abgekauft hatte. Als er dort 1920 durch die kommunistische Revolte von Bela Khun vertrieben wurde, zog er mit seiner Familie nach Den Haag, von wo aus er die 1918 von August Thyssen gegründete Bank voor Handel en Scheepvaart in Rotterdam später zu einer Holding ausbaute. Sein Büro ließ er aber zunächst in Düsseldorf am Martin-Luther-Platz.

Das Bürohaus in Düsseldorf sollte auch der Standort für seine ständig wachsende Gemäldesammlung werden. Heinrich hatte sich offensichtlich schon früh mit Fragen der Kunstgeschichte befasst und begann wohl auch früh zu sammeln. Er konzentrierte sich zunächst auf das italienische und später auch auf das deutsche Mittelalter. Die Tatsache, dass infolge der schwierigen Wirtschaftslage nach dem Ersten Weltkrieg viele Bilder auf den Markt kamen, hat ihm sicherlich geholfen.

Aus der Ehe von Heinrich und Margit sind vier Kinder hervorgegangen:

Stephan (1907–1981) Da die Eltern durch geschäftliche und gesellschaftliche Dinge viel unterwegs waren, wurde Stephan schon in jungen Jahren in die Schweiz nach Zurs in ein Internat gesteckt. Danach studierte er an der Technischen Hochschule in Hannover und wurde dort mit einer Arbeit über das Echolot zur Ortung von Erdöl promoviert. 1938 bekam er einen Lehrauftrag für Geophysik an der Universität Münster, 1941 wurde er nach einer größeren Spende Ehren-Senator der Technischen

Stephan Thyssen-Bornemisza (1907–1981)
mit seiner Frau Ilona (Illy), geb. Kugler-Andrassi (1905–1992)

Hochschule Hannover. Ähnlich wie sein Patenonkel August war Stephan ein nervöser, aber sehr begabter Mensch. Das Verhältnis zu seinem Vater war eher gespannt. Stephan, der angeblich 1929 in Texas zunächst eine Elisabeth Clarkson geheiratet haben soll, verlobte sich, da er dem ungarischen Milieu wohl näher stand als dem deutschen, zunächst mit einer ungarischen Baroness Förster, die aber bald danach durch einen Unfall auf einem Schießstand ums Leben kam. Da Mutter Margit ihren Sohn und seine schwachen Nerven kannte, legte sie Stephan nahe, Ilona Kugler-Andrassy[64] (1905–1992) zu heiraten, die wegen ihrer ausgeprägten Persönlichkeit eher in der Lage schien, Stephan den nötigen Rückhalt zu geben. Er willigte ein und heiratete Illy 1932 in Budapest.

Beide zogen nach Hannover (Hohenzollernstraße 26), wo Stephan neben seinem Lehrauftrag an der Technischen Hochschule im Auftrage des Vaters bei der Firma Seismos arbeitete, die in der norddeutschen Tiefebene nach Erdöl suchte. Illy, die in gesellschaftlichen Dingen sehr gewandt war, führte in Hannover ein großes Haus nach dem Prinzip: Wer wichtig ist, wird eingeladen. So gehörten im „Dritten Reich" durchaus auch Parteigrößen zu den Gästen. Als das Haus durch einen Luftangriff zerstört wurde, zogen beide auf Gut Borntal bei Einbeck.

Die Ehe[65] von Stephan und Illy, die lange glücklich schien, zerbrach 1946, als Stephan Inge Müller (geb. 1918) kennen lernte, bald darauf heiratete und deren Tochter Birgit (geb. 1942) adoptierte. Um sich den aus der Scheidung ergebenden Verpflichtungen zu entziehen, zog Stephan mit seiner neuen Familie nach Kuba, wo er später durch Fidel Castro[66] vertrieben wurde. Er ging daraufhin nach New York ins Hotel Plaza und verbrachte einen Teil des Jahres auf Teneriffa. Um sein Vermögen gegen Forderungen seitens seiner ersten Frau zu sichern, gründete er eine Stiftung, in die er sein Vermögen einbrachte. 1981 ist er im Hotel Plaza in New York gestorben.

Illy versuchte in jahrelangen Prozessen vergeblich, ihre Forderungen Stephan gegenüber durchzusetzen. Sie zog nach der Scheidung nach München auf die Ohmstraße, wo sie bis zu ihrem Tod im Alter von 87 Jahren (1992) wohnen blieb. In München lernte sie bald den finnischen Industriellen und Waffenhändler Hans Donner kennen, mit dem sie bis zu seinem Tode zusammenlebte. Sie führte stets ein gastfreies

64 Illy, wie sie in der Familie genannt wurde, hatte etwas von einer Operetten-Figur an sich. Sie wurde in der Familie auch nach der Scheidung von Stephan weiter sehr geschätzt. Sie entstammte einer „Messalliance". Ihre Mutter, eine Andrassy, hatte den Förster ihres Vaters, einen Herrn Kugler geheiratet, dessen Familie in Budapest ein Café und die Schokoladenfabrik Gerbeaux betrieb. Aus der offensichtlich glücklichen Ehe gingen neun Kinder hervor, die durch die Weltkriege in alle Welt verstreut wurden. Besonders bei den später unter den Kommunisten in Ungarn lebenden Familienmitgliedern galt Illy immer als die „reiche" Tante, obwohl das nur dem Schein nach so war.

65 Aus der Ehe gingen keine Kinder hervor.

66 Fidel Castro beschlagnahmte nach der Revolution in Kuba die ganze Kunstsammlung, die Stephan beim Tode seines Vaters erhalten hatte, und ließ diese später in der Schweiz bei Sothebys versteigern, wo Stephans jüngerer Bruder Hans Heinrich den größten Teil zurückerwerben konnte.

Haus und war bei ihren thyssenschen wie ungarischen Verwandten gleichermaßen beliebt.

Heinrichs Tochter Margit (1911–1989) Sie heiratete 1933 den ungarischen Grafen Dr. Ivan Batthyany von Némt-Ujvar, hielt aber im Gegensatz zu ihrem Mann wenig Kontakt zur Familie.[67] Nach Ivans Tod geriet sie unter den Einfluss eines Hochstaplers, der sie wesentlicher Teile ihres Vermögens beraubte. Sie ist 1989 in Rechnitz gestorben.

Ihre Schwester Gabriele (geb. 1915), genannt Baby. Sie heiratete am 1. September 1938 den holländischen Diplomaten Baron Adolph Willem Carel Bentinck van Schoonheten (1905–1970). Auf dieser Hochzeit trafen sich alle Kinder von August Thyssen zum letzten Mal.

Als jüngstes Kind von Heinrich und Margit kam Hans Heinrich (1921–2002) im Haag zur Welt. Als er geboren wurde, war die Ehe von Heinrich und Margit schon in Gefahr. Hans Heinrich wuchs deswegen zunächst unter der Obhut einer Kinderfrau im Haag auf und wurde dann in ein Schweizer Internat gesteckt. Er studierte später in Fribourg Jura, wo er u.a. eine katholische ungarische Studentengruppe organisierte. Er

Heinrich Thyssen-Bornemisza (1875–1947) in seiner Galerie in seiner Luganer Villa Favorita. (ca. 1940)

67 Besonders mit Jula Thyssen verband ihn das Interesse an kirchlichen Dingen. Er ermöglichte es beispielsweise, dass der ungarische Kardinal Mindszenty während seines Deutschlandaufenthaltes 1974 bei Jula Thyssen Besuch machte.

war der Lieblingssohn seines Vaters, der ihn in wohl richtiger Erkenntnis der Fähigkeiten als Haupterben einsetzte.

Das war kein einfaches Erbe, da die Folgen des Krieges noch nicht überwunden waren. Aber Hans Heinrich gelang es nach dem Tod des Vaters 1947, die Beteiligungen neu zu strukturieren und damit eine gute Ausgangsbasis für die späteren Jahre zu schaffen. Außerdem musste er seine Geschwister abfinden, die große Gemäldesammlung[68] verteilen und die Rechte der Familie in Holland verteidigen, wo man unter dem Vorwand, der – ungarische – Vater wäre eigentlich deutscher Staatsbürger gewesen, das Vermögen zu enteignen suchte. Es ist nie ganz klar geworden, welche Rolle der Mann seiner Schwester Gabriele, der holländischer Staatsbürger war, bei den Prozessen gespielt hat. Im Laufe der Jahre zeigte sich, dass der so genannte kleine Heini das unternehmerische Talent von Großvater und Vater geerbt hatte.

Die Ehe von Heinrich und Margit wurde 1932 geschieden. Margit heiratete daraufhin 1933 ihre Jugendliebe, den ungarischen Diplomaten Janós Wettstein de Westernheimb, mit dem sie später in Genf lebte. Aus dieser Ehe sind keine Kinder mehr hervorgegangen.

Nachdem in Deutschland die Nationalsozialisten an die Macht gekommen waren, verlegte Vater Heinrich 1933 seinen Wohnsitz in die Schweiz, wo er in Lugano von dem preußischen Prinzen Friedrich Leopold die Villa Favorita erworben hatte.[69] Einer seiner Nachbarn in unmittelbarer Nähe war der in einer ähnlichen Villa wohnende Paul Silverberg, der 1933 nach einer geschäftlichen Reise in die Schweiz nicht wieder nach Köln zurückgekehrt war. Um seine umfangreiche Kunstsammlung unterzubringen, baute Heinrich an die Villa ein „Privat-Museum“, das er zu seinen Lebzeiten der Öffentlichkeit aber nicht mehr zugänglich machte.

1933 heiratete er in zweiter Ehe Else Feller, geb. Zarske, genannt Maud. Maud war ein schönes Mädchen aus sehr einfachen Verhältnissen, die ein Berliner Kunsthändler, der Heinrichs Vorliebe für schöne Frauen kannte, in seinem Geschäft als „Blickfang“ angestellt hatte.

Die Ehe ging schon 1937 wieder auseinander, nachdem Maud in Spanien in Begleitung eines bekannten Hochstaplers, des georgischen Fürsten Midvani, einen Autounfall hatte, bei dem sie so schwer verletzt wurde, dass sie den Rest ihres Lebens in einer Luganer Klinik zubringen musste.

Schon bald nach der Scheidung von Maud Feller ging Heinrich eine neue Ehe ein, und zwar mit Gunhild de Fabrice (geb. 1908). Gunhilds Vater entstammte einer reformierten Nürnberger Patrizierfamilie, ihre Mutter war eine geborene Schimmelmann. Der Vater war bis zum Ende des Ersten Weltkrieges Oberleutnant bei der preußischen

68 Hans Heinrich hat später von seinen Geschwistern Margit und Stephan viele der Bilder zurückerworben. Lediglich Gabriele hat einen größeren Teil als Sammlung erhalten und sie dem Staatlichen Museum in Luxemburg lange als Leihgabe überlassen. 1995 wurde die Sammlung dann bei Sothebys versteigert.

69 Heinrich erwies sich auch hier als guter Kaufmann, er soll die Wechsel des von Schulden geplagten Prinzen aufgekauft und sie diesem dann en bloc präsentiert zu haben.

Armee, nahm dann seinen Abschied und ließ sich mit seiner Familie in Werningerode im Harz nieder.

Da dort wenig Aussichten bestanden, einen passenden Ehepartner kennen zu lernen, ging Gunhild mit ihrer Schwester nach Paris, wo sie eine zeitlang als Mannequin für das Haus Patou arbeitete. In dieser Eigenschaft lernte sie zunächst August jun. kennen, wenig später in Cannes Heinrich, der sofort um sie warb. Da sie ihre eigentliche Liebe, den italienischen Baron Luigi Parrilli,[70] nicht heiraten konnte, ging sie mit Heinrich 1937 in Berlin die Ehe ein. Sie zogen zunächst in Heinrichs Haus auf der Stadthouserslaan 126 in Gravenshage, gingen dann später nach Lugano. Das Leben mit dem alternden Heinrich, der sich nur noch um seine Kunst kümmerte, war wohl nicht einfach. Als sie eines Tages nach Hause in die Favorita kam, empfing sie der Butler mit den Worten: „Der Herr Baron hat ihre Sachen schon ins Hotel bringen lassen, den Schlüssel brauchen sie nicht abgeben, die Schlösser wurden schon ausgewechselt." Als Heinrich 1947 in Lugano starb, war die Ehe noch nicht rechtskräftig geschieden, daher gelang es ihr bald, mit den Erben eine zufriedenstellende Einigung zu erreichen.

Gunhild zog danach zunächst nach Berlin, kehrte aber während der Kuba-Krise nach Lugano zurück, wo sie sich sicherer fühlte, und siedelte sich in Valsolda, zwischen Lugano und Menaggio, an.

Hedwig und ihre Familien

Augusts jüngste Tochter Hede stand früh unter dem Einfluss ihrer Brüder. Sie ging 1899 zunächst mit dem preußischen Beamten Baron Ferdinand von Neufforge[71] die Ehe ein, die ihr den ersehnten Adelsrang brachte. Der Bruder ihres Schwiegervaters, Dr. Joseph Mathias von Neufforge, ein großer Antiquitätensammler, war von 1887 bis zu seinem Tod 1894 Chefarzt des 1887 eröffneten katholischen St.-Marien-Krankenhauses in Mülheim. Wer die Ehe zwischen Ferdinand und Hede vermittelt hat, ist nicht ganz klar. Einige mündliche Quellen behaupten, Hedes Bruder August hätte sie mit von Neufforge bekannt gemacht. In späteren Jahren behauptete August Thyssen, der von Neufforge für einen Mitgiftjäger hielt, in einem Brief (13. April 1923) an seinen Sohn Heinrich, Hede habe gegen seinen Willen und hinter seinem Rücken gehandelt. Also auch hier wieder die Unfähigkeit von August Thyssen, mit seinen Kindern die wesentlichen Fragen ihres Lebens in Ruhe und gütlich zu regeln.

70 Siehe zu Luigi Parrilli: Dulles, Allen Welsh: Unternehmen Sunrise. Die geheime Geschichte des Kriegsendes in Italien, Düsseldorf 1967.

71 Die Familie von Neufforge stammt aus dem belgisch-Aachener Grenzgebiet. Nähere Angaben zur Familie verdanke ich Freiherrn Gerd von Veyder-Malberg in Salzburg.

Aus der Ehe von Hede und Ferdinand Neufforge gingen drei Kinder hervor:

Hede, genannt Hedemaus (1900–1962); sie heiratete zunächst den Sohn ihres Stiefvaters, Tassilo von Berg (1897–1962). Als diese Ehe 1923 scheiterte, heiratete sie den österreichischen Adeligen Gustav Edler von Remiz und wohnte mit diesem auf dessen Schloss Fuschl bei Salzburg. Nach dem Einmarsch Hitlers wurde von Remiz als Dollfuß-Anhänger verhaftet und am 13. Juli 1938 in das KZ Dachau eingeliefert. Hier wurde er am 29. August 1939 umgebracht. Die Todesanzeige verzeichnet kurz „Versagen von Herz und Kreislauf“[72], in Wirklichkeit war er aber ermordet worden und die Gestapo stellte Hedemaus den Sarg mit dem Toten kommentarlos vor die Haustür und verlangte eine Empfangsquittung. Hedemaus hat dies schreckliche Erlebnis nicht verkraftet, sie floh zu ihrer Mutter nach München und musste in eine Nervenklinik eingeliefert werden.

Vermutlich war der eigentliche Grund für die Ermordung von von Remiz, dass Joachim von Ribbentropp das Schloss haben wollte, wo er sich dann auch unter dem Monogramm „R“ fotografieren ließ, um das Ganze als Familienbesitz der Ribbentropps auszugeben.[73]

Ferdinand (1902–1922), der in jungen Jahren verunglückte.

August von Neufforge (1906–1996) – der zweite Sohn–, machte eine landwirtschaftliche Ausbildung auf Gut Schlagsdorf in der Nähe von Schwerin, das sein Großvater August Thyssen unter dem Eindruck der Hungerjahre des Ersten Weltkrieges gekauft hatte. Später erwarb er ein Gut in Böhmen. Bevor er sich dort niederließ, machte er in den 1930er Jahren mit seiner Mutter eine Weltreise, die ihn unter anderem auch nach Argentinien führte. Da ihm das Land gefiel, ging er 1938 angesichts des drohenden Krieges nach Argentinien, wo er in der Nähe von Buenos Aires einen Milchbetrieb erwarb.

Die Ehe von Hedwig Thyssen und Ferdinand von Neufforge scheiterte, so dass sie im Jahre 1908 in Wien Baron Maximilian von Berg (1859–1924) heiratete. Da dieser katholisch und eine Ehe mit einer geschiedenen Katholikin nicht möglich war, wechselte Hede zu diesem Zweck zum Protestantismus über. Erst gegen Ende der 1950er Jahre ist sie im Hause von Jula Thyssen unter Assistenz von August Heimbach, einem Enkel von Marie Rüsges, wieder in den Schoß der Kirche zurückgekehrt.

Aus Hedes Ehe mit von Berg sind zwei Töchter hervorgegangen.

Maximiliane, genannt Moppi (1908–2004). Sie heiratete zunächst 1927 Baron Victor Sessler von Herzinger. Die Ehe wurde aber 1933 geschieden, woraufhin sie 1935 kurz eine Ehe mit Ernst Cassinone einging. Ihm folgte 1937 Roman Marquardt und dann schließlich Graf Bela von Orgovanyi-Hanstein.

72 Er führte die Häftlingsnummer 18113; als Krankheit wurde von dem Lagerarzt und Untersturmbannführer Dr. Wollweber Lungenentzündung angegeben.

73 Das Foto ist nicht mehr vorhanden.

Die Tochter von August und Hedwig Thyssen, Hedwig von Berg (1878–1960), mit ihrem zweiten Mann Maximilian (1859–1924).

Mignon (1917–1958) Sie heiratete 1939 den wesentlich älteren österreichischen Grafen Friedrich von Wurmbrand-Stuppach. Die Ehe verlief unglücklich. Nach dem Kriege ging sie nach Paris und verübte nach verschiedenen Affären Selbstmord.

Hede selber ließ sich nach dem Tode von Bergs zunächst in München-Bogenhausen auf der Ebersberger Straße 14 nieder. Als das Haus im Krieg zerstört wurde, ging sie ins Hotel Bellevue in Kreuzlingen am Bodensee, wo sie, betreut von ihrer Gesellschafterin Fräulein Marika Papa bis zu ihrem Tod im Jahre 1960 lebte. Ihre Schwägerin Amélie lebte nach Kriegsende, als Fritz Thyssen noch verhaftet war, für kurze Zeit bei ihr. Sie hat sie später dort auch noch öfter besucht, bis eine Auseinandersetzung über finanzielle Dinge zu einer dauernden Entfremdung führte. Hede kam in den 1950er Jahren häufiger nach Schloss Landsberg und hat bei der Gelegenheit ihre angeheiratete Cousine Jula Thyssen besucht.

Hedwig, geb. Thyssen, mit ihren Kindern (v.l.n.r.) August von Neufforge (1906–1996), Mignon von Berg (1917–1958), Maximiliane von Berg (1908–2004) und Ferdinand von Neufforge (1902–1922) sowie ihrem Vater August (M.) auf Landsberg. (um 1920)

Die Kinder von Joseph und Clara Thyssen

Während die Nachkommen von August Thyssen sich durch ihre Ehen über Europa verteilten, blieben die Nachfahren von Joseph Thyssen, die Familien Julius und Hans Thyssen, zunächst in Mülheim wohnen. Beide Söhne heirateten nach dem Vorbild ihres Vaters bzw. Onkels Töchter aus Mülheimer Unternehmerfamilien, und beide heirateten Frauen mit dominanten Charakteren. Im Falle von Julius und Hans sollte sich dieser Charakterzug ihrer Frauen als großer Vorteil erweisen, als beide Männer später durch schwere Erkrankungen nur noch bedingt und schließlich gar nicht mehr handlungsfähig wurden.

Die Familie von Julius und Jula Thyssen

Julius nahm Jula Rintelen (1888–1981) 1908 zu seiner Frau. Julas Vater Cäsar Ferdinand Rintelen (1842–1901) entstammte einer westfälischen Beamten- und Landwirtsfamilie, die im 17. Jahrhundert Vögte in Herford waren, ab dem 19. Jahrhundert dann vorwiegend in Paderborn lebte. Ferdinand Rintelens erste Frau Maria Tillmann (1854–1896) entstammte einer bergischen Unternehmerfamilie mit weit über die Grenzen Deutschlands hinausgehenden Ambitionen.[74]

Aus der Ehe von Ferdinand und Maria gingen neun Kinder hervor.[75] Als Maria Rintelen 1896 an einer Sepsis starb (der Hausarzt Dr. Marx, ein Freund der Familie, war für seine unsauberen Hände bekannt) heiratete Ferdinand deren Cousine Kuni Hopmann (1866–1913).

Der musikalisch begabte Vater Rintelen war ein fleißiger, erfolgreicher Unternehmer. Nach einer längeren Ausbildung im „Drogenhandel“[76] arbeitete er zunächst als Reisender für verschiedene Firmen, wodurch er viele Gegenden Deutschlands und der Niederlande kennen lernte. Nachdem er an allen drei Kriegen, dem Dänischen,

74 Ein Bruder von Maria Tillmann, Max Tillmann, lebte lange auf Kuba, wo er Plantagenlokomotiven vertrieb. Er zog mit seiner Frau Paula später nach Bonn.

75 Jenny (1879–1978) trat 1901 unter dem Ordensnamen Maria Petra in das Dominikanerinnen Kloster in Venlo ein; Louise, genannt Wisi (1881–1972), ∞1901 Gottfried Schmitz (1868–1946), Rechtsanwalt; August (1883–1947), ∞Paula Niederehe (1888–1963), Maria, genannt Miechen (1885–1972), ∞Otto Röper (1872–1915), Landgerichtsrat, Ferdinand (1887–1888), Jula (1888–1981), ∞Julius Thyssen, Richard (1890–1965), ∞Rosita y Ell (1898–1974), Max (1893–1893), Helene (1895–1976), 1. ∞Georg Halprin, 2. ∞Sargent Appleton (1888–1956), lebte von 1915–1974 in New York. Kuni (1899–1991), 1. ∞Bernd Wolters (1886–1951), Rechtsanwalt, 2. ∞Dr. med. Leonard Ostendorf (gest. 1962) entstammte der Ehe mit seiner zweiten Frau Kuni, geb. Hopmann.

76 Der Begriff Drogenhandel bezeichnete seinerzeit sowohl die so genannten Kolonialwaren, wie Kaffee, Tee und Gewürze, als auch den Handel mit Mineralien, Chemikalien usw. Gustav Freytag hat in seinem Roman „Soll und Haben“ diesen Handel unnachahmlich beschrieben.

Die Firma Winkler und Rintelen, gegründet 1871.

Deutsch-Österreichischen und Deutsch-Französischen, teilgenommen hatte, ließ er sich 1871 in Mülheim nieder, wo er zusammen mit seinem Kriegskameraden Bruno Winkler mit eigenen Ersparnissen und einem Kredit von 6.000 Talern der Sparkasse Paderborn von dem Apotheker Friedrich Wilhelm Mellinghof dessen „Drogengeschäft", das Wohnhaus und die angeschlossene Fabrik, die „Pulverisier- und Schneide-Anstalt", erwarb, die dann noch im Namen den Zusatz „Chemikalien und Pharmaceutische Präparate von Winkler & Rintelen" erhielt.[77] Das Unternehmen hat sich im Laufe der Jahre sehr erfolgreich auf den Handel und die Herstellung von Industriechemikalien, wie sie im Bergbau und Hüttenwesen gebraucht wurden, spezialisiert.

Dank des großen Fleißes der beiden Partner entwickelte sich das Unternehmen zunächst sehr gut. Probleme entstanden, als Winkler und bald darauf Ferdinand Rintelen starben und es der Witwe Rintelens nicht gelang, entsprechende Führungskräfte für die Firma zu finden, die die Arbeit ihres Mannes fortgesetzt hätten. Als dann noch die Schwiegersöhne energisch ihre Mitgift bzw. Erträge einforderten, kam es nicht nur zu einem jahrelangen Familienstreit, sondern auch zu ernstlichen Schwierigkeiten in der Firma. Ferdinands zweite Frau Kuni musste das großbürgerliche Haus auf dem Muhrenkamp verlassen und in ein bescheideneres in der Adolfstraße umziehen. Als

77 Zur Familie Rintelen siehe meinen Beitrag Cäsar Ferdinand Rintelen, ein Leben im Mülheim des 19. Jahrhunderts, in: Zeitschrift des Geschichtsvereins Mülheim a. d. R., Heft 74, 2003, S. 45–53.

Die Familie Rintelen. (v.l.n.r.) Cäsar Ferdinand Rintelen, Helene (1895–1976), Kuni Rintelen, geb. Hopmann, Kuni (1899–1991), Louise (1881–1972), Maria (1885–1972), Jenny (1879–1978), August (1883–1947), Jula (1881–1981) und Richard (1890–1965) in ihrem Haus auf dem Muhrenkamp, Mülheim. (um 1903)

Vormund der Kinder versuchte Joseph Thyssen durch den Erwerb von Gesellschaftsanteilen die Lage der Firma zu stabilisieren. Wohl vergebens. Das Unternehmen ging zurück und musste schließlich von Julius und Hans 1918 liquidiert werden. Julius und Hans kamen nicht nur für die Schulden auf, sondern Julius sah sich auch durch seine Frau veranlasst, die nun nicht mehr möglichen Hilfszahlungen an einzelne Familienmitglieder aus der Thyssenschen Tasche zu zahlen.

Die Bekanntschaft zwischen Rintelens und Thyssens bestand schon länger. Sie gehörten zu den wenigen katholischen Unternehmerfamilien in Mülheim und hatten in der alten Marienkirche auf der Empore ihre Plätze nebeneinander. Als Vater Rintelen starb, wählte seine zweite Frau Kuni Joseph Thyssen zum Vormund. Clara Thyssen, die um den Tod ihrer Tochter Henni trauerte, sah in der kleinen Jula Rintelen eine Art Vizetochter. Jula Rintelen ging deswegen jeden Freitag zu Thyssens auf die Dohne zum Essen und spielte dann nachher mit dem fünf Jahre älteren Julius im Park. Angeblich hat Julius bei der Gelegenheit Jula gefragt, ob sie, wenn „wir groß“ sind, seine Frau werden wolle. Jula nahm diesen Antrag sehr ernst und so haben beide daran festgehalten. Als Clara auf einem Kaffeeklatsch hörte, was sich da zwischen den beiden anbahnte, wurden die Einladungen zum Mittagessen abrupt eingestellt. Dieser Versuch, die sich anbahnende Verbindung zu hintertreiben, hat sie nicht nur die Sympathie ihrer späteren Schwiegertochter gekostet, sondern sie geriet auch in einem schweren Konflikt mit ihrem Sohn, der sich aber schließlich mit Hilfe des Vaters durchsetzte. Julius und Jula verlobten sich „heimlich" 1906 auf Borkum, wo die Familie Rintelen mit ihren Töchtern wegen des „Heiratsmarktes" hinging.

Schon in den Brautbriefen von Julius und Jula zeigt sich bei Jula eine deutliche Tendenz zur Dominanz, die sich später durch die Krankheit ihres Mannes noch verstärken sollte. Als später die von dem Vetter ihres Mannes Fritz verursachten Probleme über die Familie hereinbrachen und ihr Mann ihr wegen seiner Krankheit nicht mehr beistehen konnte, hat ihr ihre starke Persönlichkeit sehr bei der Meisterung dieser schwierigen Jahre geholfen.

Jula Thyssen war in ihrem persönlichen Lebensstil eher anspruchslos. Sie interessierte sich weder für aufwändige Kleidung oder Schmuck, noch hatte sie Interesse am gesellschaftlichen Leben. Ihre ganze Liebe und Aufmerksamkeit galt ihrer ständig wachsenden Familie und ihren vielen kirchlich-karitativen Interessen. Jula hatte als Kind in Mülheim die Schule absolviert und sollte dann eigentlich nach Vorstellung ihres Vormundes Joseph Thyssen noch zu den Schwestern vom Sacré Coeur in ein Internat nach Blumenthal oder zum Erlernen der französischen Sprache ins Ausland gehen. Jula gelang es aber, den Aufenthalt in Blumentahl, trotz ihrer starken religiösen Neigungen, auf eine kurze Zeit zu reduzieren, indem sie bei dem ersten „Heimaturlaub" eine solche Heulszene inszenierte, dass ihr die Stiefmutter erlaubte, den Inter-

Jula Rintelen und Julius Thyssen als Verlobungspaar. (1907)

natsaufenthalt abzubrechen, sehr zum Ärger ihres Verlobten, der sich aber offensichtlich nicht durchsetzen konnte. Statt des Auslandsaufenthaltes (sie ist ihr ganzes Leben lang wenig gereist und immer nur ungern ins Ausland gefahren) ging sie eine Zeit lang zu Verwandten nach Trier, um sich dort in die „Geheimnisse der Haushaltsführung" einweisen zu lassen. Sie hat nie eine fremde Sprache gesprochen oder mit Frauen aus vergleichbaren Industriellenfamilien engeren Kontakt gehabt.

Nachdem Julius Thyssen seine Ausbildung beendet hatte und in das Unternehmen eingetreten war, wurde die offizielle Verlobung im April, die Hochzeit im Oktober 1907 gefeiert. Der Polterabend fand auf der Dohne, die Hochzeit in der Casino-Gesellschaft statt, die Vettern Fritz und Heinrich trugen mit lebenden Bildern zum Amüsement der Gäste bei. Von seinem Onkel August, der immer sehr um die Gesundheit seines Neffen besorgt war, bekam Julius ein Auto zur Hochzeit geschenkt. Die Hochzeitsreise ging zu den klassischen Zielen über die Schweiz nach Norditalien und von dort über München wieder nach Hause.

Zur Erleichterung von Julius, der von Vater und Großvater die Aversion gegen zuviel „Gesellschaftliches" geerbt hatte, zog das junge Paar, nachdem die Aussteuer von der renommierten Firma Pallenberg aus Köln eingetroffen war, in ein der Zeche Gewerkschaft Deutscher Kaiser gehörendes Haus nach Dinslaken, da Julius Thyssen als Bergingenieur auf der Gewerkschaft Lohberg seine erste Arbeit zugewiesen bekam. Hier in Dinslaken musste man, wie Julius sagte, „nicht ständig auf der Straße den Hut ziehen oder stehen bleiben, weil man einem Verwandten begegnet."

Und das betraf in Mülheim sicher nicht nur Verwandte, denn in einer Kleinstadt wie Mülheim, mit einer bedeutenden unternehmerischen Oberschicht, kannte sich praktisch jeder. So schildert Julius in Briefen an seine Braut immer wieder kleine und große Abendgesellschaften, auf denen sich offensichtlich alles, was Rang und Namen hatte, immer wieder traf.

1913 erfolgte dann der Umzug nach Duisburg auf die Kaiser-Wilhelm-Straße 92 (heute Gerhard-Hauptmann-Straße). Vater und Onkel wollten Julius, dem nach und nach zusätzliche Funktionen übertragen wurden – er wurde unter anderem 1912 in den Vorstand von Thyssen & Co., 1916 in den der Gewerkschaft Deutscher Kaiser berufen – doch mehr in der Nähe haben.

Julius und Jula Thyssen wohnten noch an ihrem ersten Wohnsitz in Hiesfeld/Dinslaken, als die ersten Kinder geboren wurden. Dabei erwies sich die Geburt von Kuni, die im Hause der Stiefmutter in Mülheim auf der Adolfstraße stattfand, als ausgesprochen gefährlich und hätte Jula Thyssen beinahe das Leben gekostet. In rascher Folge wurden weitere Kinder geboren: Johanna, genannt Henny (*1910) und Mia (1911–1999); nach dem Umzug 1913 auf die Kaiser-Wilhelm-Straße 92 in Duisburg folgten Clary (1914–1984) und Dore (1917–1984). Ein derartiges Familienwachstum bedurfte zur Betreuung von Haushalt und Kindern mehr Personal. So wurde das Mädchen Agathe für den Haushalt und für die Kinder Fräulein Maria Kremser zusätzlich eingestellt. Fräulein Kremser blieb allerdings nur kurz, denn sie wurde zum 1. September 1914 von Margarete Buch (1895–1985) oder Geke, die vielen Familienmitgliedern bekannt ist, abgelöst. Geke sollte fast ihr ganzes Leben in der Familie bleiben.

Jula Thyssen, geb. Rintelen (2. v.l.), mit ihren Kindern im Wintergarten. (v.l.n.r.) Hans Joseph (*1919), Kurt (1922), Mia (1911–1999), Dore (1917–1984) und Clary (1914–1984).

Sie hat nicht nur die acht Kinder von Julius und Jula groß gezogen, sondern war hernach bei vielen Familien ihrer Zöglinge als Aushilfe oder für länger tätig. Sie wurde praktisch wie ein Familienmitglied betrachtet. Da sie sehr zornig werden konnte und dabei rote Augen bekam, nannte man sie in der Familie auch „Fräulein Feuerauge".

Margarete Buch stammte aus einer Försterfamilie aus dem Hunsrück. Kuni Thyssen erinnert sich noch genau, wie Geke in die Familie kam. Die Kinder saßen gerade beim Essen, als Agathe hereinkam und Jula Thyssen ins Ohr flüsterte: „Das neue Fräulein ist da" und dann kam Geke, begleitet von ihrem Vater in voller Försteruniform, herein. Sie war über Verwandte aus Trier empfohlen worden und der Vater wollte sehen, in welche Verhältnisse seine Tochter kam.

Nun, die Verhältnisse waren nicht ganz einfach. Zwar gab es natürlich den herrschaftlichen Rahmen einer großbürgerlichen Familie, aber Jula Thyssen war keine einfache, ja oft eine unnötig strenge Chefin. Es gab wenig Ausgang (meist nur ein paar Stunden am Sonntagnachmittag, und die sollten dann noch zum Besuch der Andacht verwandt werden) und eine mäßige Bezahlung. Da Geke außerdem bei den Kindern im Zimmer schlief, hatte sie praktisch kein Privatleben, es sei denn an den wenigen Ferientagen, die sie häufig bei den Benediktinern in Maria Laach verbrachte.

Julius Thyssen mit seinem Sohn Hans Joseph (*1919).

Da Margarete Buch auch nicht ganz einfach war, kam es hier und da zu Auseinandersetzungen, die oft damit begannen, dass sie von Jula Thyssen in ihr Schreibzimmer beordert wurde, das sie dann nach einiger Zeit meist heulend wieder verließ.

Dennoch haben sich beide nie voneinander getrennt, Margarete Buch, weil sie zu sehr an den Kindern hing und Jula Thyssen, weil sie wohl wusste, dass sie nicht so leicht einen Menschen finden würde, der sich so für die Familie zu opfern bereit war, wie Margarete Buch.

Die Erzieherin Margarethe Buch im Kreis ihrer Zöglinge. (um 1922)

Eine weitere Kraft wurde noch in Duisburg eingestellt, die buchstäblich ihr ganzes Leben bei der Familie verbrachte, Dora Lammers, die als Hilfskraft für die Küche engagiert wurde und dann nach dem Umzug nach Mülheim zur zentralen Stütze des Haushaltes aufstieg. Von allen geliebt und geschätzt, war sie ein Mensch von großer Anspruchslosigkeit, immer für die Familie und ihre Chefin da. Sie erschien morgens während des Frühstücks, stellte sich neben den Sessel von Jula Thyssen und besprach mit ihr den Speiseplan für den Tag. Rinderfilet, Baisers und einen Kaffee, der Tote wieder erwecken konnte, gehörten zu ihren Spezialitäten. Als später Pastor Jakobs zum ständigen sonntäglichen Gast wurde, musste die Familie jahrelang sonntags Schnibbelbohnen mit Zunge essen, weil er einmal leichtfertigerweise geäußert hatte, dass diese zu seinen Lieblingsspeisen gehörten.

Als Clara Thyssen wenige Jahre nach dem Tod ihres Mannes 1918 starb, übernahm Julius als Ältester und schon verheiratet das Haus seiner Eltern[78] – das Inventar wurde zwischen den Brüdern aufgeteilt – übersiedelten Julius und Jula mit ihrer Familie im September 1918 nach Mülheim. Hier auf der Dohne wurden dann noch drei Kinder geboren: Hans Joseph, genannt Bua, 1919, Juliane 1920 und Kurt, der Benjamin, 1922. Außerdem wurde Julas Stiefschwester Kuni in die Familie aufgenommen, als ihre Mutter Kuni Rintelen 1913 gestorben war.

Für die Kinder von Julius und Jula Thyssen war der Umzug nach Mülheim mit vielen neuen Erlebnissen verbunden. Während sie in Dinslaken außerhalb der Stadt gewohnt hatten und in Duisburg im großstädtischen Leben niemandem aufgefallen waren, waren sie auf einmal in Mülheim die „Kinder Thyssen“, was in den turbulenten Jahren (Spartakisten-Aufstand, Besetzung des Ruhrgebietes ect.) nach 1918 keine reine Freude war. Da Mutter Jula außerdem auf traditioneller Kleidung bestand, waren die Kinder im kleinstädtischen Straßenleben von Mülheim leicht zu erkennen, so dass häufig andere Kinder hinter ihnen herliefen und riefen „Thyssen beschissen“. Für die Kinder, die in Duisburg Kinder unter anderen Kindern gewesen waren, war das ein erschreckendes Erlebnis, zumal es auch zu Handgreiflichkeiten kam. So prügelten einmal städtische Gören mit einem Laib Brot auf sie ein oder bespuckten sie derart, dass sie zu Hause sofort in die Badewanne gesteckt werden mussten. So wurden Gänge in die Stadt häufig zu einem Spießrutenlauf.

Auch sonst war das Leben in Mülheim zunächst nicht einfach. Da Mutter Jula sich strikt weigerte, in den Hungerjahren 1917/19 auf dem „Schwarzen Markt“ zuzukaufen, war das Essen häufig so miserabel, dass die älteren Kinder im Sommer mit Fräulein Buch in deren dörfliche Heimat geschickt wurden, da es dort mehr zu essen gab.[79] 1918 erwarb die Familie mit Hilfe der Maschinenfabrik sogar eine eigene Kuh, die im Pferdestall untergebracht wurde. Auch in den Wirren der 1920er Jahre wurden die Kinder häufiger aus Mülheim weggeschickt, so zum Beispiel zu Bekannten nach Unkel oder in Kurorte wie Rotenfelde, um sie nicht unnötigen Gefahren auszusetzen.

Aus diesem Erlebnis einer Hungerzeit erwuchs in den 1920er Jahren die Idee, außerhalb von Mülheim im Forstbachthal[80] mit dem Ringhof eine Gärtnerei zu erwer-

78 Die Idee, nach Mülheim zu ziehen, kam schon 1916 auf, als August Thyssen seinen Neffen Julius auf das Haus des Glasfabrikanten Carl Itzenplitz hinwies, das wohl zum Verkauf stand. August wollte seinen Neffen mehr in der Nähe haben. Das Haus Itzenplitz, Aktienstraße 61, ist in dem Band von Maas, Barbara: Im Hause des Kommerzienrates, Mülheim 1990, S. 121, abgebildet.

79 Dasselbe habe ich 1947 auch erlebt, als ich mit Geke in Merscheid von Haus zu Haus und Dorf zu Dorf zog, um Lebensmittel zu hamstern.

80 Offensichtlich gab es für das Grundstück ursprünglich den Plan einer Siedlung. Heuter, Christoph: Emil Fahrenkamp (1885–1966). Architekt im rheinisch-westfälischen Industriegebiet, Petersberg 2002, S. 401, berichtet von Plänen für eine Werkbundsiedlung „Forstbachtal“. Fast um die gleiche Zeit wurde auf Jula Thyssens Veranlassung über die Pfarre der Liebfrauenhof im Rumbachtal erworben, damit kinderreiche Familien dort preiswert den Sonntag verbringen konnten.

M
Maschinenfabrik
Thyssen & Co. A:G.

Direktion

Mülheim-Ruhr, den 14. Aug. 191[illegible]

Herrn

Julius T h y s s e n

D u i s b u r g

Kaiser Wilhelmstr. 92

Sehr geehrter Herr Thyssen,

In Beantwortung Ihres Schreibens vom 9. ds. Mts. haben wir für Sie eine Milchkuh zum Preise von M 1.65 das Pfund angeschafft. Der Verkäufer übernimmt die Garantie, dass die Kuh bei sachgemässer Wartung und Pflege täglich mindestens 10 ltr. Milch gibt innerhalb 2 Monaten nach der Kalbung, die sehr bald erfolgen wird.

Das Futter können wir Ihnen auch beschaffen und bitten wir um Angabe Ihres Bedarfes. Wohin sollen wir das Tier bringen lassen?

Mit vorzüglicher Hochachtung

[illegible]

ben, die die Familie mit Obst, Gemüse und Blumen versorgte – der Gemüsegarten auf der Dohne war für die große Familie inzwischen zu klein geworden.

Um die Arbeit mit der ständig wachsenden Kinderschar zu bewältigen, mussten zusätzliche Hilfen eingestellt werden, so dass stellenweise inklusive Gärtner und Chauffeur bis zu zehn Bedienstete im Haus beschäftigt waren. Männliche Bedienung im Hause duldete Jula Thyssen in diesen Jahren nicht. Die weiblichen Angestellten hatten im obersten Stock unter dem weiträumigen Dach, wo auch die Waschküche untergebracht war, ihre Zimmer, wobei es anfangs nur Dora Lammers zugestanden wurde, in einem Einzelzimmer zu schlafen.

Zu dem direkt im Haus beschäftigten Personal kam noch ein Chauffeur, zunächst Herr Peters, dann, als dieser wegen angeblicher Frauengeschichten (Jula witterte solche überall), entlassen wurde, Hermann Winken, der bis zum Zweiten Weltkrieg in Diensten der Familie blieb. Im Stall, denn bis nach dem Weltkrieg wurden die Pferde beibehalten, sei es zum Reiten für die Töchter, sei es für die Kutsche, arbeitete der Kutscher Herr Sommers, für den Gemüsegarten war der Gärtner Klees zuständig. Beide wohnten in einem Torhaus, das den Park zum Franziskus-Haus, dem Waisenhaus der August-Thyssen-Stiftung für Kinder von Werksangehörigen, begrenzte.

Alles in allem war das Familienleben trotz aller Probleme der Zeit harmonisch und ohne größere Probleme, bis sich 1923 mit der Enzephalitis-Erkrankung von Julius – und auch von Hans – die Situation änderte. Nachdem Julius und Hans die akute Phase scheinbar gut überstanden hatten, machten sich seit 1925 leichte Lähmungserscheinungen bemerkbar, die nach und nach zu einer völligen Immobilität führten.

So musste Jula Thyssen die Erziehung ihrer großen Kinderschar zunehmend alleine bewältigen, wenngleich sie einen Teil der Arbeit dem Kinderfräulein Margarete Buch überlassen konnte. Jula erzog besonders ihre ältesten Kinder recht streng. Modische Kleidung und Sport, vom Kino ganz zu schweigen, waren lange Zeit verpöhnt, bis der Einfluss ihrer Schwägerin Gertrud Thyssen hier für die Kinder gewisse Lockerungen erwirkte, so dass sogar im Park für die dritte Tochter Mia ein Reitweg angelegt wurde. Aber in allen Kleiderfragen blieb Jula Thyssen sehr konservativ, was den Kindern in der Schule viele Hänseleien eintrug.

Des Sonntags ging man nicht nur morgens in die Messe, sondern nach dem Mittagessen mussten die Kinder zu ihrem großen Ärger noch einmal in die Christenlehre gehen. Den Termin zu verpassen war schon deswegen unmöglich, weil Pastor Jakobs, der bald nach der Übernahme der Pfarrstelle von St. Marien zu einem ständigen, von den Kindern nicht gerade geschätzten Gast im Hause geworden war, sie dann gleich mitnahm.

Jula Thyssen war Zeit ihres Lebens am gesellschaftlichen Betrieb Mülheims kaum interessiert, sie beteiligte sich lediglich durch den Besuch von Konzert und Theater in der neu erbauten Stadthalle in gewissem Umfang am kulturellen Leben. Hier saß sie neben Frau Adeline Stinnes, der Mutter von Hugo Stinnes, die, wenn sich Jula einmal wegen Unpässlichkeit entschuldigte, sie anrief und fragte: „Sie werden doch nicht... (wieder in Umständen sein?)." Auch Gertrud Thyssen kam häufig zu kulturellen Veranstaltungen in die Stadthalle.

Neben den zahllosen Familienmitgliedern, die häufiger auf die Dohne eingeladen wurden, gab es engere Kontakte nur mit den Familien einiger führender Mitarbeiter der Unternehmen, besonders dann, wenn diese katholischen Glaubens waren, wie Carl Wallmann, Franz Lenze, Heinrich Dinkelbach und zur Familie des Chefarztes des Marienhospitals, Dr. Johnen.

Besonders enge Kontakte entwickelten sich zu der Familie von Carl Härle. Dieser Kontakt hatte verschiedene Aspekte. Einmal war Härle als Testamentsvollstrecker von August Thyssen natürlich auch für die Familie Joseph Thyssen wegen des gemeinsamen Familienbesitzes von Bedeutung. Als gläubiger Katholik beriet er Jula Thyssen zudem bei ihren vielfältigen kirchlichen und sozialen Aktivitäten. Familiäre Dinge kamen hinzu. Als die Frau von Carl Härle, Mathilde, nach längerer Krankheit starb, nahmen Jula und Gertrud Thyssen sich auf Bitten von Härle der drei Töchter Berti, Maria und Regina an, die altersmäßig zu ihren eigenen Töchtern passten. Sie luden sie viel zu sich ein und nahmen sie auch mit in die Ferien nach Noordwijk. Als Julius und Hans Thyssen erkrankten, wurde Carl Härle zum wichtigsten Berater ihrer Frauen. Nach der Beschlagnahmung des gesamten Vermögens durch die Nationalsozialisten und dem zwangsweisen Ausscheiden der Brüder aus dem Unternehmensverbund wurde Härle zum Generalbevollmächtigten der beiden Familien. Er behielt dieses Amt bis zu seinem Tode 1950. Sein Schwiegersohn Wilhelm Schulte zur Hausen wurde sein Nachfolger und hat dieses Amt ebenfalls bis zu seinem Lebensende ausgeübt.

Als die älteren Töchter von Jula und Julius größer wurden, wurden sie mit Julas Halbschwester Kuni, die inzwischen den Juristen Bernd Wolters geheiratet hatte, in Ferien in die Schweiz geschickt. Da die Reisen auf Julius' Kosten gingen, versuchten Kuni und Bernd Wolters immer etwas übrig zu behalten, sehr zum Ärger der mitfahrenden Töchter Thyssen, die während der Reise kurz gehalten wurden.

In dem Maße, wie die Kinder älter wurden, ergab sich auch die Frage, was nach der Schule erfolgen sollte. Die älteste Tochter Kuni hatte das so genannte Pudding-Abitur gemacht. Auf Vorschlag ihrer Aachener Tante Maria Bicheroux, der Schwiegertochter von Balbina Bicheroux, sollte sie zusammen mit ihrer Cousine Marli Bicheroux und deren Freundinnen Beta Thywissen, Walburga Werhahn sowie Erna Strick im Jahre 1927 nach Rom in die von den Schwestern vom Sacré Coeur geführte Villa Lante gehen. Mutter Jula, die gegen alles Ausländische misstrauisch war, war schließlich von Vater Wilhelm Werhahn überzeugt worden, dass ein solcher Aufenthalt unter den Fittichen der Nonnen ohne Risiko sei und als dann auch noch Pastor Jakobs dafür sprach, willigte sie schließlich ein.

Kuni Thyssen verlobte sich während des Aufenthaltes in Rom mit Alfred Wegener (1898–1986), Sohn von Wilhelm und Anna Wegener aus Essen. Wilhelm Wegener war Vorstand bei der Essener Steinkohlen AG. Kuni Thyssen lernte Alfred Wegener durch Bernd Wolters, den Schwager von Jula Thyssen, bei einer Kaffeefahrt zum „Krummenweg" in Hösel bei Ratingen kennen. Jula Thyssen erschien Wegener anfangs zu sehr ein „Literatentyp", obwohl er von Beruf Kaufmann war.

Am 11. Juni 1929 fand dann die Hochzeit in Mülheim in der gerade neu erbauten Marienkirche statt. Entsprechend Julas „Familienpolitik" wurden unter dem Vorwand, Julius solle nicht überanstrengt werden, weder Fritz und Amélie noch Heinrich und Margit zur Hochzeit eingeladen, sondern fast nur Mitglieder der eigenen Familie wie Rintelens und Hopmanns.

Der Aufenthalt beim Sacré Coeur in Rom sollte auch für die übrigen Töchter zur Regel werden, nur Henny und Mia gingen noch zusätzlich in das Studienhaus Westhill in England, das auch vom Sacré Coeur geleitet wurde.

Die zweite Tochter Henny heiratete am 23. Oktober 1934 den Juristen Anton Remmen, den sie auf einem Fest des katholischen Studentenverbandes (KV), einem beliebten „Heiratsmarkt" für katholische Familien, kennen gelernt hatte.

Tochter Mia ging am 6. September 1934 mit dem Mediziner Joseph Schumacher die Ehe ein. Die jungen Ärzte des St.-Marien-Krankenhauses, dessen Kuratorium Jula Thyssen vorsaß, mussten im Hause Julius Thyssen einen Antrittsbesuch machen. Bei einer solchen Gelegenheit hatten sich die beiden kennen gelernt.

Clary Thyssen, die vierte Tochter, wollte als erste der Töchter das Abitur machen, eine Entscheidung, die zunächst auf die Ablehnung ihrer Mutter stieß. Clary setzte sich aber durch und konnte hernach Medizin in Würzburg studieren. Es war für sie nicht leicht gewesen, ihrer Mutter diese Zustimmung abzuringen, da Jula Thyssen sich ihre Töchter nur als Ehefrauen vorstellen konnte, eine Berufsausbildung schien ihr daher überflüssig. Die ersten drei Töchter hatten das akzeptiert, aber Clary war nicht bereit, auf ihre Berufspläne zu verzichten. In Würzburg lernte sie den aus Radebeul stammenden Mediziner Hans Friedrich Müller kennen, den sie am 13. Juli 1944 heiratete.

Theodora Thyssen, genannt Dore, absolvierte eine Ausbildung in der Kinderkrankenpflege in Düsseldorf und heiratete am 13. Januar 1944 den aus Brandenburg stammenden Juristen Jens Magnussen, nachdem verschiedene andere Heiratskandidaten von ihrer Mutter, in fast allen Fällen ohne ersichtlichen Grund, abgelehnt worden waren. Es dauerte auch jetzt lange, bis Mutter Jula schließlich ihre Einwilligung gab, da die Mutter von Jens Magnussen der jüdischen Familie Schiff entstammte. In der damaligen politischen Situation der nationalsozialistischen Herrschaft, in der gerade so genannte Mischlinge besonders ins politische Visier gerieten, war es eine schwere Entscheidung.

Der erste Sohn, Hans Joseph, plante zunächst eine landwirtschaftliche Ausbildung und absolvierte eine entsprechende Lehre auf einem Gut in der Nähe von Bonn. Er wurde dann zum Militärdienst einberufen und war meist im Süden Russlands eingesetzt. Zweimal wurde er verwundet, kehrte aber nach Kriegsende zurück und heiratete am 5. Mai 1949 Hiltrud Isphording.

Die jüngste Tochter Juliane war ein rebellischer Geist und bekam die Auswirkungen der 1930er Jahre besonders zu spüren. Sie war zunächst ohne das Wissen ihrer Mutter der NS-Jugendorganisation Bund Deutscher Mädel beigetreten, musste aber auf deren Verlangen wieder austreten und konnte sich nur durch die Ableistung eines landwirtschaftlichen Pflichtjahres weiterer Probleme entziehen. Sie heiratete am 11. März 1943 Oberst Karl Heinz Nette, mit dem sie zunächst nach Ankara ging, da ihr Mann dort dem deutschen Botschafter Franz von Papen bzw. dem Militär-Attaché zugeordnet war. Später wurde er in den Generalstab versetzt.

Der jüngste Sohn, Kurt Ferdinand, war ohne Zweifel das Lieblingskind von Jula Thyssen. In ihn hatte sie die Hoffnung gesetzt, dass er sich für eine kirchliche Laufbahn entscheiden würde. Er absolvierte seine Schulzeit bei den Jesuiten in Bad Godesberg, wurde direkt nach Abschluss der Schule zum Militär eingezogen und zur Artillerie in die Ladoga-Sümpfe im Belagerungsring um Leningrad abgeordnet. Er starb dort am 28. August 1942 nach einem Volltreffer in seine Stellung.

Vergessen sei hier nicht, dass sich Jula Thyssen neben all' diesen familiären Aufgaben seit der Erkrankung ihres Mannes mit Hilfe eines Franziskaner-Bruders persönlich um die Pflege ihres Mannes kümmerte, besonders seit die Lähmungserscheinungen immer mehr zunahmen und er dadurch seit 1935 bettlägerig war. Als ab 1943 der Luftkrieg zunahm, konnte Julius Thyssen bei den Angriffen nicht in den Luftschutzkeller geschafft werden, da ihm das zu große Schmerzen bereitete. Jula Thyssen ging deswegen auch nicht in die Schutzräume, sondern harrte bei allen Angriffen neben ihrem Mann aus.

Die Familie von Hans und Gertrud Thyssen

Auch Hans folgte nicht den Eheplänen seiner Eltern. Nach dem er sich zunächst vergeblich um die Hand von Julas jüngster Schwester Helene bemüht hatte, heiratete er ein Jahr nach dem Tod des Vaters 1916 die protestantische Gertrud Schmid (1893–1969), Tochter des Direktors der Mülheimer Reichsbank-Filiale, Eduard Schmid (1855–1933) und seiner Frau Auguste, geb. Scharrer (1866–1947). Die Eltern Schmid wohnten oberhalb der Geschäftsräume der Reichsbank auf der Kaiserstraße.

Eduard Schmid war nach verschiedenen Stationen in Colmar, Augsburg, Landsberg/Wachte und Duisburg nach Mülheim gekommen. Aber auch für Hans und Gertrud hatte es zunächst Schwierigkeiten gegeben, da Joseph und Clara angeblich wegen des konfessionellen Unterschieds gegen diese Ehe waren. Die Hochzeit fand am 16. Juli 1916 in der St.-Hedwigs-Kathedrale in Berlin statt und wurde mit Rücksicht auf den Krieg im kleinsten Kreise (Jula und Julius Thyssen sowie Gertruds Freundin Barbara Bennecke verh. Kühne waren die einzigen Gäste) gefeiert. Während der Trauung in der Hedwigs-Kathedrale soll der Geistliche Gertrud wegen ihres evangelischen Glaubens derart die „Leviten" gelesen haben, dass sie heulend aus der Kirche kam. Das anschließende Hochzeitsessen fand im Hotel Continental statt. Mutter Clara kam nicht zur Hochzeit, weil Vater Joseph ihr angeblich am Tage seines Todes gesagt haben soll: „Dass Du mir nicht zu den Schmids gehst".

Die Brüder Julius und Hans Thyssen hatten zeitlebens ein gutes Verhältnis zueinander. Das zeigte sich u.a. auch nach dem Tode ihrer Mutter Clara Thyssen,[81] als beide über die Erbschaft und besonders über das elterliche Haus einträchtig entschieden. Da

81 Brief von Hans an Julius Thyssen, TKA NJT 051–061.

Seit 1920 wohnte die Familie Hans Thyssen auf dem Priestershof, Mülheim.

Die Familie Hans Thyssen. (v.l.n.r.) Bodo (*1918), Barbara (*1921), Mutter Gertrud, geb. Schmid (1893–1969), Vater Hans, Eberhard (*1919). (um 1922)

Julius als ältester Sohn das Elterhaus übernahm, zogen Hans und Gertrud nach Kriegsende 1918 zunächst in ein Haus am Kaiser-Wilhelm-Platz 1. 1920 kauften sie dann den Priestershof (der Name Priestershof leitet sich von dem ehemaligen Besitzer, einem Bauern namens Priester, her), ein großes Anwesen oberhalb des alten Mülheimer Friedhofs (heute öffentliche Parkanlage), das vorher der Familie Mellinghof gehört hatte. Das Haus wurde von dem bekannten Architekten Paul Schulze-Naumburg großzügig umgebaut und war von einem großen Park mit allerlei Tieren umgeben, denn Gertruds Vater war ein begeisterter Vogelzüchter.

Da Hans nach seiner Rückkehr aus dem Krieg auf Grund des Vertrauens von August Thyssen rasch im Konzern Karriere machte, ergaben sich aus seiner Stellung im Unternehmen auch vielfältige gesellschaftliche Verpflichtungen, denen auch

Gertrud, die Zeit ihres Lebens schon wegen ihrer Größe eine beeindruckende Persönlichkeit war, gerne mit ihrem Mann nachkam, zumal sein Bruder Julius und seine Frau Jula solchen Dingen eher ablehnend gegenüberstanden. So entstand um Hans und Gertrud Thyssen bald ein großer Freundeskreis, zu dem u.a. auch die Kaisersöhne Prinz Oskar und Prinz Eitel Friedrich gehörten. Aber auch Persönlichkeiten aus dem kulturellen Leben wie die Schauspielerinnen Emmi Leistner und Helene Thimig, die Eiskunstläuferin Thea Frenzen, oder aus den Industriellenfamilien Tilde Stinnes und Luise Silverberg, die Tochter des Braunkohlenindustriellen Paul Silverberg[82], zählten dazu. Fast legendär waren die großen Auftritte von Gertrud Thyssen anlässlich des Neujahrsempfangs, den der Regierungspräsident von Düsseldorf jährlich im Hotel Breidenbacher Hof für die größten Steuerzahler der Rheinprovinz veranstaltete. Gertrud Thyssen pflegte bei diesen Anlässen stets als letzte zu erscheinen und, angetan mit einem Hermelin-Umhang, vor den bewundernden Augen der Geladenen in den Saal zu rauschen. Von dem Damen-Maler Rafael Schuster Woldan ließ sie sich mit ihren Kindern malen. Jula Thyssen erteilte fast zur gleichen Zeit, nämlich 1929, dem Maler Hugo Figge den Auftrag, ihre Kinder zu malen. Der Auftrag kam aber über zwei Porträts nicht hinaus, da Jula Thyssen hinterbracht wurde, der Maler wäre ein Schürzenjäger.

82 Diese Freundschaft blieb trotz der jüdischen Abstammung während der nationalsozialistischen Herrschaft bestehen, da es Luise Silverberg, im Gegensatz zu ihrem Vater, der 1933 in die Schweiz emigrierte, verstand, sich vor Verfolgungen durch die Nazis zu schützen: U.a. soll ein SA-Mann für ihren Schutz jeden Monat eine bestimmte Summe in Gold kassiert haben. Neben der freundschaftlichen Beziehung zu Gertrud Thyssen bestanden ältere Geschäftsbeziehungen zu August und Fritz Thyssen. Die Thyssens hielten einen kleinen, aber entscheidenden Anteil an der von Paul Silverberg aufgebauten Rheinischen Aktiengesellschaft für Braunkohlebergbau und Brikettfabrikation, der ihm die Mehrheit sicherte. Silverberg fragte nach 1918 bei August Thyssen an, ob es nicht zu einer engeren Kooperation kommen könnte. August Thyssen hat diese Anfrage offensichtlich ignoriert. Aus bis heute ungeklärten Gründen hat Fritz Thyssen den Anteil von Thyssen & Co. 1933 verkauft und damit Paul Silverberg die Mehrheit entzogen. Diese Situation wird sicherlich auch dazu beigetragen haben, dass Silverberg nach 1933 von einer Geschäftsreise in die Schweiz nicht mehr nach Deutschland zurückkam, sondern sich in Lugano niederließ. Er hat Zeit seines Lebens geglaubt, dass Fritz Thyssen, der damals noch mit dem Nationalsozialismus sympathisierte, diesen Verkauf aus politischen Gründen getätigt hatte. Als er nach dem Krieg von der Entlassung von Fritz Thyssen aus dem Gefängnis hörte, rief er bei Wilhelm Schulte zur Hausen an, der als Nachfolger seines Schwiegervaters Carl Härle die Vertretung der Interessen der Familien Julius und Hans Thyssen übernommen hatte, und sagte: „Jetzt müssen Sie die Kanaille packen, ex actu et ex delictu." Silverberg ist, wie bekannt, dem Rufe Konrad Adenauers, wieder nach Deutschland zurückzukehren, nicht gefolgt, da er keine Hoffnung für Deutschland mehr sah. Neebe, Reinhard: Großindustrie, Staat und NSDAP 1930–1933. Paul Silverberg und der Reichsverband der Deutschen Industrie in der Krise der Weimarer Republik, Göttingen 1981, S. 189; Wixforth, Harald: Der Thyssen-Konzern, a.a.O., S. 234.

Das Gutshaus der Familie Hans Thyssen, Schloss Lüsewitz bei Rostock. (um 1930)

Aus der Ehe von Hans und Gertrud gingen vier Kinder hervor: Bodo (1918), Eberhard (1919), Barbara, genannt Babsi (1921) und Ursula (1925), die von einem Kinderfräulein, Fräulein Elisabeth Heimann[83], die zeitlebens der Familie verbunden blieb, in den Jahren 1928–1931 betreut wurden.

Geliebt von Eltern und Großeltern verlebten die Kinder in den Mülheimer Jahren auf dem Priestershof mit seinem großen Park eine glückliche, unbeschwerte Kindheit, zumal ihnen auch Sport wie Reiten und Tennis erlaubt war und sie sich nach der Mode der 1920er Jahre kleiden durften, im Gegensatz zu den Kindern von Julius und Jula, die eher noch nach den Prinzipien der Vorkriegszeit erzogen und gekleidet wurden.

In den Sommerferien fuhren die Kinder der Familien Julius und Hans häufig nach Noordwijk in Holland, wo die jüngste Tochter von Gertrud und Hans, Ursula, 1925 geboren wurde. Man traf auch Vetter Heinrich Thyssen-Bornemizsa mit Familie in

83 Elisabeth Heimann war, bevor sie zur Familie Hans Thyssen kam, bei der Familie Krupp Erzieherin gewesen.

Scheweningen. Jula Thyssen fuhr allerdings nie mit, sondern überließ es Margarete Buch, mit den Kindern dorthin zu fahren. Gertrud Thyssen, die sehr kinderlieb war, übernahm daher in den Ferien nicht nur die Betreuung ihrer eigenen Kinder, sondern auch die ihrer Schwägerin. Wegen ihrer gesellschaftlichen Gewandtheit und ihres Schicks wurde sie von Julas Töchtern stets bewundert.

Als Hans Thyssen in der Mitte der 1920er Jahre erkrankte und sich auf ärztlichen Rat mehr und mehr von seinen Aufgaben im Konzern zurückziehen und sich ein ruhigeres Leben gönnen sollte, wurde 1926 in Mecklenburg in der Nähe von Rostock Gut und Schloss Großlüsewitz erworben, das bis zu Enteignung durch die Kommunisten nach 1945 im Besitz der Familie blieb.[84] Die Familie verbrachte hier nun oft den Sommer, zumal es von dort auch zu den mondänen Ostsee-Badeorten wie Doberan, Heiligen Damm und Heringsdorf nicht weit war.

Als sich die gesundheitliche Situation von Hans Thyssen laufend verschlechterte, schied er zum 1. April 1930 aus allen Ämtern im Konzern aus und begab sich in die Schweiz in ein Sanatorium in Leysin am Genfer See. Die Familie beschloss daraufhin 1931, zumal auch die jüngste Tochter Ursula kränkelte, das Haus in Mülheim zu verkaufen und bezog, um dem Vater nahe zu sein, eine Villa in Villeneuve. Doch auch diese Lösung währte nicht lange, denn bedingt durch die Devisengesetze des „Dritten Reiches" konnte die Familie nicht in der Schweiz bleiben und zog von dort 1934 nach München auf die Mauerkircher Straße.

1944 wurde das Haus durch Bomben zerstört und Hans Thyssen im selben Jahr von seinem langen Leiden erlöst; Gertrud zog mit ihren Töchtern nach Herrsching am Ammersee. Die Söhne Bodo und Eberhard waren beim Militär. Gertrud hatte im Krieg, um einer anderen Form der Dienstverpflichtung zu entgehen, einen Hebammenkurs bei Professor Eynem absolviert und heftete ein Schild an ihr Gartentor: Gertrud Thyssen, Hebamme.

3. Die Wohnsitze

Nicht nur August und Joseph Thyssen hatten zeitlebens ein gutes Verhältnis zueinander, ein solches existierte auch zu den übrigen Geschwistern, mit Ausnahme von Fritz in Berlin. Oft traf man sich sonntags bei Balbina in Düsseldorf zu gemeinsamen Kaffeerunden und ging anschließend zusammen in die Düsseldorfer Bildergalerien Volmer oder Schulte, letztere eine Filiale der berühmten Berliner Galerie, wo das ein oder andere Bild erworben wurde. Nach der Jahrhundertwende, d. h. nach Erwerb und

84 Während der DDR-Zeit wurde auf Lüsewitz ein Institut für Kartoffelzucht eingerichtet. Nach der Wiedervereinigung hat die Familie Hans Thyssen auf einen Rückerstattungsantrag verzichtet, da das Gut schon zu normalen Zeiten praktisch keinen Gewinn abwarf und alleine die Beseitigung der in der DDR-Zeit errichteten Bauten eine enorme, ertraglose Investition bedeutet hätte.

Die Gesamtansicht von Schloss Landsberg nach dem Umbau 1904.

Umbau von Landsberg, wurde dieses Schloss dann mehr und mehr der Ort für sonntägliche Familientreffen der Geschwister Thyssen.

August Thyssen wollte wohl auch den Froschenteich verlassen, weil er ihn vermutlich zu sehr an seine gescheiterte Ehe erinnerte und außerdem war durch das Wachstum der umliegenden Industrie die Umwelt des Froschenteichs immer verschmutzter. Auch erforderte die Situation im Unternehmen nicht unbedingt seine ständige Präsenz, zumal Bruder Joseph in Mülheim wohnen blieb.

Während sich für Joseph rasch ein Grundstück auf der Dohne fand, das die Firma erst jüngst erworben hatte, war bei August Thyssen die Situation nicht so eindeutig. Nach der mündlichen Familienüberlieferung hatte er sich zunächst wohl kurz mit dem Gedanken getragen, das 1897 erworbene Schloss Styrum zu beziehen,[85] das er wegen der damit verbundenen Wasserrechte erworben hatte. Dann sah er sich das dem Grafen Franz von Nesselrode gehörende Schloss Ehreshofen im Aggertal an, um sich schließlich für Schloss Landsberg zu entscheiden.[86]

85 Hier wohnten nacheinander die Direktoren Franz Wilke, Franz Lenze und Wilhelm Roelen; in den 1960er Jahren ging das Anwesen dann an die Stadt Mülheim über.

86 Carl-Friedrich Baumann und Gisbert Knopp haben der Geschichte des Anwesens je eine Studie gewidmet. Siehe Baumann, Carl-Friedrich: Schloss Landsberg und Thyssen, Duisburg 1993; Knopp, Gisbert: Schloss Landsberg in Ratingen, (Rheinische Kunststätten, Heft 291), Köln 1986.

Die Halle auf Schloss Landsberg. (1966)

Diese im 13. Jahrhundert errichtete Anlage war zwar in einem sehr schlechten Zustand, lag aber geografisch günstig auf einer Bergkuppe fern von allem Lärm und Getriebe und war per Eisenbahn von Mülheim aus über den Bahnhof Kettwig vor der Brücke leicht zu erreichen.

Der Hannoveraner Architekt Otto Lüer wurde mit Umbau und Renovierung[87] beauftragt, die Bauarbeiten selbst wurden von der Baufirma Boswau & Knauer ausgeführt, während Joseph die Mülheimer Firma Döring & Volkenborn mit dem Bau seiner Villa beauftragte.

Unter Lüers Regie entstand in nur zweijähriger Arbeit ein Anwesen, das sich in seiner behaglichen Art sowohl für das tägliche Leben von August Thyssen wie auch für größere Abendgesellschaften und sonntägliche Familientreffen gut eignete. Die damals im ganzen Ruhrgebiet sehr gesuchte Firma Bembé übernahm den Innenausbau und die Dekorationen. Sie verwendeten, wie damals üblich, verschiedene Stilelemente von der Renaissance bis hin zum Jugendstil. Frau Cläre Stinnes schildert ihren ersten Besuch in Landsberg so: „Das Schloss ist schön, teilweise sehr schön, die Reize der alten Burg und die natürlich Schönheit der idyllischen Lage sind sehr vorteilhaft ausgenutzt

87 Es ist sicherlich bezeichnend für den praktizierenden Katholiken August Thyssen, dass er bei der Gelegenheit eine Kapelle einbauen ließ und diese mit Fresken sowie einem neugotischen Altar ausstattete.

Die Dohne 54 in Mülheim, das Haus von Joseph und Clara Thyssen. (um 1900)

worden, selbst verbessert zur Hebung des Ganzen. Die Einrichtung ist vornehm geschmackvoll, ohne durch Überfülle oder Prunk zu verletzten."[88]

Die Wände waren meist holzgetäfelt oder mit Stoff bespannt. Die Möbel entsprachen dem Charakter des Hauses. Der Bildschmuck hatte im Vergleich zur Dekoration im Haus seines Bruders Joseph wenig Originelles. Es gab einige Hinterlassenschaften des früheren Schlossbesitzers, einige wenige Originale aus dem 17. und 18. Jahrhundert, eine Reihe von Kopien nach Rembrandt, van Dyck und Murillo, aber nur einige „zeitgenössische" Künstler wie Franz von Lehnbach, Eduard von Gebhard, Gregor von Bochmann und einem Muncáczy. Einen großen Kontrast zu diesen sehr traditionellen Stilelementen bildeten die prachtvollen Rodin-Skulpturen, die im Wintergarten untergebracht waren. Ein erstaunlicher Griff in die Moderne.

Da August Thyssen nach seiner Scheidung von Hedwig Pelzer nicht beabsichtigte, neu zu heiraten, fielen größere gesellschaftlichen Verpflichtungen an Joseph und Clara. Dazu reichte das Haus auf der Bahnstraße um die Jahrhundertwende nicht mehr aus. Joseph beauftragte zwei der damaligen Stararchitekten, nämlich die königlichen Bauräte Heinrich Joseph Kayser und Karl von Groszheim, die sowohl in und um Berlin wie im Rheinland viele Bauten errichtet[89] hatten. Nach ihren Entwürfen wurde

88 Tagebuch von Cläre Stinnes, Eintrag vom 2.7.1905, zitiert nach Feldman, Gerald D.: Hugo Stinnes. Biographie eines Industriellen 1870–1924, München 1998, S. 68.

89 Die Berliner Architektengemeinschaft unterhielt wegen der zahlreichen Aufträge im Rheinland ab 1890 ein Büro in Düsseldorf. Nach Entwürfen der Gemeinschaft wurden u.a. das Parkhotel, die Rheinische Bank, das Palais Poensgen und das Palais Gahlen in

am Rande des Luisentales eine Villa im neubarocken Stil errichtet. Die Bauausführung lag in den Händen von Döring & Volkenborn,[90] die auch die meisten Industriebauten für die Brüder errichteten. Ein entsprechendes Grundstück zwischen Luisenthal und Dohne[91] hatte die Firma Thyssen & Co. bereits 1896 erworben. Das Grundstück, das eng mit der Wirtschaftsgeschichte Mülheims verbunden ist, umfasste neben einigen Fabrikgebäuden aus der Troostschen Glanzzeit einen Park mit großem Teich, den früheren Werksteich für die mit Wasserkraft betriebenen Textilmaschinen der Firma Troost, und das alte Troostsche Familienhaus nebst Stallungen und einem Gemüsegarten.

Die innere Raumgestaltung des Hauses war vorwiegend Neubarock mit einigen Anklängen an den aufkommenden Jugendstil und trug den gesellschaftlichen Bedürfnissen in vollem Umfang Rechnung. Der Besucher betrat über eine breite Treppe zunächst eine von Säulen getragene Halle, in deren Mitte ein florentinischer Zunfttisch stand, den Joseph und Clara angeblich von einer Florenzreise mitgebracht hatten. Auf ihm grübelte der Rodinsche Denker in Bronze über die Läufe der Zeit.

An der Wand stand eine Moltke-Skulptur in Marmor, ferner eine Jahresuhr, die einmal im Jahr aufgezogen werden musste. An der prachtvollen, eleganten Treppe, die in die oberen Stockwerke führte, stand eine große Alabastervase mit bacchanalischen Szenen, an der Wand befand sich ein Bord mit chinesischen Vasen, das Julius und Hans ihrem Vater zum 70. Geburtstag geschenkt hatten.

Hinter der Treppe beherrschte ein durch zwei Stockwerke gehendes hohes Fenster mit Blumendekor im gerade entstehenden Jugendstil das Treppenhaus. Neben der

Düsseldorf sowie das Kölner Excelsior-Hotel gebaut. In Berlin bauten sie den Lehrter Bahnhof, das Kaufhaus Wertheim, das Palais Rothschild, die Elektrizitäs-Werke und außerhalb das Jagdschloss für den Eisenbahnkönig Bethel Henry Strousberg. S. hierzu Wolfram Hagspiel: Das Architektenbüro Kayser & von Groszheim und sein Wirken in den Rheinlanden, in: Polis, Heft 1, Juni 2000.

90 Das Archiv der Firma Döring & Volkenborn ging 1942 bei einem Volltreffer auf das Firmengebäude unter, so dass sich auch hier keine Unterlagen über die Ausführung des Auftrages erhalten haben.

91 Der Elberfelder Unternehmer Johann Kaspar Troost errichtete bereits 1791 am Schleusenkanal der Ruhr, der noch heute den Park begrenzt, eine Textilfabrik. Ab 1860 erlebte die Unternehmensgruppe, die sich auch unter den Söhnen sehr gut entwickelt hatte (1850 1.000 Arbeiter) mangels unternehmerischen Interesses der Familie Troost, einen Niedergang. 1872 wurde ein Teil des Werkes an Hermann Heinzelmann verkauft, der 1882 Carl Roesch, den Schwager von Joseph Thyssen, als Partner aufnahm. 1894 übernahm er das Unternehmen ganz und hat es bis in die 1920er Jahre erfolgreich geführt, es dann aus Altersgründen an das württembergische Unternehmen Hammersen & Dierichs verkauft. Der andere Teil wurde 1864 von August Thyssens Schwiegervater Heinrich Pelzer übernommen. Es gelang diesem aber nicht, das Unternehmen zu konsolidieren, so dass August Thyssen 1884 durch eine Bürgschaft beispringen musste. Dieser setzte seinen Schwager Hoosemans in der Hoffnung ein, er würde das Unternehmen sanieren. Aber auch das gelang nicht, so dass 1892 das Unternehmen liquidiert wurde. Die Firma Thyssen & Co. übernahm 1896 als Gegenleistung für die Bürgschaft den Grundstückskomplex, auf dem dann zwei Jahre später Joseph Thyssen seine Villa errichten ließ.

Damen- und Herrengarderobe gab es im Parterre auf der rechten Seite ein Herrenzimmer, das Schreibzimmer von Joseph Thyssen. Daran schloss sich der so genannte goldene Salon an, gefolgt von einem Musikzimmer und einem Wintergarten. Dem Eingang gegenüber befand sich ein großes Speisezimmer.

Neben dem Esszimmer lag die Anrichte mit Aufzug in die Küche und die Personaltreppe. Der Halle im Parterre entsprach im ersten Stock eine große Oberdiele, an der die Schlafzimmer lagen. Im zweiten Stock waren vier große Personalzimmer und die Waschküche. Im Keller gab es eine Anrichte, eine Spülküche, eine Küche und ein Bügelzimmer sowie ein Esszimmer für das Personal und zahlreiche Vorratsräume.

Über die Inneneinrichtung des Hauses sind wir nur durch eine Schilderung von Kuni Thyssen, die als Kind gerne zu ihrer geliebten Großmutter ging, einigermaßen unterrichtet.

Die Wände waren in den unteren Räumen mit heller Eiche verkleidet, die Decken mit reichen Stuckaturen versehen. Der Salon war, ähnlich dem Salon auf Landsberg, im damals sehr verbreiteten Louis-seize gehalten. Möbliert war er mit goldenen Sesseln, einem Paravent in chinesischer Seide, einem Gobelin und Kirschbaummöbeln. Das rechts daneben liegende Schreibzimmer mit Möbeln von Bembé hat später die wenigsten Veränderungen erfahren. Es sah zu Zeiten von Julius und Jula Thyssen noch genauso aus, lediglich ein großes, posthum gemaltes Porträt von Clara Thyssen war hinzugekommen. Der Damensalon, später Klavierzimmer genannt, war im Wesentlichen in weiß gehalten, der daneben gelegene Wintergarten in pompeianischem Rot mit aufgemalten Architekturelementen.

Im Gegensatz zu August Thyssen, der in Landsberg seine Räume vorwiegend mit Kopien alter Meister schmückte, haben Joseph und Clara im Laufe der Jahre Bilder von Malern der Düsseldorfer Schule erworben, die die prachtvollen Räume schmückten. So kaufte Joseph bei den sonntäglichen Ausflügen nach Düsseldorf eine kleine Sammlung zeitgenössischer Künstler zusammen: Andreas Achenbach, Albert Flamm, Georg Oeder, Albert Arnz, Gregor von Bochmann, Claus Meyer, Heinrich Mücke, J. B. Klombeck, Eduard von Gebhard, Hermann Herzog, Heinrich Hermanns, Gustaf Werner Holmberg und C. L. Fuhrbach. Eine Otto von Bismarck darstellende Zeichnung von Franz von Lehnbach und eine Moltke-Büste von Albert Hermann Küppers in Marmor waren wohl mehr eine Referenz an den Zeitgeist, denn an die Künstler. Der „Denker" von Auguste Rodin in Bronze ging vielleicht auf eine Anregung seines Bruders August zurück. Als Henni Thyssen im Kindesalter starb, ließen Joseph und Clara von dem Maler Heinrich Lauenstein ein bezauberndes Kinderporträt malen. Einige Kleinbronzen, die mit der Tätigkeit des Hausherrn zusammenhingen, so zum Beispiel „Der Kohlenschlepper" von Emile Picault, vervollständigten die Sammlung.

Hinter der Halle lag ein großes Esszimmer. Auch hier helle Eichenverkleidung und ein großer, im Renaissance-Stil gehaltener Kamin sowie der heute noch vorhandene Leuchter. Hier fanden bis zu 78 Personen Platz. Die lange Tafel war bei solchen Anlässen mit Silber in klassizistischem Design, Geschirr mit hellblauem Rand, einem silbernen Tafelaufsatz, mit Schalen in blauem Glas und reichen Blumenbuketts geschmückt.

Im Hause wirkten der Diener Friedrich, der genauso brummig war wie sein Chef, das Zweitmädchen Grete und ständig wechselnde Köchinnen und Putzfrauen, mit denen Clara offensichtlich oft in Streit geriet. Wenn Julius und Jula mit ihren Kindern zu Gast waren, durfte bei Tisch, wenn Großvater Joseph da war, nicht gesprochen werden, es sei denn, er versuchte durch etwas ungelenke „Scherze" die Stimmung aufzulockern.

Auf der Dohne, wie das Haus fortan einfach hieß, fand zweimal im Jahr ein großer Ball statt, mit denen die Brüder ihren gesellschaftlichen Verpflichtungen nachkamen. Hier waren dann alle eingeladen, die in der Stadt oder im Wirtschaftsleben, in der Verwaltung und beim Militär Rang und Namen hatten, aber auch die Familie wurde nicht vergessen. Nach dem Abendessen wurde in der Diele getanzt und zu diesem Zweck der Zunfttisch beiseite geräumt. Die Organisation dieser Abende, zu denen zusätzlich Lohnkellner eingestellt wurden, klappte so hervorragend, dass nach einem solchen Ball am nächsten Morgen bereits alles wieder in Ordnung war, wie verschiedene Familienmitglieder staunend berichteten.

Diese alles in allem schöne wilhelminische Pracht diente den Brüdern August und Joseph für repräsentative Zwecke, deren Organisation nach der Scheidung von August und Hedwig Clara gerne für beide Brüder übernommen hatte. Dazu gehörte auch, dass „Neuankömmlinge" aus Wirtschaft, Verwaltung und Militär, die nach Mülheim versetzt worden waren, u.a. hier ihre Antrittsbesuche[92] absolvieren mussten.

Hinter dem Haus lag der große Park[93] mit Teich, Stallungen und Kutscher-Wohnung. Dahinter befand sich ein Gemüsegarten mit Treibhaus. Bis 1907 fuhr Joseph Thyssen entweder mit der Straßenbahn oder dem Landauer mit Kutscher[94] Schmid ins Werk, dann wurde 1907 die Kutsche durch ein Benzinauto Typ Marvel ersetzt bzw. ergänzt.

Seit der Erbauung der Dohne und der Fertigstellung von Schloss Landsberg waren die gesellschaftlichen Ereignisse zwischen Dohne und Landsberg klar aufgeteilt. Während auf der Dohne größere Bälle und Feste stattfanden, traf man sich zu sonntäglichen Familientreffen, zu denen gelegentlich auch Mitarbeiter und befreundete Familien, wie Frau Adeline Stinnes-Coupienne, Louis Hagen mit Frau oder der Kölner

92 Kuni Thyssen erinnert sich, dass sie als kleines Kind einmal dabei war, wie ihre Großmutter einen Offizier empfing, der seinen Antrittsbesuch machte. Er wurde in den so genannten goldenen Salon geführt und setzte sich Clara gegenüber auf einen Sessel, hielt aber die ganze Zeit seinen Helm in der Hand, was ihn sehr behinderte, bis Clara ihm schließlich mit einer Handbewegung bedeutete, er möge diesen auf den Boden legen. Julas Schwester Miechen Rintelen hat sich bei einem solchen Ball mit Otto Röper verlobt.

93 Kuni Thyssen berichtete, dass, wenn Joseph unter den großen Buchen im Park saß, die Enkelkinder einen großen Bogen um ihn machen mussten, um ihn nicht zu stören.

94 Die Stallungen unten im Park blieben noch lange erhalten. Auch zu Jula Thyssens Zeit gab es noch bis Anfang der 1950er Jahre Pferde und eine Kutsche. Beides wurde von einem alten Kutscher mit schlohweißem Haar, Herrn Sommers, betreut, von dem immer die Sage ging, er tränke Stutenmilch.

Clara Thyssen, geb. Bagel, kurz vor ihrem Tod 1918.

Sonntägliches Treffen anlässlich des 70. Geburtstages von Joseph auf Schloss Landsberg. August Thyssen (l.v.r.) mit seinen Geschwistern (v.l.n.r.) Marie Rüsges (1839–1912), Joseph (1844–1915) und Balbina Bicheroux (1846–1935). (1914)

Oberbürgermeister Konrad Adenauer mit Gattin geladen wurden, auf Landsberg. Diverse Besucher, wie z. B. Franz Jungbluth, haben diese Treffen geschildert, bei denen häufig auch die Kinder von Julius und Jula dabei sein durften, die dann am Ende des langes Tischs saßen und den Gesprächen der Erwachsenen lauschten. Franz Jungbluth schildert ein solches Treffen so:

> „Vom 15. Juni 1911 bis 15. Juni 1912 war ich als unbesoldeter Gerichtsassessor bei der Rheinischen Bank, Essen-Ruhr, Volontär. In dieser Zeit wurde ich als Verwandter, Sohn von Auguste Jungbluth, geb. Thyssen, einer Cousine von August Thyssen, sonntags vielfach nach Schloss Landsberg zum Mittagessen eingeladen.
> Heute möchte ich sprechen von einer Tafelrunde z. Zt. der Marokko Krise im Jahre 1912, zu der gehörten August Thyssen, Joseph Thyssen und Frau Clara, geb. Bagel, Hugo Stinnes, [...] dessen Mutter Frau Wwe. Hugo Stinnes Adeline, geb. Coupienne,[95] Gen. Dir. Dahl von Deutscher Kaiser und ich. Ob Fritz Thyssen und Frau Amélie, geb. Zurhelle anwesend war kann ich nicht mehr Bestimmtheit sagen. [...]

95 Frau Stinnes-Coupienne, oder Muddl Coupienne, wie sie von Freunden genannt wurde, wohnte auf der Friedrichstraße 40, das Haus ging später in den Besitz von Carl Härle über, der in einem Nebenbau seine Kunstsammlung untergebracht hatte. Nach dessen Tod kaufte es die Firma Thyssen Handel.

August Thyssen und seine Lieblingsschwester Balbina Bicheroux (1846–1935)

Rodin-Skulptur „Morgenröte". (1909)

> Die geschäftlichen Besprechungen fanden morgens vor Tisch, bei gutem Wetter auf einem Spaziergang im Park statt, wobei August Thyssen gerne eine Rose abschnitt und sie einem seiner Gäste schenkte.
> Bei Tisch lag die Unterhaltung, die zunächst immer politisch war, in der Hauptsache zwischen August Thyssen und Frau Adeline Stinnes-Coupienne, einer sehr temperamentvollen Dame [...].
> Nach Tisch wurden die Rodins bewundert, die überall in den Räumen des Schlosses verstreut standen. [...] Immer wieder, wenn er geschäftlich in Paris war, – vielfach fuhr er dorthin mit Herrn Stinnes und Herrn Geheimrat Emil Kirdorf – suchte August Thyssen seinen Freund Auguste Rodin auf. Er betrat dann vorsichtig das Atelier, in welchem Rodin beim Scheine einer Kerze seine Werke aus dem Marmor schlug und von niemand gestört [zu] werden wünschte. Er wartete dann solange, bis Rodin zufällig sich einmal rumdrehte und ihn begrüsste. Und dann kaufte er gewöhnlich eines seiner Kunstwerke. August Thyssen, der als junger Mann ein Jahr in Antwerpen die höhere Handelsschule besucht hatte, sprach sehr gut französisch."[96]

Neben diesen Schilderung von Franz Jungbluth geben die Fotos von Kurt Ernst, einem Enkel von Balbina Bicheroux, die sonntäglichen Treffen auf Landsberg gut wieder.

In späteren Jahren machten die Kinder nach dem sonntäglichen Essen in Landsberg mit dem Onkel August Thyssen oft einen Spaziergang durch den Park zu einem hölzernen Pavillon, dem so genannten Dämmerich,[97] von wo aus man einen weiten Blick über das Ruhrtal hatte. Bei solchen Gelegenheiten wurden die Kinder dann nach ihren schulischen Leistungen gefragt („Kind[,] wat haste in Französisch?") oder er erklärte ihnen, wenn sie zurückkamen, eines der Bilder, die im Haus hingen, dabei hatte es ihm das Bild von Muncáczy mit der Brot schneidenden Mutter besonders angetan.

Vor diesem glanzvollen Hintergrund feierten August 1912[98] und Joseph[99] 1914 ihre 70. Geburtstage. Da Joseph ein Jahr später bei der abendlichen Kontrolle der ausgehenden Güterwagen verunglückte, blieb es ihm erspart, den Niedergang der kommenden Jahre mitzuerleben.

Mitten im Trubel des Kriegsendes 1918 starb Mutter Clara an einer toxischen Lungenentzündung. In den letzten Stunden ihres Lebens hatte ihr ihre Schwiegertochter Jula beigestanden. Die Söhne einigten sich rasch und ohne jeden Streit, wie es ihre Art war, über die Erbschaft. Das Vermögen der Mutter wurde von der Firma, wie aus einem Brief von Hans an Julius vom 19. Mai 1918 hervorgeht, auf 13.347.557,76 Mark errechnet. Hinzu kam das Haus, die Bilder und Möbel, der Schmuck usw.

96 Erinnerungen von Franz Jungbluth. TKA A/9582.
97 Es handelt sich hierbei um einen Kotten, den August Thyssen nach dem Erwerb von Landsberg noch hinzugekauft hatte.
98 Joseph schenkte seinem Bruder August aus diesem Anlass einen Brunnen des Künstlers Josef Moest aus Köln, der im Garten-Parterre in Landsberg aufgestellt wurde und sich auch heute noch dort findet.
99 Die Stadt Mülheim schenkte Joseph zum 70. Geburtstag die Pflasterung des Bürgersteiges vor dem Haus mit den Symbolen von Bergbau und Eisenverarbeitung (Hammer und Schlägel).

Wegen der schwierigen wirtschaftlichen Lage bezogen Julius und Jula das Elternhaus zunächst so, wie Clara es hinterlassen hatte. Eine grundlegende Renovierung und Umgestaltung[100] erfolgte erst 1925 durch die Firma Eick & Söhne. Das Hauptziel der Umgestaltung waren die doch sehr veränderten Aufgaben, die das Haus nun zu erfüllen hatte. Es ging nicht mehr um glanzvolle Repräsentation. Diese Zeiten waren mit der Katastrophe des Ersten Weltkrieges und der nachfolgenden Jahre endgültig vorbei. Das Haus wurde jetzt im Wesentlichen in dunklen Tönen gehalten. Die helle Eiche wurde braun gestrichen, das Blumenfenster durch ein Strengeres ersetzt, Gold und Stuck sehr zurückgenommen bzw. entfernt. Nachdem Joseph und Clara nur drei bzw. de facto dann nur zwei Kinder hatten, war nicht viel Raum nötig und auch die Anzahl des Personals hielt sich in Grenzen. Mit dem Einzug von Julius und Jula waren nicht nur die Zeiten, sondern eben auch die Familie anders geworden. Acht Kinder lebten schließlich in dem Hause, dass erforderte nicht nur mehr Platz, sondern auch erheblich mehr Personal, dessen Bestand auf seinem Höhepunkt zehn Personen umfasste, die alle im Haus wohnten.

4. Soziale und kirchliche Aktivitäten

Die Thyssens waren eine rheinisch-katholische Familie, die zu ihrem Glauben und ihrer Kirche stand. Diese Tatsache hat viele Familienmitglieder veranlasst, sich in besonderer Weise in der Kirche zu engagieren und sich um notleidende Menschen zu kümmern.

Schon Friedrich Thyssen war, wie vorstehend angeführt, aktiv als Kirchenvorstand in seiner Gemeinde tätig und wir können sicher davon ausgehen, dass er und seine Frau sich auch um Bedürftige kümmerten. Sein Vetter Jakob Thyssen tat sich durch viele sozialpolitische Initiativen hervor und hat sich dazu auch schriftlich geäußert.

Als die Brüder Thyssen in den 70er Jahren des 19. Jahrhunderts in Mülheim ihre Unternehmen aufbauten, befand sich die Stadt und das ganze Ruhrgebiet, was die Bevölkerung und die konfessionelle Situation anbelangte, in einem Umbruch, der durch die industriellen Aktivitäten der Gebrüder Thyssen noch gefördert wurde. Kon-

100 Die Veränderungen, die Jula vornahm, waren stilistisch gesehen keine Verbesserung. Der helle wilhelminische Charakter wurde durch einen dunklen Anstrich der Holzverkleidung und entsprechende Tapeten „strenger“ im Sinne unserer Großmutter, die Möblierung weitgehend durch die eher stil-losen Möbel von Julas Aussteuer ersetzt. Das Ganze war eigentlich ein Ergebnis der Tatsache, das Jula sich für Kunst, die ihr eher suspekt schien, nicht interessiert hat. 1945 wurde das Haus von den Engländern beschlagnahmt und in ein Offizierscasino umgewandelt. Es hat dabei erstaunlich wenig gelitten, obwohl hier dann die üblichen Besäufnisse stattfanden. Bei einem solchen landete der Rodin im Teich, wo er erst nach Jahren bei einer Reinigung wieder auftauchte, versehen mit einer schönen Patina. 1952 konnte Jula Thyssen dann wieder einziehen und das Haus wurde für lange Jahre unvergesslicher Mittelpunkt der Familie. Nach Julas Tod 1981 wurde das Inventar an die Kinder verteilt, das Haus dient heute als Firmenbüro.

fessionell gesehen war die Lage in Mülheim durch die Folgen der Reformation bestimmt. Die katholischen Grafen von Limburg-Styrum und die protestantischen Grafen von Broich hatten nach der Reformation um den Einfluss in Mülheim gekämpft. Die Auseinandersetzung wurde schließlich von den Grafen von Broich gewonnen, was bedeutete, dass nach dem Spruch von Augsburg „cuius regio eius religio", die Bevölkerung mehrheitlich protestantisch wurde.[101] Die wenigen Katholiken (Mitte des 18. Jahrhunderts rund 500) gingen zum Gottesdienst entweder in die Styrumer Schlosskapelle oder in die Kirche des Zisterzienserinnenklosters in Saarn. Erst 1763 konnte auf dem Kirchenhügel eine kleine katholische Kirche errichtet werden.

Kaum hundert Jahre später war die Zahl der Katholiken auf 4.300 gestiegen. Das starke Anwachsen der katholischen Bevölkerung war eine Folge des durch die beginnende Industrialisierung bewirkten Zustroms von Menschen in das aufstrebende Ruhrgebiet, denn viele Zuwanderer kamen aus dem katholischen Westfalen, aus Schlesien oder den polnischen Gebieten Preußens. Hatte Mülheim zu Beginn des 19. Jahrhunderts erst rund 11.500 Einwohner, so waren es im Jahre 1900 38.500 und 1908 nach einer großen Eingemeindungsaktion schließlich 93.000. Ein großer Teil dieser Zuwanderer waren zwar katholisch, aber vorwiegend, wie man damals sagte: einfache Leute. Die Führungsschicht war nach wie vor ganz überwiegend reformierten Glaubens. So musste das kleine katholische Gotteshaus 1856 durch einen Neubau nach den Entwürfen des berühmten Kölner Architekten Vincenz Statz ersetzt werden.

Als August und Joseph ins Ruhrgebiet kamen, waren beide noch unverheiratet. Es blieb ihnen daher, falls sie in die lokale wirtschaftliche Führungsschicht einheiraten wollten, was aus damaliger Sicht selbstverständlich war, keine große Wahl. Die Tatsache, dass beide Brüder dann auch tatsächlich Frauen aus Familien reformierten Glaubens heirateten, ihre Kinder aber katholisch erzogen, zeigt, dass sie zu einem der Situation entsprechenden Kompromiss fähig waren, ohne ihren Glauben ihren unternehmerischen Plänen zu opfern. Auf der anderen Seite waren beide tolerant genug, ihre Frauen nicht in der Ausübung ihrer protestantischen Glaubensformen zu behindern, denn natürlich besuchte Clara auch den reformierten Gottesdienst und engagierte sich in der Sozialarbeit ihrer Kirche, was u.a. aus ihren testamentarischen Verfügungen hervorgeht. Da sie sich auf der anderen Seite bei der Eheschließung verpflichtet hatte, ihre Kinder katholisch zu erziehen, hörte sie ihnen persönlich den Katechismus ab und soll dabei sehr streng gewesen sein.

Diese Toleranz unter den Konfessionen hatte aber auch ihre Grenzen. Als August Thyssens ältester Sohn auf dem Gymnasium wegen seines katholischen Glaubens von seinem Klassenlehrer schlecht behandelt wurde, schickte ihn sein Vater nach Düsseldorf auf die Schule.

101 Vgl.: Das evangelische Rheinland. Ein rheinisches Gemeinde- und Pfarrerbuch, hrsg. von Albert Rosenkranz, Bd. 1: Die Gemeinden, Mülheim a. d. R. 1956, S. 507f. (Broich), S. 511f. (Mülheim).

Auch war offensichtlich die reformierte Familie Bagel nicht sehr begeistert, als ihre Tochter Clara den Katholiken Joseph Thyssen heiratete, weshalb, um die Bagels nicht zu brüskieren, die katholische Trauung in der St. Lambertus-Kirche in Düsseldorf und nicht in Mülheim stattfand. Als in späteren Jahren die Tochter Dore von Julius und Jula Thyssen den protestantischen Dieter Stinnes heiraten wollte, waren sich beide Familien sofort einig, dass das aus konfessionellen Gründen keine sinnvolle Verbindung sei.

Ähnlich wie im Unternehmensbereich stimmten sich August und Joseph Thyssen in Fragen der Unterstützung öffentlicher wie auch kirchlicher und karitativer Institutionen untereinander ab. Beide Brüder haben diesen Bereich immer mit einer gewissen Nüchternheit betrachtet. Dass man als Katholik wie als Unternehmer soziale Verpflichtungen hatte, erschien ihnen selbstverständlich. Dass Hilfe aber nicht völlig losgelöst von der konkreten Situation gegeben werden konnte und der Empfänger vertrauensvoll sein musste, war ihnen ebenso klar. Das hieß in der Praxis, dass katholische, protestantische und öffentliche Einrichtungen gleichermaßen gefördert wurden, Hilfe aber nur solchen Personen anvertraut wurde, die verantwortungsvoll damit umgingen. Stellte sich das Gegenteil heraus, wurden die Personen nicht nur gerügt, sondern für immer von der Liste gestrichen, seien sie nun Kleriker oder Laien. So wurde zum Beispiel die neu gegründete katholische Kirchengemeinde St. Engelbert mit 100.000 Mark unterstützt, aber ein Geistlicher einer katholischen Pfarre in Styrum musste erleben, dass August und Joseph aus der Gemeinde austraten, da er mit Kirchengeld Grundstücks-Spekulation betrieben hatte.[102]

All diese Hilfen betrachteten die Brüder Thyssen als einen selbstverständlichen Beitrag zum Allgemeinwohl und lehnten staatliche Orden und Ehrenzeichen mit wenigen Ausnahmen[103] ab. Diese ablehnende Haltung gegenüber Orden und Ehrenzeichen des preußischen Staates hing aber auch damit zusammen, dass August Thyssen dem obersten Ordensverleiher Kaiser Wilhelm II. und seiner Hofgesellschaft kritisch bis ablehnend gegenüber stand, da sie ihm nicht leistungsbezogen genug waren. Er schrieb einmal an seinen Sohn August, als dieser einen seiner zahlreichen Vorschläge zur Standeserhebung machte: „Unsere Zukunft liegt nicht in Potsdam."[104]

Die Mülheimer Unternehmerfamilien Thyssen und Stinnes haben sich auch immer um die entsprechenden konfessionellen Krankenhäuser gekümmert. Das erste Mülheimer Krankenhaus war das Evangelische, das bereits 1850 gegründet wurde. Ein katholisches Krankenhaus konnte erst 1887 seine Tätigkeit aufnehmen. Hier trat Joseph Thyssen 1901 als Nachfolger des Ratsherrn und Hüttendirektors Joseph Zer-

102 S. hierzu Baumann, Carl-Friedrich: August Thyssen, ein Bürger Mülheims, in: Thyssen & Co., a.a.O., S. 185.

103 Hierzu gehört z. B. das Eiserne Kreuz am schwarz-weißen Bande, was sich aber auf Augusts Militärzeit bezog, ferner ein Orden der Hohen Pforte sowie der durch Pius X. verliehene Sylvester-Orden. Baumann, Carl-Friedrich: August Thyssen, ein Bürger Mülheims, a.a.O., S. 191.

104 Brief von August Thyssen an Carl Klönne vom 19.4.1902, TKA /9570.

wes (Friedrich Wilhelms-Hütte) in das Kuratorium ein. Seither ist bis in die Gegenwart ständig ein Mitglied der Familie Joseph Thyssen Mitglied des Kuratoriums gewesen: zunächst Julius Thyssen, dann nach dessen Erkrankung seine Frau Jula (bis 1977), seit 1967 auch ihr Sohn Hans Joseph. Da es aber häufiger auch um finanzielle Zuwendungen ging, wurde ferner stets ein Mitglied der Firmenführung hinzugenommen. Hier als erster Dr. Carl Härle, später Dr. Wilhelm Schulte zur Hausen.

Eine besondere Rolle im kirchlich-karitativen Bereich spielten ohne Zweifel Julius und Jula Thyssen. Jula Thyssen entstammte, wie schon erwähnt, einer der wenigen katholischen Unternehmerfamilien Mülheims. Ihre älteste Schwester Jenny trat 1900 in ein Kloster der Dominikanerinnen in Venlo ein, wo auch schon eine ihrer Tanten

Pastor Konrad Jakobs, (hinten, 3.v.l.) mit Mitgliedern der Familien Julius und Hans Thyssen. (Anfang der 1930er Jahre)

lebte. Zwei von Julas Cousinen waren Ordensfrauen: Ännchen Hopmann Benediktinerin in Steinfelds in der Eifel und Victoria Hopmann bei den Ursulinen in Dorsten. Gerne hätte es Jula Thyssen auch gesehen, wenn ihr jüngster Sohn Geistlicher geworden wäre, aber dazu kam es nicht.

Das karitativ-kirchliche Engagement der Thyssen-Familien erhielt seine besondere Prägung, als Pastor Konrad Jakobs 1919 nach Mülheim versetzt wurde.

Konrad Jakobs entstammte einer bäuerlich-handwerklichen Familie mit einer großen Kinderschar, die recht ärmlich im Aachener Raum in der Nähe von Heinsberg lebte. Wie damals in katholischen Familien üblich, hatten die Eltern den ältesten Sohn

Gott bzw. dem kirchlichen Dienst versprochen. Nicht immer führten solche Gelöbnisse zu einem geglückten Leben im Dienst der Kirche, hier aber war es voll und ganz der Fall.

Das ärmliche und entbehrungsreiche, wenn auch fröhliche Familienleben, sowie hervorragende Leistungen beim Studium, ließen Konrad Jakobs geradezu prädestiniert für die Seelsorge unter der häufig entwurzelten und hart arbeitenden Industriearbeiterschaft erscheinen. So war einer seiner ersten pastoralen Einsätze eine kleine Kirche im Essener Segeroth, eines der schlimmsten Arbeiterviertel des Ruhrgebietes.[105] Von spartanisch einfacher Lebensführung und mit großer Menschenkenntnis und Wortgewalt begabt, wurde er bald zum gesuchten Berater und geistlichem Beistand vieler Menschen, angefangen von Industriellen und Akademikern bis hin zu den Arbeitern der Kruppschen Werke.

Als Konrad Jakobs 1919 nach Mülheim versetzt wurde, befand sich die Gegend wirtschaftlich, sozial und kirchlich infolge des verlorenen Krieges in einer schwierigen Situation. Der Seelsorgebereich der 1856 erbauten Marienkirche reichte ursprünglich bis nach Oberhausen, war dann aber im Laufe des Jahre wegen der starken Zuwanderung von katholischen Arbeitern in acht Pfarren mit rund 50.000 Gläubigen gegliedert worden. Die kirchliche Struktur war also noch jung und nicht gefestigt. Pastor Jakobs hat hier eine Vielzahl von Initiativen ergriffen, von der Vertiefung der Seelsorge und Gründung kirchlicher Vereine bis hin zu Einrichtung von Waisenhäusern und dem Bau einer neuen Kirche. Aber Pastor Jakobs traf in Mülheim auch auf ein von Wirtschaft und Industrie geprägtes Bürgertum, das, sei es nun protestantisch oder katholisch, bereit war, seinen Beitrag zur Lösung der vielen sozialen und wirtschaftlichen Probleme zu leisten.

Kurz bevor Pastor Jakobs von Essen nach Mülheim versetzt wurde, war die Familie Julius Thyssen infolge des Todes von Clara Thyssen nach Mülheim übergesiedelt und nach kurzer Zeit entwickelten sich freundschaftliche Beziehungen zwischen dem neuen Pastor und den Familien Julius, Hans und auch Fritz Thyssen. Bald wurde es bei der Familie Julius Thyssen zu einer Gewohnheit, dass Pastor Jakobs, nicht immer zum Vergnügen der Kinder, sonntags zum Mittagessen auf die Dohne kam, um mit dem Ehepaar über die nach und nach sich entwickelnden kirchlich-karitativen Initiativen der Pfarre St. Marien zu sprechen. Besonders Jula Thyssen hat sich in den folgenden Jahren in den entsprechenden kirchlich-karitativen Organisationen engagiert. Sie war hier wohl auch durch ihre Stiefmutter, Kuni Rintelen, geb. Hopmann, angeregt worden. Kuni Rintelen hatte schon 1908 den katholischen Fürsorgeverein in Mülheim gegründet, der 1913 ins Vereinsregister eingetragen worden war. Jula Thyssen trat 1923 in den Vorstand des Vereins ein und wurde 1929 zur Vorsitzenden gewählt. Sie hat dieses Amt 45 Jahre, also bis 1974, inne gehabt. Der Verein war u.a. Träger des

105 Das Segerothviertel galt wegen seiner Lage und engen Bebauung als nahezu gesundheitsgefährdendes Stadtgebiet und war immer wieder Gegenstand von Sanierungsplänen. Vgl. Wisotzky, Klaus: Vom Kaiserbesuch zum Euro-Gipfel. 100 Jahre Essener Geschichte im Überblick, Essen 1996, S. 57, 122, 152.

Joseph-Hauses, einer Einrichtung, die sich ähnlich wie das evangelische Clara-Haus um Jugendliche und Alte kümmerte.[106]

Eine besondere Aufgabe entstand im Bereich des Kirchenbaus. Wegen des raschen Wachstums der katholischen Bevölkerung wurde ein Neubau der katholischen Marienkirche dringend nötig. Jula Thyssen widmete sich mit großem Elan den sich hier ergebenden Fragen der Verbindung von Architektur und Liturgie. Es war die Zeit der liturgischen Erneuerung in der katholischen Kirche. Sonntagelang fuhr sie mit Pastor Jakobs durch die Lande, um Kirchenbauten zu besuchen und sich beraten zu lassen. Schließlich wurde dann das Projekt dem renommierten, aber protestantischen Architekten Emil Fahrenkamp, der in Mülheim durch den Innenausbau der neuen Stadthalle bekannt geworden war,[107] aber keinerlei Erfahrung im Kirchbau[108] hatte, übertragen. Für Jula Thyssen war es in gewisser Weise ein Vorteil, dass Fahrenkamp mit der katholischen Liturgie und besonders den Anliegen der Liturgie-Reform nicht vertraut war, so „dass es vornehmlich die Auftraggeber waren, die die Ausrichtung des Baues an den Maximen der „Christozentrischen Kirchenbaukunst bewirkten".[109] Da Julius Thyssen noch Vorsitzender der Kirchenvorstandes von St. Marien war, konnte sie sich mit ihren Plänen durchsetzen. Die Ausführung des Kirchenbaus lag bei der Firma Döring & Volkenborn, die die meisten Bauten für die Firmen und den privaten Bereich der Familie Thyssen durchführte.

Dr. Carl Härle, Vermögensverwalter der Familie und aktiver Katholik, stiftete aus seiner Sammlung religiöse Skulpturen für die Ausschmückung des Gotteshauses. Ein großes Mosaik für die Apsiswand der Kirche kam vor dem Kriege nicht mehr zur Ausführung. Ob sich Fritz Thyssen an der Diskussion um die Pläne für die Marienkirche beteiligt hat, ist nicht belegt, finanziell gefördert hat er sie. 1936 ließ er außerdem auf

106 Akten über den Verein befinden sich im Privatarchiv Stephan Wegener.

107 Wie Christoph Heuter in seiner umfassenden Arbeit über Emil Fahrenkamp berichtet, stieß die Wahl des protestantischen Fahrenkamp bei den zuständigen kirchlichen Behörden, dem Bistum Köln, zunächst auf Ablehnung. Pastor Jakobs gelang es aber in seiner geschickten Art, die Hindernisse zu überwinden. Ihm war klar, dass der große Kirchenbau, der die ältere und daneben liegende Petri-Kirche überragen würde, ein Politikum war. Auf der anderen Seite war ihm stets an einem guten Verhältnis zu seinen protestantischen Amtsbrüdern (wie übrigens auch zu dem zuständigen Rabbiner) gelegen. So kam ihm ein protestantischer Architekt nicht ungelegen. Dem Bistum machte er die Akzeptanz dadurch leichter, dass er Fahrenkamp veranlasste, bei den Entwurfsarbeiten einen katholischen Mitarbeiter heranzuziehen und die Durchführung des Baus teilweise dem katholischen Architekten Josef Pfoser zu übertragen. Heuter, Christoph: Emil Fahrenkamp, a.a.O.

108 Ein Wettbewerbsentwurf für die Frauenfriedenskirche in Frankfurt, an deren Entstehung Jula Thyssen aktiv teilnahm, ist in wesentlichen Punkten der Marienkirche ähnlich. Die Kosten der Kapelle beliefen sich nach Aussagen von Pastor Heinrichsbauer, dem Nachfolger von Pastor Jakobs, auf 50.000 RM. Eglau, Hans O.: Fritz Thyssen, a.a.O., S. 189.

109 S. Heuter, Christoph: Emil Fahrenkamp, a.a.O., S. 55.

Die von Emil Fahrenkamp entworfene und 1929 fertig gestellte Marienkirche in Mülheim (links) mit dem späteren Anbau (1936) der Taufkapelle nach einem Plan von Dominikus Böhm. Die Kapelle wurde im Zweiten Weltkrieg zerstört und nicht wieder aufgebaut.

seine Kosten nach einem Entwurf des berühmten Kirchbauer Dominikus Böhm[110] eine Taufkapelle anbauen. Diese Entscheidung hatte in zweifacher Hinsicht wohl Bedeutung. Einmal wollte er sich vermutlich nicht einfach den Plänen von Julius und Jula anschließen, sondern durch die Wahl von Böhm einen eigenen Akzent setzen. Zum anderen war 1936 sein Verhältnis zum Nationalsozialismus schon so schlecht, dass er auch hier ein Zeichen setzen wollte, zumal er seit 1933 demonstrativ sonntags am Gottesdienst in der Marienkirche teilnahm und dabei in den vorderen Bänken neben dem Altar, die der Familie Thyssen vorbehalten waren, Platz nahm. Auch die Familie Hans Thyssen hat in vielfältiger Weise Projekte und Maßnahmen von Pastor Jakobs gefördert.

110 Er hatte aber auch von anderen Architekten, wie Hans Schwippert und A. Peretti, Entwürfe machen lassen.

Jula Thyssen unterhielt Zeit ihres Lebens Kontakte zu einer großen Anzahl von Ordensfrauen und Geistlichen. So fühlten sie und ihr Mann, wie ihr Vetter bzw. Schwager Fritz Thyssen, sich dem Benediktiner-Kloster Maria Laach in der Eifel sehr verbunden. Der Kontakt zu Maria Laach war 1928 durch Pastor Jakobs im Zusammenhang mit den Plänen für den Neubau der Marienkirche angebahnt worden, da Maria Laach als eines der Zentren der liturgischen Erneuerung galt, die natürlich auch für den Kirchenbau von Bedeutung war. Dementsprechend erhielt die künstlerische Werkstatt von Maria Laach auch den Auftrag, den Taufbrunnen für die neue Kirche zu entwerfen und herzustellen. Nach dem Tod von Pastor Jakobs wurde Abt Ildefonds Herwegen so etwas wie ein geistiger Führer für Jula Thyssen, was sie allerdings nicht hinderte, ihm in einem Brief vom 1. August 1933 klar zu machen, dass sie seine eher positive Einstellung zum „Dritten Reich" nicht teilte. Sie spürte fast instinktiv die Gefahr, die hier heraufzog. So schrieb sie in einem Brief vom 1. August 1933:

> „Wird nicht durch die Förderung der neuen Bewegung auch ganz Unchristliches unterstützt, z. B. die Verfolgung oder Lieblosigkeit in der Judenfrage, – oder etwa durch Befehl der Blutrache bei der SS, von der ich gehört habe, dass sie Tatsache sei –, […] Ich fürchte, die Religion soll hier Dienerin werden, nicht Gott dienen, sondern dem Staat!"[111]

Der Abt versuchte in einer Antwort vom 5. August 1933 seine Haltung zu verteidigen.[112]

> „Mein dringender Wunsch ging immer nach einer autoritären Staatsführung. […] Andererseits würde ich es für verhängnisvoll halten, wenn man diese Übergriffe einer revolutionären Übergangszeit als Grund dienen ließe, den Staat seiner Idee nach abzulehnen. […] Der Bischof von Trier sagte mir noch vorgestern: Wer hätte gedacht, dass dieser Staat in kürzester Zeit ein Konkordat zustandebringe, das der Kirche mehr Rechte einbringt, als je ein anderer getan hat."

Als Julius und Jula Thyssen 1932 silberne Hochzeit feierten, kam Ildefonds Herwegen als Gratulant nach Mülheim. Jula Thyssen führte darüber hinaus einen umfangreichen Schriftwechsel mit vielen Persönlichkeiten aus dem kirchlichen Leben. Hierzu zählten auch Mitglieder des Jesuitenordens, der Steyler Missionare und zahlreiche Vertreterinnen von weiblichen Orden, außerdem die Künstlerin Ruth Schaumann.

Aber die Hilfen beschränkten sich nicht nur auf den katholischen Bereich. Gemäß der testamentarischen Anordnung von Clara Thyssen errichteten Julius und Hans Thyssen ein Jahr nach dem Tode ihrer Mutter in Mülheim zusammen mit dem 1919 gegründeten evangelischen Frauenbund das evangelische Clara-Haus für „gefallene" Mädchen. Die Einrichtung befand sich zunächst auf dem Muhrenkamp Nr. 9. Da die Räumlichkeiten dort aber unzureichend waren, wurden Anfang 1925 Pläne für einen stattlichen Neubau durch den Architekten Dr. Großmann erarbeitet und ein schönes

111 Brief von Jula Thyssen an Ildefons Herwegen vom 1.8.1933, Briefwechsel Jula Thyssen und Ildefons Herwegen, Archiv Maria Laach, III A 130.

112 Ebd. Die Antwort von Ildefonds Herwegen vom 5.8.1933 kann leider wegen des Umfangs nicht ganz zitiert werden, dennoch ist sie deswegen interessant, weil sie vermutlich die Ansicht vieler Kleriker in der damaligen Zeit ausdrückt.

Das Clara-Haus in der Tilsiter-Straße

Grundstück etwas außerhalb der Stadt auf dem Opspring (Tilsiter-Straße) gefunden. Die Arbeiten konnten im Juli desselben Jahres beginnen. Bereits ein Jahr später konnte der Bau bezogen werden.[113] An der Einweihung nahmen neben Vertretern der evangelischen Kirche u.a. auch Pastor Jakobs von der katholischen Seite teil.

Nach dem Tod von August Thyssen im Jahre 1926 gründeten unter dem Eindruck der wachsenden Not und der Weltwirtschaftskrise 1927 die Kinder von August und Joseph unter dem Namen August Thyssen zwei Stiftungen, die mit einer Barspende von 160.000 Mark ausgestattet wurden. Es handelte sich einmal um ein Erholungsheim für Kinder von Werksangehörigen auf den Ruhrhöhen in der Nähe von Kettwig liegende, das Rafael-Haus, und zum anderen um das als Waisenhaus und Altersheim dienende Franziskus-Haus, denen die der Firma Thyssen &. Co. gehörenden Grundstücke an der Dohne 48 übertragen wurden. Die Führung beider Häuser wurden einem katholischen Schwesternorden übertragen, sie bestehen noch heute. Die konkrete Betreuung der Stiftungen fand und findet durch ein Kuratorium statt, dem neben Familienmitgliedern auch immer Vertreter der Firmenleitungen, wie zum Beispiel Dr. Carl Härle oder Wilhelm Schulte zur Hausen, angehörten.

113 Das Haus wurde später vom Mülheimer Bergwerksverein erworben und in ein Altenheim umgewandelt, das 1939 bezogen wurde. Hugo Stinnes jun. hat sich besonders darum gekümmert. Danach gehörte es eine Zeit zur VEBA AG, bis es schließlich 1973 von der Stadt Mülheim erworben wurde.

Das 1927 gegründete Franziskus-Haus im Luisental 21.
Im Vordergrund rechts das ehemalige Wohnhaus der Familie Troost,
sowie links das Kutscherhaus mit den Stallungen.

Das Raphael-Haus auf den Ruhrhöhen bei Kettwig.

Private Winterhilfe

Liebeswerk der Familie Thyssen

Sieben Küchen werden in Betrieb gesetzt — Beginn der Speisungen am 14. November — Ausgabe von einer Million Portionen

x Uns wird geschrieben: Die Familie Thyssen hat der Mülheimer Nothilfe mitteilen lassen, daß sie sich entschlossen habe, die früher vom katholischen Karitasverband versorgten Küchen, und zwar: Franziskushaus, Dohne 48; Karitashaus, Seilerstraße 4; Haus Dümpten (Kath. Vereinshaus), Schildweg; Menage Thyssen, Neustadtstraße 9; Kath. Waisenhaus, Saarner Straße 415; Kath. Schwesternhaus, Kirchstraße 84; Bürgerhaus (Kath. Vereinshaus), Kruppstraße, direkt zu versorgen. Die Familie Thyssen hat weiterhin erklären lassen, daß sie besonders Wert darauf lege, die gesamte Versorgung der Mülheimer Küchen — ohne Rücksicht auf politische und konfessionelle Einstellung — rein nach der Bedürfnisfrage zu regeln. Aus diesem Grunde hat sich die Familie Thyssen auch bereit erklärt, die im letzten Jahre von der Mülheimer Nothilfe betriebenen Küchen, nämlich die Evangelische Kleinkinderschule, Eppinghofer Straße 185, Postschule, Mellinghofer Straße, und Vorsterstraße (Witthaus) mit Lebensmitteln zu versorgen und der Mülheimer Nothilfe den Vorschlag gemacht, die zuletzt genannten Küchen fix und fertig eingerichtet und mit dem erforderlichen Personal ausgestattet, dem Vertrauensmann der Familie Thyssen zur Verfügung zu stellen. Der geschäftsführende Ausschuß der Mülheimer Nothilfe hat das Angebot der Familie Thyssen mit dem Ausdruck herzlichen Dankes angenommen.

Die Familie Thyssen hat nun, um möglichst bald die Winterhilfe in Tätigkeit treten lassen zu können, veranlaßt, daß die Küchen im Franziskushaus, Dohne 48, Karitashaus, Seilerstraße 4, Evgl. Kleinkinderschule, Eppinghofer Straße 183, Steinfabrik, Moritzstraße, Kath. Schwesternhaus, Kirchstraße 84, alsbald die Speisung aufnehmen. Es ist Vorsorge getroffen, daß die Speisungen bereits am 14. November beginnen können. Einzelheiten werden noch bekanntgegeben. Das Essen pro Portion wird zu 5 Pfg. abgegeben. Die Ledigen können an Ort und Stelle selbst eine doppelte Portion zum Preise von 5 Pfg. essen.

Die Familie Thyssen hat sich darauf eingerichtet, daß im ganzen ungefähr eine Million Portionen ausgegeben werden unter der Voraussetzung, daß sämtliche Küchen nach den noch zu vereinbarenden Normen gleiches Essen verabfolgen, damit an keiner Stelle Unzufriedenheit entstehen kann.

Die gesamten erforderlichen Materialien werden im großen eingekauft. Die einzelnen Küchen können dann die für sie erforderlichen Lebensmittel bei den in ihrem Bezirk wohnhaften Einzelhändlern bestellen. Die betr. Einzelgeschäfte erhalten 5 Prozent des Wertes als Vergütung für ihre Tätigkeit, so daß also auch die in schwierigen Verhältnissen befindlichen kleinen Einzelhändler durch die Massenspeisung keine Einbuße erleiden.

Wie wir weiter noch hören, hat Herr August Thyssen jun. zur Linderung der Not noch 10 000 Meter 1. Qualität Nessel für Leibwäsche und 5000 m 1. Qualität Nessel für Bettwäsche unter der Bedingung zur Verfügung gestellt, daß diese Stoffe von Mülheimer Frauen und Mädchen zu Leib- und Bettwäsche verarbeitet und an die Bedürftigsten kostenlos — ohne Rücksicht auf das religiöse oder politische Bekenntnis — verteilt werden. Es ist dafür gesorgt, daß die Verteilung der fertigen Wäsche noch vor den Weihnachtsfeiertagen erfolgen kann.

Der Mülheimer Generalanzeiger schrieb am 3. November 1932 über das soziale Engagement der Familie Thyssen.

Als die Weltwirtschaftskrise ihren Höhepunkt erreichte und die wirtschaftliche Not unter der Bevölkerung eine Massenerscheinung wurde, nahmen die Hilfen auf Drängen von Fritz und Julius unter der organisatorischen Leitung von Dr. Härle eine feste organisatorische Form an. Mit Hilfe von Pastor Jakobs wurde 1931 unter der Leitung des Direktors der Mülheimer Werke, Carl Wallmann, die Mülheimer Nothilfe gegründet, eine überkonfessionelle Einrichtung, an der sich neben den christlichen Kirchen die jüdische Gemeinde und Privatleute sowie Führungskräfte der Unternehmen beteiligten. Die Nothilfe errichtete in den Jahren bis 1932 an verschiedenen Orten in Mülheim zehn Notküchen, über die mit Mitteln der Familie Thyssen über eine Million Essensportionen ausgeteilt wurden. August jun. stiftete außerdem 15.000 Meter und Heinrich und Hede je 39.000 Meter Nessel zur Herstellung von Haushalts-

Wie viele andere Unternehmer sahen sich auch Julius und Fritz Thyssen während der Inflation gezwungen, eigenes Notgeld zu drucken, um ihre Arbeiter zu entlohnen.

wäsche für bedürftige Familien.[114] Außerdem gaben die Thyssenschen Firmen, um die durch die Inflation bedingten finanziellen Schwierigkeiten abzumildern, für ihre Mitarbeiter Notgeld aus, das in ganz Mülheim akzeptiert wurde.

Auch Gertrud und Hans Thyssen haben sich, neben der Teilnahme an den vorgehend geschilderten Maßnahmen der Familie, Zeit ihres Lebens in zahllosen einzelnen Notfällen persönlich engagiert.[115]

1931 verstarb ganz unerwartet Pastor Jakobs, wodurch die karitative und kirchliche Arbeit ihre wichtigste Führungsfigur verlor. Sein Ruf war so groß, dass nicht nur der Mülheimer Rabbiner und die Pastoren der protestantischen Konfessionen, sondern auch Mitglieder der kommunistischen Partei an der Beerdigung teilnahmen.

Zum Andenken[116] an Pastor Konrad Jakobs gründeten Julius und Hans Thyssen zusammen mit den Direktoren Carl Wallmann, Franz Lenze und Härle sowie dem Nachfolger von Pastor Jakobs, Pastor Johannes Heinrichsbauer, im Oktober 1932 die Pastor-Jakobs-Stiftung. Julius und Hans brachten hierzu die ihnen gehörenden Grundstücke und Baulichkeiten Muhrenkamp 9 in die Stiftung ein und stellten ihr darüber hinaus 30.000 Mark in bar zur Verfügung. Dieses Kapital wurde von den übrigen Mitstiftern auf 36.000 Mark erhöht. Die Stiftung hatte auf dem genannten Grundstück insgesamt 14 Wohnungen für minderbemittelte Familien zu einem günstigen Mietzins zur Verfügung zu stellen. Auch sie existiert bis auf den heutigen Tag.

Nach dem Tode von Pastor Jakobs und besonders in dem Maße, wie, bedingt durch den wachsenden Druck durch die Nationalsozialisten, die Situation für ein karitatives Engagement im öffentlichen Leben schwieriger wurde, hat sich Jula Thyssen neben zahllosen Einzelhilfen als Vorsitzende des Kuratoriums um das katholische St.-Marien-Krankenhaus, die Einrichtungen des katholischen Frauenbundes und die beiden zur August-Thyssen-Stiftung gehörenden Einrichtungen Franziskus-Haus und Rafael-Haus sowie bis 1939 um das evangelische Clara-Haus gekümmert.

Man schätzt, dass allein August Thyssen bis zu seinem 70. Geburtstag rund eine Million Mark für gemeinnützige und karitative Maßnahmen ausgegeben hat und da

114 Vgl. Pollok, Ralf: Nothilfeprogramme im rheinischen Industriegebiet in der Zeit der Weltwirtschaftskrise (1929–1933), Magisterarbeit (Heinrich-Heine-Universität), Düsseldorf 2001.

115 Es würde zu weit führen, die vielen Hilfen, die über Jula Thyssen gelaufen sind, hier aufzuführen. Gertrud absolvierte während des Zweiten Weltkrieges einen Hebammenkurs und arbeitete als Hebamme am Ammersee, wo sie Haus Wartaweil, ein Heim für ledige Mütter und deren Kinder, errichtete, für das sie später auch bei anderen Familienmitgliedern, wie z. B. Anita, Geld sammelte. Als diese auf Betreiben von Kurt Birrenbach, ihrem Vermögensverwalter, später diese Hilfe einstellte, hat Gertrud diesem auf der Beerdigung von Amélie einen „Riesentanz gemacht".

116 Jula Thyssen hat sich nach dem Tod von Konrad Jakobs auch sehr intensiv um die Bewahrung seines schriftlichen Nachlasses bemüht. Dieser wurde nach ihrem Tode 1981 dem Bistum Essen übereignet.

beide Brüder häufig zusammen handelten, darf man für Joseph eine ähnliche Summe annehmen.[117]

Der wirtschaftliche und soziale Wandel, der in der Region durch die industriellen Aktivitäten der Thyssen-Brüder bewirkt bzw. befördert wurde, zwang sie auch zum Handeln, denn sie waren als Unternehmer interessiert, dass ihre Arbeiter und Angestellten sowohl im Betrieb wie außerhalb entsprechende Lebensbedingungen vorfanden. Dazu gehörte u.a. die Stiftung von 570.000 Mark zur Errichtung der städtischen Badeanstalt an die Stadt Mülheim im Jahre 1910.[118]

5. Zeiten des Niedergangs

Während Augusts Bruder und Weggefährte Joseph auf dem Höhepunkt seines unternehmerischen Lebens und noch im Glanze der Kaiserzeit seinen 70. Geburtstag feiern und sein Leben beschließen konnte, somit den Krieg und seine Folgen nicht mehr miterlebte, war August Thyssen ein solcher Abschied auf der Höhe der Dinge nicht beschieden. Er musste mit ansehen, wie durch die Niederlage Deutschlands im Krieg 1914–1918 bzw. durch die Unfähigkeit der Reichsregierung, den Krieg rechtzeitig zu beenden, sein Lebenswerk mit in die politisch-militärische Krise hineingerissen wurde.

Erste Anzeichen einer zu Ende gehenden Epoche hatten sich allerdings schon früher gezeigt. Bereits 1902 war seine geliebte Schwester Luise, die Ordensfrau, an Krebs verstorben, 1912 verstarb seine Schwester Marie, 1915 sein Bruder Joseph, 1916 Bruder Friedrich in Berlin, 1918 seine Schwägerin Clara, 1920 Thres'chen. Nur seine Lieblingsschwester Balbina sollte ihn um Jahre überleben. Der Verlust seiner Geschwister wird August Thyssen hart getroffen haben, denn sie waren nach seinem eigenen Scheitern als Ehemann und Vater seine eigentliche Familie.

Mit zunehmendem Alter wurde August Thyssen, wie aus seinen Briefen hervorgeht, seinen Mitarbeitern gegenüber immer misstrauischer und unterstellte ihnen negative Absichten. Selbst im Bereich der von ihm eingestellten Führungskräfte kamen ihm Zweifel. In einem Brief an seinen Sohn Heinrich vom 30. Juni 1919 überlegte er auf einmal, ob nicht in den Familien seiner Schwestern geeignete Leute zu finden seien. Konkret schlägt er den Enkel von Balbina Bicheroux, den Diplom-Ingenieur Kurt Ernst, und den Schwiegersohn seiner Schwester Tres'chen Hoosemans, den Textilkaufmann Ludwig Schiefer, vor. Von Carl Härle, seit 1909 kaufmännischer Leiter und dann Vorstandsmitglied von Thyssen & Co., fühlte er sich auf einmal bedroht.[119] Auch plagte ihn zunehmend die Frage, ob er seine Nachfolge richtig gelöst

117 Mülheimer Zeitung vom 15. und 17.5.1912. Vgl. Baumann, Carl-Friedrich: August Thyssen, a.a.O., S. 185.

118 Denkschrift zur Hundertjahrfeier der Stadt Mülheim, Mülheim a. d. Ruhr 1908 (Reprint 1983), S. 355. Vgl. Baumann, Carl-Friedrich: August Thyssen, a.a.O., S. 185.

119 Briefe vom 15.7.1923 und vom 20.6.1925, Korrespondenz von August Thyssen mit seinem Sohn Heinrich, a.a.O., Bd. 2, S. 619.

habe, da er seinen Söhnen Fritz und Heinrich zunehmend kritisch gegenüber stand. Er kam aber zu keiner für ihn schlüssigen Antwort.

Hinzu kamen die Bestimmungen des Versailler Vertrages. Dieser Vertrag blieb für jedes große und nicht nur im Reich, sondern auch im Ausland stark engagierte Unternehmen nicht ohne Folgen. Wenige deutsche Unternehmerfamilien haben durch die beiden Weltkriege so große Verluste und Veränderungen hinnehmen müssen, wie die Familie Thyssen. Durch den Vertrag von Versailles ging nicht nur das damals modernste Stahlwerk Europas, das Werk in Hagendingen, verloren, sondern auch Beteiligungen an Hüttenwerken in Caen/Nordfrankreich sowie Grubenbesitz in Lothringen, Nordafrika, der Ukraine, Norwegen und in Britisch-Indien.[120]

Außerdem fehlten den Unternehmen die qualifizierten Arbeiter und Angestellten, von denen viele im Krieg gefallen waren. Die notgedrungen eingestellten Ersatzarbeitskräfte waren häufig weder fachlich genügend qualifiziert, noch in der „Unternehmenskultur" verwurzelt. Das machte sie für politische Agitation besonders anfällig.

Zwar konnte August durch rasches Handeln im Unternehmensbereich (Verbundwirtschaft) einen Teil der Verluste ausgleichen, aber die Ertragssituation der Unternehmen blieb auf Jahre problematisch.

Auch die politischen Turbulenzen der Zeit nach 1918 schlugen auf die Wirtschaft durch und griffen direkt in das Leben der Familie ein. So wurde August Thyssen am 12. Dezember 1918 zusammen mit seinen Sohn Fritz und anderen Mülheimer Industriellen, wie Hugo Stinnes und dessen ältesten Sohn Edmund, sowie leitenden Herren von Mitgliedern des Arbeiter- und Soldatenrates festgenommen und nach Berlin geschafft. Ein leitender Angestellter der Gewerkschaft Lohberg wurde ermordet. Obwohl alle bald wieder freikamen, wiederholten sich solche Versuche, denen August Thyssen sich aber durch einen „Besuch" bei seiner Schwester in Düsseldorf entziehen konnte. Alle diese familiären, politischen und wirtschaftlichen Probleme haben die Gesundheit von August Thyssen geschwächt, so dass er entgegen seiner bisherigen Gewohnheiten nun doch öfter einmal zur Erholung nach Wiesbaden oder nach Obersdorf ins Stillach-Haus fuhr. Sein Bruder Joseph hatte schon vor dem Krieg etwas mehr auf seine Gesundheit geachtet, indem er öfter zum Beispiel nach Norderney oder Sta. Margerita an der ligurischen Küste reiste.

Auch in der eigenen Familie mussten nach 1918 Lösungen gefunden werden, sollte nicht im Falle des plötzlichen Todes von August Thyssen der ganze Konzern in Mitleidenschaft gezogen werden. Schon seit einiger Zeit waren angesichts des Alters von August Thyssen im Firmenbereich Bedenken laut geworden, dass im Falle des Todes von August Thyssen die finanzielle Situation von August jun. in Teilen des Konzerns zu ernsthaften Problemen führen könnte. Der Druck auf August sen., hier eine Lösung herbeizuführen, war vermutlich beträchtlich. Der entscheidende Schritt kam aber von

120 Rasch, Manfred: Unternehmungen des Thyssen-Konzerns im zarischen Russland, in: Dahlmann, Dittmar/Scheide, Carmen (Hrsg.): „... das einzige Land in Europa, das eine große Zukunft vor sich hat." Deutsche Unternehmen und Unternehmer im Russischen Reich im 19. und frühen 20. Jahrhundert, Essen 1998, S. 225–271.

August jun., der sich 1919 in einem Brief an seinen Vater endlich zu einer für den Vater tragbaren Lösung bereit fand. Er war wohl, wie auch der Vater, durch den ewigen Streit zermürbt. Der Problemfall Hede war schon vorher gelöst worden, da ihre enormen Schulden keinen Aufschub mehr duldeten. In zwei Verträgen hatte der Vater ihr – 1917 und 1918 – die Firmenanteile, die ihr durch den Scheidungsvertrag der Eltern von 1885 zugefallen waren, abgekauft.

August zog 1919 alle gegen den Vater gerichteten Klagen zurück und ermöglichte dadurch eine dauerhafte Lösung. Nach dem schon über sein Privatvermögen in Berlin ein Konkursverfahren eröffnet worden war, willigte er nun ein, als Anteilseigner aus der Firma auszuscheiden und auf alle Forderungen, eine Position im Firmenbereich übertragen zu bekommen, zu verzichten. Als Gegenleistung übernahm der Vater alle Schulden des Sohnes, dieser erhielt eine Apanage, deren Höhe auf einer festgelegten Verzinsung des noch verbleiben Erbteils von 40 Millionen Mark berechnet wurde. Diese nicht sehr glückliche Lösung führte später infolge der Inflation und anderer Finanzkrisen zu ständigen Auseinandersetzungen über die Höhe des Zinssatzes. Auch für Hede, die bereits 1911 auf ihren Firmenanteil, der aus dem Scheidungsvertrag der Eltern resultierte, verzichtet hatte, wurde eine ähnliche Apanage errechnet.

Fritz und Heinrich blieben somit von den Kindern von August Thyssen als alleinige Anteilseigner übrig. Als August Thyssen dann 1919 und 1921 Firmenanteile in größerem Umfang an seine Söhne Fritz und Heinrich weitergab, übertrug er ihnen nicht die damit verbundenen Stimmrechte, sondern behielt sich diese vor. Er konnte sich einfach nicht dazu durchringen, auf die Führung seines Lebenswerkes zu verzichtet. Diese verständliche Haltung führte zu neuen Zerwürfnissen mit seinen Söhnen.

Fritz Thyssen benutzte seine neuen Möglichkeiten dazu, sich in dem ihm zugefallenen Bereich mehr Ansehen zu verschaffen und den Einfluss des Vaters zurückzudrängen. Vielleicht wollte er sich auch für die früher erlittenen Demütigungen rächen. Auf jeden Fall lud er den Vater zu vielen Besprechungen nicht mehr ein und zog die Führungsleute durch Gehaltsaufbesserungen u.a. auf seine Seite. Dadurch verschlechterte sich das Verhältnis von Vater und Sohn zusehends. Verständlicherweise musste es dem Vater schwer fallen, zu erleben, wie ihm das von ihm und seinem Bruder geschaffene Lebenswerk aus den Händen genommen wurde. Er fühlte sich alt und den Dingen nicht mehr gewachsen. Durch diese bitteren Erlebnisse wandte er sich noch mehr Julius und Jula, den Kindern seines Bruders, zu, die fast jeden Sonntag auf Landsberg verbrachten.

Auch die Frage nach der zukünftigen Stellung der Söhne von Joseph Thyssen war noch nicht geklärt. Solange Joseph Thyssen lebte und die beiden Brüder die Firmen alleine führten, konnten Augusts Kinder nichts gegen Julius im Konzern unternehmen, der (Hans war noch zu jung) in den Vorstand einiger Unternehmen aufgestiegen war. Dies war aber keine echte Machtposition, weil die Entscheidungsgewalt bei den beiden Senioren lag. Nach dem Tode von Joseph befürchteten die Kinder von August, ihr Vater würde Julius und später Hans effektive Mitentscheidungsmöglichkeiten, womöglich auf ihre Kosten, einräumen. Dagegen setzten sie sich vehement zur Wehr.

Besonders Fritz Thyssen reagierte in Bezug auf die künftige Stellung seiner Vettern Julius und Hans im Konzern fast hysterisch, obwohl ihm bei ruhiger Überlegung hätte klar sein müssen, dass der Stamm Joseph wegen der Verteilung der Anteile stimmmäßig dem Stamm August immer unterlegen sein würde. Auf der anderen Seite sah Fritz natürlich, dass Julius und Hans mit ihrem Onkel August gut zurecht kamen und dieser besonders Hans für eine Führungsposition geeignet hielt. August sen. mahnte seine Söhne, den Vettern mit derselben Loyalität zu begegnen, wie er und sein Bruder Joseph. So schrieb August an Heinrich am 27. September 1924: „Sowohl Hans wie Julius haben sich gut eingearbeitet und werden im Kohlenbergbau und in Mülheim große Dienste leisten."[121] Dies bestätigt die Tatsache, dass Hans, der erst Anfang 1919 aus dem Krieg zurückkehrte, einen Brief von August Thyssen an die Reichsregierung vom 29. April 1919 mit unterzeichnete.[122]

Fritz schrieb dazu an Heinrich: „Auch ich werde mich gegen Julius loyal verhalten, aber niemals zugeben, dass die Familie Aug.[ust] Thyssen aus ihrer machtgegebenen Stellung verdrängt wird."[123]

Und in einem anderen Brief betonte er, dass er nicht zulassen würde, „dass die Vertretung der Familie Jos.[eph] Th.[yssen] in eine Stellung, zumal bei der Stammfirma, kommt, die ihr nicht zusteht."[124]

Es musste also eine umfassende Neustrukturierung her. Erstaunlicherweise kam August Thyssen, der ansonsten als Unternehmer für rasche und weitsichtige Entscheidung bekannt war, in diesem Falle, wie aus Briefen an seine Söhne hervorgeht, zu keinem schlüssigen Ergebnis. An eine Auszahlung der Söhne seines Bruders Joseph, Julius und Hans, konnte nach 1918 wegen der angespannten finanziellen Lage nicht gedacht werden.

Die Übertragung einzelner Unternehmensteile, zum Beispiel der Zechen, hätte zu diesem Zeitpunkt den Konzern zerrissen. So blieb die Frage zunächst ungeklärt, bis ein ganz anderes Problem die Entscheidung obsolet machte. Anfang der 1920er Jahre wurde Mülheim von einer schwerer Kopfgrippe-Epidemie heimgesucht, die meist tödlich verlief. Über 1.000 Menschen sollen ihr in Mülheim zum Opfer gefallen sein. Auch Julius und Hans erkrankten an dieser Epidemie, starben aber nicht, sondern wurden von einer schleichenden Lähmung heimgesucht, die Julius schon ab 1925, also ein Jahr vor dem Tode von August Thyssen, zum Rückzug aus den Unternehmen zwang, Hans folgte am 1. April 1930.

Damit war die Frage nach der Mitwirkung im Unternehmen hinfällig, der Stamm Joseph blieb jedoch beteiligt. Eine folgenschwere Entscheidung, besonders da diese an den auf Fritz entfallenden Unternehmensteilen beteiligt waren. Während des „Dritten Reiches" wurden sie in Fritz Thyssens politische Abenteuer gerissen und nach dem Zweiten Weltkrieg konnten sie nur mit größten Mühen ihre Interessen gegenüber den Alliierten vertreten. Rund die Hälfte aller Vermögenswerte des Stammes Joseph Thyssen gingen trotzdem endgültig verloren.

121 Brief von August Thyssen an seinen Sohn Heinrich, TKA, A/15805, Bl. 15.
122 Wixforth, Harald: Der Thyssen-Konzern, a.a.O., S. 211.
123 Brief von Fritz Thyssen an seinen Bruder Heinrich, TKA, A/15805, Bl. 53.
124 Brief von Fritz Thyssen an seinen Bruder Heinrich, ebd. Bl. 37.

So fand die Aufgabenverteilung zwischen August Thyssen und seinen Söhnen Fritz und Heinrich bis zum Lebensende von August Thyssen keine befriedigende Regelung. August Thyssen schaffte es nicht, sich ganz aus dem Konzern zurückzuziehen. So war es ihm nicht vergönnt, in Frieden sein Lebenswerk an die nächste Generation zu übergeben.

Gesamtwirtschaftliche Überlegungen zu einer Neuordnung der Wirtschaftsbereiche, so die aufkommende Diskussion um die Gründung der Vereinigte Stahlwerke AG, erschwerten die Entscheidungen noch zusätzlich. Angesichts dieser vielfältigen Schwierigkeiten hat August Thyssen dann am Ende seines Lebens wohl doch noch der Gründung der Vereinigten Stahlwerke zugestimmt, da er Zeit seines Lebens die unternehmerischen Fähigkeiten seines Sohnes Fritz in Zweifel gezogen hatte und er Albert Vögler als den geeigneten Manager ansah. Das Tragische an dieser Haltung von August war, dass sich seine Befürchtungen in Bezug auf die Unfähigkeit seines Sohnes, den Anforderungen zu entsprechen, später, wenn auch aus ganz anderen, nämlich politischen Gründen, bestätigen sollten.[125]

Die Söhne von August Thyssen nahmen in Bezug auf die Vereinigten Stahlwerke unterschiedliche Positionen ein. Während Fritz, wohl aufgrund seiner Erfahrungen in den USA, die Trustbildung förderte, war Heinrich strikt dagegen.

> Ich bin nicht für diesen Trust. Dieser Trust zerschlägt ein groß angelegtes Familienunternehmen. Die mir anvertrauten Werke und Unternehmungen haben den Trust nicht nötig. Selbst in krisenhaften Zeiten sind diese Werke und Unternehmungen ohne nennenswerte fremde Hilfe durchgekommen und hoffen in der Zukunft gleichfalls in derselben Weise durchzukommen.
>
> Falls die Lage der A[ugust] T[hyssen] H[ütte] eine solche ist, dass sie Anschluss an den Trust suchen muss, so muss der Grubenvorstand und die dazu Befugten dafür ausschließlich die Verantwortung übernehmen. Ich übernehme eine solche Verantwortung nicht. Meine Warnungen wurden seit Jahren nicht beachtet. Meinen Vorstellungen wurde keine Rechnung getragen.
>
> Sollte nun die A[ugust] T[hyssen] H[ütte] den Entschluss fassen, zum Trust beizutreten, so werde ich notgedrungen dann im Einverständnis mit der Direktion von Mülheim Maschinenfabrik und der Direktion von Meiderich, die bei einer Trustbildung nur durch Anschluss an den Trust eine gedeihliche Entwicklung ihrer Werke sehen, mein Einverständnis zum Beitritt genannter zwei Werke zum Trust geben, in der Voraussetzung, dass die eingebrachten Werte voll und ganz ihrem Werte entsprechend, vergütet werden. Eine vorherige Regelung der Gefälligkeitsakzepte, deren Gelder der A[ugust] T[hyssen] H[ütte] zuflossen, halte ich für selbstverständlich. [...][126]

125 Als man 1942 August Thyssens 100. Geburtstag beging, hatten Fritz und seine Vettern Julius und Hans alle von ihren Vätern begründeten Unternehmen durch Fritz' ungeschicktes Agieren in der Politik verloren.

126 Brief von Heinrich Thyssen-Bornemisza an seinen Bruder Fritz vom 24.9.1925, Mannesmann-Archiv, R 24181.

Für Heinrich war es in erster Linie wohl auch eine Machtfrage. Er war im Vergleich zu seinem Bruder Fritz der begabtere Unternehmer bzw. Stratege und hat mit seiner Skepsis gegenüber Trusts letztlich ja auch recht behalten.

Am Ostermorgen des Jahres 1926 wurde August Thyssen nach einem langen, ungemein arbeits- und erfolgreichen Leben in die Ewigkeit abberufen. Damit verlor die Familie ihren Patriarchen und Schiedsrichter. Jula Thyssen hat in einem – undatierten – Brief an ihre Schwester Kuni geschildert:

> „Kaum warst Du gestern weg, da rief man von Landsberg an, [...] Onkel August läge bewusstlos, wäre seit drei Tagen Blasen krank und nachdem Prof. Schlecht (Duisburg) mittags den Urin fortgenommen hatte, sei es so schlimm geworden, dass man den Tod kommen sähe. Die Schwester aus Heerdt [wo er vorher im Dominikus-Krankenhaus von Dr. Marcotty am grünen Star operiert worden war, Anm. d. Verf.] kam mit Tante Bina und hatte gerade noch fürs Versehen sorgen können, dann trat Bewusstlosigkeit ein. Julius, der sich schrecklich aufregte, und ich fuhren mit Hans gegen ½ 7 hin, trafen Tante Bina, Dr. Härle, Fritz und Amélie. Der Professor kam um ½ 8, wollte abends noch Prof. Dr. Hoffmann zuziehen, obwohl es keine Hoffnung mehr gab. Gerade als wir gegen 9 Uhr fortfahren wollten, kam O. August zu sich und erkannte erst Anton[127], dann Tante Bina, Fritz und Dr. Härle. Er sprach ganz klar, schlief zwar oft wieder ein, lachte mit Dr. Härle, wie ich ihn nie gehört habe. Er fragte, was gibt's Neues? Was ist los, warum seid Ihr alle hier? Er sei müde u. s. w. Nachher fuhren wir dann weg. Heute hörten wir von einer guten Nacht, er habe gefrühstückt und sei ganz klar. Tante Bina fährt zurück um verschiedenes zu holen, heute abend kommt Hede, [...] man erwartet die Söhne. Lange kann's nicht mehr dauern, der Urin ist nichts wie Blut.“[128]

Und in einem Brief an ihre Schwester Louise, die so genannte Wisi:

> „Heute ist [es] nach guter Nacht besser, doch ist nichts mehr zu hoffen. Das ist gut so, da er auf dem rechten Auge fast nichts mehr sah. Er hat auch schon seit Wochen sich auf den Tod vorbereitet. Er hat eine sehr gute Nonne aus Heerdt (Sr. Maria Zimmermann OP) wieder da, deren Fortgehen ihm vorige Woche so schwer fiel, dass er sagte, er wolle dann lieber sterben. Für Julius und mich wird das auch eine Lücke i. d. Verwandtschaft, der haltende Mittelpunkt.“[129]

Am Ostersonntag, den 4. April 1926, war dann August Thyssens Leben vollendet. Die Beerdigung hat uns Franz Jungbluth geschildert:

> „Am 4. April war August Thyssen auf Landsberg gestorben. Einige Tage später füllten hunderte Autos das Ruhrtal. Den Berg zum Schloß hinauf standen Bergleute in Knappenuniform mit schwarz verhangenen Grubenlampen Spalier. Im großen Saal des Schlosses stand der geschlossene Sarg von Blumen und Kränzen umgeben, zu Häupten des Sarges ein Bildwerk von Rodin im weißen Marmor. Es erschien der Herr Erzbischof von Köln, segnete den Sarg und hielt eine Ansprache über den Verstorbenen.

127 Gemeint ist der langjährige Diener Anton Mittler.
128 Brief von Jula Thyssen an ihre Schwester Kuni, undatiert [April 1926], Privatarchiv Stephan Wegener.
129 Brief von Jula Thyssen an ihre Schwester Louise, undatiert [April 1926], Privatarchiv Stephan Wegener.

August Thyssen wurde in seinem Schlafzimmer auf Schloss Landsberg aufgebahrt.

> August Thyssen besaß den höchsten päpstlichen Orden; aber er hat ihn nie angelegt. Im Schloßhof wartete der Leichenwagen, bespannt mit vier weißen Rappen, die mit schwarzen Decken behangen waren und schwarze Federbüsche auf ihren Häuptern trugen. Der Wagen wurde von einem fremden Kutscher vom Bock aus kutschiert. Als die Pferde das Schloßportal passiert hatte, bäumten sie sich hoch auf, denn eine Reihe von Berliner Fotographen sprang vor die Pferde mit ihren Blitzlichtern, um Aufnahmen zu machen. Aber dem fremden Kutscher gelang es, die Pferde am Zügel zu halten und weiterzubringen. Hinter dem Wagen ging ein einzelner Herr im Gehrock und Zylinder, es war der Kutscher, der ihn immer gefahren hatte, denn August Thyssen hatte nie ein Auto besessen. Dann folgten die drei Söhne, Fritz Thyssen, August Thyssen jun. und Baron Heinrich Thyssen, dahinter der Enkel Baron Stephan Thyssen mit seinem Erzieher. Darauf folgten die Söhne des Bruders Joseph Thyssen, nämlich Julius Thyssen und Hans Thyssen, dahinter einen Reihe von weiteren Neffen und Vettern, und dann eine endlose Reihe von Werksleitern und Arbeitern und fremden Industriellen. Es ging zum Friedhof von Kettwig, wo der Sarg vom Ortspfarrer [seinem Neffen August Heimbach, Anm. d. Verf.] nochmals eingesegnet und dem Wunsche des Verstorbenen entsprechend der Erde übergeben wurde. (Franz Jungbluth)[130]"

Die Tochter Hede und seine geschiedene Frau nahmen aus unbekannten Gründen nicht an der Beerdigung teil. August Thyssen wurde zunächst auf dem kleinen Friedhof in Kettwig vor der Brücke beigesetzt. 1929 erfolgte dann die Überführung in das inzwischen fertig gestellte Mausoleum in Landsberg, das seine Söhne nach seinem Tod in Auftrag gegeben hatten.

Der Tod von August Thyssen hat dann die Entscheidungen über die Unternehmensführung und für einen Trust beschleunigt. Mit seinem Ableben und der Gründung der Vereinigten Stahlwerke beginnt eine neue Epoche in der Familiengeschichte. Nicht nur fehlt jetzt die zentrale Figur in der Familie, sondern die Trennung von Familie und Unternehmen nimmt ihren Anfang. Auch die einzelnen Familienstämme lebten sich zusehends auseinander.

Zunächst kam es zu einer Teilung der Interessensphären zwischen Fritz Thyssen und den Erben von Joseph, Julius und Hans, auf der einen und Heinrich auf der anderen Seite. Während Fritz und der Stamm Joseph sich mehr auf den Kernbereich Thyssen & Co., Gewerkschaft Friedrich Thyssen, August Thyssen-Hütte ect. konzentrierten, übernahm Heinrich die Versorgungsbetriebe, das Röhrenwerk, die Exportfirmen, den Werftenbereich, Bank voor Handel en Schepvaart, die Auslandsorganisationen usw. Die Tatsache, dass Julius und Hans sich auch nach dem Tode von August Thyssen, bedingt durch ihre Krankheit, unternehmerisch nicht von Fritz trennen konnten, wie das Heinrich getan hatte, sollte später, als das Vermögen durch die Nationalsozialisten beschlagnahmt wurde, tragische Folgen haben.

130 Erinnerungen von Franz Jungbluth, TKA A/9582. Ein kleiner Fehler des Berichterstatters sei erwähnt: August Thyssen hat sehr wohl einen Wagen besessen, seinen letzen Fahrer, Herrn Fenz, habe ich noch erlebt. Vgl. die Beschreibung der Beerdigung bei Hermann Jungbluth: Beitrag zu einer Geschichte der Familie Thyssen, Typoskript 1938, TKA A/12409/2, S. 21–22.

Durch die Teilung des Vermögens und die Tatsache, dass Heinrich seinen Wohnsitz schon 1919 nach Holland verlegt hatte, kam es menschlich zu einer gewissen Entfremdung zwischen Heinrich, seinem Bruder und seinen Vettern. Das wurde im Falle von Julius und Jula noch dadurch verstärkt, dass beide keine Freude an gesellschaftlichen Dingen hatten. Jula erfüllte, solange ihr Mann noch seine Aufgaben in Hamborn wahrnahm, die unabdingbaren gesellschaftlichen Verpflichtungen, aber als Julius Krankheit deutlicher hervortrat, nahm sie das immer mehr als Vorwand, keine gesellschaftlichen Veranstaltungen mehr durchzuführen und nur Personen aus ihrer Familie und solche einzuladen, bei denen sie nicht befürchten musste, sie seien ihr an Gewandtheit überlegen. Das führte bei Heinrich dazu, dass er auch seinerseits immer mehr Abstand nahm. Nur Fritz Thyssen ließ sich durch diese Zurückhaltung nicht irritieren, zumal er ja auch aus Gründen der gemeinsamen Vermögensverwaltung an einem bleibenden Kontakt zum Stamme Joseph interessiert war. Anders als sein Vater entwickelte sich Fritz unter dem Eindruck der deutschen Niederlage nach 1918 zu einer tragischen Figur. Während die Probleme seines Bruders August jun. trotz allem noch in der normalen Bandbreite einer verkrachten Existenz blieben, führte das Handeln von Fritz nicht nur ihn, sondern auch andere Teile der Familie in die Katastrophe.

Fritz Thyssen, der, wie aus seinen Briefen und Tagebüchern hervorgeht, im Grunde genommen ein weicher, emotionaler Mensch war, war es in seinem Leben bestimmt, gegen seinen Willen gegen zwei übermächtige Figuren kämpfen zu müssen, nämlich gegen seinen Vater und gegen Hitler, und in beiden Fällen den Kampf zu verlieren.

Das zeigte sich im Verhältnis zu seinem Vater schon früh. Während sein Bruder Heinrich mit seiner kühlen Art den Vater wohl richtig einschätzte und folglich emotional wie räumlich sich zunächst durch Studium und dann durch die ungarische Heirat auf Distanz begab, blieb Fritz der gehorsame Sohn, der die Lieblosigkeit und harte Behandlung durch seinen Vater ertrug, zumal er sich des Rückhalts bei der Mutter sicher war. Obwohl er verschiedene Male in der Versuchung war, die Dinge hinzuwerfen, behielt er seine Position in der Firmenleitung.

Als er dann anfing, sich zu wehren, waren seine Reaktionen emotional und inkonsequent. Mehrfache Drohungen, den Vater mit der Firma allein zu lassen, nahm er, sobald der Vater etwas nachgab, wieder zurück. Er war nicht distanziert genug und suchte, statt dem Vater auszuweichen, Rückhalt bei seiner Mutter und in seiner glücklichen Ehe, denn im Grunde wollte er nicht kämpfen.

Schon die Tatsache, dass es ihm nicht gelang, sich in den Auseinandersetzungen mit dem Vater durchzusetzen bzw. eine für beide Seiten akzeptable Form des Zusammenlebens und -arbeitens zu finden, zeigt deutlich, dass ihm eine wesentliche Eigenschaft fehlte: Er war kein Machtmensch. Er hatte nicht die Fähigkeit, machtpolitische Konstellationen kühl einzuschätzen. Sein Bruder Heinrich erwies sich da als wesentlich geschickter. Dieser hatte infolge des Altersunterschiedes früh die schlechte Behandlung seines Bruders durch den Vater erlebt und sich danach gerichtet. Er war entschlossen, sich vom Vater nicht so behandeln zu lassen. Fritz Thyssen hingegen war zu weich, er ist letztlich an seiner Anständigkeit und fehlenden Menschenkenntnis gescheitert.

Ähnliches galt für seine politischen Versuche. Anders als sein Vater August, der dem Zentrum nahe stand, die nötigen Kontakte zu für ihn wichtigen Abgeordneten und den entsprechenden Ministerien hatte und diese bei seinen zahllosen Reisen nach Berlin auch persönlich pflegte, sich aber ansonsten jeder parteipolitischen Stellungnahme enthielt und auch seine Mitarbeiter zu höflichem und zurückhaltendem Umgang mit staatlichen Behörden veranlasste, war Fritz Verhältnis zur Politik impulsiv und emotional und oft bar jeder kühl-distanzierten Berechnung.

So traf Fritz Thyssen auf Vermittlung Ludendorffs – Thyssen und Ludendorffs kannten sich aus der Vorkriegszeit, als Ludendorff Kommandeur des Füsilierregiments Nr. 39 in Düsseldorf war – Hitler zum ersten Mal 1923 in München.[131] Hitler war damals noch einer der vielen „Trommler" des rechten Spektrums und weitgehend unbekannt. Thyssen gab bei diesem Treffen nicht Hitler, sondern Ludendorff einen Betrag von immerhin 100.00 Goldmark, über die Ludendorff nach eigenem Gutdünken verfügen konnte. Thyssen besuchte während seines Aufenthalts in München auf Empfehlung Ludendorffs auch einige der Hitlerschen Versammlungen, wo ihm wohl hauptsächlich die Disziplin der Leute gefiel.

Die direkte finanzielle Unterstützung der NSDAP setzte erst später ein und lief über Göring. Da dieser im Umgang mit gesellschaftlich höher stehenden Personen geschickter war als der eher rauhbeinige Hitler, diente die erste Hilfe Thyssens nicht direkt der NSDAP, sondern sollte Göring einen adäquateren Lebensstil ermöglichen, um die Partei in höheren Gesellschafts- und Wirtschaftskreisen besser repräsentieren zu können.

1931 wandte sich Rudolf Heß wegen einer Hilfe zum Erwerb eines Palais in München an Thyssen, das nach Umbauten unter dem Namen „Braunes Haus" als Parteizentrale dienen sollte. Thyssen besorgte daraufhin bei der von seinem Vater nach 1918 gegründete Bank voor Handel en Schepvaart in Rotterdam einen durch ihn verbürgten Kredit, der von der Partei aber nur zu einem geringen Teil zurückgezahlt wurde. Doch bei diesen und vielleicht noch einigen anderen kleinen Spenden muss man berücksichtigen, dass diese Gelder im Vergleich zu dem, was Gustav von Bohlen und Halbach nach dem 1. Juni 1933 durch die „Adolf Hitler Spende der Deutschen Wirtschaft" und dem, was die Partei sich von Mitgliedern und bei Veranstaltungen selbst besorgte, eher gering ausfielen.[132] Als problematisch muss man sicher ansehen, dass Fritz Thyssen in den meisten Fällen die Spenden persönlich überreichte, ein „handwerklicher" Fehler, der es ihm später unmöglich machte, sich von diesen Zahlungen zu distanzieren.

Das Fatalste aber war, dass Fritz Thyssen wie viele seiner Zeitgenossen Hitlers Ideenkatalog, wie er in „Mein Kampf" niedergelegt war und von dem er in den Haupt-

131 Eglau, Hans O.: Fritz Thyssen, a.a.O., S. 39.

132 Die Adolf-Hitler-Spende der deutschen Wirtschaft beschaffte bis 1945 700 Millionen RM. Vgl. Weiß, Hermann: Adolf-Hitler-Spende der deutschen Wirtschaft, in: Enzyklopädie des Nationalsozialismus, hrsg. von Wolfgang Benz, Hermann Graml, Hermann Weiß, München 1997, S. 351.

punkten nie abgewichen ist, nicht ernst nahm. Anders als Jula Thyssen, die Frau seines Vetters, erkannte Fritz die psychopathischen Züge Hitlers, seinen Hang zur Brutalität und Verschlagenheit, selbst nach 1933 nicht. Erst nach dem „Röhm-Putsch" 1934, als es zu spät war und Hitler bereits alle Macht in den Händen hielt, wurde ihm der wahre Charakter Hitlers bewusst. Generell wird man allerdings sagen müssen, dass relativ wenige Menschen den wahren Charakter Hitler erkannten oder erkennen wollten, zumal seine anfänglichen Erfolge die Bedenken oft unterdrückten.[133]

Neben der materiellen Unterstützung und der Verkennung der Persönlichkeit Hitlers hat sich Fritz Thyssen wohl nie ernsthaft gedanklich mit politischen Konzepten auseinander gesetzt. Dies gilt sowohl für die ständestaatlichen Ideen des kurzfristig von ihm geförderten Othmar Spann wie auch für die katholische Soziallehre. Er war wohl eher momentanen Stimmungen ausgesetzt, dementsprechend konfus und nicht durchdacht waren dann auch seine politischen Äußerungen zu politischen Fragen, speziell zum Nationalsozialismus. Einen solchen Fall schildert z.B. der katholische Philosoph Dietrich von Hildebrand, der Fritz Thyssen bei einer Tagung in Maria Laach im Mai 1930 erlebte.[134]

Ähnlich äußerte sich der ehemalige Reichskanzler Heinrich Brüning:

> Herr Thyssen wurde von den meisten übrigen Ruhrindustriellen und allen Leuten, die ihn näher kannten, immer als politischer Wirrkopf betrachtet. Ich erinnere mich an eine Besprechung von geladenen Vertretern der Industrie (...) mit Gewerkschaftsvertretern in Gegenwart des Reichskabinetts im Sept.[ember] 1931, in der Herr Dr. Thyssen solche konfuse Äußerungen machte, dass mir mehrere anwesende Industrielle, darunter auch Dr. [Albert] Vögler, Zettel überreichten und mich baten, sie von der weiteren Anwesenheit zu entschuldigen, da sie den Unsinn, den Herr Thyssen vortrug, nicht länger anhören könnten.[135]

Es war für Fritz Thyssen typisch und letztlich Ausdruck seiner Gutmütigkeit, dass er sich schnell für eine Sache begeistern konnte und sich erst später, wenn die Förderung schon lief, mit der Frage beschäftigte, ob die Personen oder die Sache sein Vertrauen verdiente. So hat er sich, was Hitler anbelangt, wohl je weder mit dessen Charakter näher befasst, noch sich gefragt, ob dieser Mann im traditionellen Sinne vertrauenswürdig war.

133 Keiner hat diese Problematik so gut dargestellt wie Sebastian Haffner: Anmerkungen zu Hitler, Frankfurt/M. 2001[23].

134 Dietrich von Hildebrand schreibt dazu: „Ein negativer Höhepunkt der Tagung war der Moment, in dem der Industrielle Thyssen um das Wort bat und eine kurze Ansprache hielt. Sie war in jeder Hinsicht grauenvoll, stellenweise so grotesk, dass sie komisch wirkte. (...) Als ich nachher in einem Auto von Industriellen, die bei Thyssen arbeiteten, nach Köln mitgenommen wurde, bedauerten sie alle sehr, dass Thyssen gesprochen und sich damit eine solche Blöße gegeben habe." Hildebrand, Dietrich von: Memoiren und Aufsätze gegen den Nationalsozialismus 1933–1938, (Kommission für Zeitgeschichte, Reihe A, Bd. 43), Mainz 1994, S. 12.

135 Eglau, Hans O.: Fritz Thyssen, a.a.O., S. 113.

Nur widerwillig und viele zu lange hat er sich an das gehalten, was Hitler sagte und seine Worte nie hinreichend mit den Taten verglichen, so wie das Jula Thyssen von Anfang an getan hatte.

Seine verhängnisvolle Fehleinschätzung der Situation und besonders des Charakters von Adolf Hitler und seinen Zielen und Methoden erkannte Fritz Thyssen, wie z. B. auch Paul Silverberg, erst, als es bereits zu spät war. 1939 schrieb er an Hitler:

> Mein einziger Fehler ist es, dass ich an Sie, unseren Führer Adolf Hitler, und an die Bewegung, die von Ihnen gegründet wurde, geglaubt habe und zwar mit der Begeisterung eines leidenschaftlichen Verehrers meines Heimatlandes Deutschland.[136]

Schon die Wortwahl lässt erkennen, dass Fritz Thyssen den Charakter politischer Auseinandersetzungen nie begriffen hat, wie auch seine aus Anlass des Kriegsbeginns an Hitler und Göring geschriebenen Briefe beweisen.

Als Fritz Thyssen bei Kriegsausbruch durch ein Telegramm der Gauleitung zu jener berühmt-berüchtigten Reichstagssitzung nach Berlin beordert wurde, auf der Hitler den Beginn des Zweiten Weltkrieges verkündigte, sandte Fritz Thyssen aus Bad Gastein, wo er sich zur Kur befand, ein Telegramm an Göring, in dem er seine Ablehnung gegenüber Hitlers Kriegsplänen zum Ausdruck brachte und sich weigerte, nach Berlin zu kommen. In völliger Verkennung der politischen Machtverhältnisse schrieb er: „Ich beanspruche, dass die deutsche Öffentlichkeit darüber aufgeklärt wird, dass ich als Reichstagsabgeordneter gegen den Krieg gestimmt habe."[137]

Sicherlich verdient die Tatsache, dass Fritz Thyssen sich offen und unter großen, persönlichen Risiken öffentlich gegen den Krieg wandte, höchste Anerkennung, denn er war offensichtlich der einzige Deutsche, der es wagte, in einem Brief an Göring gegen den Krieg zu protestieren und der diesen Brief in der Auslandspresse veröffentlichen ließ. Aber die Diktion des Briefes zeigt auch, dass es ihm immer schwerer fiel, die Realität Hitlers zu erkennen.

Das einzige, was man Fritz Thyssen in diesem ganzen politischen Auseinandersetzungen hoch anerkennen muss, war der persönliche Mut, mit dem er einzelne Menschen oder die katholische Kirche[138] gegen Angriffe verteidigte und mit er auch die Folgen seiner politischen Irrungen und Wirrungen auf sich nahm. Dass er sich bei einem geschickteren Verhalten vieles von seinem Leidensweg hätte ersparen können, ist eine andere Sache.

136 Buchstab, Günter: Fritz Thyssen, a.a.O., S. 128.

137 Kielinger, Thomas: Dauerhafter als Erz, Amélie Thyssen in ihrer Zeit. Ein Beitrag zur Entstehungsgeschichte der Fritz-Thyssen-Stiftung, Vortrag, unveröffentlichtes Manuskript, S. 8.

138 Als praktizierender Katholik (nach der Machtergreifung besuchte er sonntags demonstrativ die von ihm mitfinanzierte neue Marienkirche in Mülheim) unterstützte er außerdem katholische Kreise um den Benediktiner-Abt von Maria Laach, Ildefonds Herwegen, der lange der Illusion anhing, es könne zwischen den ständischen Konzepten der katholischen Soziallehre (Encyclica Quadragesimo Anno) und den ständischen Ideen der NSDAP (Gregor und Otto Straßer) zu einer Synthese kommen.

Die Reaktion Hitlers auf diese Briefe ist an anderer Stelle ausführlich beschreiben worden und soll hier nur noch einmal kurz zusammengefasst werden: Am 24. November 1939 wurde Fritz Thyssen aus der Partei ausgeschlossen, am 11. Dezember des Jahres wurde über den Regierungspräsidenten von Düsseldorf, Eggert Reeder, das gesamte Vermögen, also auch das Firmenvermögen von Julius und Hans Thyssen, beschlagnahmt und zur Verwaltung dem Bankier Kurt von Schröder in Köln übergeben. 1940 wurde dem „Landesverräter" Fritz Thyssen und seiner Frau die deutsche Staatsbürgerschaft entzogen und ein Steckbrief erlassen, da sich das Ehepaar schon in der Schweiz befand.

Der Versuch von Fritz und Amélie, aus der Schweiz, wo sie sich nicht sicher genug fühlten, nach Argentinien zu fliehen, ist tragischerweise ungewollt an Fritz' Mutter Hede gescheitert. Als er endlich alle Papiere zusammen und die Schiffspassage gebucht hatte, rief sie ihren geliebten Ältesten, dem sie so oft im Leben geholfen hatte, die Kämpfe mit dem Vater zu bestehen, an ihr Sterbebett nach Brüssel. Da auf dem Rückweg von Brüssel die Schweizer Behörden nicht bereit waren, die Flüchtlinge wieder aufzunehmen, begaben sie sich nach dem Waffenstillstand zwischen Deutschland und Frankreich in das nicht besetzte Südfrankreich in der Hoffnung, doch noch von Cannes aus nach Argentinien gelangen zu können. Einige Tage vor der Abfahrt des Schiffes wurden beide, obwohl sie unter dem Schutz einer Sicherheitserklärung der Vichy-Regierung standen, von der Gestapo in Südfrankreich verhaftet. Auf Befehl von Göring, der immer noch hoffte, sie zu einer Unterwerfungserklärung bewegen zu können, wurden sie am 2. Januar 1942 in eine Irrenanstalt in Potsdam eingeliefert, die die Nazis zum „Weichkochen" von Personen benutzten, die sie nicht direkt in einen Konzentrationslager einliefern wollten. Als diese Behandlung kein Ergebnis brachte, begann für das Paar eine Odyssee durch verschiedene Konzentrationslager: Ende 1943 Einlieferung in das Konzentrationslager Oranienburg, 22. November 1944 Konzentrationslager Buchenwald, 3. April Gefängnis Regensburg und schließlich Überstellung in einen Spezialblock des Konzentrationslagers Dachau, der unter der Bezeichnung „zur persönlichen Verfügung des Führers" geführt wurde. Hier hatte der Reichsführer SS Heinrich Himmler, so vermutet man, eine Gruppe von prominenten Gefangenen wie den ehemaligen Reichsbankpräsidenten und Reichsminister Hjalmar Schacht, den Pfarrer der Bekennenden Kirche Martin Niemöller, den französischen Politiker Léon Blum und viele andere namhafte Ausländer zusammengeführt, die Himmler möglicherweise als Faustpfand bei Verhandlungen mit den Alliierten benutzen wollte.[139]

Nachdem es der Regierung Hitler nicht gelungen war, Fritz Thyssen zu einer Rückkehr nach Deutschland zu bewegen, wurde das gesamte Vermögen, auch das der Familien Julius und Hans Thyssen, durch eine im Reichsanzeiger veröffentlichte Verfügung vom 14. Dezember 1939 beschlagnahmt. So mussten die schwerkranken Vettern

139 Die Ordensfrau Isa Vermehren, die mit ihrer Familie auch zu den Gefangenen gehörte, hat diese Odyssee in „Reise durch den letzten Akt" ausführlich geschildert. Vermehren, Isa: Reise durch den letzten Akt. Ein Bericht, Hamburg 1946.

Julius und Hans Thyssen und ihre Familien zunächst die Folgen des Bruchs zwischen Fritz Thyssen und Hitler ausbaden, obwohl beide Familien an den Vorgängen nicht beteiligt waren. Daran änderte auch die Verhaftung von Fritz und Amélie Thyssen im Jahre 1940 nichts. Die Familien Julius und Hans Thyssen wurden zwar von der Reichsregierung ausgezahlt, aber zum Nominalwert der Aktien. Der Nominalwert entsprach ungefähr dem Börsentageswert. Die Aktien standen aber nur deshalb so niedrig, weil August und Joseph Thyssen schon von Anfang an beschlossen hatten, keine Dividende auf die Anteile zu zahlen, da das Geld in der Firma bleiben sollte. Formal waren die Nazis also im Recht, dennoch war der Verlust für die Familie enorm.[140]

Mit der Abwicklung wurde der Bankier Baron Kurt von Schröder beauftragt, der schon bei den Kontakten zwischen Hitler und dem damaligen Reichskanzler Franz von Papen eine Rolle gespielt hatte. Die durch diese Vorgänge entstandenen materiellen Schäden der Familien Julius und Hans Thyssen sind nach 1945 nie voll wieder gut gemacht worden. Es kam nicht einmal zu einem Schuldeingeständnis oder zu einer gütlichen Einigung, obwohl Fritz Thyssen nach dem Krieg in einem kurzen Schreiben an Jula Thyssen gesagt hatte, „es solle alles wieder so sein, wie früher". Eine familiäre Einigung kam aber nie zustande. Stattdessen wurde der Kölner Jurist Robert Ellscheid, der Berater und Verteidiger von Fritz Thyssen, mit der Sache betraut. Er lehnte, obwohl ihm der Schaden aus seinen Unterlagen bekannt war, jede Verständigung über eine adäquate Entschädigung der Familie Joseph Thyssen durch Fritz Thyssen ab. Ellscheid konnte diese Haltung auch den Alliierten gegenüber durchhalten, die bis 1953 in diesem Fragen das letzte Wort hatten, da er wusste, dass diesen weder die familiären Zusammenhänge innerhalb der Familie noch die näheren Umstände der Enteignung durch Hitler bekannt waren.

Auch erwähnt Fritz Thyssen in seiner Schrift „Mein Leben" die seinen Vettern zugefügten Schäden, Schwierigkeiten und Verluste mit keinem Wort. Für die Familien Julius und Hans Thyssen begann daher in den 1940er Jahren eine dornenreiche Epoche, die zu beschreiben einer späteren Arbeit vorbehalten bleiben muss.

Lediglich die Unternehmensteile, die Heinrich Thyssen-Bornemisza nach dem Tode des Vaters zugefallen waren, blieben von der Konfiskation durch Hitler unberührt. Heinrich hatte sich nie in die politischen Probleme der Weimarer Republik eingemischt und kam nach 1933 in der Praxis den Interessen der Nationalsozialisten entgegen, soweit es sich um Fragen der Arbeitsfront, „Kraft durch Freude" usw. handelte, in seinen Unternehmen. Außerdem war er Ungar.

Als sich 1942, 16 Jahre nach dem Tod von August Thyssen, Mitglieder der Familien August und Joseph Thyssen sowie ehemalige Mitarbeiter der einzelnen Thyssenschen Unternehmen auf Schloss Landsberg versammelten, um des 100. Geburtstages von August Thyssen zu gedenken, war sein ältester Sohn Fritz, dessen Handeln der Vater immer mit Skepsis betrachtet hatte, ein Gefangener Hitlers. Sein Vermögen war wie

140 Der von Eglau, Hans O.: Fritz Thyssen, a.a.O., S. 221, genannte Wert von 700–900 Reichsmark ist aber sicher zu hoch gegriffen.

August Thyssen, 17. Mai 1942
100. Geburtstag
Gedenkfeier an seiner Gruft Schloß Landsberg

Vordere Reihe:
Thyssenwerksjubilar Büttgen, Thyssenwerksjubilar Schöss, Bergwerksdirektor Dr.-ing. e. h. Mommertz, Direktor Nantulle, Hüttendirektor Wallmann, Hüttendirektor Scheifhacken, Hüttendirektor Dr.-ing. Winterhoff, Direktor Dr. jur. Späing, Dechant Heimbach, Generaldirektor Dr.-ing. Vögler, Frau Dr. Remmen, Frau Jula Thyssen, Frau Dr. Wegener, J. Baronin Thyssen-Bornemisza, Margit Gräfin Batthyany, Hansjosef Thyssen, Generaldirektor Dr.-ing. e. h. Dahl.

Mittlere Reihe:
Dr. Wegener, Direktor Krautheim, Direktor Dinkelbach, Bergwerksdirektor Barking, Direktor Gröninger, Professor Däbritz, Baron H. H. Thyssen-Bornemisza, Dr. St. Baron Thyssen-Bornemisza, Generaldirektor Dr.-ing. Roelen, Hüttendirektor Kalle, Dr. Remmen, Hüttendirektor Dr.-ing. e. h. Bartscherer.

Hintere Reihe:
Pfarrer Tochtrop, Bankdirektor Lübke, Dr. J. Graf Batthyany, Direktor Dr. jur. Härle, Hüttendirektor Dr.-ing. e. h. Schuh.

Kapelle der Thyssenwerke

Anlässlich des 100. Geburtstags von August Thyssen versammelten sich noch einmal seine Familie und seine Mitarbeiter auf Schloss Landsberg. (1942)

das Firmenvermögen seiner Vettern Julius und Hans Thyssen beschlagnahmt bzw. enteignet, der Konzern durch die Gründung der Vereinigten Stahlwerke zergliedert.

6. Epilog

Die Frage, ob das Unternehmen nach August Thyssens Tod als Einheit erhalten werden sollte und wenn ja, unter wessen Führung, das heißt durch einen Manager oder Familienangehörige, auf diese Frage hat August Thyssen zu Lebzeiten keine Antwort gefunden, zumal er sich offensichtlich erst in seinen letzten Lebensjahren, als seine Urteilsfähigkeit gelitten hatte, eingehender mit dieser Frage beschäftigt hat. Er, dessen unternehmerische Erfolge zu guten Teilen auf seiner Menschenkenntnis und damit richtigen Auswahl seiner Mitarbeiter beruhte, ging mit der Frage seiner eigenen Nachfolge zögerlich und unsicher um und kam hier zu keinem klaren Ergebnis.

Wenn er seinen Söhnen und Neffen die Führung nicht allein anvertrauen wollte, hätte er nach dem damals üblichen Usus die Möglichkeit gehabt, seine Tochter Hede mit einem Mann zu verheiraten, der im Ruhrgebiet eine führende Position einnahm und in der Lage war, Verantwortung in den Thyssenschen Unternehmen zu übernehmen.

Aber da er sich ohnehin kaum um seine Kinder kümmerte, hat er sich offensichtlich auch an der Auswahl eines passenden Ehepartners für seine Tochter Hede nicht beteiligt, sondern überließ diese Frage seinen Söhnen, mit dem Ergebnis, dass Hede einen Mann heiratete, den August Thyssen wohl nicht zu unrecht als Mitgiftjäger betrachtete, und der für irgendwelche Aufgaben im Konzern völlig ungeeignet war. Dass er selber hier seine Verantwortung nicht wahrgenommen hat, ist ihm wohl nie bewusst geworden.

Das gleiche Problem ergab sich eine Generation später mit noch gravierenderen Folgen, als Fritz Thyssen es unterließ, für seine einzige Tochter und somit der alleinigen Erbin seines Vermögens, einen Ehepartner auszuwählen, der in der Lage gewesen wäre, den Anforderungen eines solch großen Vermögens nach dem Tode des Vaters gerecht zu werden. Da Amélie und Fritz hier nicht aktiv wurden, kam ein von der Gesellschafterin von Anita Thyssen, Frau Mörike, vorgeschlagener Kandidat zum Zuge, der wie im Falle von Neufforge den Anforderungen der Verwaltung eines bedeutenden Industrievermögens in keiner Weise entsprach. Somit musste nach dem Tode von August Thyssen die Frage der Führung im Rahmen der Erbauseinandersetzung und der Neugliederung des Konzerns gefunden werden. Das Ergebnis war, dass der Konzern, sowie ihn August Thyssen konzipiert hatte, zerschlagen wurde.

Heinrich Thyssen-Bornemisza trennte die auf ihn entfallenden Unternehmen ab, übernahm die Oberaufsicht und ließ das Tagesgeschäft von erfahrenen Direktoren erledigen, die zum größeren Teil noch von seinem Vater ausgewählt worden waren. Er hatte wohl kurz überlegt, die Holding seiner Unternehmensgruppe in Düsseldorf am Martin-Luther-Platz in einem Gebäude zu etablieren, das auch Platz für Teile seiner damals noch nicht so umfangreichen Kunstsammlung geboten hätte. Doch unter dem Eindruck der politischen Probleme der Weimarer Republik und speziell der Machtübernahme durch die Nationalsozialisten, siedelte er in die Schweiz über und übertrug der Bank voor Handel en Scheepvaart in Rotterdam die Funktionen einer Holding für seine Unternehmen. Sein Versuch, auch die Erben von Joseph Thyssen zur Übertragung ihrer Vermögensanteile oder doch zumindest ihrer flüssigen Mittel auf diese Bank zu bewegen, wurde auf Betreiben von Carl Härle von Jula und Gertrud Thyssen abgelehnt.

Heinrich war somit der Einzige, der die Gesamtführung seiner Unternehmensgruppe selbst in der Hand behielt. Diese Praxis wurde auch bis auf den heutigen Tag im Stamm Heinrich Thyssen-Bornemisza mit Erfolg beibehalten.

Fritz Thyssen hingegen, wie auch seine Vettern Julius und Hans, brachten nach dem Tod von August Thyssen ihre Anteile in die Vereinigten Stahlwerke ein.

Fritz Thyssen begnügte sich nach der Gründung der Vereinigten Stahlwerke mit dem Vorsitz im Aufsichtsrat; nur Hans Thyssen blieb zunächst noch im Vorstand der Vereinigten Stahlwerke, schied dann aber 1935 aus gesundheitlichen Gründen aus. Julius Thyssen, dessen Krankheit schneller fortschritt, beauftragte Carl Härle mit der Vertretung seiner Interessen.

Die endgültige Trennung von Familien und Unternehmen erfolgte für Fritz, Julius und Hans Thyssen dann durch die Beschlagnahme durch die Nationalsozialisten im Jahre 1940. Die Anteile von Fritz Thyssen gingen auf eine vom Staat kontrollierte Holding über, während die Familien Julius und Hans Thyssen ausgezahlt wurden und sich unter der Führung von Carl Härle neu orientieren mussten. Ihnen diente fortan die Thyssensche Handelsgesellschaft als Holding.

Als es dann nach Kriegsende zu Anfang der 1950er Jahre zu einer Restitution der beschlagnahmten Unternehmen durch die Alliierten kam, waren Hans (1944) und Julius Thyssen (1946) bereits verstorben. Nach den negativen Erfahrungen mit Fritz Thyssen verspürten die Witwen von Julius und Hans Thyssen kein Verlangen, sich als Minderheitsaktionäre an den wieder erstehenden Unternehmen zu beteiligen. Es kam zu einer langwierigen Auseinandersetzung, die dann zum Ergebnis hatte, dass jeder seine eigenen Wege ging.

In der selben Zeit trat die Familie Hans Thyssen aus der Thyssenschen Handelsgesellschaft, also aus dem Unternehmensverbund mit der Familie Julius Thyssen aus und übernahm selber die Vertretung ihrer wirtschaftlichen Interessen.

7. Quellen

Archiv des Ursulinenklosters Calvarienberg, Ahrweiler
Archiv der Konrad Adenauer-Stiftung, Bestand I 220–294/3, St. Augustin
ThyssenKrupp Konzernarchiv, Duisburg

Manfred Rasch

Was wurde aus August Thyssens Firmen nach seinem Tod 1926?

Genealogie seiner größeren Konzernunternehmen*

Einführung

Am 4. April 1926 verstarb August Thyssen[1] kurz vor Vollendung seines 84. Lebensjahres auf seinem Wohnsitz Schloss Landsberg bei [Essen-]Kettwig an der Ruhr. 1867 hatte er mit 8.000 Talern Kapital – einem Darlehen seiner Eltern – seine beispiellose Unternehmerkarriere begonnen. Seit dem Tod seines Vaters Friedrich Thyssen (1804–1877) war sein jüngerer Bruder Joseph[2] (1844–1915) an allen seinen Unternehmungen mit 25 Prozent beteiligt.

Bei August Thyssens Tod wurde der Wert des von ihm in sechs Jahrzehnten unternehmerischer Tätigkeit aufgebauten Konzerns trotz Substanzverlust während des Ersten Weltkriegs von US-amerikanischen Spezialisten für eine Anleihe des Konzerns eher konservativ auf über 400 Mio. Reichsmark geschätzt.[3] Seinen Anteil an diesem Konzern hatte August Thyssen formal in zwei Schritten 1919 und 1921 auf seine

* Für Hinweise danke ich besonders Hans-Hermann Bison, Astrid Dörnemann und Andreas Zilt.

1 Die neueste Publikation über August Thyssen ist Rasch, Manfred: August Thyssen: Der katholische Großindustrielle der Wilhelminischen Epoche, in: August Thyssen und Hugo Stinnes. Ein Briefwechsel 1898–1922, bearb. von Vera Schmidt, München 2003, S. 13–107, dort auch ältere Literatur.

2 Die Schreibweise seines Vornamens variiert. Er selbst wurde auf den Namen Joseph getauft. Mit der Rechtschreibreform (1901–1903) dürfte er nach 1900 die Schreibweise seines Vornamens modernisiert haben. Andererseits nutzte er 1909 noch Briefpapier mit „Joseph". Die Nachrufe 1915 lauteten alle auf Josef, seine Witwe benutzte ebenfalls diese Schreibweise seines Vornamens (siehe Schreiben Frau Josef Thyssen an Edmund Roser vom 6.11.1916, in: ThyssenKrupp Konzernarchiv (TKA) A/1084.

3 Für eine US-Anleihe des Thyssen-Konzerns hatte der Unternehmensberater H. A. Brassert Inc. für Dillon, Read & Co. am 1. Januar 1925 den Konzernwert auf 117 Mio. US-Dollar (sound German value) bzw. 250/166 Mio. US-Dollar (Replacement cost USA/Germany) taxiert. Diese Taxierung scheint ohne die Mülheimer Betriebe vorgenommen worden zu sein (siehe Briefabschrift TKA A/608/3). Im Report on United Steelworks Corporation (Vereinigte Stahlwerke AG) by H. A. Brassert, 10.6.1926, wird der Wert des in die Vereinigte Stahlwerke AG eingebrachten Thyssen-Konzerns auf 162 Mio. US-Dollar geschätzt (siehe TKA VSt/4031, p. 23). Bei der Vermögensschätzung von 400 Mio. RM wurden schon 25 Prozent für die Erben Joseph Thyssen in Abzug gebracht.

Söhne Fritz (1873–1951) und Heinrich (1875–1947) übertragen.[4] Seine Neffen Julius (1881–1946) und Hans Thyssen (1890–1943) waren seit dem Tod ihrer Eltern Joseph (1915) und Clara (1918), also schon vor ihren älteren Cousins, Miteigentümer geworden.[5] Diese Eigentums-Übertragungen hatten Außenstehende nicht wahrgenommen, da sich zunächst nichts Wesentliches an der Zusammensetzung der Unternehmensgremien änderte und August Thyssen nach außen weiterhin die bestimmende Persönlichkeit innerhalb der Firma blieb. Der Thyssen-Konzern bestand bei seinem Tod u. a. aus:

- dem Stahl- und Walzwerk der Thyssen & Co. AG mit ca. 6.050 Mitarbeitern, dem heutigen Werk Mülheim der Mannesmannröhren-Werke AG in Mülheim/Ruhr,
- der Maschinenfabrik der Thyssen & Co. AG mit ca. 3.860 Mitarbeitern, heute Werk bzw. Standort Mülheim/Ruhr der Siemens AG Power Generation,
- der Schachtbau Thyssen GmbH in Mülheim/Ruhr, eine noch heute unter dem Namen Thyssen Schachtbau GmbH weltweit tätige Bergbau-Spezialgesellschaft, welche im Besitz eines Urenkels von August Thyssen ist,
- der August Thyssen-Hütte, Gewerkschaft, so seit 1919 der Name der Hüttenbetriebe der vormaligen Gewerkschaft Deutscher Kaiser, einem voll integrierten Hüttenwerk mit ca. 12.000 Mitarbeitern und eigenen Kohlezechen (Gewerkschaft Friedrich Thyssen) mit ca. 12.600 Mitarbeitern in unmittelbarer Nachbarschaft in [Duisburg-]Hamborn, das heute als Werk Bruckhausen der ThyssenKrupp Stahl AG firmiert,
- der AG für Hüttenbetrieb in Duisburg-Meiderich mit ca. 1.750 Mitarbeitern, welche nach ihrer Stilllegung in 1985 als Landschaftspark Duisburg-Nord seit 1994 der Öffentlichkeit als eine Art Industriemuseum zugänglich ist,
- dem größten geschlossenen Grubenfelderbesitz in Deutschland von mehr als 570 Quadratkilometer mit selbstständigen Steinkohlenzechen und unverritzten Feldern am rechten Niederrhein und an der Lippe, darunter die heute noch fördernden Bergwerke Lohberg und Walsum der jetzigen Deutsche Steinkohle AG, im geschätzten Wert von über 58 Mio. US-Dollar,
- der Press- und Walzwerk AG bei Düsseldorf mit ca. 1.480 Mitarbeitern, heute Vallourec & Mannesmann Tubes V & M Deutschland GmbH, Werk Düsseldorf-Reisholz,

4 1919 übertrug August Thyssen seinen Anteil an Thyssen & Co. AG an seine Kinder Fritz und Heinrich, während diese anerkannten, dass ihrem Vater die frühere Gewerkschaft Deutscher Kaiser anteilmäßig gehörte (Miteigentümer: die Erben Joseph Thyssen). 1921 übereignete August Thyssen auch diesen Vermögensteil, dafür übernahmen Fritz und Heinrich die Verpflichtung ihres Vaters gegenüber ihren Geschwistern August junior und Hedwig auf Abfindung der Erbschaftsansprüche.

5 Ein Testament von Joseph Thyssen ist nicht bekannt. Darum konnte bisher nicht geklärt werden, ob Julius und Hans schon 1915 oder erst nach dem Tod ihrer Mutter 1918 das gesamte Erbe ihres Vaters angetreten haben.

- der Niederrheinische Gas- und Wasserwerke GmbH, heute unter gleichem Namen eine 100%ige Tochtergesellschaft der Gelsenwasser AG,
- der Gasgesellschaft mbH in [Duisburg-]Hamborn mit formal ca. 700 Mitarbeitern, die heute als Thyssengas GmbH zum RWE-Konzern gehört,
- die Bank voor Handel en Scheepvaart N. V., Rotterdam, die Thyssen 1918 in den neutralen Niederlanden gegründet hatte und die zur internationalen Holdinggesellschaft für Heinrich Thyssen-Bornemisza werden sollte, bevor sie in den 1970er Jahren zur für Europa zuständigen Holding Thyssen-Bornemisza Europe N. V. umfunktioniert wurde.
- N. V. Handels- en Transport-Maatschappij „Vulcaan“, die den internationalen Hochseetransport der Gruppe organisierte und in den 1970er Jahren von August Thyssens Enkel Hans Heinrich Thyssen-Bornemisza aufgelöst wurde.
- ca. 46 Quadratkilometer Grundbesitz mit umfangreichen Werkkolonien vornehmlich im nordwestlichen Ruhrgebiet im geschätzten Wert von über 38 Mio. US-Dollar. Der gesamte Grundbesitz übertraf um fast das Doppelte das damalige Stadtgebiet von Hamborn mit 26 Quadratkilometer (1917), wo August Thyssens bedeutendstes Unternehmen, die August Thyssen-Hütte, Gewerkschaft, beheimatet war. Seine dortigen Bergbauunternehmen (Gewerkschaft Friedrich Thyssen, Gewerkschaft Lohberg und Gewerkschaft Rhein 1) verfügten 1920 über 4.379 Häuser mit 10.483 Wohnungen.[6] Das bedeutet, ausgehend von vier Personen pro Wohnung, dass ca. ein Drittel der Hamborner Bevölkerung in Konzernwohnungen hätte leben können.[7] Ein Teil dieses Grund- und Wohnungsbesitzes wird noch heute von der ThyssenKrupp Immobilien GmbH und ihren Tochtergesellschaften bewirtschaftet.

Die beiden „Erben“, Fritz Thyssen und Heinrich Thyssen-Bornemisza[8] – ihre beiden Geschwister August Thyssen junior und Hedwig von Berg waren schon vorher ausbezahlt worden – teilten den Konzern im folgenden Jahrzehnt unter sich auf. Erst 1936 war das Erbe neu geordnet. Während Fritz Thyssen, dem Wunsch des Vaters folgend, seinen Erbteil zum überwiegenden Teil in den 1926 in Gründung befindlichen Zusammenschluss von vier rheinisch-westfälischen Stahlunternehmen, die Vereinigte Stahlwerke AG, einbrachte,[9] lehnte Heinrich Thyssen-Bornemisza diese Fusion schon

6 Daten aus TKA F/Alb/66.

7 Nicht alle Werkswohnungen lagen auf Hamborner Stadtgebiet, so z. B. nicht die Siedlung Lohberg.

8 Heinrich Thyssen hatte 1906 die ungarische Staatsbürgerschaft angenommen und die ungarische Baroness Margareta Bornemisza de Kászon geheiratet, war von seinem Schwiegervater 1907 adoptiert worden und hatte von Kaiser Franz Joseph I. auch für seine Nachfahren das Privileg verliehen bekommen, Namen und Wappen der Bornemisza de Kászon sowie das Adelsprädikat Baron führen zu dürfen. Siehe Baumann, Carl-Friedrich: Schloss Landsberg und Thyssen, o.O. 2003[3], S. 68f.

9 Siehe Reckendrees, Alfred: Das „Stahltrust“-Projekt. Die Gründung der Vereinigte Stahlwerke A.G. und ihre Unternehmensentwicklung 1926–1933/34, München 2000; Stremmel, Ralf: „Ein gesundes Gebilde von gemäßigter Größe“? Notizen zur Geschichte

Die im Bau befindliche Werkskolonie Emschergrund in Duisburg-Beeck für Bergleute des Schachtes 4 der Gewerkschaft Deutscher Kaiser, um 1911.

vor dem Tod des Vaters ab. Er befürwortete die unternehmerische Eigenständigkeit und handelte mit seiner Drohung, die Zustimmung zur Gründung der Vereinigte Stahlwerke AG zu verweigern, für seine Firmen langfristige Liefer- und Dienstleistungsverträge mit der Vereinigte Stahlwerke AG aus.[10] Da bei Gründung der Vereinigte Stahlwerke AG die Erbteilung noch nicht vollzogen war, brachten auch Heinrich Thyssen-Bornemisza und seine beiden Cousins Julius und Hans Thyssen gemeinsam Vermögenswerte in das neue Unternehmen ein. Die Folge war, dass nicht nur Fritz – als Vorsitzender – in den Aufsichtsrat der Vereinigte Stahlwerke AG einzog, sondern auch Heinrich Thyssen-Bornemisza (1. April 1926 bis 29. November 1933). Ihr Cousin Hans Thyssen wurde sogar in den anfänglich fast fünfzigköpfigen Vorstand berufen, aus dem er im Geschäftsjahr 1929/30 ausschied.[11] Außerdem hatten sich Heinrich Thyssen-Bornemisza, Fritz Thyssen und ihr Konzernmanagement von vornherein darauf verständigt, ihrer Ansicht nach unterbewertete Unternehmensteile der Thys-

der Vereinigte Stahlwerke AG, in: Findbuch zu den Beständen Vereinigte Stahlwerke AG und Bergbau- und Industriewerte GmbH, bearb. von Ralf Stremmel und Manfred Rasch, Bd. 1, Duisburg 1996, S. 3–46.

10 Siehe Schreiben Heinrich Thyssen-Bornemisza an Julius Thyssen vom 24.9.1925, Kopie in: TKA A/889.

11 Siehe Findbuch zu den Beständen Vereinigte Stahlwerke AG und Bergbau- und Industriewerte GmbH, a.a.O., S. 938, 940.

sen-Gruppe bewusst nicht in die Vereinigte Stahlwerke AG einzubringen; dazu gehörte u. a. der unverritzte Felderbesitz am Niederrhein.

Zur Koordination seiner Unternehmen, d. h. zur Bildung einer einheitlich geführten Unternehmensgruppe, gründete Heinrich Thyssen-Bornemisza am 25. April 1927 die August Thyssen'sche Unternehmungen des In- und Auslandes GmbH mit Sitz in Hamborn. Er übernahm den Vorsitz im Direktorium. Zu seiner Unternehmensgruppe gehörten die Press- und Walzwerk AG, die Niederrheinische Gas- und Wasserwerke GmbH, die Gasgesellschaft mbH, die Bank voor Handel en Scheepvaart N. V. und die N. V. Handels- en Transport-Maatschappij „Vulcaan", aber auch die Mehrheitsbeteiligungen an den beiden großen deutschen Handelsschiffbau-Werften Bremer Vulkan Schiffbau und Maschinenfabrik und Flensburger Schiffsbau-Gesellschaft.[12] Diese Unternehmen bildeten den Grundstock der heute unter TBG Management sam, Monaco, firmierenden Thyssen-Bornemisza Gruppe.

Eine erneute bedeutende Zäsur in der Thyssenschen Familien- und Unternehmensgeschichte stellten der Zweite Weltkrieg und die unmittelbaren Nachkriegsjahre dar. Zunächst war 1940 Fritz Thyssens Vermögen – vor allem sein Aktienbesitz an der Vereinigte Stahlwerke AG – von den nationalsozialistischen Machthabern enteignet worden, weil er sich öffentlich gegen den Krieg und das NS-Regime geäußert hatte und in das Ausland geflüchtet war.[13] Als Folge dieser staatlichen Maßnahmen verloren auch die Erben von Joseph Thyssen einen Großteil ihres Eigentums, da sie ihre Vermögensverwaltung mit jener von Fritz Thyssen gemeinsam organisiert hatten. Sie mussten diese Anteile unter Wert an den Staat verkaufen und den Kaufpreis zudem noch versteuern.

Nach dem Krieg standen die Vereinigte Stahlwerke AG ebenso wie Heinrich Thyssen-Bornemiszas deutsche und niederländische Firmen unter Kontrolle der Westalliierten bzw. Treuhandverwaltung der North German Iron and Steel Control bzw. des niederländischen Staates. Erst sukzessive erhielt Hans Heinrich Thyssen-Bornemisza das industrielle Erbe seines mittlerweile verstorbenen Vaters, der bis zu seinem Tod ungarischer Staatsbürger war, sowohl in der Bundesrepublik Deutschland als auch in den Niederlanden zurück. Im Zuge der alliierten Entflechtung der westdeutschen Montanindustrie erhielten die Erbinnen des mittlerweile entnazifizierten und 1951 verstorbenen Fritz Thyssen Aktienpakete der so genannten Nachfolgegesellschaften der Vereinigte Stahlwerke AG mit der Auflage, sich nur auf einige wenige Gesellschaften zu konzentrieren und andere Beteiligungen innerhalb einer vorgegebenen Zeitspanne zu veräußern. Diese Auflage und ein geschickt agierender Vorstandsvorsitzender der August Thyssen-Hütte AG, Hans-Günther Sohl, ermöglichten Amélie Thyssen und Anita Zichy-Thyssen eine industrielle Rückverflechtung unter der Führung der August Thyssen-Hütte AG.

12 Siehe u. a. Gründungsprotokoll der August Thyssen'sche Unternehmungen des In- und Auslandes GmbH vom 25.4.1927 (Abschrift), in: TKA NROE/41.

13 Eglau, Hans Otto: Fritz Thyssen. Hitlers Gönner und Geisel, Berlin 2003.

Der Familienzweig Julius Thyssen erhielt von den Erbinnen Fritz Thyssen im so genannten „Thyssen-Plan“ Anteile an der Hamborner Bergbau AG als Entschädigung für die „Mitenteignung“ während des „Dritten Reichs“. Die Familienzweige Hans und Julius Thyssen waren bis 1955 gemeinsam an der Thyssen'schen Handelsgesellschaft mbH beteiligt, d. h. alle Vermögensveränderungen betrafen beide Familienstämme gleichermaßen.

Auf den folgenden Seiten soll nicht die Entstehungsgeschichte des Thyssen-Konzerns, sondern die Entwicklungsgeschichte einzelner, 1926 bestehender Unternehmen von der Gründung bis zur Gegenwart geschildert werden. Sie soll dokumentieren, was knapp 80 Jahre nach August Thyssens Tod aus dem von ihm geführten Unternehmensverbund geworden ist. Die Darstellung kann – wegen Thyssens zahlreicher Beteiligungen – nur in geraffter Form die Werksgeschichten präsentieren und entsprechende Literaturhinweise geben. Sie behandelt ausschließlich die größeren Unternehmungen sowie jene Firmen, an denen Familienmitglieder auch nach August Thyssens Tod noch länger beteiligt waren. Beteiligungen, an denen Nachkommen der Familien August oder Joseph Thyssen beteiligt sind, werden ausführlicher erwähnt, als es deren ökonomische Bedeutung nahe legt. Die Länge der einzelnen Beiträge ist zudem kein Hinweis auf deren wirtschaftliche Bedeutung, sondern hängt entweder von der Quellenlage oder von der Anzahl der zwischenzeitlichen Umfirmierungen und Abspaltungen ab. Eine kritische Bewertung der einzelnen Firmengeschichten konnte aufgrund der zur Verfügung stehenden Quellen nur zum Teil geleistet werden. Nicht dargestellt werden jene Unternehmen, die vor 1926 wieder aus dem Konzern ausgeschieden waren oder an denen die Familie Thyssen keine Mehrheitsbeteiligung besaß. Die zahlreichen nach dem Ersten Weltkrieg liquidierten ausländischen Gesellschaften (Stahlwerk Thyssen AG,[14] Hagendingen/Lothringen; Vulcan Coal Company, Cardiff/Newcastle; Société Anonyme des Hauts-Fourneaux et Aciéres de Caen, Caen[15]) sowie August Thyssens erste unternehmerische Beteiligung Thyssen, Fossoul & Co. in Duisburg werden nicht berücksichtigt.[16] Aus dieser Firma war er schon 1870/71 wieder ausgeschieden. Auch die AG Schalker Gruben- und Hüttenverein,[17] die AG für Stahl-

14 Nievelstein, Markus: Der Zug nach der Minette. Deutsche Unternehmen in Lothringen 1871–1918. Handlungsspielräume und Strategien im Spannungsfeld des deutsch-französischen Grenzgebietes, Bochum 1993; Prosic, Michel: L'Usine Creatrice. L'Usine de Hagondange: Naissance de la vie ouvrière (1910–1938), Hagondange 1996.

15 Zu den französischen Unternehmen siehe Wilsberg, Klaus: „Terrible ami – aimable ennemi“. Kooperation und Konflikt in den deutsch-französischen Beziehungen 1911–1914, Bonn 1998, S. 221–236.

16 Siehe Rasch, Manfred: August Thyssen. Der katholische Großindustrielle der Wilhelminischen Epoche, a.a.O., S. 23–27.

17 Siehe Rasch, Manfred: Techniker und Ingenieure im Ruhrgebiet. Biografische Anmerkungen zu den Anfängen der Eisen-, Stahl- und Metall verarbeitenden Industrie im Raum Gelsenkirchen bis zum Ersten Weltkrieg, in: 100 Jahre Bismarck. Ein Stadtteil „mit besonderem Erneuerungsbedarf“, hrsg. von Stefan Goch und Lutz Heidemann, Essen 2001, S. 91–115, 173–178, hier S. 106–111.

industrie[18] sowie die Wasserwerk Thyssen & Cie. GmbH.[19] werden nicht behandelt, obwohl sie bedeutende Entwicklungsstufen für Thyssens Konzernbildung darstellen; August Thyssen hatte diese Unternehmen jedoch schon vor 1926 verkauft.

Die folgende Aufstellung soll Unternehmenszusammenhänge transparent machen und weitere unternehmensgeschichtliche Forschungen anregen. Die alphabetische Ordnung wurde der chronologischen nach Erwerb bzw. Gründungsjahr sowie jener nach den Familienstämmen, die auf sie Einfluss hatten, vorgezogen. Beginnt ein Firmenname mit einem Vornamen, so ist die Firma unter dem Nachnamen einsortiert worden (August Thyssen-Hütte, Gewerkschaft also unter „T"). Da im Mittelpunkt der jeweiligen Darstellung das einzelne Werk steht, wird bei Verpachtungen der Pachtbetrieb in der dem jeweiligen Artikel vorangestellten Kurzchronologie ebenfalls genannt. Kommt es zu Aufspaltungen eines Werks in mehrere rechtlich selbstständige Firmen, so wird deren weitere Geschichte in der Regel separat dargestellt. In der Kurzchronologie deutete ein „/" diesen Vorgang an. Jede Firmengeschichte ist für sich lesbar und enthält eventuell notwendige Querverweise oder Wiederholungen.

AG für Hüttenbetrieb, Duisburg

1902 AG für Hüttenbetrieb; 1924 August Thyssen-Hütte, Gewerkschaft, Hüttenbetrieb Meiderich; 1926 Vereinigte Stahlwerke AG, Hüttenbetrieb Meiderich; 1932 Vereinigte Stahlwerke AG Hüttengruppe West, Hüttenbetrieb Meiderich/Vereinigte Stahlwerke AG Gießereigruppe, Gießerei Hüttenbetrieb.

1932 Vereinigte Stahlwerke AG Hüttengruppe West, Hüttenbetrieb Meiderich; 1934 August Thyssen-Hütte AG, Hochöfen Hüttenbetrieb; 1948 Hüttenwerke Ruhrort-Meiderich AG, Hochöfen Hüttenbetrieb Meiderich bzw. Hochöfen Meiderich-Nord; 1952 Hüttenwerke Phoenix AG, Hüttenbetrieb Meiderich; 1955 Phoenix-Rheinrohr AG Vereinigte Hütten- und Röhrenwerke, Hochofenwerk Hüttenbetrieb; 1965 August Thyssen-Hütte AG, Hüttenbetrieb Meiderich; 1977 Thyssen AG vorm. August Thyssen-Hütte, Hüttenbetrieb Meiderich; 1983 Thyssen Stahl AG, Hüttenbetrieb Meiderich; 1985 Stilllegung des Hochofenwerks; 1988 Erwerb durch das Land Nordrhein-Westfalen (LEG Landesentwicklungsgesellschaft Nordrhein-Westfalen GmbH); 1994 Eröffnung Landschaftspark Duisburg-Nord; 1997 Gründung der Landschaftspark Duisburg Nord GmbH.

1932 Vereinigte Stahlwerke, Gießereigruppe, Gießerei Hüttenbetrieb; 1934 Deutsche Eisenwerke AG, Gießerei Hüttenbetrieb; 1948 Eisenwerke Mülheim/Meiderich AG, Gie-

18 Däbritz, Walther: Bochumer Verein für Bergbau und Gusstahlfabrikation [!] in Bochum. Neun Jahrzehnte seiner Geschichte im Rahmen der Wirtschaft des Ruhrbezirks, Düsseldorf 1934, S. 221–223; Rasch, Manfred: August Thyssen. Der katholische Großindustrielle der Wilhelminischen Epoche, a.a.O., S. 84.

19 Ebd. S. 63–65; Eiden, Christian: Von der Brunnengemeinschaft zur Wasserindustrie. Die Wasserversorgung der Stadt Mülheim a. d. Ruhr 1870–1930, in: Zeitschrift des Geschichtsvereins Mülheim a. d. Ruhr, Heft 68, 1996, S. 150–204.

ßerei Meiderich; 1957 Rheinstahl Eisenwerke Mülheim/Meiderich AG, Gießerei Meiderich; 1963 Rheinstahl Hüttenwerke AG, Friedrich Wilhelms-Hütte, Duisburg-Meiderich; 1970 Rheinstahl Gießerei AG, Werk Meiderich; 1976 Thyssen Gießerei AG, Werk Meiderich; 1984 Thyssen Guss AG, Werk Meiderich; 1989 Walzengießerei Meiderich GmbH; 2001 Schließung der Gießerei.

Die Gewerkschaft ver[einigte] Gladbeck, an der August Thyssen seit 1876 beteiligt war und deren Kuxenmehrheit er sich im Laufe der Jahre gesichert hatte, errichtete in den Jahren 1896 bis 1903 in Gladbeck und Bottrop je eine Doppelschachtanlage. Zudem beantragte die Gewerkschaft ver. Gladbeck am 5. Juli 1901 die Errichtung eines Hochofenwerks in Meiderich, das am 17. März 1902 zusammen mit Grundstücken in Meiderich, Hamborn und Oberhausen in die AG für Hüttenbetrieb mit einem Aktienkapital von 1,5 Mio. Mark ausgegliedert wurde. Zum 31. März 1902 veräußerte Thyssen die Gewerkschaft ver. Gladbeck an den preußischen Bergfiskus.[20] Die Familie Haniel aus [Duisburg-]Ruhrort war in den ersten Jahren an der neu gegründeten AG für Hüttenbetrieb noch beteiligt.[21] Die Hochöfen gingen 1903/04 in Betrieb, rechtzeitig, um der Thyssen-Gruppe in dem 1904 gegründeten Stahlwerks-Verband eine entsprechende Kartellquote zu sichern. Um sich einen festen Abnehmer für ihr Roheisen zu sichern, erwarb die AG für Hüttenbetrieb 1906 fast die Hälfte des Aktienkapitals der Oberbilker Stahlwerk AG (siehe Press- und Walzwerk AG, Abteilung Oberbilker Stahlwerk). Das Roheisenwerk in Meiderich wurde 1910/11 um eine Gießerei erweitert, die die Maschinenfabrik Thyssen & Co. AG für die eigene unternehmerische Expansion gern in Mülheim errichtet hätte.[22]

Die Gießerei besaß Anfang der 1920er Jahre eine Jahreskapazität von 90.000 Tonnen und produzierte Grauguss für die Hüttenindustrie (Hochofenarmaturen, Walzenständer etc.), für die Elektroindustrie (Grundplatten, Schwungräder etc.), für die Maschinenindustrie (Rahmen, Ständer, Drehbankbetten etc.), für den Schiffbau (Poller, Schiffsmaschinenständer, Fundamentrahmen etc.), die Chemische Industrie (feuer- und säurebeständige Gussteile) sowie Kokillen, Tübbings und vor allem Walzen für die Eisen- und Metallindustrie.[23]

Die AG für Hüttenbetrieb diente August Thyssen nicht nur zur Roheisenerzeugung für seine Gießereien und seine Siemens-Martin-Werke in Mülheim und Bruckhausen, sondern auch als ein Instrument seiner Finanz- und Konzernpolitik. Ein dafür entsprechend großes Verwaltungsgebäude wurde 1922–1924 in unmittelbarer Werks-

20 Siehe Entwicklungsgeschichte der AG für Hüttenbetrieb bis 1912 in: TKA F/Alb/30.

21 Siehe dazu TKA A/531/2.

22 Siehe Brief August Thyssen an Hugo Stinnes vom 22.4.1905, Transkription in: August Thyssen und Hugo Stinnes. Ein Briefwechsel 1898–1922, bearb. von Vera Schmidt, München 2003, S. 286 f.

23 AG für Hüttenbetrieb Abteilung Gießerei (Hg.): Die Abteilung Gießerei der AG für Hüttenbetrieb, Duisburg-Meiderich, o. D., in: TKA Fschr.

Blick von Westen auf die AG für Hüttenbetrieb mit ihren fünf, noch mit Vertikalaufzügen ausgestatteten Hochöfen in ländlicher Umgebung, Frühjahr 1912, angeschnitten.

nähe errichtet.[24] Die AG für Hüttenbetrieb organisierte gemeinsam mit dem Rohstoffeinkauf der Gewerkschaft Deutscher Kaiser den weltweiten Erzeinkauf und Erztransport.[25] 1924 wurden die Betriebsanlagen an die August Thyssen-Hütte, Gewerkschaft, verpachtet.[26] Mit Gründung der Vereinigte Stahlwerke AG 1926 blieben die Hochöfen und die Gießerei zunächst als ein Betrieb zusammen. Bei der Reorganisation der gesamten Vereinigte Stahlwerke AG zwischen 1932 und 1934 erfolgte die Zuordnung zu verschiedenen Betriebsgesellschaften. Nachdem die Hochöfen 1932 der Hüttengruppe West als Hüttenbetrieb Meiderich zugeordnet wurden, erfolgte zwei Jahre später die Zuordnung zur neu gebildeten Betriebsgesellschaft August Thyssen-Hütte AG als Hüttenbetrieb Meiderich. Während die Gießerei, die seit 1932 zur Gießereigruppe der Vereinigte Stahlwerke AG gehörte, ab 1934 von der neu gegründeten Deutsche Eisenwerke AG, Mülheim/Ruhr, als Betriebsabteilung Gießerei Hüttenbetrieb betreut wurde. Diese Trennung wurde von nun an für beide Betriebsteile beibehalten, weshalb im Folgenden zunächst die Geschichte des Hochofenbetriebs und dann die des Gießereibetriebs dargestellt wird.

24 Schlüter, Brigitte Ingeborg: Verwaltungsbauten der rheinisch-westfälischen Stahlindustrie 1900–1930, Bonn 1991 (Diss.), S. 290–299.

25 Rasch, Manfred: Unternehmungen des Thyssen-Konzerns im zarischen Rußland, in: „... das einzige Land in Europa, das eine große Zukunft vor sich hat." Deutsche Unternehmen und Unternehmer im Russischen Reich im 19. und 20. Jahrhundert, hrsg. von Dittmar Dahlmann und Carmen Scheide, Essen 1998, S. 225–271.

26 Pachtvertrag vom 28.11.1924, Abschrift in: TKA A/553/3.

Noch bis weit in das 20. Jahrhundert sahen zahlreiche Produktionsbetriebe nicht unbedingt geordnet aus. Doch so durcheinander wie auf diesem Bild aus der Walzendreherei der AG für Hüttenbetrieb lagen die unterschiedlichsten Walzen nur bei einer Inszenierung, um 1926.

Die Hochöfen wurden 1948 im Rahmen der alliierten Neuordnung der westdeutschen Montanindustrie der 1947 gebildeten Hüttenwerke Ruhrort-Meiderich AG als Hochöfen Hüttenbetrieb Meiderich bzw. Hochöfen Meiderich-Nord zugeordnet, um die Kapazität der Stahlwerke der Hütte Ruhrort-Meiderich mit selbst erzeugtem Roheisen zu versorgen.[27] Die Hüttenwerke Ruhrort-Meiderich AG nannte sich 1952 in Hüttenwerke Phoenix AG um. Der Hauptsitz des Unternehmens in Duisburg-Ruhrort war 1853 als Standort für ein Stahl- und Walzwerk von der Phoenix AG für Bergbau und Hüttenbetrieb ausgewählt worden. Diese Kontinuität sollte betont werden. 1953 wurde ein entsprechendes 100-jähriges Jubiläum gefeiert.[28] Aber schon zwei Jahre später erfolgte die Fusion der Hüttenwerke Phoenix AG mit der Rheinische Röhrenwerke AG zur Phoenix-Rheinrohr AG Vereinigte Hütten- und Röhrenwerke. Die Funktion des Hochofenwerks in Meiderich blieb weiterhin die eines Roheisenlieferanten. Mittels der 1951 in Betrieb genommenen Masselgießanlage[29] wurde Roheisen

27 Geschäftsbericht der Hüttenwerke Ruhrort-Meiderich AG, 1.7.1947–30.9.1947, S. 11, in: TKA.

28 Dazu erschien die folgende Festschrift: Muthesius, Volkmar/Sachsisthal, Kraft: Welt des Stahls. 100 Jahre Hüttenwerke Ruhrort-Meiderich AG, Darmstadt 1952.

29 Siehe Hüttenpost vom 1.2.1951, S. 62f.

Die bei der Hüttenwerke Phoenix AG, Hüttenbetrieb Meiderich neu in Betrieb genommene Masselgießanlage ersetzte das bis dahin übliche Vergießen des Roheisens in Sandbetten, ca. 1953.

kostengünstig versandfertig produziert und von Meiderich sogar bis in die USA exportiert. Das Hochofenwerk entwickelte sich zu einem Produzenten von Spezialroheisen und galt als „Apotheke des Ruhrgebiets".

Die Fusion 1955 zur Phoenix-Rheinrohr AG Vereinigte Hütten- und Röhrenwerke hatten der Vorstandsvorsitzende der Hüttenwerke Phoenix AG, Fritz-Aurel Goergen, initiiert, der die Erbinnen von Fritz Thyssen, Amélie Thyssen und ihre Tochter Anita Zichy-Thyssen, die beiden Hauptaktionärinnen der Unternehmen, für diese Fusion gewinnen konnte. Beide Erbinnen hielten Aktien der durch die alliierte Liquidation entstandenen „Nachfolgegesellschaften" der Vereinigte Stahlwerke AG. Dadurch gewann die Hüttenwerke Phoenix AG mit dem Röhrenproduzenten, ihrem Hauptabnehmer, einen Weiterverarbeiter, während die Rheinische Röhrenwerke AG ihre Roheisenbasis an sich band. 1964 erfolgte dann die Übernahme der Phoenix-Rheinrohr AG Vereinigte Hütten- und Röhrenwerke durch die August Thyssen-Hütte AG. Damit gehörte das (Hochofen-)Werk Hüttenbetrieb – so die interne Bezeichnung – wieder – wie schon zwischen 1924 und 1947 – zur Duisburger Hüttenwerksgruppe mit ihrem industriellen Kern Thyssenhütte. Ein entsprechender Betriebsüberlassungsvertrag wurde 1965 geschlossen. 1983, mit Ausgliederung der Stahlaktivitäten aus dem 1977 in Thyssen AG vorm. August Thyssen-Hütte umbenannten Unternehmen, firmierte das Werk als Thyssen Stahl AG, Hüttenbetrieb Meiderich. In der Stahlkrise der 1980er Jahre musste das in Teilen kurz zuvor erneuerte Hochofenwerk stillgelegt werden. Privaten Initiativen und öffentlichen Geldern war es zu verdanken, dass das Hüttenwerk nicht abgebrochen wurde und seit 1994 als Landschaftspark Duisburg-Nord der Öffentlichkeit als Industriemuseum und „Landmarke" für zahlreiche Aktivitäten offen steht. Die LEG Landesentwicklungsgesellschaft Nordrhein-Westfalen GmbH sowie die Internationale Bauausstellung Emscherpark haben diese Entwicklung finanziell mitgetragen.

Die Gießerei, die seit 1932 zur Gießereigruppe der Vereinigte Stahlwerke AG gehörte, war 1934 der neu gegründeten Deutsche Eisenwerke AG als Gießerei Hüttenbetrieb zugeordnet worden. Mit der alliierten Neuordnung der westdeutschen Montanindustrie kam das Werk als Gießerei Meiderich zur Eisenwerke Mülheim/Meiderich AG. Diese Gesellschaft wurde von den Rheinischen Stahlwerken erworben und 1957 entsprechend in Rheinstahl Eisenwerke Mülheim/Meiderich AG umbenannt. Bei der Umstrukturierung des Rheinstahl-Konzerns 1963 wurde diese Gießerei der Friedrich Wilhelms-Hütte in Mülheim/Ruhr zugeordnet und firmierte als Rheinstahl Hüttenwerke AG, Friedrich Wilhelms-Hütte, Duisburg-Meiderich. Mit der Stilllegung der Hochöfen auf der Friedrich Wilhelms-Hütte 1968 bezog die Gießerei wieder ihr flüssiges Roheisen von dem benachbarten Hochofenbetrieb, der mittlerweile zur Thyssen-Gruppe gehörte und als August Thyssen-Hütte AG, Hüttenbetrieb Meiderich, firmierte. Bei einer erneuten Umstrukturierung der Hüttenwerke und Gießereien im Rheinstahl-Kreis wurde 1970 die Rheinstahl Gießerei AG gebildet, u.a. mit dem Werk Meiderich. 1976, mit der Umbenennung der 1973 von der August Thyssen-Hütte AG erworbenen Rheinstahl AG in Thyssen Industrie AG, erhielten deren Tochtergesellschaften ebenfalls neue Firmennamen. Aus der Rheinstahl Gießerei AG wurde die Thyssen Gießerei AG. Als das ebenfalls zur Thyssen-Gruppe gehörende Gussstahlwerk Oberkassel 1981 geschlossen wurde, übernahm das Werk Meiderich deren Walzenfertigung. Diese wurde weiter ausgebaut; dafür musste das Werk Meiderich 1986 die rückläufige Kokillenfertigung an die Werke Friedrich Wilhelms-Hütte und Lintorf der Thyssen Guss AG – so die Firmenbezeichnung seit 1984 – abgeben. 1989 wurden die Produktionsanlagen in die neu gegründete Walzengießerei Meiderich GmbH ausgegliedert und deren Kapital schrittweise an das schwedische Spezialunternehmen Akers A. B. abgegeben. Dieses musste die Walzengießerei nach neun Produktionsjahrzehnten Ende 2001 schließen.

Bank voor Handel en Scheepvaart N. V., Rotterdam

1918 Bank voor Handel en Scheepvaart N. V.; 1971 Thyssen-Bornemisza Group N. V.; 1974 Thyssen-Bornemisza Europe N. V.

Unmittelbar vor Ende des Ersten Weltkriegs, am 5. Juli 1918, gründete der Thyssen-Konzern in den neutralen Niederlanden über die ihm dort gehörende N. V. Handels- en Transport-Maatschappij „Vulcaan" die Bank voor Handel en Scheepvaart N. V. mit

BANK VOOR HANDEL EN SCHEEPVAART

EINGEZAHLTES KAPITAL ƒ 12.000.000.— } TOTAL
RUECKLAGEN . . . . . „ 13.000.000.— } ƒ 25.000.000.—

ROTTERDAM

BERICHT

UEBER DAS NEUNTE GESCHAEFTSJAHR

ENDIGEND AM 31. DEZEMBER

1927.

Über mehr als ein Jahrzehnt veröffentlichte die Bank voor Handel en Scheepvaart N.V. ihre Geschäftsberichte in Deutsch mit einer Zeichnung von der Außenfassade ihres Bankhauses in Rotterdam.

In ihren ersten Geschäftsberichten warb die Bank voor Handel en Scheepvaart N.V. nicht nur mit einem Bild von ihrem massiven Tresorraum, sondern auch mit einem Blick in den Schalterraum, um 1920.

niederländischen Staatsbürgern als Vorstands- und Aufsichtsratsmitgliedern. Vermutlich sollten die tatsächlichen Eigentumsverhältnisse verschleiert werden, um das Vermögen der Thyssen-Gruppe im Reichsland Elsass-Lothringen nach Kriegsende vor einer französischen Zwangsverwaltung und Beschlagnahme zu schützen, denn entsprechende hypothekarisch gesicherte Kredite gewährte das Bankhaus noch vor Kriegsende der Stahlwerk Thyssen AG in Hagendingen/Lothringen.[30] So war Johann G. Gröninger, Vorstandsmitglied der N. V. Handels- en Transport-Maatschappij „Vulcaan“, einer der Unternehmensgründer. Heinrich Thyssen-Bornemisza, der seit 1919 ständig in den Niederlanden lebte und nun im väterlichen Konzern eigenverantwortlich unternehmerisch tätig wurde, kontrollierte über die Bank voor Handel en Scheepvaart N. V. den ausländischen Kapitalzufluss des Thyssen-Konzerns. Er sollte in die Fußstapfen des Vaters als Bankier treten, ohne selbst in den Gremien der Bank persönlich vertreten zu sein. Das Bankhaus verschaffte der Thyssen-Gruppe unmittelbar nach dem verlorenen Krieg Zugang zum internationalen Geldmarkt und war außerdem in den folgenden Sparten tätig: *„Eröffnung von Kontokorrent- und Scheck-Rech-*

30 Rasch, Manfred: August Thyssen. Der katholische Großindustrielle der Wilhelminischen Epoche, a.a.O., S. 87f.

nungen, Annahme von Depots mit Kündigungsfrist, Schecks auf alle ausländischen Plätze, Diskontierung und Einziehung von Wechseln, Domizilierungen."[31]

Erst nach dem Tod von August Thyssen 1926 entwickelte sich das Bankhaus mehr und mehr zur internationalen Holding für Heinrich Thyssen-Bornemiszas Erbteil. 1930 übernahm die Bank voor Handel en Scheepvaart N. V. von Fritz Thyssen 40 Prozent des Kapitals an der Thyssen'sche Gas- und Wasserwerke GmbH und 62,4 Prozent des Aktienpakets der Vereinigte Stahlwerke AG von Heinrich Thyssen-Bornemisza, der 1933 aus dem Aufsichtsrat der Vereinigte Stahlwerke AG ausschied. 1936 war die Erbteilung zwischen den Brüdern Heinrich und Fritz abgeschlossen, in dem Fritz seine letzten Aktienanteile an der Bank an seinen Bruder Heinrich übertrug. Die Bank voor Handel en Scheepvaart N. V. hielt nun u. a. direkt oder indirekt alle Geschäftsanteile an den in der August Thyssen'sche Unternehmungen des In- und Auslandes GmbH zusammengeschlossenen deutschen Gesellschaften der späteren Thyssen-Bornemisza Gruppe.

Mit der Besetzung der Niederlande stellten die deutschen Besatzer im Mai 1940 die Bank unter ihre Kontrolle, da sie einen ausländischen Eigentümer hatte. Heinrich Thyssen-Bornemisza besaß seit seiner Hochzeit mit der ungarischen Baroness Margareta Bornemisza nicht mehr die deutsche, sondern nur noch die ungarische Staatsbürgerschaft. Nach der Befreiung der Niederlande stellte nun der niederländische Staat

Eine der letzten überlieferten Aufnahmen von Heinrich Thyssen-Bornemisza zeigt ihn 1947 in der Galerie seiner Villa Favorita. Fotograf: Ch. Schiefer, Lugano

31 Siehe Geschäftsberichte der Bank; einzelne Jahrgänge vorhanden in: TKA.

seinerseits die Bank unter staatliche Verwaltung von so genanntem Feindvermögen und setzte eine kommissarische Geschäftsführung ein. Die Aufhebung dieser Zwangsaufsicht erfolgte 1948, ein Jahr nach dem Tod von Heinrich Thyssen-Bornemisza, mit der Auflage, eine niederländische Geschäftsleitung einzusetzen. Zudem musste der Aufsichtsrat paritätisch mit Vertretern der Anteilseigner und niederländischer Banken besetzt werden. Den Vorsitz erhielt der Bürgermeister von Den Haag, obwohl der Firmensitz Rotterdam war. Die Phase der staatlichen Auflage dauerte bis 1963.[32] Nun erst konnte August Thyssens Enkel Hans Heinrich Thyssen-Bornemisza erstmals voll über sein niederländisches Erbe verfügen. Er hatte nach dem Tod seines Vaters 1947 das industrielle Erbe angetreten, sollte aber auch in den folgenden Jahren die von seinem Vater aufgebaute, durch die Erbschaft aufgeteilte Kunstsammlung wieder in großen Teilen zusammenführen und durch eigene Sammlertätigkeit zu einer der bedeutendsten Privatsammlungen der Welt ausbauen.[33]

1970 wurde das aktive Bankgeschäft aufgegeben, ein Jahr später die Firma in Thyssen-Bornemisza Group N. V. umbenannt und der Geschäftssitz nach Amstelveen bei Amsterdam verlegt. Sie firmierte als zentrale Holding und koordinierte die Geschäftspolitik grenzüberschreitend. 1974 wurde die Thyssen-Bornemisza Gruppe grundlegend umstrukturiert und als neue Holding die Thyssen-Bornemisza N. V., Niederländische Antillen, gegründet. Die Thyssen-Bornemisza Group N. V. wurde 1974 in Thyssen-Bornemisza Europe N. V. umbenannt und auf die Koordination der europäischen Geschäftspolitik beschränkt.[34]

Bremer Vulkan Schiffbau und Maschinenfabrik, Bremen-Vegesack[35]

1893 Bremer Vulkan Schiffbau und Maschinenfabrik; 1980 Bremer Vulkan AG Schiffbau und Maschinenfabrik; 1992 Bremer Vulkan Verbund AG/Bremer Vulkan Werft und Maschinenfabrik GmbH; 1996 Konkurs.

Die Vorläufer der in [Bremen-]Vegesack gelegenen Werft gingen bis in das Jahr 1805 zurück. Aber erst 1893 gründete der Ingenieur Victor Nawatzki zusammen mit ande-

32 Baumann, Carl-Friedrich: Schloss Landsberg und Thyssen, a.a.O., S. 24–27.
33 Siehe den Katalog Heinemann-Fleischmann, Rudolf: Sammlung Schloß Rohoncz. Gemälde. Ausstellung Neue Pinakothek München, München 1930; siehe auch die Publikationen zur Thyssen-Bornemisza Collection.
34 Baumann, Carl-Friedrich: Schloss Landsberg und Thyssen, a.a.O., S. 30f.
35 Wenn nicht anders angegeben, so orientiert sich die Darstellung an den folgenden Arbeiten: Scholl, Lars U.: Victor Nawatzki, in: NDB 19 (1999), S. 3 f.; Kuckuk, Peter/Roder, Hartmut/Scharf, Günter: Spanten und Sektionen. Werften und Schiffbau in Bremen und der Unterweserregion im 20. Jahrhundert, Bremen 1986, S. 49–61; Bessel, Georg: 150 Jahre Werftbau in Vegesack. Geschichte der Werften, Bremen 1955 und für die letzten Jahre siehe Voß, Karlheinz: Absturz der Überflieger. Aufstieg und Fall renommierter Industrieunternehmen, Frankfurt am Main 2002², S. 101–188. Herrn Dr. Adolf E. Hofmeister, Staatsarchiv Bremen, danke ich für zahlreiche Hinweise.

ren Bremer Geldgebern die Aktiengesellschaft Bremer Vulkan Schiffbau und Maschinenfabrik, um eine unterkapitalisierte Werft zu übernehmen, zu modernisieren und auf den Eisen- und Dampfschiffbau umzustellen. 1895 lieferte die Werft ihr erstes Schiff ab. Bis zur Jahrhundertwende expandierte der Bremer Vulkan zu einer Großwerft mit ca. 2.600 Beschäftigten. Unter Nawatzkis Leitung entwickelte sich die Werft vor dem Ersten Weltkrieg im Bereich des Handelsschiffbaus zum führenden Betrieb in Deutschland, u. a. durch zahlreiche Aufträge des Norddeutschen Lloyds, ohne an der gewaltigen deutschen Flottenrüstung zu partizipieren. Erst im Ersten Weltkrieg, ab 1916, wurde für zwei Jahre ausschließlich für die Kaiserliche Kriegsmarine gearbeitet.

Blick auf die Werftanlagen der Bremer Vulkan Schiffbau
und Maschinenfabrik, ca. 1923.

1916 erwarb August Thyssen die Aktienmehrheit des Bremer Vulkans und nahm ab 1918 entscheidenden Einfluss auf die Geschäftspolitik: Er gliederte sich mit der Flensburger Schiffsbau-Gesellschaft die zweitgrößte deutsche Werft für den Handelsschiffbau (in Bruttoregistertonnen gemessen) an und versuchte, beide Werften nach einheitlichen Gesichtspunkten zu führen. Thyssen erwartete aufgrund der zahlreichen im Seekrieg versenkten Handelsschiffe einen Neubau-Boom. Diese Spekulation erhielt zusätzlichen Auftrieb, nachdem im November 1917 das Reichsgesetz über den Wiederaufbau der deutschen Handelsflotte in Kraft trat, das den Ersatz des verlorenen Schiffsraums durch beträchtliche Subventionen fördern sollte.[36] Eine Anfang 1918

36 RGBl. 1917, S. 1025–1035.

geplante Kooperation mit der Allgemeine Electricitäts-Gesellschaft (AEG) und der Hamburger Werft AG (Eigner: AEG und Hamburg-Amerikanische Packetfahrt-Actien-Gesellschaft (Hapag)) sollte eine technische Führerschaft im Schiffbau (Serienfertigung) ermöglichen, kam aber wegen der veränderten Interessenlage bei Walther Rathenau, dem Vorstandsvorsitzenden der AEG, nicht zustande.[37] Dieser hatte sich

Zum Biegen der Spanten war es notwendig, diese in einem Glühofen aufzuheizen, ca. 1923.

für eine Kooperation von AEG und Hapag mit der Gutehoffnungshütte Aktienverein für Bergbau und Hüttenbetrieb entschieden, die ebenfalls über einen leistungsfähigen Maschinenbau verfügte. Am 6. Juni 1918 gründeten diese drei Partner – ohne Thyssen – die Deutsche Werft AG, Hamburg.[38]

Der Schiffsmotorenbau des Bremer Vulkans wurde sowohl 1922 durch einen Lizenzvertrag mit der Maschinenfabrik Augsburg-Nürnberg AG über Dieselmotorenfertigung als auch durch die Übernahme der in der Maschinenfabrik Thyssen entwickelten Schiffsturbinen der Bauart Thyssen-Röder weiter entwickelt.[39] Das erste

37 Siehe Schreiben AEG an August Thyssen vom 7.2.1918, Abschrift, und Schreiben Thyssen & Co. an Fritz Thyssen vom 12.2.1918, in: TKA A/684/4.

38 Maschke, Erich: Es entsteht ein Konzern. Paul Reusch und die GHH, Tübingen 1969, S. 106–116.

39 Die Dampfturbinen. Bauart Thyssen-Röder, hrsg. von Thyssen & Co AG Maschinenfabrik, Mülheim/Ruhr 1922, S. 32.

Motorschiff wurde in August Thyssens Todesjahr 1926 gebaut; Dampfer wurden jedoch noch in großer Anzahl bis 1936 bzw. nach dem Zweiten Weltkrieg wieder bis 1950 abgeliefert.

August Thyssen schlug in den Inflationsjahren eine Diversifikation der Werft durch Bau und Reparatur von Lokomotiven und Eisenbahnwaggons vor. Abgesehen vom Bau einer Prototyp-Lokomotive im Frühjahr 1924 kam es in der Folgezeit jedoch nicht zur Errichtung dieses zweiten Standbeins.[40] Die Werftenkrise 1925 und der Tod August Thyssens 1926 verhinderten dies, was sich im Nachhinein für das Unternehmen als positiv herausstellte, denn Ende des Jahrzehnts erreichte die Depression auch die deutsche Lokomotivindustrie.

Erstaunlich ist, wie intensiv sich August Thyssen mit über 80 Jahren noch für die wirtschaftliche Entwicklung des Bremer Vulkans interessierte.[41] In der Werftenkrise 1925 wollte er über Kredite den Schiffsneubau fördern, um den vorhandenen Facharbeiterstamm weiter beschäftigen zu können, der in der Stadt Vegesack und dem agrarischen Umland keine andere Arbeit hätte finden können und andernfalls abgewandert wäre.[42] Eine Fusion mit der Flensburger Schiffsbau-Gesellschaft, die die beiden größten deutschen Handelsschiffswerften der Vorkriegszeit unter einheitlicher Leitung vereinen und dadurch die Verwaltung personell reduzieren sollte,[43] oder eine Zusammenarbeit mit anderen Werften an der Unterweser wurde aber von Generaldirektor Victor Nawatzki – offensichtlich mit guten Argumenten gegenüber den Vorstellungen der küstenfernen Eigentümer – abgelehnt. Nawatzki wechselte 1922 vom Vorsitz im Vorstand in den Aufsichtsrat und trat auch in den Aufsichtsrat der Flensburger Schiffsbau-Gesellschaft ein. Im Aufsichtsrat des Bremer Vulkan waren neben August Thyssen seine Söhne Fritz und Heinrich sowie seine Neffen Julius und Hans vertreten. Heinrich Thyssen-Bornemisza übernahm nach dem Tod seines Vaters die Beteiligung am Bremer Vulkan und den Posten eines zweiten stellvertretenden Aufsichtsratsvorsitzenden. Eine über gemeinsame Aufsichtsratsmandate hinausgehende Koordination im Schiffbau dieser beiden Werften fand offensichtlich nicht statt. Erst nach dem Zweiten Weltkrieg sollte der Bremer Vulkan die Motoren für die Flensburger Schiffe liefern.

In der Weltwirtschaftskrise führte Nawatzki – erfolglose – Fusionsverhandlungen mit der finanziell angeschlagenen Deutsche Schiffbau und Maschinenbau AG (Deschimag). Dieser Werften-Konzern war 1926 von dem Bremer Bankier Johann Friedrich Schröder als Zusammenfassung vornehmlich mittlerer und kleinerer Werf-

40 Roder, Hartmut: Der Bremer Vulkan. Schiffbau und Werftarbeit in Vegesack 1914–1933, Bremen 1987, S. 43.

41 Siehe den Briefwechsel August Thyssen mit seinem Sohn Heinrich aus den Jahren 1919 bis 1926, in dem der Bremer Vulkan häufig ein Thema war. Transkriptionen der Briefe, in: TKA A/15805 f.

42 Siehe Schreiben August Thyssen an Heinrich Thyssen-Bornemisza vom 26.7.1925, Transkription in: TKA A/15806.

43 Siehe Schreiben August Thyssen an Heinrich Thyssen-Bornemisza vom 10.8.1924, Transkription in: ebd.

ten der Unterweserregion mit Einschluss einiger Betriebe des Ostseeraums und an der Elbe mit der AG „Weser" als bedeutendem Kern gegründet worden. Die AG Weser als Bestandteil der Deschimag sollte schon damals vom Bremer Vulkan erworben werden. Auch Fusionsverhandlungen im Jahr 1934, nun geführt vom Deutschen Reich als Aktionär der Deschimag, scheiterten.[44] In der ersten Phase des „Dritten Reichs" wickelte der Bremer Vulkan ungefähr die Hälfte seiner Aufträge mit dem Ausland ab. In dieser Zeit erhöhte Heinrich Thyssen-Bornemisza sukzessive seinen Besitz auf 86 Prozent der Aktien.[45] Ab 1938 arbeitete der Bremer Vulkan bzw. seine Tochterfirma Vegesacker Werft GmbH wieder für die deutsche Kriegsmarine, vornehmlich wurden U-Boote gebaut, zeitweise zwei Stück pro Monat. Die im Zweiten Weltkrieg infolge der alliierten Luftüberlegenheit geplante eigene Montage im U-Boot-Großbunker „Valentin" konnte bis Kriegsende nicht aufgenommen werden. Zahlreiche Fremdarbeiter und KZ-Häftlinge mussten während des Kriegs für den Bremer Vulkan und am U-Boot-Bunker arbeiten.

Nach dem Zweiten Weltkrieg hatte der Bremer Vulkan großen Anteil am Wiederaufbau der westdeutschen Handelsflotte. Einheitstank-Motorschiffe und Fahrgastfrachtschiffe machten die 1950er Jahre zu einer dividendenreichen Zeit der Werft. Von 1966 bis 1968 besaß der Bremer Vulkan die Aktienmehrheit der Pintsch Bamag AG. 1973 verkaufte die Thyssen-Bornemisza Gruppe 13 Prozent des Aktienkapitals vom Bremer Vulkan.[46] Ende der 1970er Jahre geriet die Bremer Werft, die allen Schiffbaukrisen bisher erfolgreich getrotzt hatte, in eine zum Teil hausgemachte Liquiditätskrise durch Fehlkalkulation beim Fregattenbau für die Bundesmarine sowie einen Konstruktionsfehler beim Bau des Luxuskreuzfahrtschiffes MS Europa. Die Tankerkrise verstärkte die internen Probleme noch. Daraufhin veräußerte Anfang der 1980er Jahre Hans Heinrich Thyssen-Bornemisza einen Teil seiner Aktien für 1 DM an das Unternehmen, das Land Bremen erwarb eine Schachtelbeteiligung von 29 Prozent, gewährte staatliche Investitionshilfen und erwirkte damit Einfluss auf die Geschäftsleitung. 1982 legten Hans Heinrich Thyssen-Bornemisza, 1984 sein Sohn Georg-Heinrich ihre Aufsichtsratsmandate nieder. Der Vater wurde jedoch zum Ehrenvorsitzenden gewählt, was er bis zum Konkurs der Firma blieb. Sukzessive verringerte Thyssen-Bornemisza seine Kapitalbeteiligung. 1987 kaufte die Stadt Bremen die Bremerhavener Seebeckwerft AG von der Fried. Krupp GmbH und brachte sie in den Bremer Vulkan ein. Neben einem Werften-Strukturkonzept für die Unterweser versuchte sich der Bremer Vulkan zunächst mit schiffsbaufremden Diversifikationen wie Sandentölungs-, Entschwefelungs- und Windenergiegewinnungsanlagen. Zum 1. März 1987 trat Friedrich Hennemann, bisher Senatsdirektor im Wirtschaftsressort (Staatssekre-

44 Kuckuk, Peter: Die Deschimag in der Weltwirtschaftskrise, in: Spanten und Sektionen, a.a.O., S. 71–102, hier S. 75–77, 89–91.

45 Die Aktien wurden über die August Thyssen-Bank AG, die N. V. Handels- en Transport-Maatschappij „Vulcaan", die Press- und Walzwerk AG sowie die Bank voor Handel en Scheepvaart N. V. gehalten.

46 Geschäftsbericht der Thyssen-Bornemisza Group N. V. 1973, S. 7.

Dieses Gruppenfoto entstand am 9. März 1981 bei der Schiffstaufe der MS August Thyssen auf der Werft des Bremer Vulkans (v.l.): Robert L. Genillard, Dieter Spethmann, Vorstandsvorsitzender der Thyssen AG, Renate Spethmann, Georg-Heinrich Thyssen-Bornemisza, Francesca Thyssen-Bornemisza, unbekannt, Anita Zichy-Thyssen, Denise Thyssen-Bornemisza, Hans Heinrich Thyssen-Bornemisza mit seinem Sohn Alexander Thyssen-Bornemisza, Helene Huchzermeier und Hans Martin Huchzermeier, Vorstandsvorsitzender Bremer Vulkan.

tär) der Hansestadt Bremen, in den Vorstand des Bremer Vulkans ein und übernahm zunächst das Ressort Finanzen, wurde aber noch im gleichen Jahr zum Vorstandsvorsitzenden berufen.

In den folgenden Jahren flossen unter arbeitsmarktpolitischen Aspekten Landesmittel an den Bremer Vulkan, der in der strukturschwachen Küstenregion ein bedeutender Arbeitgeber war. Ab 1990 entwickelte Friedrich Hennemann, durchaus versehen mit der politischen Zustimmung des Bremer Senats, seine Vision von einem maritimen Technologiekonzern mit industriellen und elektronischen Sparten. Der Bremer Vulkan übernahm 1990 den Schiffsdieselmotorenbau der Schweizer Firma Sulzer Diesel AG und 1992 die Krupp Atlas Elektronik GmbH, stieg in das Reedereigeschäft und den Werkzeugmaschinenbau (Dörries Scharmann AG, Schiess GmbH) ein, beteiligte sich am Marineschiffbau und vor allem entdeckte er das Geschäft mit der Treuhand-Gesellschaft. Für die Übernahme zunächst noch nicht wettbewerbsfähiger Ostwerften in Stralsund (Volkswerft GmbH) und Wismar (MTW Schiffswerft GmbH) sowie anderer ehemaliger volkseigener Betriebe (Neptun Industrie Rostock GmbH) und

Reedereien gab es zins- und tilgungsfreie Investitions- und Betriebsbeihilfen. Diese Mittel wurden vom Bremer Vulkan entgegen der Intention zur Expansion in den westlichen Bundesländern und zum Weiterbetrieb ihrer an der Weser gelegenen Werften sowie des hochdefizitären Werkzeugmaschinenbaus eingesetzt. Mangelnde Kontrolle durch Wirtschaftsprüfer, Aufsichtsrat und Treuhand-Gesellschaft, aber auch durch die Bremische Bürgerschaft und die Landesregierung, die bis zuletzt auf die Erhaltung von Arbeitsplätzen in der Küstenregion bedacht war, ermöglichten dem Vorstand des Bremer Vulkan, für die Vision eines deutschen maritimen Technologiekonzerns sowohl 1,8 Mrd. DM Investitions- und Betriebsbeihilfen von der Treuhand-Gesellschaft als auch 1,6 Mrd. DM Zuschüsse des Landes Bremen zu erhalten, die zum Teil nicht auflagengerecht verwandt wurden. Da seit Anfang der 1990er Jahre fast alle Unternehmen der Bremer Vulkan Verbund AG, so seit 1992 der Name der ausschließlich auf Holdingfunktionen beschränkten Gesellschaft, Verluste erwirtschafteten, Synergien durch den Konzernverbund auf dem hart umkämpften Schiffbaumarkt (zum 1. Januar 1993 war die Bremer Vulkan Werft und Maschinenfabrik GmbH ausgegründet worden) nicht realisiert werden konnten, die Spielräume der Bilanzgestaltung ausgeschöpft waren, die Europäische Union seit 1994/95 die vertragswidrige Verwendung der Mittel für die Aufbauhilfe Ost reklamierte und die Banken die Kredite sperrten, kam es im Herbst 1995 beim Bremer Vulkan zur Ablösung des amtierenden Vorstands. Am 1. Mai 1996 wurde der nicht mehr abwendbare Konkurs eröffnet und mit Ablieferung des Containerschiffs „Hansa Constitution" am 15. August 1997 ging die Geschichte des „Bremer Vulkans" zu Ende.

Flensburger Schiffsbau-Gesellschaft, Flensburg[47]

1872 Flensburger Schiffsbau-Gesellschaft; 1976 Flensburger Schiffsbau-Gesellschaft mbH; 1980 Flensburger Schiffbau-Gesellschaft mbH; 1986 Flensburger Schiffbau-Gesellschaft mbH & Co. KG.

1872 gründeten Flensburger Bürger die Flensburger Schiffsbau-Gesellschaft zum „Bau eiserner Segel- und Dampfschiffe" mit einem Aktienkapital von 225.000 Talern, das noch im gleichen Jahr auf 450.000 Taler erhöht wurde. Die gleichen Aktionäre hatten drei Jahre zuvor schon die Flensburger Dampfschiffahrts-Gesellschaft gegründet. 1875 wurde das erste eiserne Segelschiff auf Kiel gelegt, 1898 das letzte. Die Flensburger Werft legte früh ihr Augenmerk auf den Dampfschiffbau. Die letzten Schiffe mit einer von der Flensburger Schiffsbau-Gesellschaft hergestellten Dampfmaschine wurden erst im Jahre 1953 abgeliefert. 1900 verließ schon das zweihundertste Schiff die Werft. Der Anteil Flensburger Reeder als Auftraggeber nahm kontinuierlich ab,

47 90 Jahre im Dienste des Schiffbaus, hrsg. von Flensburger Schiffsbau-Gesellschaft, o. O. 1962; Detlefsen, Gert Uwe: Flensburger Schiffbau-Gesellschaft 1872–1982. 110 Jahre Schiffbau in Flensburg, Hamburg 1982.

Am 25. November 1923 wurde das Frachtschiff August Thyssen bei der Flensburger Schiffsbau-Gesellschaft getauft (oben). Der Namensgeber war nicht anwesend. Die untere Aufnahme zeigt das Schiff anschließend im Flensburger Hafenbecken.

weil die Flensburger Schiffsbau-Gesellschaft immer größere Frachtschiffe baute. Über den Bremer Vulkan erwarb die Thyssen-Gruppe nach dem Ersten Weltkrieg die Mehrheit an der Flensburger Schiffsbau-Gesellschaft. August Thyssen war nicht nur an der Werft als Stahlabnehmer interessiert, sondern erhoffte sich auch – wie beim Bremer Vulkan – Synergien für den eigenen Maschinenbau in der Fertigung von Schiffsdampfmaschinen und -turbinen. Fritz Thyssen gehörte dem Aufsichtsrat von 1918 bis 1932 an, sein Vater August von 1921 bis zu seinem Tod 1926. 1923 lieferte die Flensburger Werft übrigens den Frachtdampfer August Thyssen für die Dampfer August Thyssen GmbH, Hamburg, ab.

Nach dem Tod von August Thyssen gehörte das Unternehmen zum Erbteil von Heinrich Thyssen-Bornemisza. Als seine Aufsichtsratsvertreter wurden am 22. Juli 1927 Johann G. Gröninger und Hendrik Jozef Kouvenhoven gewählt. Heinrich Thyssen-Bornemisza sollte zunächst wenig Freude an dem Unternehmen haben. Im Jahr 1930 sank die Beschäftigtenzahl von 1.500 auf 200 und erreichte Ende 1932 mit ca. 80 Mitarbeiter den absoluten Tiefstand. Um eine kartellbedingte Stilllegung der Werft zu verhindern, erwarb die Stadt Flensburg 1932 25,02 Prozent des Aktienkapitals. Im Rahmen der nationalsozialistischen Autarkie- und Kriegswirtschaft erlebte auch die Flensburger Schiffsbau-Gesellschaft einen Aufschwung, u. a. durch den Bau von Kriegsschiffen (Vorposten- und U-Boote). Wilhelm Roelen, als Generaldirektor der Thyssen'sche Gas- und Wasserwerke GmbH Heinrich Thyssen-Bornemiszas Vertrauter in Deutschland, wurde 1938 in den Aufsichtsrat gewählt und leitete das Gremium bis 1953.

Nach dem Zweiten Weltkrieg – Hans Heinrich Thyssen-Bornemisza als Nachfolger seines 1947 verstorbenen Vaters hielt über seine niederländischen Gesellschaften ca. 60 Prozent des Aktienkapitals – wurden Tramp-, Massengut- und Linienfrachtschiffe in immer größeren Abmessungen gebaut, u. a. auch für die zur Thyssen-Bornemisza Group gehörende Halycon Lijn N. V., Rotterdam, die im Zweiten Weltkrieg ihre Schiffe durch Versenkung und/oder Beschlagnahme verloren hatte.

1963 wurde mit einem Reparaturbetrieb für Rad- und Kettenfahrzeuge ein zweites, kleines, schiffbauunabhängiges Unternehmensstandbein aufgebaut. Hauptauftraggeber war die Bundeswehr. 1966 ging der Betrieb unter dem Namen Fahrzeugwerke Nord GmbH in den Mehrheitsbesitz der Maschinenfabrik Augsburg-Nürnberg AG, die sich 1980 aus der Flensburger Fahrzeugbau GmbH zurückzog, sodass diese wieder eine 100-prozentige Tochtergesellschaft der Flensburger Schiffbau-Gesellschaft mbH war. Der Fahrzeugbetrieb nutzte das Areal der alten Werft, auf der 1969 das letzte Schiff ausgerüstet worden war, während die Werft ein neues, funktionaleres Areal bezogen hatte.

Seit Mitte der 1960er Jahre hatte die Flensburger Schiffsbau-Gesellschaft mit einer internationalen Flaute im Frachtschiffbau zu kämpfen. 1973 zog sich der bisherige Mehrheitsaktionär Hans Heinrich Thyssen-Bornemisza aus der Flensburger Schiffsbau-Gesellschaft zurück.[48] An seine Stelle trat die Harmstorff-Gruppe, die schon zwei kleinere schleswig-holsteinische Werften besaß und weitere Aktivitäten im Schifffahrtsgeschäft betrieb. Seit 1976 hielt die Hamburger Alnwick Harmstorff KG die Aktienmehrheit, wandelte das Unternehmen in eine GmbH um und modernisierte den Firmennamen 1980, in dem sie auf das „s" im Wort Schiff[s]bau verzichtete. Der Vollcontainer-Schiffbau wurde intensiviert. Zum 1. Januar 1982 fusionierte die

48 Geschäftsbericht der Thyssen-Bornemisza Group N. V. 1973, S. 7.

Harmstorff-Gruppe auf die Flensburger Schiffbau-Gesellschaft. Die Harmstorff-Gruppe wurde 1986 ein Opfer der Werftenkrise. Am 29. September 1986 konnte eine Auffanggesellschaft gegründet werden, aus der die heutige Flensburger Schiffbau-Gesellschaft hervorging. 1990 erfolgte die Übernahme der Flensburger Schiffbau-Gesellschaft mbH & Co. KG durch den Lübecker Reeder Egon Oldendorff.[49]

Gasgesellschaft mbH, [Duisburg-]Hamborn

1921 Gasgesellschaft mbH; 1927 Thyssen'sche Gas- und Wasserwerke GmbH; 1965 Thyssengas AG; 1971 Thyssengas GmbH.

Zum 7. Februar 1921 wurde die ehemalige Abteilung Gas- und Wasserwerke der August Thyssen-Hütte, Gewerkschaft, als Gasgesellschaft mbH in das Handelsregister eingetragen. Aktionäre waren zu gleichen Teilen die Thyssen & Co. AG sowie die AG für Hüttenbetrieb.[50] Die Ursprünge der Gasgesellschaft gingen auf die 1904 in Betrieb genommene Kokerei Schacht 4 der Gewerkschaft Deutscher Kaiser zurück, die ihr überschüssiges Kokereigas zunächst an die Gemeinden Walsum (1904) und Hamborn (1905) vertrieb, sowie auf die Wasserwerk Thyssen & Cie. GmbH, die 1903 aus einer zehn Jahre zuvor gegründeten Betriebsabteilung des Mülheimer Stammwerks Thyssen & Co. hervorgegangen war. Letztere baute von 1904 bis 1908 das erste Wasserwerk in Duisburg-Beeckerwerth.[51] Vor dem Verkauf des Mülheimer Wasserwerks an die neu gegründete Rheinisch-Westfälische Wasserwerksgesellschaft mbH[52] im Jahr 1912 war das Rhein-Wasserwerk der Gewerkschaft Deutscher Kaiser übertragen und zusammen mit den dortigen Kokereigas reinigenden und vertreibenden Betrieben zu einer Abteilung Gas- und Wasserwerk der Gewerkschaft Deutscher Kaiser zusammengefasst worden.

Die Aufgabe der Gasgesellschaft mbH war – im Gegensatz zur Niederrheinische Gas- und Wasserwerke GmbH (siehe dort) – die Ferngas- und Wasserversorgung sowie die Aufbereitung und Lieferung von Kokereigas an Industriekunden. Dazu zählte auch die August Thyssen-Hütte, Gewerkschaft, von der die Gasgesellschaft mbH ihr Kokereigas bezog und an die sie ca. 60 Prozent wieder zurücklieferte. Zunächst war die Gasgesellschaft mbH eine Firma ohne Mitarbeiter, da diese vom Hüttenwerk gestellt und von diesem der Gasgesellschaft in Rechnung gestellt wurden.[53] Erste Geschäftsführer waren Julius Thyssen bis 1932, der älteste Sohn von Joseph Thyssen, sowie Franz Lenze bis zu seinem Tod 1937.[54] Letzterer war als Gas- und Wasserfachmann seit 1906

49 Siehe www.dieter-engel/texte/firmen/werften/web-flensburger.htm, 19.4.2004.
50 Siehe Aufstellung in: TKA NROE/13.
51 Siehe Wer, wo, was bei Thyssengas, Essen [ca. 1959], S. 7; TKA F/Alb/27.
52 Eiden, Christian: Von der Brunnengemeinschaft zur Wasserindustrie, a.a.O., S. 150–204.
53 Siehe Niederschrift ohne Titel, 21.7.1922, in: TKA NROE/41.
54 Pawlowski-Grütz, Thomas: Aus den Gründertagen von Thyssengas, (Thyssengas intern. Informationen für die Mitarbeiter der Thyssengas GmbH), Duisburg 1991.

für den Thyssen-Konzern tätig, zuerst bei der Wasserwerk Thyssen & Cie. GmbH und seit 1914 als Abteilungsleiter bei der Gewerkschaft Deutscher Kaiser.[55] Die Gesellschaft gehörte seit 1923 Fritz Thyssen und Heinrich Thyssen-Bornemisza sowie ihren Cousins Julius und Hans Thyssen. Mit dem Tod August Thyssens und der Regelung der unternehmerischen Interessen zwischen den Brüdern Fritz und Heinrich gelangte die Gasgesellschaft mbH 1926 zum Unternehmenskreis von Heinrich Thyssen-Bornemisza. 1926 traten Julius und Hans Thyssen ihre Geschäftsanteile ab. Eine endgültige Vermögensregelung wurde am 8. Mai 1926 getroffen.[56] 1927 wurde die Firma in Thyssen'sche Gas- und Wasserwerke GmbH umbenannt. Die Geschäftsführer Franz Lenze (1878–1937) und seit 1929 Wilhelm Roelen[57] (1889–1958) waren zugleich die inoffiziellen Vertreter der Interessen Thyssen-Bornemiszas in Deutschland.

Nachdem 1922/23 ein zweites großes Pumpwerk am Rhein bei Duisburg-Beeckerwerth geschaffen[58] und 1927 dementsprechend der Firmenname in Thyssen'sche Gas- und Wasserwerke GmbH umgewandelt worden war, versorgten die beiden Wasserwerke der Gasgesellschaft mbH das nordwestliche Ruhrgebiet mit Trinkwasser. Erst 1955/56 baute das Unternehmen ein Wasserwerk in Alsum zur Versorgung der Industrie mit Brauchwasser.[59] Diese Wasserwerke wurden 1965 an die Niederrheinische Gas- und Wasserwerke GmbH veräußert.

Mit dem Tod August Thyssens und der endgültigen Erbteilung zwischen den Brüdern Fritz und Heinrich wurde der bisherige Energieverbund – Kokereien/Hüttenwerke auf der einen und Kokereigas-Vertrieb auf der anderen Seite – aufgelöst, da Fritz Thyssen die auf sein Erbteil entfallenden Kokereien und Hüttenwerke in die Vereinigte Stahlwerke AG einbrachte, während Heinrich Thyssen-Bornemisza mit den Unternehmen seines Erbteils bewusst selbstständig blieb. Daraufhin mussten entsprechende langfristige Gasliefervertträge zwischen der Thyssen'sche Gas- und Wasserwerke GmbH und der Vereinigte Stahlwerke AG, dem neuen Eigentümer der Hamborner Hüttenwerke und Kokereien, abgeschlossen werden. Zudem wurde 1927 mit der Ruhrgas AG ein Vertrag abgeschlossen, der die Interessensphären gegenseitig abgrenzte und den gemeinsamen Bau einer Gasleitung nach Köln vorsah. Die Stadt Köln ging 1930 zum Ferngasbezug über.

55 Milkereit, Gertrud: Franz Lenze. Der Fachmann für Gas und Wasser, in: Niederrheinische Unternehmer. 111 Persönlichkeiten und ihr Werk. Biographische Skizzen als Spiegelbild der Vielfalt und Dynamik einer Region in ihrer geschichtlichen Entwicklung, hrsg. von Wolfgang Burkhard, Duisburg 1990, S. 108f.

56 Fotografie in: TKA BIW/192. Damals ging u. a. auch Schloss Styrum bei Mülheim/Ruhr in das Eigentum der Thyssen'sche Gas und Wasserwerke GmbH über.

57 Burghardt, Uwe: Wilhelm Roelen (1889–1958), in: Ingenieure im Ruhrgebiet, hrsg. von Wolfhard Weber, (Rheinisch-Westfälische Wirtschaftsbiographien, Bd. 17), Münster 1999, S. 423–450.

58 Däbritz, Walther: Unternehmensgeschichte Thyssen, unveröffentlichtes Typoskript in 17 Heften, o. D., hier Heft 16, in: TKA A/15511, S. 99; Wer, wo, was bei Thyssengas, a.a.O., S. 60.

59 Pawlowski-Grütz, Thomas: Aus den Gründertagen von Thyssengas, a.a.O., S. 27.

Die Industriebauten der zahlreichen Thyssen'schen Unternehmen zeichnen sich nicht durch einen einheitlichen Stil aus. So ist das Wasserwerk Beeckerwerth bei Duisburg einschließlich der dazugehörigen Wege und Gartenflächen im Jugendstil mit orientalischen Anklängen gestaltet, Frühjahr 1912.

Bei seinen Besuchen auf der Zeche Walsum wurde Heinrich Thyssen-Bornemisza (4. v.r.) immer von hochrangigen Mitarbeitern seiner Gesellschaft begleitet, wie hier am 2. Dezember 1933 von Franz Lenze (3. v.r.) und Wilhelm Roelen (2. v.l.).

Um sich langfristig von den Gaslieferverträgen mit der Vereinigte Stahlwerke AG unabhängig zu machen, denn die Vereinigte Stahlwerke AG war Großaktionärin bei der 1926 gegründeten Ruhrgas AG, wurde der schon auf August Thyssen und das Jahr 1904 zurückgehende Plan eines Bergwerks in Walsum nördlich von Hamborn wieder aufgegriffen. Die Thyssen-Bornemisza Gruppe wollte eine eigene Kokskohlenbasis zum Betrieb einer werksverbundenen Kokerei haben. Die Brüder Fritz Thyssen und Heinrich Thyssen-Bornemisza hatten den unverritzten Felderbesitz am Niederrhein behalten, da er bei einer Einbringung in die Vereinigte Stahlwerke AG nicht entsprechend ihren Vorstellungen bewertet worden wäre. Nun wurde die Gewerkschaft Walsum errichtet und der Thyssen'sche Gas- und Wasserwerke GmbH als Muttergesellschaft zugeordnet. Das Grubenfeld sollte damit ausschließlich zur Thyssen-Bornemisza Gruppe gehören. 1927 begannen die Abteufarbeiten für eine Doppelschachtanlage in Walsum. Das Verbundbergwerk Walsum förderte seine erste Kohle jedoch erst 1939.[60] Die Pläne zum Bau eines eigenen Kraftwerks bzw. einer eigenen Kokerei konn-

60 Rasch, Manfred: August Thyssen. Der katholische Großindustrielle der Wilhelminischen Epoche, a.a.O., S. 45f.; Bassier, Friedrich-Karl/Kallrath, Egon: Walsum. Die Geschichte eines Bergwerkes. Zusammenstellung aus Anlaß der 50-jährigen Wiederkehr der Aufnahmen der Kohlenförderung 1939, Duisburg-Walsum 1989.

ten vor dem Krieg nicht mehr realisiert werden; letzteres war nicht möglich, da die Walsumer Kohle wider Erwarten nicht verkokbar war. Dafür verfügte das Bergwerk aber mit dem Stichkanal über einen direkten Zugang zum Rhein und eignete sich hervorragend zum kostengünstigen Kohlenexport. Wilhelm Roelen, der das Bergwerk geplant hatte, war auch für dessen hohen Mechanisierungsgrad verantwortlich. Nach dem Zweiten Weltkrieg wurde die Gewerkschaft Walsum im Rahmen der alliierten Entflechtung aus dem Verbund mit der Thyssen'sche Gas- und Wasserwerke GmbH ausgegliedert und 1953 als Bergwerksgesellschaft Walsum mbH verselbstständigt. Das Bergwerk, zusammen mit dem Kraftwerk von Hans Heinrich Thyssen-Bornemisza 1969 zunächst an die Steinkohlen-Elektrizität AG (Steag) verkauft, wurde später in die Ruhrkohle AG eingebracht. Es ist die letzte noch fördernde Steinkohlenzeche auf dem durch Eingemeindungen vergrößerten Duisburger Stadtgebiet. Ihre Schließung in den nächsten Jahren scheint beschlossene Sache zu sein.

1930 errichtete die Thyssen'sche Gas- und Wasserwerke GmbH ein Ferngaswerk in Alsdorf bei Aachen zur Versorgung der Städte Aachen und Köln. Im Ruhrgebiet verfügte das Unternehmen nie über eine eigene Kokerei, sondern griff immer auf das Kokereigas der Vereinigte Stahlwerke AG und ihrer „Nachfolgegesellschaften" zurück. Um entsprechende Speicherkapazität zu haben, um Schwankungen zwischen der gleichmäßigen Gaserzeugung und der ungleichmäßigen Gasabnahme auszugleichen, war 1926 in Hamborn ein Gasometer mit ca. 300.000 Kubikmeter Fassungsvermögen errichtet worden. Der Inhalt entsprach noch Ende der 1950er Jahre dem zehnfachen Tagesverbrauch der Hamborner Bevölkerung.[61] Zeitweise war er Europas größter Gasometer und ein Wahrzeichen Hamborns, wie auch die Thyssen'sche Gas- und Wasserwerke GmbH temporär Deutschlands größte Ferngasgesellschaft war.

Unmittelbar nach Kriegsende sah die Zukunft für die Thyssen'sche Gas- und Wasserwerke GmbH düster aus, obwohl ihre Betriebe voll leistungsfähig waren. Die Abhängigkeit von der Vereinigte Stahlwerke AG machte sich bemerkbar: Die Betriebe der Vereinigte Stahlwerke AG waren zum Teil zerstört bzw. standen vor der Demontage. Wäre die August Thyssen-Hütte AG nicht wieder aufgebaut worden, so wären ca. 50 Prozent der Gaserzeugung und 30 Prozent des Gas- sowie des Wasserabsatzes der Thyssen'sche Gas- und Wasserwerke GmbH entfallen.[62] Das Petersberger Abkommen von 1949 stoppte jedoch die Demontage der Thyssenhütte in Duisburg-Hamborn und sicherte damit der Thyssen'sche Gas- und Wasserwerke GmbH sowohl ihren wichtigsten Gaslieferanten als auch ihren wichtigsten Kunden.

In den 1950er Jahren erfolgte der Ausbau der Gasreinigungsanlagen in Duisburg-Hamborn für das von den nahe gelegenen Kokereien bezogene Gas zu den größten und modernsten Europas. Außerdem wurde das Ferngasnetz bis nach Belgien und in die Niederlande ausgedehnt. Wegen des hohen Gasverbrauchs musste bei Bedarf Flüssiggas in das Netz eingespeist werden und schon Ende der 1950er Jahre wurde an den

61 Wer, wo, was bei Thyssengas, a.a.O., S. 19.

62 Siehe Typoskript Erwägungen zur Entwicklung, 30.10.1946, in: TKA NROE/36.

Mit 300.000 Kubikmeter Fassungsvermögen bei ca. 70 m Durchmesser und 107 m Höhe gehörte der Gasometer in Hamborn-Fahrn 1926 zu den größten seiner Art. Er wurde sogar auf einer Postkarte abgebildet.

Bezug von Erdgas aus den Niederlanden gedacht.[63] Durch diese neue Bezugsquelle wurde der Gasvertrieb unabhängig von der Koksproduktion, die wiederum im Wesentlichen von der Roheisenerzeugung der Hochöfen und deren Koksbedarf und nur noch unwesentlich von der Koksproduktion für Heizzwecke abhing.

Die 1980 errichtete Hauptverwaltung der Thyssengas GmbH in Duisburg-Hamborn mit dem Förderturm der ehemaligen Schachtanlage Friedrich Thyssen 1/6, Mai 1980.

1965 wandelte Hans Heinrich Thyssen-Bornemisza die Thyssen'sche Gas- und Wasserwerke GmbH in eine Aktiengesellschaft mit Namen Thyssengas AG um und verkaufte 50 Prozent des Aktienkapitals an die Erdölunternehmen Shell (Bataafsche Petroleum Maatschappij N. V.) und Esso/Exxon (Standard Oil Company of New Jersey), die über entsprechende Erdgasfelder in Europa verfügten. Gleichzeitig begann die Umstellung auf Erdgas und der Import niederländischen Erdgases. Zeitgleich übertrug die Thyssengas AG ihre Wasserwerke und Wasserleitungen auf die Niederrheinische Gas- und Wasserwerke GmbH und entließ diese aus ihrem Beteiligungsverhältnis (siehe Niederrheinische Gas- und Wasserwerke GmbH). Obwohl der Thyssengas AG nun theoretisch Erdgas in unbegrenzten Mengen zur Verfügung stand, versuchte sie nicht, in neue Versorgungsgebiete zu expandieren, sondern hielt sich an die vor dem Zweiten Weltkrieg mit der Ruhrgas AG vereinbarten „Demarkationslinien". 1971 wurde der Vertrieb von Kokereigas eingestellt. Im gleichen Jahr erfolgte die Umwandlung der Thyssengas AG in eine GmbH, aber erst zehn Jahre später zog sich

63 The Thyssen-Bornemisza Group, hrsg. Thyssen-Bornemisza Group N. V., o.O. 1964, S. 25–27.

die Thyssen-Bornemisza Group aus der Firma vollständig zurück. Sie verkaufte ihren Anteil an die Vereinigte Industrie-Unternehmungen AG (VIAG). 1997 übernahm die RWE-Gruppe diesen Anteil und erwarb im Jahr 2000 den 25-Prozent-Anteil der Exxon-Gruppe hinzu. Nach Erwerb des 25-Prozent-Anteils der Shell Petroleum N. V. im Jahr 2003 ist die RWE-Gruppe alleiniger Eigentümer des Unternehmens und strukturierte die Geschäfte derart neu, dass die Thyssengas GmbH zurzeit nur noch eine nicht operative Eigentumsgesellschaft ist, die nicht mehr am Markt erscheint.

Geisweider Eisenwerke AG, [Siegen-]Geisweid[64]

1845 J. H. Dresler sen.; 1879 Geisweider Eisenwerke AG (Zusatz bis ca. 1920: Vorbesitzer: J. H. Dresler sen.); 1947 Hüttenwerk Geisweid AG; 1951 Stahlwerke Südwestfalen AG, Werk Geisweid; 1978 Krupp Stahlwerke Südwestfalen AG, Werk Geisweid; 1982 Krupp Stahl AG, Werksbereich Geisweid; 1994 Krupp Edelstahlprofile GmbH, Werk Siegen bzw. Geisweid.

1896 lagen die Betriebe der Geisweider Eisenwerke AG noch nahezu idyllisch im Tal.

64 Zur Firmengeschichte liegen folgende Typoskripte vor: Ballerstedt, Johannes/Fröhlich, Annelie/Gunreben, Marion/Kasper, Manfred: Die Stahlwerke Südwestfalen AG. Standorte, deren Struktur und Geschichte bis zur gegenwärtigen Situation [1985] und ohne Verfasser: Geschichte der Geisweider Eisenwerke [1945], beide in: Historisches Archiv Krupp: WA 87/v 772; Die Geschichte der Geisweider Eisenwerke. Zum 150-jährigen Firmenjubiläum, in: KEP Profil Extra Nr. 2, hrsg. von Krupp Edelstahlprofile GmbH, Siegen 1996; 150 Jahre Stahlerzeugung und -verarbeitung in Geisweid. Rückschau auf eine wechselvolle Geschichte, hrsg. von Krupp Edelstahlprofile GmbH, Geisweid 1996.

Geisweider Eisenwerke, Actiengesellschaft,

Vorbesitzer: J. H. DRESLER senior,

Geisweid (Kreis Siegen).

Hohofenanlage.

Siemens-Martin-Stahlwerk.

Grob- und Feinblech-Walzwerk.

Stabeisen-Walzwerk.

Ausgabe Oktober 1909.

Alle früheren Ausgaben werden hierdurch aufgehoben.

Ein Lieferverzeichnis (Innentitel) der Geisweider Eisenwerke AG aus dem Jahr 1909 mit der schon damals antiquierten Schreibweise der Worte „Hochofen“ und „Aktiengesellschaft“. Der Prospekt hat das Format: 10,8 × 14,3 cm.

1845 kauften die Familien Dresler und Klein das stillliegende Geisweider Hammerwerk, erweiterten es zu einem Puddelwerk und bildeten die offene Handelsgesellschaft J. H. Dresler sen. Am 9. März 1846 produzierte das Puddelwerk seinen ersten Stahl, was allgemein als Gründungstag des Unternehmens gezählt wird.

1851 nahm das Werk an der ersten Weltausstellung in London teil und errang 1855 auf der Pariser Weltausstellung zwei Bronzemedaillen. Für Jahrzehnte sollte es zu den deutschen Qualitätsstahlwerken zählen. 1865 erhielt das Werk einen Eisenbahnanschluss und 1874 einen eigenen Hochofen. Wegen des hohen Kapitalbedarfs wurde die Firma 1879 in eine Aktiengesellschaft umgewandelt. Zunächst gab die Firma die Puddelstahl-Technologie noch nicht auf, weil man damals glaubte, nur mit ihr oder dem Tiegelgussstahl-Verfahren hochwertige Stähle, z. B. für Dampfkesselbleche, erzeugen zu können. 1889 nahm die Geisweider Eisenwerke AG den ersten Siemens-Martin-Ofen im Siegerland in Betrieb. 1914 verfügte das Werk über zwei Hochöfen, zwei Siemens-Martin-Stahlwerke, sieben Walzwerke und eine Kokerei. Im Ersten Weltkrieg wurden Kuxe der Gewerkschaft Pfannenberger Einigkeit erworben, um die eigene Erzversorgung aus nahe gelegenen Gruben sicherzustellen. Nach dem Krieg lag die Produktion u. a. wegen Streiks für mehrere Wochen still. Friedrich Flick kaufte 1919 Aktien der Geisweider Eisenwerke AG, tauschte sie aber mit August Thyssen gegen Aktien der AG Charlottenhütte, sodass 1920 August Thyssen mit ca. 52 Prozent und Peter Klöckner (Lothringer Bergwerks- und Hüttenverein AG) mit ca. 46 Prozent am Geisweider Unternehmen beteiligt waren. Zwischen beiden Unternehmensgruppen wurde 1920 ein Interessenvertrag geschlossen.[65] August Thyssen übernahm den Aufsichtsratsvorsitz, Peter Klöckner wurde sein Stellvertreter. Für den Erwerb durch die Ruhrindustriellen scheint eine ausschlaggebende Rolle die Erzbasis der Gesellschaft (Gewerkschaft Pfannenberger Einigkeit) gespielt zu haben. 1921 wurden weitere Grubenfelder gemutet; ein Aufschluss bzw. eine Förderung aus diesen Feldern erfolgte jedoch nicht. Die Erzeugung des Werks wurde – trotz der über Standortvorteile verfügenden Konkurrenz im Ruhrgebiet – auf Massenstahl umgestellt.

Ende 1927 erwarb die Vereinigte Stahlwerke AG von Fritz Thyssen zunächst etwa sechs Prozent des Aktienkapitals. Durch Zukauf weiterer Aktien aus dem Besitz von Fritz Thyssen erhöhte die Vereinigte Stahlwerke AG ihren Anteil im Januar 1930 auf über 55 Prozent. Übrigens verkaufte im Januar/Februar 1930 Heinrich Thyssen-Bornemisza seinen über 90-prozentigen Anteil an der Bergbau- und Hütten-Aktien-Gesellschaft „Friedrichshütte", Herdorf, ebenfalls an die Vereinigte Stahlwerke AG.[66] Die Klöckner-Gruppe behielt ihren Anteil. Fritz Thyssen, als Nachfolger seines verstorbenen Vaters und Erbe dieser Beteiligung, und Peter Klöckner blieben weiterhin Vorsitzender bzw. stellvertretender Vorsitzender des Aufsichtsrats. Die Vereinigte Stahlwerke AG plante Anfang der 1930er Jahre auch eine Neuordnung der Siegerlän-

65 Abschrift des Vertrags vom 23.8./31.7.1920, in: TKA VSt/1193.

66 Siehe Handbuch der Beteiligungen, hrsg. von Vereinigte Stahlwerke AG, Düsseldorf 1940–1944. Heinrich Thyssen-Bornemisza wollte schon 1927 das Hüttenwerk an die Vereinigte Stahlwerke AG verkaufen, siehe TKA NROE/41.

Die Tallage schränkte die Ausdehnungsmöglichkeiten der Geisweider Eisenwerke AG deutlich ein, wie dieses Luftbild aus den 1930er Jahren zeigt. Im Hintergrund rechts deutlich sichtbar der Schlackenberg der ehemaligen Firma Storch & Schönberg AG für Bergbau und Hüttenbetrieb, Abteilung Bremerhütte.

der Stahlindustrie mit Werkstilllegungen, Bereinigungen der Produktionsprogramme und Konzentration auf profitable Standorte. Die Weltwirtschaftskrise forcierte diese Pläne. Der nach 1934 allgemein einsetzende wirtschaftliche Aufschwung – verstärkt durch Autarkie- und Rüstungswirtschaft – verhinderte die vollständige Umsetzung der Pläne. Nach 1935 erfolgte eine erneute Ausrichtung der Produktion auf Qualitäts- und Edelstähle, u. a. durch Inbetriebnahme eines Elektrostahlofens zur Produktion von Kugellagerstahl.

1947 wurde auf alliierte Anordnung die Hüttenwerk Geisweid AG als Betriebsführungsgesellschaft für die Anlagen der Geisweider Eisenwerke AG gegründet. Aktionäre waren die Vereinigte Stahlwerke AG mit 51,2 Prozent und die Klöckner-Gruppe mit 48,8 Prozent des Kapitals. Das Unternehmen unterstand der Kontrolle der Treuhandverwaltung im Auftrage der North German Iron and Steel Control. Teile sollten demontiert werden. Im Zuge der Neuordnung der westdeutschen Eisen- und Stahlindustrie entstand zum 1. Oktober 1951 die Stahlwerke Südwestfalen AG aus den folgenden Unternehmen: Hüttenwerk Geisweid AG, Stahlwerk Hagen AG (früher Harkort-Eicken Edelstahlwerke GmbH der Hoesch AG), Walzwerk in Hagen-Vorhalle der Stahlwerke Brüninghaus GmbH sowie Friedrich Thomée AG. Als Tochtergesellschaft, da ausschließlich ein weiterverarbeitender Betrieb, wurde die Stahlwerke Brüninghaus GmbH mit den beiden verbliebenen Produktionsstätten der ehemaligen Stahlwerke Brüninghaus AG angegliedert. Aktionäre waren zunächst die Vereinigte Stahlwerke AG i. L. (60 Prozent), die Klöckner-Werke AG (30 Prozent) und die Hoesch Werke AG (10

Prozent). Das Werk besaß vier Siemens-Martin- und drei Elektro-Öfen, vier Walzwerke sowie eine Glüherei, Beize, Zieherei und Schälerei. In Siegen-Geisweid residierte die Hauptverwaltung des neuen Firmenzusammenschlusses. Anfang der 1950er Jahre erfasste das Werk ein enormer Bauboom. Die Produktion sollte noch mehr auf die Qualitätsstahlfertigung ausgerichtet werden. In den 1950er Jahren erwarb Friedrich Flick sukzessive Aktien und war 1960 Mehrheitsaktionär. Die Stahlwerke Südwestfalen AG kontrollierte er über seine Eisenwerk-Gesellschaft Maximilianshütte mbH. Das Bankhaus Merck, Finck & Co. war der andere einflussreiche Großaktionär des Unternehmens. 1968 verkaufte die Flick-Gruppe ihr Aktienpaket (52 Prozent) über das Bankhaus Merck, Finck & Co. an die Hoesch AG und die Allianz Versicherungs-AG. Hoesch AG und Allianz Versicherungs-AG erhielten je 26 Prozent. Die Allianz Versicherungs-AG besaß danach 31 Prozent, während das Bankhaus Merck, Finck & Co. mit 37 Prozent der größte Einzelaktionär war. Nur die Hoesch AG besaß ein industrielles Konzept. Sie war insbesondere an der Pachtung des Werks Niederschelden der Hüttenwerke Siegerland AG interessiert, während die anderen beiden Großaktionäre ihr Engagement nur als Kapitalanlage betrachteten. 1969 wurde die Hüttenwerke Siegerland AG auf die Stahlwerke Südwestfalen AG fusioniert. In der Folgezeit versuchten die Firmen Hoesch, Krupp und Arbed, die Aktienmehrheit zu übernehmen.

Die Fried. Krupp Hüttenwerke AG, selbst ein bedeutender Edelstahlhersteller, übernahm 1975 die Stahlwerke Südwestfalen AG von den bisherigen Großaktionären Merck, Finck & Co., Allianz Versicherungs-AG und Hoesch AG und schloss 1977 einen Beherrschungs- und Gewinnabführungsvertrag ab. Einzelne Geisweider Produktionsstätten mussten geschlossen (1978 Stilllegung des Siemens-Martin-Werks, schon 1974 Stilllegung des Hochofens), andere modernisiert werden. 1978 wurde der Firmenname in Krupp Stahlwerke Südwestfalen AG geändert, die ihrerseits 1982 in die Krupp Stahl AG (bis 1980 Fried. Krupp Hüttenwerke AG) eingegliedert wurde. Nach der Fusion der Friedr. Krupp AG mit der Hoesch AG zur Fried. Krupp AG Hoesch-Krupp wurden auch die beiden Stahl-Tochtergesellschaften Krupp Stahl AG und Hoesch Stahl AG fusioniert. Die neu entstandene Krupp Hoesch Stahl AG entwickelte im Jahre 1992 ein neues Konzept für die Stahlproduktion der fusionierten Unternehmen. Für den Geisweider Standort bedeutete dies einen enormen Arbeitsplatzabbau bei Konzentration auf ein Mini-Edelstahlwerk. Zum 1. Juli 1994 wurden die vier Standorte Siegen, Niederschelden, Hagen und Werdohl-Üttlingsen des Langproduktbereichs aus der Krupp Hoesch Stahl AG als Krupp Edelstahlprofile GmbH ausgegliedert. Das Werk Siegen bzw. Geisweid verfügte über ein Stahlwerk, ein Stabstahlwalzwerk, ein Blechwalzwerk, Anlagen zur Wärmebehandlung und Adjustagen. Nach der Fusion der beiden Ruhrkonzerne Fried. Krupp AG Hoesch-Krupp und Thyssen AG sowie ihrer Tochtergesellschaften konzentrierte sich die 1997 errichtete ThyssenKrupp Stahl AG vornehmlich auf Qualitätsflachstahl. Die ThyssenKrupp Stahl AG führte zunächst Verkaufsgespräche für die Edelstahl-Langprodukte-Hersteller Edelstahl Witten-Krefeld GmbH und Krupp Edelstahlprofile GmbH, bildete dann aber die Business Unit Special Materials, u. a. mit diesen beiden Firmen. Die Krupp Edelstahlprofile GmbH ist ein Hersteller von Langprodukten aus rost-, säure- und hitzebeständigen Stählen. Zum 1. Oktober 2004 wurde die Firma verkauft an die Schmolz + Bickenbach GmbH, Düsseldorf.

Gewerkschaft Friedrich Thyssen, [Duisburg-]Hamborn[67]

1867 Gewerkschaft Hamborn; 1871 Gewerkschaft Deutscher Kaiser; ca. 1894 Gewerkschaft Deutscher Kaiser, Abteilung Bergbau; 1919 Gewerkschaft Friedrich Thyssen; 1924 August Thyssen-Hütte, Gewerkschaft, Abteilung Bergbau; 1926 Vereinigte Stahlwerke AG, Abteilung Bergbau, Gruppe Hamborn; 1934 Gelsenkirchener Bergwerks-AG, Gruppe Hamborn; 1953 Hamborner Bergbau AG/Friedrich Thyssen Bergbau AG; 1970 Bergbau AG Oberhausen, Bergwerksdirektion Friedrich Thyssen 2/5; 1976 Stilllegung der letzten Schachtanlage Friedrich Thyssen 2/5.

Die Abteufarbeiten für den Schacht 1 der im nationalen Taumel in Gewerkschaft Deutscher Kaiser umbenannten Zechengesellschaft Gewerkschaft Hamborn wurde um 1871 fotografiert, angeschnitten.

Daniel Morian konsolidierte 1867 zusammen mit Franz Haniel und anderen Gewerken die ihm seit 1856 verliehenen Steinkohlenfelder zur Gewerkschaft Hamborn, benannt nach der nahe gelegenen Gemeinde am Niederrhein nördlich von Duisburg. Unter dem Eindruck der Reichsgründung wurde die Zeche bei Aufnahme der Abteufarbeiten 1871 umbenannt in Gewerkschaft Deutscher Kaiser. Schacht 1 nahm 1876 seine Förderung auf.[68] Gewerken waren in den 1880er Jahren u. a. Gustav Waldthau-

67 Angaben bis 1957 nach Gebhardt, Gerhard: Ruhrbergbau. Geschichte, Aufbau und Verflechtung seiner Gesellschaften und Organisationen, Essen 1957, S. 286–298; Knepper, Gustav/Oberste-Brink, Karl/Haak, Werner: Die Steinkohlenbergwerke der Vereinigte Stahlwerke AG. Die Schachtanlage Friedrich Thyssen 4/8 in Duisburg-Hamborn, Essen 1930.

68 Kraume, Hans-Georg: Daniel Morian. Wegbereiter der Hamborner Industrie, in: Niederrheinische Unternehmer, a.a.O., S. 36f.

Kuxschein

№ Eins

der Gewerken Herren Thyssen & Co
Mülheim a. d. Ruhr

über fünf Kuxen des in Tausend Kuxe eingetheilten

Steinkohlen-Bergwerks

DEUTSCHER KAISER

in den Gemeinden Beeck, Hamborn und Walsum, im Kreise Duisburg, Regierungsbezirk Düsseldorf und Oberbergamtsbezirk Dortmund belegen.
Im Gewerkenbuche auf Pag. 109 verzeichnet.
Urkundlich unter Siegel und Unterschrift.

Zeche Deutscher Kaiser bei Hamborn, den 19. Mai 1883

Der Gruben-Vorstand:

Am 14. Mai 1883 zertifizierte der Grubenvorstand der Gewerkschaft Deutscher Kaiser, dem Ernst Nedelmann, Daniel Morian, Gustav Waldthausen, Otto Huyssen und Eduard Stoecker angehörten, der Firma Thyssen & Co. den Besitz von zunächst fünf Kuxen.

sen und Ernst Nedelmann, letzter ein Nachbar von August Thyssen in Mülheim/Ruhr und Vorsitzender des Grubenvorstands. Von 1880 bis 1882 wurden Wäscherei und Sieberei sowie ein eigener privater Rheinhafen an der Emschermündung in Alsum errichtet. Seit 1883, das zuständige Bergamt hatte das kostspielige Abteufen eines zweiten Schachtes aus Sicherheitsgründen verfügt, kaufte August Thyssen die Kuxe der Gewerkschaft zu verhältnismäßig niedrigem Kurs und übernahm 1888 den Vorsitz im Grubenvorstand. In diesem Jahr starben sowohl Daniel Morian als auch Ernst Nedelmann. 1889 wurden angrenzende Felder unter dem Namen Gewerkschaft Deutscher Kaiser konsolidiert und 1891 ein Stahl- und Walzwerk gebaut (zur Hüttengeschichte der Gewerkschaft Deutscher Kaiser siehe August Thyssen-Hütte, Gewerkschaft). 1896 förderte der 1888 begonnene zweite Schacht seine erste Kohle. Schon ein Jahr zuvor hatte der erst seit 1889 im Bau befindliche Schacht 3 seine Förderung aufgenommen. Der nächste Schacht, Nummer 4, wurde erst 1899 abgeteuft und förderte seit 1903. Um 1894 dürfte August Thyssen die Gewerkschaft Deutscher Kaiser in die Abteilungen Bergbau und Hüttenwerk Bruckhausen unterteilt und mit eigenen Verwaltungen ausgestaltet haben.

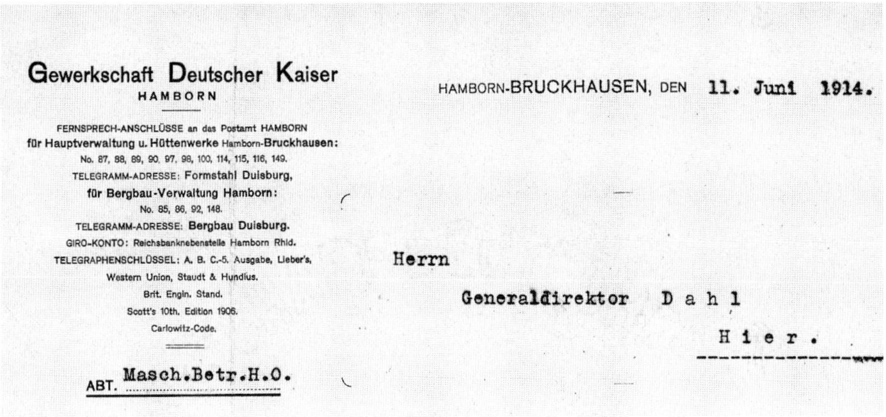
Gewerkschaft Deutscher Kaiser
HAMBORN

FERNSPRECH-ANSCHLÜSSE an das Postamt HAMBORN
für Hauptverwaltung u. Hüttenwerke Hamborn-Bruckhausen:
No. 87, 88, 89, 90, 97, 98, 100, 114, 115, 116, 149.
TELEGRAMM-ADRESSE: Formstahl Duisburg,
für Bergbau-Verwaltung Hamborn:
No. 85, 86, 92, 148.
TELEGRAMM-ADRESSE: Bergbau Duisburg.
GIRO-KONTO: Reichsbanknebenstelle Hamborn Rhld.
TELEGRAPHENSCHLÜSSEL: A. B. C.-5. Ausgabe, Lieber's,
Western Union, Staudt & Hundius.
Brit. Engin. Stand.
Scott's 10th. Edition 1906.
Carlowitz-Code.

ABT. Masch.Betr.H.O.

HAMBORN-BRUCKHAUSEN, DEN 11. Juni 1914.

Herrn

Generaldirektor Dahl

Hier.

Der Briefkopf spiegelt die beiden Hauptproduktionsabteilungen der Gewerkschaft Deutscher Kaiser wider.

In den folgenden Jahrzehnten trieb Thyssen den Steinkohlenbergbau im nordwestlichen Ruhrgebiet energisch voran, errichtete Doppelschachtanlagen und mechanisierte die Förderung, um trotz der geologischen Probleme seiner Zechen und des Mangels an Bergarbeitern noch zu konkurrenzfähigen Preisen Steinkohle zu fördern. Wegen des nahe gelegenen Rheins und der Gefahr großflächiger Überschwemmungen bzw. Versumpfungen musste Versatz in den „toten Mann", die ausgeklaubten Stollen, eingebracht werden, um übermäßige Bergsenkungen zu vermeiden. Thyssens Mitarbeiter entwickelten zusammen mit der eigenen Schachtbaufirma einen besonderen Spülversatz mit Hochofenschlacke. Aus diesem Grund entstanden in Bruckhausen und Meiderich keine Schlackenberge. Um zusätzlichen Bergeversatz zu haben, kaufte

August Thyssen u. a. nördlich von Hamborn großflächiges, sandiges Terrain (Testerberge). Die für den Schlackenversatz entwickelten porzellanausgekleideten Rohre lieferten die eigenen Werke. Wegen Arbeitskräftemangel im zunächst noch ländlichen Nordwesten des Ruhrgebiets fielen zudem Kosten für den Arbeiterwohnungsbau an. August Thyssen investierte großzügig in den Arbeiterwohnungsbau, um auf diese Weise die fehlende Stammarbeiterschaft sesshaft zu machen. 1914 wohnte jeder zweite Bergmann einer Thyssen-Zeche in einer Werkswohnung.[69]

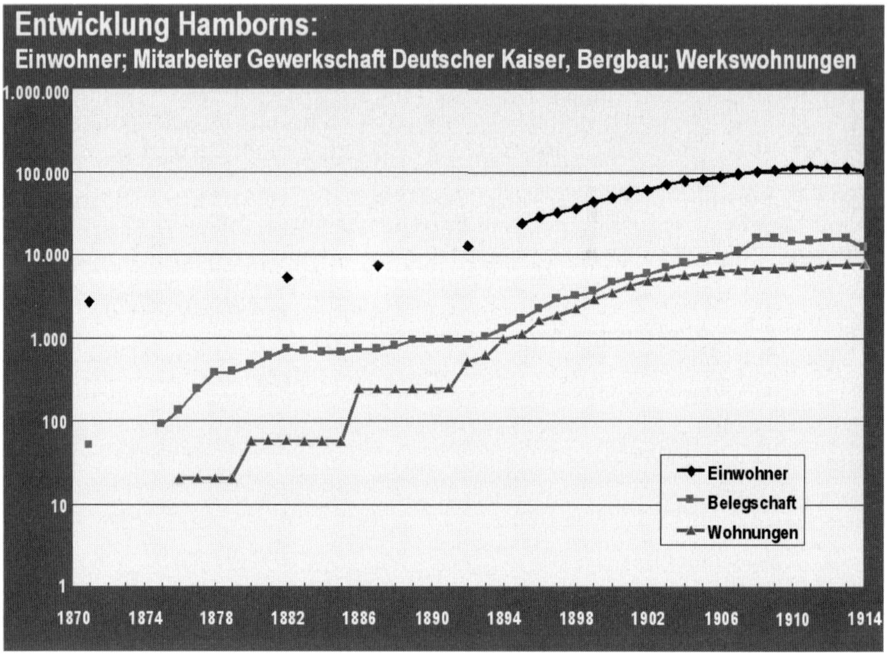

Die Entwicklung Hamborns von einer Landgemeinde zur Großstadt wurde maßgeblich von der Gewerkschaft Deutscher Kaiser und ihrem Werkswohnungsbau vorangetrieben.

1903 wurde der mittlerweile weit nach Norden ausgedehnte Felderbesitz der Gewerkschaft Deutscher Kaiser geteilt. Der südliche Teil hieß weiter Gewerkschaft Deutscher Kaiser, während der nördliche Teil in die Gewerkschaften Rhein I und Lohberg (siehe

69 Gedenkalbum der Gewerkschaft Friedrich Thyssen „Dem genialen Begründer der gewaltigen Industriewerke von Weltruf, Herrn Dr. Ing. e. h. August Thyssen anläßlich der Wiederkehr des 50-jährigen Gedenktages des ersten Spatenstiches des den Thyssenschen Bergbau begründenden Schachtes I in Hamborn und des 50-jährigen Gründungstages der Maschinenfabrik Mülheim, welche Daten fast mit der Vollendung seinen 80. Lebensjahres zusammenfallen, in dankbarer Verehrung gewidmet und zugeeignet von den Gewerkschaften Friedrich Thyssen, Lohberg, Rhein I. Hamborn im November 1921“, in: TKA F/Alb/66.

Die Gewerkschaft Deutscher Kaiser beeinflusste maßgeblich die Industrialisierung des Hamborner Raums. Wegen fehlender Infrastrukturen errichtete die Gesellschaft nicht nur Werkskolonien und Beamtenhäuser, sondern auch mindestens 28 Konsumanstalten, in denen die Mitarbeiter zu Vorzugspreisen nicht nur Lebensmittel und Haushaltswaren, sondern auch Bekleidung erwerben konnten. Diese Aufnahme aus der Zeit vor dem Ersten Weltkrieg zeigt die in einem durchaus repräsentativen Gebäude untergebrachte Konsumanstalt VII.

Gewerkschaft Lohberg) geteilt wurde. Diese Realteilung ermöglichte es August Thyssen 1904, nur mit einem Teil seiner Zechen, den fördernden, dem Rheinisch-Westfälischen Kohlen-Syndikat beizutreten. Mit den nach 1912 die Förderung aufnehmenden Zechen konnte er weiterhin seine Außenseiterstrategie verfolgen, und dies zu einem besonders günstigen Zeitpunkt, nämlich unmittelbar bevor die Verhandlungen zur Verlängerung des Syndikats aufgenommen wurden. Auch in den folgenden Jahren wurden weitere Schächte abgeteuft (Beginn der Abteufe/Aufnahme der Förderung Schacht 5: 1901/1909, Schacht 6: 1903/1907, Schacht 7: 1906/1908, Rönsberghof: 1909/1915, Wehofen 1: 1909/1913, Wehofen 2: 1906/1914, Lohberg 1: 1907/1913, Lohberg 2: 1907/1913, Beeckerwerth: 1916/1921).[70]

Die Thyssen-Zechen (Gewerkschaft Deutscher Kaiser und Gewerkschaft Lohberg) gehörten vor dem Ersten Weltkrieg zu den großen Bergwerksgesellschaften des

70 Däbritz, Walther: Unternehmensgeschichte Thyssen, unveröffentlichtes Typoskript in 17 Heften, Heft 16, in: A/15511 S. 113.

1896, 25 Jahre nach Beginn der Abteufarbeiten für Schacht 1 der Gewerkschaft Deutscher Kaiser, hatte sich die Zeche zu einem durchaus respektablen Steinkohlenbergwerk, wenn auch noch nicht zu einer Doppelschachtanlage, entwickelt, angeschnitten.

Die Thyssen'schen Unternehmen zeichneten sich in der Regel durch einen hohen Mechanisierungs- und Automatisierungsgrad aus. Dies traf auch auf die Zechen zu, wie diese überzeichnete Aufnahme vom 19. Januar 1915 von der Mechanischen Förderkorbbeschickung auf der Schachtanlage 4 der Gewerkschaft Deutscher Kaiser zeigt. Die Aufnahme wurde noch um 1926, also zehn Jahre nach ihrem Entstehen, für ein in deutscher und englischer Sprache gestaltetes Fotoalbum über die Vereinigte Stahlwerke AG verwandt.

Reviers. Ihre Koksproduktion war auf den Bedarf der eigenen Hüttenwerke abgestimmt. Dies war nicht bei allen rheinisch-westfälischen Montanunternehmen der Fall, da das Konzept eines voll integrierten Hüttenwerks – wie es Thyssen mit der Gewerkschaft Deutscher Kaiser verwirklichte – erst um die Jahrhundertwende überhaupt größere Verbreitung fand.

Steinkohlenförderung, Koks- und Brikettproduktion rheinisch-westfälischer Montanunternehmen im Jahr 1913 in 1.000 Tonnen.[71]

Kohlenförderung		Koksproduktion		Brikettproduktion	
GBAG	10.353	GBAG	2.430	Deutsch-Lux	436
Harpener Bergbau	8.626	Deutsch-Lux	1.746	Harpener Bergbau	427
Hibernia	6.216	Harpener Bergbau	1.632	Gutehoffnungshütte	332
Deutsch-Lux	5.256	GDK	1.479	Bochumer Verein	248
Phoenix	5.188	Fried. Krupp	821	GBAG	243
GDK	4.460	Gutehoffnungshütte	773	Phoenix	66
Gutehoffnungshütte	3.770	Hibernia	709	Hibernia	48
Fried. Krupp	2.819	Phoenix	668	GDK	–
Arenberg	2.276	Eisen- und Stahlwerk Hoesch	609	Fried. Krupp	–
Bochumer Verein	1.795	Arenberg	457	Arenberg	–
Eisen- und Stahlwerk Hoesch	1.492	Bochumer Verein	318	Eisen- und Stahlwerk Hoesch	–

Auf den mit der Wilhelminischen Epoche verbundenen Gesellschaftsnamen „Gewerkschaft Deutscher Kaiser“ verzichtete August Thyssen – pragmatisch wie er war – für sein Hamborner Unternehmen Ende 1918, um einer befürchteten Sozialisierung der Grundstoffindustrie weniger Angriffsmöglichkeiten zu geben. Mit Zustimmung der Bergbehörden führte er 1919 eine Realteilung dieser Gewerkschaft in die nach seinem Vater benannte Gewerkschaft Friedrich Thyssen für die Bergbaubetriebe und die August Thyssen-Hütte, Gewerkschaft, zum ausschließlichen Betrieb des Hüttenwerks durch. So hoffte er, bei einer Sozialisierung des Bergbaus zumindest sein Hüttenwerk zu retten bzw. bei einer Sozialisierung der Stahlindustrie die Bergbaubetriebe der ehemaligen Gewerkschaft Deutscher Kaiser behalten zu können. Außerdem wurden die Schachtbauabteilung der Gewerkschaft Deutscher Kaiser als Schachtbau Thyssen GmbH (siehe dort) und die Gas- und Wasserabteilung als Niederrheinische Gas- und Wasserwerke GmbH (siehe dort) rechtlich verselbstständigt. Durch die nach dem preußischen Bergrecht durchgeführte Realteilung entfielen die bei anderen gesellschaftsrechtlichen Umfirmierungen anfallenden hohen Steuern, insbesondere die Grunderwerbssteuern. Die einzelnen Schachtanlagen hießen jetzt Friedrich Thyssen

71 Nach Jahrbuch für den Oberbergamtsbezirk Dortmund, Essen 1912/1913, S. LXVI–LXIX.

1/6, 2/5, 3/7 4/8, Rhönsberghof und Beeckerwerth. Der erste Grubenvorstand der Gewerkschaft Friedrich Thyssen bestand aus August Thyssen (Vorsitzender), Fritz Thyssen (Stellvertreter) und Hans Thyssen.[72] Es verwundert, dass Hans Thyssen, der jüngste Sohn von Joseph Thyssen, in den Grubenvorstand gewählt wurde, nicht aber sein älterer Bruder Julius, obwohl dieser Bergbauwissenschaften studiert hatte und schon vor dem Ersten Weltkrieg dem Direktorium der Thyssen'schen Bergbauverwaltung angehörte (siehe Gewerkschaft Lohberg).

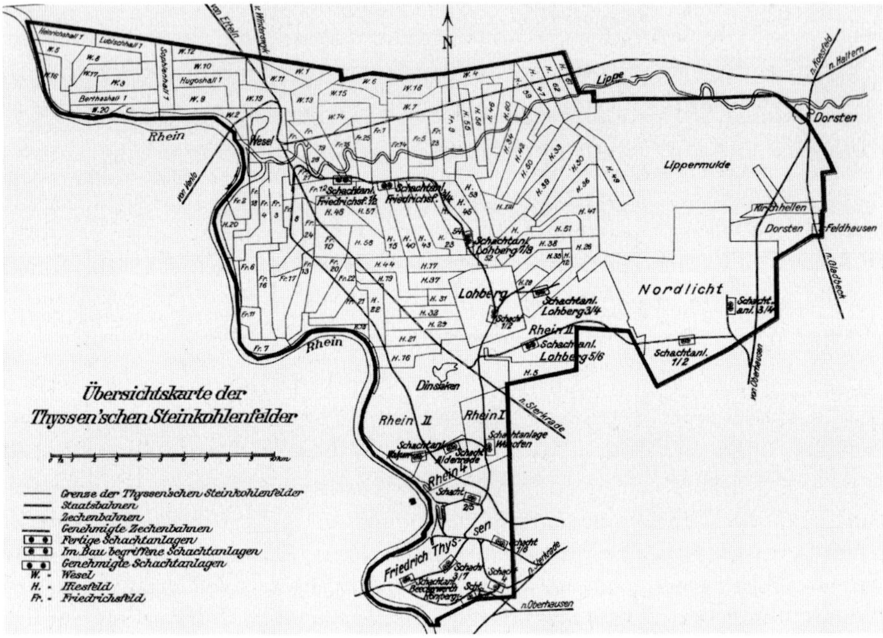

Der Thyssen'sche Steinkohlenfelderbesitz im Rheinland erstreckte sich von Hamborn bis nördlich von Wesel bzw. südlich von Dorsten. Diese Karte von 1921 zeigt auch geplante, aber nie realisierte Schachtanlagen an der Lippe (Friedrichsfeld), und nordwestlich von Dinslaken (Lohberg 3/4 etc. bzw. Nordlicht).

Die von August Thyssen forcierte Nordwanderung des Ruhrbergbaus wurde durch Ersten Weltkrieg, Hyperinflation und Ruhrbesetzung gestoppt. Zahlreiche Projekte (Schachtanlage Walsum, Schacht Aldenrade, Schachtanlage Lohberg 3/4, 5/6 und 7/8, Schachtanlage Nordlicht 1/2 und 3/4, Schachtanlage Friedrichsfeld 1/2 und 3/4)[73] wurden erst Jahrzehnte später oder gar nicht mehr realisiert. Dennoch besaß der Thys-

72 Siehe Notarielles Protokoll von der Gründung der Gewerkschaft Friedrich Thyssen am 12.2.1919, Kopie in: TKA A/22259.

73 Siehe [Wilhelm Roelen]: Thyssen-Bergbau am Niederrhein 1871–1921, Hamborn 1922, Übersichtskarte der Thyssenschen Steinkohlenfelder, nach S. 8.

sen-Konzern beim Tod des Unternehmensgründers den größten zusammenhängenden Felderbesitz des rheinisch-westfälischen Industriegebiets. Zur organisatorischen Vereinfachung pachtete die August Thyssen-Hütte, Gewerkschaft, mit Vertrag vom 5. Dezember 1924 sämtliche Bergwerke und Betriebe der Gewerkschaften Friedrich Thyssen, Lohberg und Rhein I und führte sie als Abteilung Bergbau.[74]

Nach August Thyssens Tod 1926 wurden seine fördernden Zechen in die Vereinigte Stahlwerke AG, Abteilung Bergbau, eingebracht und bildeten zusammen mit der Zeche Westende der Phoenix AG für Bergbau und Hüttenbetrieb die Gruppe Hamborn der Vereinigte Stahlwerke AG, Abteilung Bergbau. Die Leitung der Gruppe Hamborn übernahm der bisherige Leiter des Thyssen-Bergbaus, Erich Winnacker. Der Sitz der Bergbauverwaltung der Thyssen'schen Zechen wurde nun Sitz der Bergbauverwaltung der Gruppe Hamborn innerhalb der Vereinigte Stahlwerke AG. Die Thyssen-Zechen erbrachten schon 1925 die höchste Förderleistung pro Mann bzw. pro Schacht innerhalb der späteren Vereinigte Stahlwerke AG.[75] In den folgenden Jahren wurde der Bergbau weiter rationalisiert und innerhalb von sechs Jahren drei von acht fördernden Schachtanlagen der Gruppe Hamborn stillgelegt, die Jahresförderung jedoch um über 20 Prozent gesteigert. Die Vereinigte Stahlwerke AG legte u. a. die Schachtanlage Friedrich Thyssen 1/6 im Jahr 1927 still und teilte das Baufeld zwischen den Schachtanlagen Friedrich Thyssen 2/5 und 4/8 auf. Auch die Schachtanlage Wehofen 1/2 (Gewerkschaft Rhein 1) stellte 1928 die Förderung ein. Ihr Baufeld wurde der Schachtanlage Friedrich Thyssen 2/5 zugeteilt. Die Schachtanlage Friedrich Thyssen 3/7 wurde 1932 stillgelegt und das Grubenfeld mit der Schachtanlage Beeckerwerth zusammengefasst. Die Schächte dienten weiterhin als Wetterschächte sowie zur Seilfahrt und Materialförderung.

Mit der Reorganisation und Dezentralisation der Vereinigte Stahlwerke AG in den Jahren 1933/34 wurde die Abteilung Bergbau auf die neu gegründete Gelsenkirchener Bergwerks-AG (GBAG) überführt und dort ebenfalls eine Gruppe Hamborn zur Zusammenfassung der lokalen Schachtanlagen gebildet. Diese war identisch mit der Gruppe Hamborn der Vereinigte Stahlwerke AG, Abteilung Bergbau. Die Gruppe Hamborn der GBAG teufte keine neuen Schächte mehr ab. Gegen Kriegsende wurde nur der Schacht Friedrich Thyssen 4 (ehemals Gewerkschaft Deutscher Kaiser) zerstört.

1953 wurde auf alliierte Veranlassung im Zuge der Neuordnung der westdeutschen Montanindustrie die Gruppe Hamborn der GBAG ausgegliedert und die Hamborner Bergbau AG und die Friedrich Thyssen Bergbau AG zur Fortführung der im Westen des Ruhrgebiets gelegenen Schachtanlagen gegründet.[76] Nach dem „Thyssen-Plan",

74 Siehe Typoskript Geschäftskreis der höheren Grubenbeamten der August Thyssen-Hütte Gewerkschaft zu Hamborn gemäß § 76 Abs. 2 des Allgemeinen Berggesetzes vom 28. Juli 1909 mit Wirkung ab 1. Januar 1926, in: TKA NROE/5.

75 Siehe die entsprechenden Grafiken in: TKA A/751/4.

76 Siehe hierzu u. a. Plan für die Dekonzentrierung der Thyssenschen Beteiligungen an der Vereinigte Stahlwerke AG in Liquidation, 10.2.1953 und entsprechende Anordnung der Allied High Commission for Germany, in: TKA RSW/5210.

Obwohl August Thyssen über zahlreiche selbstständige Firmen verfügte, die nur von ihm persönlich kontrolliert und geführt wurden, agierten diese Gesellschaften doch als Konzern, um ökonomische Vorteile zu realisieren. Dazu gehörte auch, dass seine Zechengesellschaften von seiner Mülheimer Maschinenfabrik ihre Fördermaschinen, Ventilatoren u. a. m. bezogen. Diese 1909 gelieferte (westliche) Zwillings-Tandemfördermaschine war nach einigen Modernisierungen noch nach 1953 auf der Schachtanlage Friedrich Thyssen 5 im Einsatz.

einer privaten Abmachung zwischen den verschiedenen Familienzweigen, erhielt der Familienzweig Julius Thyssen Aktien der Hamborner Bergbau AG als Entschädigung für die „Mitenteignung" während des „Dritten Reichs", als das Land Preußen 1940 das Vermögen des ausgebürgerten Fritz Thyssen konfisziert hatte und bei den industriellen Unternehmungen auch Beteiligungen der Familienzweige Julius und Hans Thyssen beschlagnahmt bzw. 1940 unter Wert erworben hatte.

Die Hamborner Bergbau AG übernahm die fördernden Schachtanlagen Lohberg 1/2 und Beeckerwerth 1/2 sowie einen Teil der stillgelegten Tagesanlagen von Schacht Friedrich Thyssen 1/6. Gleichzeitig erhielt die Hamborner Bergbau AG die Hälfte des Aktienkapitals der neu gegründeten Friedrich Thyssen Bergbau AG und die Geschäfts- und Betriebsführung der dieser Gesellschaft gehörenden Schachtanlagen Friedrich Thyssen 4/8, Friedrich Thyssen 2/5, Westende und der Zentralkokereien Friedrich Thyssen 4/8 und Westende. Der andere Kapitaleigner der Friedrich Thyssen Bergbau AG war die Hüttenwerke Phoenix AG. Die Zentralkokereien Friedrich Thyssen 3/7 wurde im Zuge der Neuordnung 1953 in das Eigentum der August Thyssen-Hütte AG überführt, die Betriebsführung der Kokerei verblieb jedoch bei der Hamborner Bergbau AG. Diese war auch zu 50 Prozent Eigentümer des 1952 in Betrieb genommenen Kraftwerks der August Thyssen-Hütte AG. Eine weitere wichtige 60-prozentige Beteiligung der Hamborner Bergbau AG war die Rheinische Wohnstätten AG, in der die Vereinigte Stahlwerke AG 1933 ihren in der Region Rheinland gelegenen gemeinnützigen Werkswohnungsbau zusammengefasst hatte.

Nach Förderung von 91,5 Millionen Tonnen Steinkohle wurde am 15. Dezember 1976 auf der Schachtanlage Friedrich Thyssen 2/5 der letzte Wagen Steinkohle zu Tage gebracht.

1963 stellte die Schachtanlage Beeckerwerth ihre Förderung ein, denn seit 1958 befand sich der westdeutsche Steinkohlenbergbau in einer Absatz- und Produktivitätskrise. Zur Lösung der Probleme wurde 1969 eine Einheitsgesellschaft für den Steinkohlenbergbau des Ruhrreviers unter dem Namen Ruhrkohle AG mit finanzieller Beteiligung der Bundesrepublik Deutschland gegründet. Die Hamborner Bergbau AG brachte ihre Zechen, nicht aber ihr Wohnungs- und Grundeigentum in die Ruhrkohle AG ein. Die Friedrich Thyssen Bergbau AG war hingegen im Zuge der Realteilung bereits vor der Gründung der Ruhrkohle AG je zur Hälfte auf die August Thyssen-Hütte AG und die Hamborner Bergbau AG übergegangen. 1970 wurde ihre Auflösung beschlossen.[77] Die zunächst noch fördernde Schachtanlage Friedrich Thyssen 2/5 wurde der Bergbau AG Oberhausen als Betriebsführungsgesellschaft der Ruhrkohle AG zugeordnet. 1976 stellte auch diese Zeche ihren Betrieb ein, sodass seither nur noch das Bergwerk Walsum, eine ebenfalls von August Thyssen geplante, aber erst von seinem Sohn Heinrich Thyssen-Bornemisza Ende der 1920er und 1930er Jahren erfolgreich abgeteufte Zeche, als einzige Schachtanlage auf heutigem Duisburger Stadtgebiet fördert.

Gewerkschaft Lohberg, [Duisburg-]Hamborn

1905 Gewerkschaft Lohberg; 1926 Vereinigte Stahlwerke AG, Abteilung Bergbau, Gruppe Hamborn, Schachtanlage Lohberg; 1934 Gelsenkirchener Bergwerks-AG, Gruppe Hamborn, Schachtanlage Lohberg; 1953 Hamborner Bergbau AG, Schachtanlage Lohberg; 1970 Bergbau AG Oberhausen, Schachtanlage Lohberg; 1977 Bergbau AG Niederrhein, Schachtanlage Lohberg; 1990 Ruhrkohle Niederrhein AG, Bergwerk Lohberg/Osterfeld; 1994 Ruhrkohle Bergbau AG, Bergwerk Lohberg/Osterfeld; 1998 Deutsche Steinkohle AG, Bergwerk Lohberg/Osterfeld.

Durch Realteilung des Grubenfeldes Gewerkschaft Deutscher Kaiser entstand 1903 das Grubenfeld Lohberg nördlich von Dinslaken. Die Gewerkschaft Lohberg wurde am 30. Dezember 1905 gebildet.[78] Dem ersten Grubenvorstand gehörten an August Thyssen (Vorsitzender), Joseph und Fritz Thyssen sowie der Leiter der Thyssen'schen Bergbaubetriebe Arthur Jacob. 1907 kam mit Julius Thyssen ein weiteres Familienmitglied in den Grubenvorstand. Er hatte Bergbauwissenschaften studiert und zog nach seiner Heirat 1907 in die Nähe der Schachtanlage Lohberg, wo für ihn in Hiesfeld eine Villa errichtet wurde.[79] Obwohl er schon vor dem Ersten Weltkrieg der Bergbau-Direktion der Gewerkschaft Deutscher Kaiser bzw. ab 1919 der Gewerkschaft Friedrich Thyssen angehörte, ist wenig über seine Tätigkeit auf der Zeche Lohberg bekannt.[80] Hans Thyssen und Heinrich Thyssen-Bornemisza sollten erst 1919 in den Grubenvorstand gewählt werden. Sogar das „schwarze Schaf" der Familie, August Thyssen junior, gehörte dem Grubenvorstand von 1922 bis 1925 an.[81]

77 Siehe TKA A/23346.
78 Siehe TKA A/1800 und F/Alb/66; Knepper, Gustav/Oberste-Brink, Karl/Haak, Werner: Die Steinkohlenbergwerke der Vereinigte Stahlwerke AG. Die Schachtanlage Lohberg in Dinslaken, Essen 1935.
79 Siehe TKA TLi/6121.
80 Knepper, Gustav/Oberste-Brink, Karl/Haack, Werner: Die Steinkohlenbergwerke der Vereinigte Stahlwerke AG, Schachtanlage Lohberg, a.a.O.
81 Ebd. S. 30a.

Zum Niederbringen der Schächte Lohberg musste der Boden gefroren werden. Natürlich setzte die Thyssen gehörende Bohr- und Schachtbau GmbH Gefriermaschinen ein, die die Thyssen'sche Maschinenfabrik in Mülheim unter eigenem Logo (siehe rechts) vertrieb, 1908.

1906/07 wurde mit dem Abteufen zweier Schächte begonnen. Diese brachte die Thyssen gehörende Bohr- und Schachtbau GmbH nach einem eigenständig entwickelten Gefrierverfahren nieder (siehe Schachtbau Thyssen GmbH). Beide Schächte nahmen 1913 ihre Förderung – u. a. für den Export – auf, nachdem eine große Bergarbeitersiedlung errichtet worden war. Die Kohle eignete sich besonders für die Verkokung. 1904 war Thyssen mit der Gewerkschaft Deutscher Kaiser dem Rheinisch-Westfälischen Kohlen-Syndikat beigetreten. Mit den durch die Realteilung entstandenen nördlich gelegenen Zechengesellschaften trat er dem Syndikat jedoch zunächst nicht bei. Vielmehr wollte er mit den schon vor dem Ersten Weltkrieg geplanten Doppelschachtanlagen Walsum 1/2, Walsum 3/4 und Wehofen sowie Lohberg 1/2, Lohberg 3/4 und Friedrichsfeld 1/2 syndikatsunabhängig den Markt beliefern. Die für eine erfolgreiche Außenseiterrolle notwendigen Kostenvorteile gegenüber dem Syndikatspreis sollten u. a. ein hoher Mechanisierungsgrad der Bergwerke sowie der Privathafen Schwelgern und eine weitere, geplante Hafenanlage an der Lippe ermöglichen.[82]

82 Rasch, Manfred: August Thyssen. Der katholische Großindustrielle der Wilhelminischen Epoche, a.a.O., S. 45.

Der Kölner Oberbürgermeister Konrad Adenauer war daran interessiert,
von Thyssen entweder Kokereigas zu beziehen oder aber eine Kokskohlenzeche
zu erwerben. Aus diesem Grunde besichtigte er am 21. Juli 1924 die Zeche Lohberg.
Die Aufnahme entstand vor der Grubenfahrt (v.l.): Betriebsführer Leonhard Gibbels,
Bergwerksdirektor Peter Mommertz, Gussi (Auguste) Adenauer, August Thyssen,
Konrad Adenauer, Generaldirektor Franz Lenze. Es sollte die letzte Grubenfahrt
des mittlerweile 82-jährigen August Thyssen sein.

Mit Gründung der Vereinigte Stahlwerke AG 1926 wurde die Gewerkschaft Lohberg in diesen Konzern eingebracht und die Zeche Lohberg kam zur Abteilung Bergbau, Gruppe Hamborn. Sie wurde mit der Dezentralisierung der Vereinigte Stahlwerke AG 1933/34 auf die Gelsenkirchener Bergbau-AG überführt und firmierte dort ebenfalls in der Gruppe Hamborn als Schachtanlage Lohberg.

Den Zweiten Weltkrieg überstand die Zeche ohne nennenswerte Vorkommnisse. 1950 errichtete die Schachtanlage Lohberg das erste Pestalozzi-Dorf im Ruhrgebiet, welches der Unterbringung des bergmännischen Nachwuchses, vor allem aus bergbaufremden Regionen, z. B. aus Bayern, in Bergmannsfamilien dienen sollte.

1953 wurde auf alliierte Veranlassung zur Neuordnung der westdeutschen Montanindustrie u. a. die Hamborner Bergbau AG gegründet. Zu ihr gehörte die Schachtanlage Lohberg 1/2. Aktien dieses Unternehmens erhielt nach dem „Thyssen-Plan" der Familienzweig Julius Thyssen als Entschädigung für die „Mitenteignung" während des „Dritten Reichs", als außer dem deutschen Vermögen von Fritz Thyssen 1940 zunächst auch das industrielle der Familienzweige Hans und Julius Thyssen enteignet worden war. Die nationalsozialistischen Machthaber hatten die Vermögensverhältnisse zunächst nicht auseinander gehalten und erwarben dann 1940 die industriellen Beteiligungen unter Marktwert von den beiden Familienzweigen, die den vermeintlichen „Gewinn“ zudem noch versteuern mussten. Um einen beherrschenden Einfluss auf diese Firma zu erlangen, erwarb der Familienzweig Julius Thyssen in den 1950er Jahren zusätzliche Aktien an der Börse.

1969 wurde die Schachtanlage Lohberg in die Ruhrkohle AG eingebracht. Sie gehörte im Laufe der Jahre zu verschiedenen Betriebsgesellschaften der Ruhrkohle AG bzw. der Deutsche Steinkohle AG und wurde 1990 mit dem Bergwerk Osterfeld zu einem Verbundbergwerk zusammengefasst. Sie fördert u. a. einen geringen Anteil Kokskohle für die neue, 2003 in Betrieb genommene Kokerei Schwelgern in Duisburg, die ihren Koks an die Hochöfen der ThyssenKrupp Stahl AG liefert. Am 19. September 2003 hat die Deutsche Steinkohle AG die Stilllegung des Bergwerks Lohberg/Osterfeld bis spätestens 2007 beschlossen.[83] Die Hamborner Bergbau AG, seit 1991 unter dem Namen Hamborner AG, gehört weiter mehrheitlich den Erben von Julius Thyssen. Sie verwaltet seit 1970 u. a. Grundbesitz und Immobilien.

Krefelder Stahlwerk, Krefeld

1900 Krefelder Stahlwerk; 1927 Deutsche Edelstahlwerke AG, Werk Krefeld; 1930 Deutsche Edelstahlwerke AG; 1975 Thyssen Edelstahlwerke AG; 1992 Thyssen Stahl AG, (Geschäftsfeld Halbzeug, Stabstahl, Schmiedeerzeugnisse) Werk Krefeld; 1994 [EWK] Edelstahl Witten-Krefeld GmbH, Werk Krefeld/1995 Krupp Thyssen Nirosta GmbH, Werk Krefeld; 2002 ThyssenKrupp Nirosta GmbH.

Schon 1898 erwarben Franz Burgers, Peter Klöckner und August Thyssen Grundstücke in Fischeln bei Krefeld zum Bau eines Hüttenwerks, wobei Gerüchte über den Bau eines Kanals nach Belgien für die Standortwahl mit ausschlaggebend gewesen sein sollen. Das Gelände wurde am 27. Dezember 1899 an die neu gegründete Aktiengesellschaft Vulcan in Krefeld verkauft. 1900 gründeten August Thyssen, Peter Klöckner, Franz Burgers und Carl Spaeter die Firma Krefelder Stahlwerk zur Herstellung *„erstklassiger Werkzeugstähle“*, um den steigenden Bedarf Deutschlands an Spezialstählen befriedigen zu können. Augusts Bruder Joseph Thyssen war 1902 Vorstandsmitglied und Betriebsleiter der Firma, die zunächst aus je einem Siemens-Martin- und Tiegel-Stahlwerk sowie einem Walz- und Hammerwerk bestand. 1911 kamen eine Automobilfedern-Fabrik und eine Gesenkschmiede (für Kurbelwellen, Vorderachsen, Getriebeteile, Schalthebel, Ventilkegel etc.) sowie 1915 kriegsbedingt eine Geschossfabrik (Presserei) und im Laufe des Krieges ein Elektrostahlofen hinzu. Anfang der 1920er Jahre umfasste das Lieferprogramm alle hochwertigen Edelstähle wie Schnellarbeits-, Werkzeug-, Bau- sowie sämtliche Sonderstähle. Das Werk konnte mit britischen, US-

83 industrie-kultur 4/2003, S. 61.

Isometrische Ansicht des Krefelder Stahlwerks im Jahr 1913.

amerikanischen sowie schwedischen Erzeugnissen konkurrieren. Im Gegensatz zu anderen Edelstahlwerken war das Krefelder Stahlwerk jedoch bewusst auf breiter Basis in die Weiterverarbeitung der selbsterzeugten Edelstähle gegangen.[84] August Thyssen hate diese Firma jedoch nie zu den Unternehmen seines Konzerns gezählt.

Zur Reorganisation des mit Überkapazitäten kämpfenden deutschen Marktes gründeten am 27. Januar 1927 mehrere Unternehmen unter Führung der Vereinigte Stahlwerke AG die Deutsche Edelstahlwerke AG, Bochum, in die auch die Werksanlagen der Firma Krefelder Stahlwerk eingebracht wurden.[85] Der Standort firmierte jetzt als Deutsche Edelstahlwerke AG, Werk Krefeld, und übernahm von stillzulegenden Werken der Deutsche Edelstahlwerke AG einzelne Produktionen, u. a. von der Glockenstahlwerke AG vorm. Richard Lindenberg in Remscheid-Hasten die Fertigung gepanzerter Polizeifahrzeuge. Das Krefelder Werk selbst musste seine Magnetfertigung an das neu hinzugekommene Dortmunder Werk der Vereinigte Stahlwerke AG/ Deutsch-Luxemburgische Bergwerks- und Hütten-AG abgeben. In der Weltwirtschaftskrise wurden in Krefeld zudem noch die Federn- und Silberstahlfabrik sowie das Kaltwalzwerk stillgelegt. Nach einer Reorganisation der Deutsche Edelstahlwerke AG, die u. a. zur Ablösung ihres Aufsichtsratsvorsitzenden Walter Borbet[86] führte, wurde

84 Siehe: Krefelder Stahlwerk, A.-G. [!], Krefeld, in: Stahl und Eisen 44 (1924), Heft 51 Sonderbeilage Edelstahl, S. 30–32.

85 Am 18. Oktober 1926 war die Edelstahlwerke Studien AG mit Sitz Bochum gegründet worden, die am 11. Januar 1927 in Deutsche Edelstahlwerke AG umfirmierte. In diese Gesellschaft brachten ein: Die Vereinigte Stahlwerke AG das Werk Stahlindustrie Bochum, eine ehemalige Tochtergesellschaft des Bochumer Vereins für Bergbau und Gussstahlfabrikation, sowie die Magnetfabrik Dortmund, die Bergische Stahl-Industrie den Edelstahlbereich ihres Werks Remscheid (Stahl- und Walzwerk, Schmiede und Zieherei), die Krefelder Stahlwerk AG sämtliche Anlagen in Krefeld, die Gussstahlfabrik Felix Bischoff (eine Beteiligung der Rheinischen Stahlwerke) ihr seit 31. Dezember 1926 stillliegendes Gussstahlwerk in Duisburg einschließlich Schmiede, die Stahlwerke Brüninghaus AG Hammerschmiede und Federnfabrik in Werdohl, die Glockenstahlwerke AG vorm. Richard Lindenberg in Remscheid-Hasten sämtliche Anlagen, das Stahlwerk Haslach vorm. Wilhelm Haiß KG, ein ehemaliges Tochterunternehmen des Bochumer Vereins für Bergbau und Gussstahlfabrikation, die Gesenkschmiede Haslach.

86 Siehe Weber, Wolfhard: Walter Borbet (1881–1942), in: Ingenieure im Ruhrgebiet, a.a.O., S. 224–256.

Die Deutsche Edelstahlwerke AG wies mit einem 9 m hohen Werbeträger während der Leipziger Messe 1937 auf ihren Werkstoff Titanit hin. Im Hintergrund links ist das Völkerschlachtdenkmal zu sehen.

am 27. November 1929 die Verwaltung und am 19. Juni 1930 der Gesellschaftssitz von Bochum, wo Borbet als Vorstandsmitglied der Vereinigte Stahlwerke AG das Werk Bochumer Verein autokratisch leitete, nach Krefeld verlegt. Krefeld wurde zum Hauptproduktionsstandort der Deutsche Edelstahlwerke AG, u. a. durch den Bau neuer, großer Elektrostahlöfen. In den 1930er Jahren nahm das Krefelder Werk die Produktion des „Titanit“-Hartmetalls in Konkurrenz zum Krupp'schen „Widia“-Stahl auf.

Der Zweite Weltkrieg endete in Krefeld im März 1945 mit der Besetzung von Stadt und Werksanlagen durch alliierte Truppen. Am 16. Oktober 1947 erfolgte die Demontage-Anordnung für die Werke Krefeld, Bochum und Hannover der Deutsche Edelstahlwerke AG. Die vier Elektrostahlöfen des Hauptwerks wurden 1949 demontiert. Die auf Grund alliierter Entflechtungsmaßnahmen am 1. Oktober 1951 neu gegründete Deutsche Edelstahlwerke AG konnte aber schon im gleichen Jahr die Hartmetall-Titanit-Fertigung wieder aufnehmen. Am 27. April 1954 entließ die alliierte Hohe Kommission das Unternehmen aus der Kontrolle. Hauptaktionärin – entsprechend den Anordnungen der alliierten Combined Steel Group – war die Thyssen AG für Beteiligungen, in der Fritz Thyssens Tochter Anita Zichy-Thyssen ihre in Deutschland gelegenen Unternehmensbeteiligungen konzentrierte. Im Dezember 1956 übernahm die unter der Leitung von Hans-Günther Sohl stehende August Thyssen-Hütte AG dieses Aktienpaket der Thyssen AG für Beteiligungen und unterbreitete genau ein Jahr später den freien Aktionären der Deutsche Edelstahlwerke AG ein Umtauschangebot. Die Deutsche Edelstahlwerke AG gehörte nun als Tochtergesellschaft zum Thyssen-Konzern. Ein Organschaftsvertrag wurde 1959 geschlossen. 1971/72 sowie 1974 erfolgten mehrere Um- und Ausgliederungen einzelner Werke sowie 1975 die Umbenennung in Thyssen Edelstahlwerke AG und die Zusammenführung mit der Edelstahlwerk Witten AG im Rahmen eines Betriebspachtvertrages. 1992 wurde die Thyssen Edelstahlwerke AG auf die Thyssen Stahl AG verschmolzen und das Geschäftsfeld Halbzeug, Stabstahl, Schmiedeerzeugnisse mit dem Werk Krefeld gebildet. Zum 1. Oktober 1994 übertrug man den Werksbereich Edelstahl-Langprodukte und das damit verbundene Geschäft auf die EWK Edelstahl Witten-Krefeld GmbH, die eine 100-prozentige Tochtergesellschaft der Thyssen Stahl AG war. Diese nannte sich nach kurzer Zeit in Edelstahl Witten-Krefeld GmbH um. 1994 gründete die Krupp Hoesch Stahl AG die Krupp Nirosta GmbH, in die die Thyssen Stahl AG zum 1. Januar 1995 ihren Geschäftsbereich „Rostfrei-Flach“ einbrachte, das waren das Elektrostahlwerk in Krefeld mit Kaltwalzwerk und Schmiede sowie das Werk Dahlerbrück. Es entstand der größte „Rostfrei-Flach“-Produzent der Welt.[87] Die Gesellschafter nannten am 20. Juli 1995 die Firma in Krupp Thyssen Nirosta GmbH um. In 2002 wurde der Firmenname dem neuen Konzernnamen angepasst und in ThyssenKrupp Nirosta GmbH umfirmiert. Außerdem produziert auf dem Krefelder Werksgelände die Wälzlagerrohr GmbH, mittlerweile eine 100-prozentige Tochtergesellschaft der Mannesmannröhren-Werke AG bzw. der Salzgitter-Gruppe.

87 Krupp Mitteilungen Werk und Wir, Heft 6, 1995, S. 24f.

Niederrheinische Gas- und Wasserwerke GmbH, [Duisburg-]Hamborn[88]

1918 Niederrheinische Gas- und Wasserwerkgesellschaft mbH; 1919 Niederrheinische Gas- und Wasserwerke GmbH.

Die Gas- und Wasserwerks-Aktivitäten August Thyssens im Hamborner Raum gehen bis in die Jahre 1898 (Wasser) bzw. 1903 (Gas) zurück und waren anfangs in der Wasserwerk Thyssen & Cie. GmbH sowie nach deren Verkauf 1912 in der Gewerkschaft Deutscher Kaiser als Betriebsabteilung organisiert. Schon 1898 hatte Hamborn einen Wasserliefervertrag mit der in Mülheim ansässigen Firma Thyssen & Co. abgeschlossen. Aus Angst vor einer Sozialisierung seines Bergbauunternehmens gliederte August Thyssen zum 1. Januar 1919 die Betriebsabteilung zur Versorgung privater Haushalte der näheren Umgebung aus. Dafür hatte er am 28. Dezember 1918 die Niederrheinische Gas- und Wasserwerkgesellschaft mbH mit einem Kapital von 20.000 Mark gegründet. Deren Name wurde 1919 geändert in Niederrheinische Gas- und Wasserwerke GmbH. Den Aufsichtsrat bildeten August, Fritz und Hans Thyssen, während Julius Thyssen und Franz Lenze zu Geschäftsführern berufen wurden. Die neue Gesellschaft verfügte bei ihrer Gründung über die Gasversorgung von Hamborn und Walsum sowie über die Wasserversorgung von Hamborn, Walsum, Dinslaken und Kettwig vor der Brücke. Außerdem handelte das Unternehmen noch mit Kohlen, Koks und Briketts. Bei der 1921 gegründeten Gasgesellschaft mbH bezog die Niederrheinische Gas- und Wasserwerke GmbH als „Schwestergesellschaft" ab 1921 ihr Gas und Wasser, welches sie bis dahin direkt von der August Thyssen-Hütte, Gewerkschaft, geliefert bekam. Beide Gesellschaften sollten bis 1967 in Personalunion geführt und kontrolliert werden. Im Oktober 1923 trat Heinrich Thyssen-Bornemisza in den Aufsichtsrat ein. Die Niederrheinische Gas- und Wasserwerke GmbH wurde 1928 der Thyssen'sche Gas- und Wasserwerke GmbH als Tochtergesellschaft zugeordnet. In beiden Gesellschaften war Heinrich Thyssen-Bornemisza mittlerweile die entscheidende Persönlichkeit.

1933 legte Julius Thyssen die Leitung der Geschäfte nieder und Wilhelm Roelen, der bereits von August Thyssen eingestellt worden war, trat bei der Niederrheinische Gas- und Wasserwerkgesellschaft mbH an seine Stelle. Für den 1937 tödlich verunglückten Franz Lenze rückte das Vorstandsmitglied der Press- und Walzwerke AG, Rudolf Krautheim, in den Vorstand ein, während Wilhelm Rollen den Vorsitz übernahm. Die Zerstörungen des Zweiten Weltkriegs konnten schnell behoben werden, schon im Juni 1945 wurde wieder das erste Gas geliefert, während das Wasserwerk Beeckerwerth erst im November 1945 seine Wasserlieferungen aufnahm. Anfang der 1950er Jahre dehnte die Niederrheinische Gas- und Wasserwerke GmbH ihr Versorgungsnetz aus.

88 Molthan, Heinrich: Damit Energie und Wasser fließen. Zielsetzungen, Leistungen, Entwicklungen, Essen 1995.

1965 wurden die gesamten Wasserversorgungsanlagen der Thyssengas AG rückwirkend zum 1. Januar 1964 auf die Niederrheinische Gas- und Wasserwerke GmbH übertragen und diese aus dem Beteiligungsverhältnis entlassen. Hans Heinrich Thyssen-Bornemisza übernahm zum 1. Januar 1967 von der Thyssengas AG alle Gesellschaftsanteile, damit wurde er unmittelbarer Eigentümer. Die Niederrheinische Gas-

Ein Wahrzeichen Hamborns ist der Wasserturm der Niederrheinische Gas- und Wasserwerke GmbH, hier auf einer Aufnahme aus den 1990er Jahren.

und Wasserwerke GmbH war weiterhin ein Unternehmen der Thyssen-Bornemisza Group. Diese Umstrukturierung war notwendig geworden, weil US-amerikanische Kartellgesetze es nicht erlaubten, dass Erdgasproduzenten oder -händler sich auch an Endverbraucher beliefernde Unternehmen beteiligten. Dies aber war mit dem Verkauf von 25 Prozent des Aktienkapitals von Thyssengas AG an Standard Oil of New Jersey gegeben.

Ab 1966 verfolgte die Niederrheinische Gas- und Wasserwerke GmbH eine eigene Unternehmenspolitik am Niederrhein und gewann bis Anfang der 1980er Jahre neue Kunden hinzu. Die Personalunion in der Geschäftsleitung der Niederrheinische Gas- und Wasserwerke GmbH und der Thyssengas AG war beendet. 1973 verkaufte Hans Heinrich Thyssen-Bornemisza die Niederrheinische Gas- und Wasserwerke GmbH an die Firma Wasserwerk für das nördliche westfälische Kohlenrevier, Gelsenkirchen, die sich noch im gleichen Jahr in Gelsenwasser AG umbenannte, und in deren Aufsichtsrat schon sein Großvater August Thyssen (1922–1926) und sein Onkel Fritz Thyssen (1926–1939) gesessen hatten.

Durch die kommunale Neuordnung, die am 1. Januar 1975 in Kraft trat, sollte die Niederrheinische Gas- und Wasserwerke GmbH große Versorgungsgebiete, u. a. die Versorgungsgebiete Hamborn und Walsum verlieren. Deren Versorgungsverträge wurden von der „neuen" Stadt Duisburg vorzeitig im gegenseitigen Einverständnis aufgehoben. Nur die Belieferung der Thyssen Stahl AG blieb. So verlor die Niederrheinische Gas- und Wasserwerke GmbH zum 1. Januar 1978 ca. 50.000 Kunden und etwa ein Drittel des Geschäftsumfangs. Obwohl sie nicht mehr als Versorgungsunternehmen in Duisburg tätig war, behielt die Niederrheinische Gas- und Wasserwerke GmbH ihren angestammten Gesellschaftssitz und übernahm sogar von der Thyssengas GmbH das historische Hamborner Verwaltungsgebäude aus den 1920er Jahren. Nach dem „Fall der Mauer" 1989 expandierte die Niederrheinische Gas- und Wasserwerke GmbH erfolgreich in die neuen Bundesländer und schloss Kooperationen mit dortigen Städten.

N. V. Handels- en Transport-Maatschappij „Vulcaan", Rotterdam

1906 Transportkontor Vulkan GmbH, Niederlassung Rotterdam; 1910 N. V. Handels- en Transport-Maatschappij „Vulcaan"; 1973 Verkauf und Auflösung als selbstständiges Unternehmen.

Seit 1905 baute die Thyssen-Gruppe ein eigenes Handels- und Schifffahrtsnetz mit Niederlassungen in der gesamten Welt auf, um durch Investitionen in die Verkehrsinfrastruktur und durch eigene Handelsorganisationen Kostenvorteile beim notwendigen Rohstoffbezug sowie beim Handel mit eigenen Halb- und Fertigprodukten zu erzielen. Nach Teilinbetriebnahme des am Rhein, auf dem Gelände der Gewerkschaft Deutscher Kaiser gelegenen Werkshafens Schwelgern gründeten am 16. Januar 1906 die Thyssen'schen Firmen Gewerkschaft Deutscher Kaiser, Thyssen & Co. und AG für Hüttenbetrieb die Transportkontor Vulkan GmbH in [Duisburg-]Bruckhausen

Schleppdampfer der N.V. Handels- en Transport-Maatschappij „Vulcaan“
mit Heimathafen Rotterdam paradieren auf dem Rhein, 1912.

mit einer Zweigniederlassung in Rotterdam zur Bereederung von Transportschiffen, um insbesondere die in Rotterdam angelandeten Erze rheinaufwärts zu verschiffen.[89] Die Thyssen'schen Hochöfen waren – im Vergleich zu den anderen rheinisch-westfälischen Hüttenwerken – im besonderen Maße auf Erzimporte angewiesen.

1910 wurde die N. V. Handels- en Transport-Maatschappij „Vulcaan“ (Vulcaan), Rotterdam, als Seereederei gegründet, um die Thyssen-Gruppe vom internationalen Frachtenmarkt und von den Erzgroßhändlern unabhängig zu machen. Die Firma war nach niederländischem Recht gegründet und übernahm Aufgaben der fünf Jahre zuvor gegründeten Rotterdamer Zweigniederlassung der Transportkontor Vulkan GmbH. Zunächst mietete der Vulcaan eine Flotte von Erzdampfern und ging dabei das unternehmerische Risiko ein, große, bisher noch nicht verwendete Dampfertypen für die europäische Kohlen- und Erzfahrt einzustellen.[90]

Damit die Frachtschiffe nicht die gesamte Strecke von Rotterdam zu ihren Zielhäfen mit Ballast fuhren, wurden ab 1912 Niederlassungen in Hafenstädten gegründet, wo die Frachter eigene Kohle bunkern, aber auch Bunkerkohle oder Fracht für Dritte ablieferten konnten, sodass sie ab Rotterdam bzw. Newcastle wenigstens für eine Teil-

89 Gesellschaftsvertrag vom 16.1.1906, in: TKA A/523/1.
90 Däbritz, Walther: Unternehmensgeschichte Thyssen, unveröffentlichtes Typoskript in 17 Heften, o.D., Heft 11, in: TKA A/15506, siehe auch TKA A/1782.

strecke Fracht besaßen und dadurch sowie durch die Bunkerung preiswerter eigener Kohle ihre Betriebskosten senkten. Gleichzeitig sorgte der Vulcaan über die 1912 gegründete Vulcaan Coal Company für zusätzlichen Kohlenabsatz (Export), der außerhalb des Rheinisch-Westfälischen Kohlen-Syndikats stehenden Thyssen-Zechen Gewerkschaft Rhein 1 (Schacht Wehofen) und Gewerkschaft Lohberg (siehe dort), die 1913 ihre Förderung aufnahmen.

1911 erwarb die N. V. Handels- en Transport-Maatschappij „Vulcaan“ an dem „Nieuwe Waterweg“ zwischen Hoek van Holland und Rotterdam bei der Gemeinde Vlaardingen ein geeignetes Grundstück von 0,4 Quadratkilometer, um einen Privathafen zu errichten. 1914 wurde mit den notwendigen Baggerarbeiten begonnen. Der Hafenbetrieb einschließlich Werft- und Reparaturanlagen wurde 1920 in die N. V. Havenbedrijf „Vlaardingen-Oost“ ausgegliedert.

Für Überseefrachten hatte die N.V. Handels- en Transport-Maatschappij „Vulcaan“ den Dampfer August Killing bauen lassen. Das nach einem verdienten Mitarbeiter von August Thyssen benannte Schiff bereederte eine eigene Tochtergesellschaft. Der Frachter wird gerade in den firmeneigenen, noch im Bau befindlichen Hafen Vlaardingen-Oost geschleppt, vor dem Ersten Weltkrieg.

Am 5. Juli 1918, unmittelbar vor Ende des Ersten Weltkriegs, gründete die N. V. Handels- en Transport-Maatschappij „Vulcaan“ die Bank voor Handel en Scheepvaart N. V., die sich in der Zwischenkriegszeit zur internationalen Holding für den auf Heinrich Thyssen-Bornemisza entfallenden Erbteil entwickeln sollte (siehe dort). Auch der Vulcaan, einst Gründer der Bankgesellschaft, sollte zu seiner Tochtergesellschaft werden.

Die Hochseeschiffe des Vulcaans waren im Ersten Weltkrieg versenkt oder nachher enteignet worden. 1920 wurde für die Seeschifffahrt die Reederei N. V. Halcyon Lijn gegründet, während der Vulcaan als neues Arbeitsgebiet den Handel mit Kunstdünger aufnahm und in den Niederlanden bald neben den landwirtschaftlichen Genossenschaften zu den bedeutendsten Anbietern zählte.[91] Nach dem Zweiten Weltkrieg kamen der Handel mit Öl, Gas, aber auch mit Pflanzenschutzmitteln hinzu. In den Niederlanden vertrieb der Vulcaan die Erdölprodukte der DEA. Ihr gehörte eine moderne Rheinflotte, u. a. mit Gastankschiffen.[92] Für den Rohstoffhandel mit Deutschland war die Tochtergesellschaft Deutsch-Niederländische Schiffahrts- und Handelsgesellschaft mbH, Duisburg-Ruhrort, mit Niederlassungen in Duisburg-Ruhrort und St. Goarshausen zuständig.[93]

1973 trennte sich die Thyssen-Bornemisza Group von der personalintensiven Schiffsmaklerabteilung durch Verkauf an ein anderes, in Rotterdam ansässiges Schiffsmaklerunternehmen, während die anderen Tätigkeitsfelder des Vulcaan schon vorher in selbstständige Gesellschaften ausgegliedert worden waren.[94]

Press- und Walzwerk AG, Düsseldorf[95]

1899 Press- und Walzwerk AG; 1923 Press- und Walzwerk AG, Abteilung Press- und Walzwerk Reisholz; 1947 Stahl- und Röhrenwerk Reisholz AG, Werk Reisholz; 1952 Stahl- und Röhrenwerk Reisholz AG, Werk Reisholz; 1953 Stahl- und Röhrenwerk Reisholz GmbH, Werk Reisholz; 1973 Mannesmannröhren-Werke AG, Werk Reisholz/Stahl- und Röhrenwerk Reisholz GmbH, Werk Reisholz; 1975 Kammerich-Reisholz GmbH Stahlweiterverarbeitung; 1978 Mannesmannröhren-Werke AG, Zweigniederlassung Kammerich Stahlform, Werk Reisholz; 1982 Mannesmannröhren-Werke AG, Produktgruppe Kammerich, Werk Reisholz; 1987 Mannesmannröhren-Werke AG Werksgruppe Düsseldorf, Werk Reisholz; 1995 Mannesmannrohr GmbH, Werk Reisholz; 1997 Vallourec & Mannesmann Tubes V & M Deutschland GmbH, Werk Düsseldorf-Reisholz.

Am 15. April 1899 gründete der Ingenieur-Unternehmer Heinrich Ehrhardt[96] zusammen mit mehreren Bankiers, darunter der Düsseldorfer Max Trinkaus, die Press- und Walzwerk AG mit einem Aktienkapital von 4 Mio. Mark. Auf einem Gelände der Industrieterrain Düsseldorf-Reisholz AG wollte er vornehmlich nach dem ihm paten-

91 Baumann, Carl-Friedrich: Schloss Landsberg und Thyssen, a.a.O., S. 26f.
92 The Thyssen-Bornemisza Group, a.a.O., S. 15–19.
93 Ebd., S. 21.
94 Thyssen-Bornemisza Group N. V.: Geschäftsbericht 1973, S. 13.
95 Die folgenden Ausführungen nach: Wessel, Horst A.: Das Röhrenwerk Reisholz 1899–1993, in: Düsseldorfer Jahrbuch 65 (1994), Düsseldorf 1994, S. 99–139; Wessel, Horst A.: 100 Jahre Stahlrohre aus Reisholz 1899–1999. Eine Chronik in Stichworten, Düsseldorf 1999.
96 Siehe Racine, Hugo: Heinrich E(h)rhardt, in: NDB 4 (1959), S. 579f.

tierten Verfahren nahtlose Rohre in Konkurrenz zum Mannesmann-Verfahren herstellen. Gedacht war an Kesselschüsse für Lokomotivkessel, die gegenüber genieteten eine Gewichtsersparnis von 15 Prozent erbringen sollten, aber in den tatsächlichen Gestehungskosten dann zu hoch lagen. Ein technisch aufwändig ausgestattetes Werk wurde errichtet, das zunächst zu teure Rohre von nicht benötigter Qualität herstellte. Schon 1905 musste ein Kapitalschnitt (4:1) bei anschließender Erhöhung des Aktienkapitals auf 4,8 Mio. Mark erfolgen. Die Auflösung des Stahlrohr-Kartells brachte das Unternehmen erneut in finanzielle Schwierigkeiten, weshalb es – letztlich erfolglos – die Zusammenarbeit mit der Deutsch-Österreichische Mannesmannröhren-Werke AG bzw. mit der Gutehoffnungshütte Aktienverein für Bergbau und Hüttenbetrieb suchte. Erst die Gespräche mit August Thyssen, dem größten deutschen Hersteller von stumpf-geschweißten Stahlrohren (Gasrohre), führten im Herbst 1911 zu dessen Mehrheitsbeteiligung an dem Reisholzer Unternehmen. Thyssen nahm unverzüglich eine Neuorganisation, technische Verbesserungen und eine großzügige Erweiterung der Rohrproduktion vor. Der Aufsichtsrat wurde neu besetzt mit August Thyssen (Vorsitz), Max Trinkaus, der als einziger dem Gremium von der Gründung bis 1920 angehören sollte, Joseph Thyssen, Fritz Thyssen sowie den Thyssen-Mitarbeitern Carl Rabes und Julius Kalle. Letzterer setzte 1913 eine Verkaufsgemeinschaft für den Vertrieb von nahtlosen Rohren zwischen dem von ihm geleiteten Walzwerk Dinslaken der

Die 5.000 Tonnen-Presse des Werks Reisholz beim Ausschmieden eines vorher aufgebohrten Stahlblocks für einen nahtlos geschmiedeten Hochdruckdampfkessel, Anfang der 1920er Jahre.

Gewerkschaft Deutscher Kaiser und der Reisholzer Firma durch. Während des Kriegs wurde die Produktion auf Kriegsbedarf umgestellt und u. a. eine Geschossfabrik errichtet, die 1918 55 Prozent der Jahresproduktion und 43,4 Prozent des Umsatzes erzeugte. Nach dem Ersten Weltkrieg mussten im Zuge der von den Alliierten verfügten Abrüstungsmaßnahmen einzelne Anlagen der Presserei sowie die Geschossfabrik abgebrochen werden.[97]

Für den 1915 tödlich verunglückten Joseph Thyssen kam dessen Sohn Hans in den Aufsichtsrat und seit 1920 nahm Heinrich Thyssen-Bornemisza das Aufsichtsratsmandat von Max Trinkaus wahr. Er übernahm erst nach 1926 die industrielle Führung des Unternehmens. 1923 wurde ein 30-jähriger Pachtvertrag mit der ebenfalls Thyssen gehörenden AG Oberbilker Stahlwerk geschlossen. Damit erhielt das Röhrenwerk – mittlerweile nach der Mannesmannröhren-Werke AG und dem Mülheimer Thyssen-Werk der drittgrößte deutsche Hersteller von nahtlosen Stahlrohren – formal eine eigene Qualitätsstahlbasis. Die Verwaltung des Oberbilker Werks wurde nach Reisholz verlegt und ein neuer Aufsichtsrat gebildet. Dieser bestand aus August Thyssen (Vorsitz), dessen Neffen Hans (1. stellv. Vorsitzender) und Julius Thyssen, sowie seinen Söhnen Heinrich Thyssen-Bornemisza (2. stellv. Vorsitzender) und Fritz Thyssen. 1924 schlug August Thyssen vor, seine Röhrenwerke in Mülheim, Dinslaken und Reisholz mit jenen der Mannesmannröhren-Werke AG zu vereinen. Da die Firma Mannesmann – obwohl dem Unternehmen kein Namensgeber mehr angehörte – dies nur unter dem eingeführten Namen Mannesmannröhren, dem damals gebräuchlichen Synonym für nahtlose Stahlrohre, vollziehen wollte, scheiterte die Fusion. Im darauf folgenden Jahr bildeten die Röhrenwerke der Thyssen-Gruppe eine eigene Verkaufsgemeinschaft, an der das Reisholzer Werk mit 20 Prozent beteiligt war.[98]

Nach dem Tod des Vaters 1926 übernahm Heinrich Thyssen-Bornemisza den Vorsitz im Aufsichtsrat und verfolgte mit seinem Erbe einen eigenständigen Unternehmensweg. Er brachte die Press- und Walzwerk AG nicht in die Vereinigte Stahlwerke AG ein. 1929 schied sein Bruder Fritz aus dem Aufsichtsrat aus, 1932 folgte sein Cousin Julius und 1937 sein Cousin Hans Thyssen.

Mit Beginn des „Dritten Reichs“ nahm die Rüstungsproduktion einschließlich geschmiedeter Hochdruckbehälter für die Kohlehydrierung sowie rollendes Eisenbahnmaterial zu. Den Krieg überstand das Werk fast unbeschadet, wurde danach von den Alliierten beschlagnahmt und erhielt 1946 wieder eine Produktionsgenehmigung. Im Rahmen der Neuordnung der westdeutschen Stahlindustrie wurde auf alliierte Anordnung zum 1. August 1947 die Stahl- und Röhrenwerk Reisholz AG als Betriebsgesellschaft gegründet. Dennoch wurde das Werk bis 1949 auf alliierte Anordnung demontiert, um die gefürchtete deutsche Rüstungskapazität zu reduzieren. 1952 erhielt der Alteigentümer das Werk zurück. Die Stahl- und Röhrenwerk Reisholz GmbH wurde als neue Firma gegründet, den Vorsitz im Aufsichtsrat übernahm Hans

97 Däbritz, Walther: Unternehmensgeschichte Thyssen, Heft 16, in: A/15511, S. 142.

98 Wessel, Horst A.: 100 Jahre Stahlrohre aus Reisholz 1899–1999, a.a.O., S. 12f.

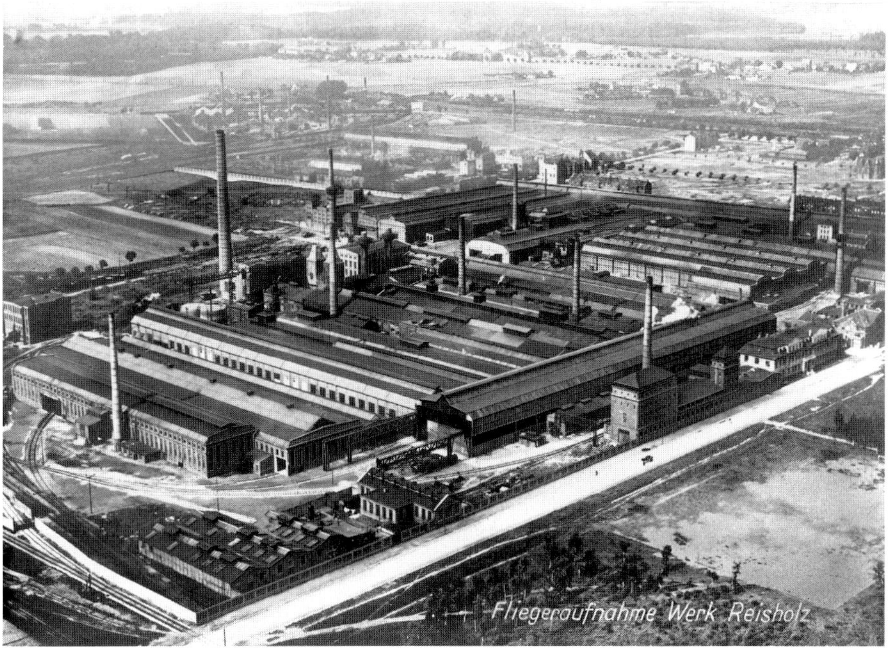

Luftaufnahme der Press- und Walzwerk AG in Düsseldorf-Reisholz, ca. 1928.

Heinrich Thyssen-Bornemisza für seinen mittlerweile verstorbenen Vater. Das Röhrenwerk blieb der Kern des Unternehmens, das 1957 ein Elektrostahlwerk in Reisholz in Betrieb nahm, sodass langfristig das Oberbilker Stahlwerk geschlossen und der dortige Standort aufgegeben werden konnte. Die in Reisholz erzeugten Produkte wurden vornehmlich in Kraftwerksanlagen, im Maschinenbau und im schweren Stahlbau eingesetzt.

1966 entschloss sich Hans Heinrich Thyssen-Bornemisza, die bisher verfolgte Selbstständigkeit des Unternehmens aufzugeben. Das wirtschaftliche Umfeld hatte sich so sehr geändert, dass die Unternehmensgröße nicht mehr für ein selbstständiges Agieren am Markt ohne finanzstarken Partner ausreichte. Im Oktober 1966 wurde eine Kooperation auf dem Präzisionsrohrsektor mit der Thyssen Röhrenwerke AG vereinbart. Dieses Unternehmen war aus der Phoenix-Rheinrohr AG Vereinigte Hütten- und Röhrenwerke entstanden, die 1964 von der August Thyssen-Hütte AG übernommen wurde. Die Thyssen Röhrenwerke AG übertrug ihre Werke Hilden und Langenfeld-Immigrath sowie die Tochtergesellschaft Wuragrohr GmbH in Wickede/Ruhr auf die Stahl- und Röhrenwerk Reisholz GmbH und erhielt als Gegenleistung 50 Prozent des von 30 auf 60 Mio. DM erhöhten Stammkapitals der Stahl- und Röhrenwerk Reisholz GmbH. Das Werk Immigrath war der größte Flanschenproduzent Europas, außerdem wurden dort Stahlfittings (beides Rohrverbindungsteile) erzeugt. Das Werk Hilden produzierte neben dem Werkzeug- und Lehrenbau hauptsächlich hitze- und

Der deutlich erweiterte, zum Mannesmann-Konzern gehörende Werkskomplex Reisholz im Jahr 1973.

druckwasserstoffbeständige, nicht rostende und kaltzähe Edelstahlrohre. Das Werk Wickede fertigte geschweißte Profil- und Rundrohre.

Die Stahl- und Röhrenwerk Reisholz GmbH war durch diese Vereinbarung mit ca. 100.000 Tonnen pro Jahr Produktion zum zweitgrößten Hersteller von Präzisionsstahlrohren in der Bundesrepublik Deutschland geworden. Eine Restrukturierung der einzelnen Standorte und ihrer Produktionsprogramme fand jedoch nur zaghaft statt. 1969 entschloss sich die August Thyssen-Hütte AG in einem Abkommen mit der Mannesmann AG zu einer Arbeitsteilung: Die Röhrenfertigung wurde an die Firma Mannesmann abgegeben, die im Gegenzug ihre Flachstahlaktivitäten an die August Thyssen-Hütte AG übertrug. Der 50-prozentige Anteil der Thyssen Röhrenwerke AG am Stammkapital der Stahl- und Röhrenwerk Reisholz GmbH ging an die neu gegründete Mannesmannröhren-Werke AG über. Gleichzeitig wurde der Thyssen-Bornemisza Group N. V. als 50-prozentiger Anteilseigner der Stahl- und Röhrenwerk Reisholz GmbH das Recht eingeräumt, ihren Anteil auf die Mannesmannröhren-Werke AG zu übertragen. Davon machte die Thyssen-Bornemisza Group 1972 Gebrauch. Seit 1. Januar 1973 gehörte die gesamte Reisholz-Gruppe zur Mannesmannröhren-Werke AG.

Diese gliederte sich sämtliche Rohrwerksbetriebe unmittelbar ein, die nun als Mannesmannröhren-Werke AG, Werk Reisholz firmierten, während die nicht Röhren erzeugenden Betriebe wie Stahlwerk, Presserei, Freiformschmiede und das Flanschen-

und Fittingswerk in Immigrath der neu gegründeten Stahl- und Röhrenwerk Reisholz GmbH als Betriebsführungsgesellschaft übertragen wurden. Diese technologisch anspruchsvollen Weiterverarbeitungsbetriebe der Mannesmann-Gruppe wurden 1975 mit der ebenfalls zur Mannesmann-Gruppe gehörenden Kammerich-Werke AG zur Kammerich-Reisholz GmbH Stahlweiterverarbeitung zusammengefasst und 1978 in Mannesmannröhren-Werke AG, Zweigniederlassung Kammerich Stahlform, Werk Reisholz umfirmiert.

Ende 1977 mussten die Reisholzer Rohrwerke bis auf das nach dem Ehrhardt-Verfahren arbeitende Rohrpresswerk zusammen mit der mechanischen Werkstatt stillgelegt werden. Seit 1982 firmierten die Zweigniederlassungen Kammerich-Stahlform als Produktgruppe Kammerich der Mannesmannröhren-Werke AG, während die Röhrenwerke Lierenfeld, Rath und Reisholz die Mannesmannröhren-Werke AG Werksgruppe Düsseldorf bildeten. 1987 verkaufte die Mannesmann-Gruppe ca. ein Drittel des Werksgeländes einschließlich des Verwaltungsgebäudes an die benachbarte Firma Henkel KGaA. Das Werk Reisholz, das nur noch ca. 350 Mitarbeiter beschäftigte, firmierte 1995 als Betriebsabteilung der Mülheimer Mannesmannrohr GmbH. Durch die Kooperation der Mannesmannröhren-Werke AG mit der französischen Groupe Vallourec S. A. entstand 1997 die Vallourec & Mannesmann Tubes V & M Deutschland GmbH mit dem Werk Düsseldorf-Reisholz. Nach der feindlichen Übernahme der Mannesmann AG durch das britische Mobiltelefon-Unternehmen Vodafone AirTouch Plc. und der anschließenden Zerschlagung des Konzerns erwarb am 26. Mai 2000 die Salzgitter AG die Mannesmannröhren-Werke AG und damit deren gemeinsame Beteiligung mit der Vallourec-Gruppe an dem Reisholzer Werk.

Press- und Walzwerk AG, Abteilung Oberbilker Stahlwerk, Düsseldorf

1861 Friedrich Giesbers & Co., Gemünd (Eifel); 1864 Industrielle Handelsgesellschaft C. Poensgen, Giesbers & Co.; Düsseldorf; 1877 Oberbilker Stahlwerk vorm. Poensgen, Giesbers & Co.; 1917 AG Oberbilker Stahlwerk; 1923 Press- und Walzwerk AG, Abteilung Oberbilker Stahlwerk; 1952 Stahl- und Röhrenwerk Reisholz AG, Abteilung Oberbilker Stahlwerk; 1953 Stahl- und Röhrenwerk Reisholz GmbH, Abteilung Oberbilker Stahlwerk; 1979 Aufgabe des Industriestandortes.

1861 hatten Friedrich Giesbers und Carl Poensgen in Gemünd (Eifel) ein Bessemer-Stahlwerk gegründet, das sie schon drei Jahre später in den Düsseldorfer Raum verlegten. Gleichzeitig benannten sie die Firma in Industrielle Handelsgesellschaft C. Poensgen, Giesbers & Co. sowie 1877 in Oberbilker Stahlwerk vorm. Poensgen, Giesbers & Co. um.

Seit 1906 war August Thyssen über die AG für Hüttenbetrieb zur Hälfte am Aktienkapital des Stahlwerks an Düsseldorfs Peripherie mit günstiger Verbindung zum Bahnhof beteiligt, um einen festen Abnehmer für sein in Meiderich erschmolzenes Roheisen, aber auch um über diese Firma Zugang zu Erzgruben um Wissen und in Nassau zu haben, denn diese Firma verfügte über eine eigene Erzbasis, obwohl sie keine

Der Düsseldorfer Künstler Carl Brunotte zeichnete vermutlich Anfang der 1920er Jahre diese isometrische Ansicht der AG Oberbilker Stahlwerk.

eigenen Hochöfen besaß. Neben hochwertigen Schmiedestücken wie Kurbelwellen, Kolben- und Pleuelstangen wurden Dampfrohre sowie für den Schiffbau Vorder- und Hintersteven, Heck- und Bugruder für Torpedoboote sowie rollendes Eisenbahnmaterial u. a. m. erzeugt. 1917 erwarb August Thyssen das restliche Aktienpaket und übernahm den Vorsitz der in AG Oberbilker Stahlwerk umfirmierten Gesellschaft.[99] Diesen Aufsichtsratsvorsitz hatte er mit Ausnahme des Geschäftsjahres 1922/23 (damals war es Fritz Thyssen) bis zu seinem Tod inne.[100] Das Oberbilker Stahlwerk bezog sein Qualitätsroheisen vornehmlich von der AG für Hüttenbetrieb und lieferte Qualitätsstahl an die Press- und Walzwerk AG in Reisholz, die beide zur Thyssen-Gruppe gehörten.

1923 wurden die schon in Personalunion geführten Oberbilker Betriebe an die Press- und Walzwerk AG verpachtet und von dort aus verwaltet. Dem Aufsichtsrat des formal selbstständigen Unternehmens ohne eigene Produktionsstätten gehörten neben August Thyssen (Vorsitzender) abwechselnd auch seine Söhne Fritz und Heinrich sowie seine Neffen Julius (zeitweise zweiter stellvertretender Vorsitzender) und Hans an.[101] 1924 stellte Oberbilk erstmals nahtlos geschmiedete Kesseltrommeln und

99 Rasch, Manfred: August Thyssen. Der katholische Großindustrielle der Wilhelminischen Epoche, a.a.O., hier S. 48, 78f.

100 Siehe TKA A/1789.

101 Däbritz, Walther: Unternehmensgeschichte Thyssen, Heft 16, in: A/15511, S. 142; aus den unvollständig erhaltenen Geschäftsberichten ergeben sich folgende Daten zu Aufsichtsratsmandaten: 1911–1917 Fritz Thyssen; 1917–1919 Heinrich Thyssen-Bornemisza; 1917–1921 Julius Thyssen; 1925–1926 Hans Thyssen.

Fast 37 Tonnen Gewicht besaß das Schiffsruder für den Ozeandampfer, „Kolumbus", welches das Oberbilker Stahlwerk vor 1923 herstellte.

Hochdruckbehälter für die chemische Industrie her.[102] Dieses Unternehmen gehörte zum Erbteil von Heinrich Thyssen-Bornemisza und wurde 1926 nicht in die Vereinigte Stahlwerke AG eingebracht. Heinrich Thyssen-Bornemisza übernahm 1926 den Vorsitz im Aufsichtsrat der AG Oberbilker Stahlwerk.

Die Weltwirtschaftskrise hinterließ bei diesem Unternehmen deutliche Spuren. Ende 1932 war die Belegschaft von 1.000 Beschäftigten auf 134 gesunken, und diese arbeiteten auch nur an drei Tagen in der Woche.[103] Mit der nationalsozialistischen Autarkiewirtschaft wurden im Oberbilker Werk u.a. große hohlgeschmiedete Hochdruckzylinder für die Kohleverflüssigung bzw. für andere chemische Zwecke für Drücke bis 700 bar, aber auch monatlich 1.000 Radsätze für die Eisenbahn produziert. Gegen Kriegsende war das Werk zur Hälfte zerstört. 1943 hatte ein Angriff das Werk schon so schwer beschädigt, dass es beinahe abgerissen und nicht von der Organisation Todt wieder instand gesetzt worden wäre.[104] Unter den Kriegsverlusten waren wertvolle Bearbeitungsmaschinen und die mechanischen Werkstätten. Am 20. August

102 Wessel, Horst A.: 100 Jahre Stahlrohre aus Reisholz 1899–1999, a.a.O., S. 12.
103 Werksmitteilungen Stahl- und Röhrenwerke Reisholz AG Nr. 5, April 1953, S. 131.
104 Werksmitteilungen Stahl- und Röhrenwerke Reisholz AG Nr. 6, Juni 1953, S. 154.

Zusammengebaute vierhübige Schiffskurbelwelle aus Nickelstahl
Gewicht, fertig bearbeitet, 27 Tonnen

Produktionsfotos dokumentieren zum einen den Stolz der Firma auf ihre Produkte, auf ihre technischen Leistungen, zum anderen wurden sie gezielt zu Werbezwecken eingesetzt. Die hier abgebildete Schiffskurbelwelle wurde zwischen 1922 (27 Tonnen Gewicht, oben) und 1926 (60 Tonnen Gewicht, S. 249 oben) in zwei verschiedenen Fotoalben mit unterschiedlichen Texten abgebildet, angeschnitten.

1946 erhielt das Werk die lang ersehnte alliierte Produktionsgenehmigung. Mit Neuordnung der westdeutschen Stahlindustrie nach dem Zweiten Weltkrieg wurde die rechtliche Konstruktion vereinfacht und das Werk firmierte seit 1952 als Stahl- und Röhrenwerk Reisholz AG, Werk Oberbilk. Seit 1947 fertigte das Oberbilker Stahlwerk auf Wunsch des Mülheimer Werks der Siemens-Schuckertwerke AG, der ehemaligen Maschinenfabrik Thyssen, schwere Turbinenwellen und Generatorkörper, da der bisherige Produzent Fried. Krupp diese nach alliiertem Bombenkrieg, Werksdemontage und Produktionsauflagen nicht mehr liefern konnte. 1962 verpflichtete sich die Stahl- und Röhrenwerk Reisholz GmbH gegenüber der Stadt Düsseldorf, bis spätestens Ende 1972 den nördlichen Teil des Oberbilker Werks und das restliche Gebiet bis spätestens 1986 zu räumen. Die zentrale Lage in unmittelbarer Nähe zum Düsseldorfer Hauptbahnhof machten den Grundbesitz zu einem „Filetstück“ für die Stadtplanung Düsseldorfs. Den Industriestandort gab die Firma 1979, also einige Jahre früher als ver-

Aufgebaute Kurbelwelle. Gewicht, fertig bearbeitet, 60 000 kg /
Erected Crank Shaft. Finished weight 60 000 kilos
Preß- und Walzwerk-Aktiengesellschaft, Düsseldorf-Reisholz, Abteilung Oberbilker Stahlwerk Düsseldorf

Der Druckbehälter für den Atomreaktor des deutschen Forschungsschiffs Otto Hahn wurde 1967 im Oberbilker Stahlwerk der Stahl- und Röhrenwerk Reisholz GmbH gefertigt.

traglich vereinbart, endgültig auf. Dafür erhielt das Unternehmen ein an das Reisholzer Werk angrenzendes Grundstück sowie Bargeld und ein zinsloses Darlehen.[105] Heute erinnern nur noch eine Seilscheibe und zwei Hochreliefs am Ausgang „Bertha-von-Suttner-Platz" des Düsseldorfer Hauptbahnhofs an den einstigen Industriestandort, wo 1967 der Atom-Reaktor-Druckbehälter für das erste mit Kernenergie angetriebene deutsche Forschungsschiff „Otto Hahn" gefertigt wurde.

Schachtbau Thyssen GmbH, Mülheim/Ruhr

1898 Gewerkschaft Deutscher Kaiser, Bohr- und Schachtbauabteilung; 1905 Bohr- und Schachtbau GmbH; 1909 Gewerkschaft Deutscher Kaiser, Abteilung Schachtbau; 1919 Schachtbau Thyssen GmbH; 1941 Großdeutsche Schachtbau- und Tiefbohr-GmbH; 1945 Deutsche Schachtbau- und Tiefbohr-GmbH; 1952 Schachtbau Thyssen GmbH; 1970 Thyssen Schachtbau GmbH.

Schon 1898 hatte August Thyssen innerhalb der Bergbaubetriebe der Gewerkschaft Deutscher Kaiser eine besondere Bohr- und Schachtbauabteilung errichtet, um mit eigenem Gerät Mutungsbohrungen durchzuführen. Thyssen folgte damit dem Beispiel der in Düsseldorf ansässigen Firma Haniel & Lueg, die seit 1883 Senk- und Bohrschächte niederbrachte.[106] Thyssens Abteilung erkundete die zur Mutung anstehenden Grubenfelder im nördlichen Ruhrgebiet sowie in Lothringen. Da der preußische Staat für die Zeit nach 1907 eine Mutungssperre (1905: Lex Gamp) erließ, setzte in dieser kurzen Zeitspanne eine Hochphase der Bergbau-Exploration ein. 1903 erwarb Thyssen die Tiefbohr AG vorm. Hugo Lubisch in Düsseldorf, liquidierte sie am 21. Dezember 1905 und gründete am selben Tag die Bohr- und Schachtbau GmbH, Mülheim/Ruhr, mit 300.000 Mark Kapital.[107] An der Tiefbohr AG vorm. Hugo Lubisch war Thyssen nicht nur wegen des Know-hows und der technischen Ausrüstung interessiert, sondern diese Gesellschaft hatte auf eigene Rechnung 1902/03 bei der Ortschaft Bislich am Niederrhein ein Eisensteinlager von etwa zehn Meter Mächtigkeit und einem Eisengehalt von 28–35 Prozent gemutet. Dieser Fund weckte Hoffnungen, das sich vergleichbar der lothringischen Minette ein mächtiges Lager in 400 bis 500 Meter Tiefe am gesamten Niederrhein fortsetze.

Thyssen schien sich die verlockende Aussicht zu bieten, unweit seines Hüttenwerks Gewerkschaft Deutscher Kaiser eine eigene Erzbasis zu gewinnen. So erwarb Thyssen das gesamte Aktienkapital dieser Firma in Höhe von 500.000 Mark und sicherte sich damit nicht nur die Bohreinrichtungen, sondern auch sämtliche Rechte aus der

105 Wessel, Horst A.: Das Röhrenwerk Reisholz 1899–1993, a.a.O., S. 131.

106 Hoffmann, Dietrich: Acht Jahrzehnte Gefrierverfahren nach Poetsch. Ein Beitrag zur Geschichte des Schachtabteufens in schwierigen Fällen, Essen 1962, S. 16ff.

107 Typoskript Thyssen-Schachtbau, o. D., in: TKA A/1800; Gründungsvertrag der Bohr- und Schachtbau GmbH vom 21.12.1905, 2. Ausfertigung in: ebd. A/514/2; notarielles Protokoll der Liquidation der Tiefbohr AG vorm. Hugo Lubisch vom 21.12.1905, in: ebd.

Die Abteilung Schachtbau der Gewerkschaft Deutscher Kaiser beim Niederbringen von Schacht 5, Tübbingsausbau zwischen 1901 und 1909, angeschnitten

Nachdem der 1899 begonnene Schacht 4 der Gewerkschaft Deutscher Kaiser 1901 erfolgreich niedergebracht war, entstand diese Aufnahme von den Beteiligten der Bohr- und Schachtbauabteilung zusammen mit zwei zuständigen preußischen Bergbeamten in Uniformen.

erwähnten Mutung. Weitere Bohrungen ergaben jedoch, dass das Eisenerz nur in einer geschlossenen Mulde von beschränkter Ausdehnung vorkam. Dennoch erwirkte die Gewerkschaft Deutscher Kaiser in der Bislicher Gegend insgesamt sechs Mutungen auf Eisenerz, die jedoch nie abgebaut werden sollten.[108]

1905 nahm die Bohr- und Schachtbau GmbH das Wagnis auf sich, den ersten „Gefrierschacht" in Hamborn-Marxloh (Gewerkschaft Deutscher Kaiser, Schacht 5) mit einem Durchmesser von 5,5 m und einer Gefrierteufe von 150 m in eigener Regie abzuteufen.[109] Thyssen brach damit ungefähr zeitgleich mit der Firma Haniel & Lueg das bisherige Monopol der Tiefbau- und Kälteindustrie-AG vormals Gebhardt & Koenig.[110] Nachdem Schacht 5 der Gewerkschaft Deutscher Kaiser erfolgreich im Gefrierverfahren abgeteuft war, folgten 1907 die Schächte Lohberg 1 und 2 mit jeweils 415 Meter Gefrierteufe.

108 Siehe Däbritz, Walther: Unternehmensgeschichte Thyssen, unveröffentlichtes Typoskript in 17 Heften, o.D., Heft 6, in: TKA A/15501.

109 Hoffmann, Dietrich: Acht Jahrzehnte Gefrierverfahren nach Poetsch, a.a.O., S. 70.

110 Siehe Briefe August Thyssen an Hugo Stinnes vom 30.12.1904 und 25.1.1905 sowie Brief Hugo Stinnes an August Thyssen vom 24.1.1905, Transkriptionen, in: August Thyssen und Hugo Stinnes. Ein Briefwechsel 1898–1922, a.a.O., S. 268–272.

Zum Abteufen des eigenen Schachtes Friedrichsfeld nördlich von Dinslaken hatte die Abteilung Schachtbau der Gewerkschaft Deutscher Kaiser in Zusammenarbeit mit Thyssens Mülheimer Maschinenfabrik einen speziellen Bohrmeissel entwickelt, vor 1914.

Der Erfolg des Unternehmens im Schachtbau lag u. a. in der Person Adolf Drost begründet und im Thyssen'schen Konzernverbund von Eisengießereien und Maschinenfabrik. In eigenen Werken konnten – wie bei Haniel & Lueg – die notwendigen Gefrierrohre, Tübbings, (Kälte-)Maschinen und Zubehör hergestellt werden. Deshalb lagen die Werkstätten der Bohr- und Schachtbau GmbH in Mülheim/Ruhr in unmittelbarer Nähe zur Maschinenfabrik Thyssen und ihrer Eisengießerei. Die Bohr- und Schachtbau GmbH wurde 1909 als Folge ausbleibender Aufträge zur Exploration neuer Felder (Mutungssperre) aufgelöst und der Gewerkschaft Deutscher Kaiser als Abteilung Schachtbau angegliedert, verblieb aber in Mülheim/Ruhr. Das mittlerweile gesammelte Know-how sollte nicht verloren gehen und wurde auch im westlichen Ausland eingesetzt.[111] So betrieb Thyssen bei Zwartberg in Belgien für die S. A. pour l'Exploitation de la Concession Charbonnière des Liègos en Campine, Seraing, einen Schachtbaubetrieb, der nach dem Ersten Weltkrieg enteignet wurde.[112]

Mit Ende des Weltkriegs drohte in Deutschland die Sozialisierung des Steinkohlenbergbaus, weshalb August Thyssen seine Gewerkschaft Deutscher Kaiser umbenannte und organisatorisch neu gestaltete, um mögliche Verstaatlichungsverluste seines Konzerns zu minimieren. Die unselbstständige Betriebsabteilung Schachtbau wurde zum 7. Mai 1919 als Schachtbau Thyssen GmbH mit 400.000 Mark Kapital ausgegliedert. Das Aktienkapital übernahmen Thyssen & Co. (7/8) und die AG für Hüttenbetrieb (1/8). Die von Thyssen nach dem Krieg im Raum Duisburg wieder aufgenommene Nordwanderung seiner Bergbau-Aktivitäten brachte notwendige Aufträge für die Schachtbau Thyssen GmbH.

Bei der Gründung der Vereinigte Stahlwerke AG blieb die Schachtbau Thyssen GmbH im Besitz der Familie. Die Geschäftsanteile wurden von der Thyssen & Co. AG gehalten, deren Aktien sich nach Abschluss der Erbschaftsaufteilung nach August Thyssens Tod im ausschließlichen Besitz der Familien Fritz, Julius und Hans Thyssen befanden. Nach der Flucht von Fritz Thyssen aus Deutschland und seiner Ausbürgerung wurde das deutsche Vermögen von Fritz Thyssen beschlagnahmt, darunter auch die Thyssen & Co. AG. 1940 erwarb der Preußische Staat von den Familienzweigen Julius und Hans Thyssen deren Anteile an der Thyssen & Co. AG und war damit alleiniger Aktionär dieser Holding und auf diese Weise auch der Schachtbau Thyssen GmbH. Diese wurde 1940 an die Reichswerke AG für Erzbergbau und Eisenhütten „Hermann Göring" verkauft und im darauf folgenden Jahr vom neuen Eigentümer mit der Bergbau AG Salzgitter zur Großdeutsche Schachtbau- und Tiefbohr-GmbH verschmolzen. 1945 wurde der Firmenname der mittlerweile eingetretenen Realität angepasst und in Deutsche Schachtbau- und Tiefbohr-GmbH geändert. Im Zuge des Rückerstattungsverfahrens an die Erben von Fritz Thyssen, Amélie Thyssen und ihre Tochter Anita Zichy-Thyssen wurde 1952 die Schachtbau Thyssen GmbH in Mül-

111 Hoffmann, Dietrich: Acht Jahrzehnte Gefrierverfahren nach Poetsch, a.a.O., S. 70; Aufstellung, o. D., in: TKA A/1800.

112 Siehe TKA A/751/3.

Nur von der Schachtanlage Walsum sind Fotos überliefert, die August Thyssen junior auf Werken seines mittlerweile verstorbenen Vaters zeigen, hier am 18. Dezember 1930 zusammen mit dem Testamentsvollstrecker Carl Härle, dem Geschäftsführer der Gasgesellschaft mbH Wilhelm Roelen und dem Geschäftsführer der Schachtbau Thyssen GmbH, Adolf Drost, der maßgeblichen Anteil am Erfolg des Schachtbauunternehmens hatte. Ob Thyssen und Roelen bei dieser Gelegenheit tatsächlich auf Walsum eingefahren sind, ist aufgrund ihrer Kleidung zu bezweifeln.

heim/Ruhr neu gegründet. Alleiniger Eigentümer war seitdem der Familienzweig Fritz Thyssen, der die Firma 1970 in Thyssen Schachtbau GmbH umbenannte und zu seiner industriellen Holding in Deutschland machte. Die beiden Söhne Anita Zichy-Thyssens, die Grafen Federico und Claudio Zichy-Thyssen, waren lange Zeit zu gleichen Teilen an dem weltweit tätigen Unternehmen beteiligt. Um 2002 wurde Claudio Zichy-Thyssen alleiniger Eigentümer und ordnete seinen industriellen Besitz in Deutschland neu. Er machte in 2003 die Thyssen & Co. AG wieder zu seiner für Deutschland zuständigen Holding und die Schachtbau Thyssen GmbH zu einer Tochtergesellschaft.

Simonswerk GmbH, Rheda[113]

1889 H. Simons & Co., 1910 Simonswerk GmbH.

Nicht wegen seiner herausragenden unternehmerischen Bedeutung, sondern weil sich das Unternehmen noch heute im Besitz eines Zweigs der Familie Thyssen befindet, wird im Folgenden die Geschichte der 1889 von Hugo Simons (1847–1909) in Rheda gegründeten Beschlägefirma (Scharniere, Tür- und Fensterbeschläge) dargestellt.

Mit eigenem Firmennamen und eingetragenem Firmenzeichen agierte die mehrheitlich Thyssen & Co. gehörende Simonswerk GmbH in Rheda, wie diese isometrische Ansicht aus der Zeit vor dem Ersten Weltkrieg zeigt.

Hugo Simons stellte erstmals maschinell und in Serie – so die Firmenfama – die bisher handwerklich gefertigten Fitschen her. Schon wenige Jahre nach Gründung exportierte das Unternehmen seine Produkte in die Balkanländer, das Osmanische Reich und nach Nordamerika.

Ein Jahr nach dem Tod von Hugo Simons, 1910, gingen die beiden Söhne des Firmengründers zur wirtschaftlichen Sicherung ihres Unternehmens eine Partnerschaft mit der Firma Thyssen & Co. ein. 80 Prozent der Geschäftsanteile der in Simonswerk GmbH umgewandelten Firma hielt nun das Mülheimer Unternehmen, welches die in Rheda vorhandenen Einrichtungen zum Walzen des als Vormaterial gelieferten Stahls stilllegen ließ, selbst die Lieferung schon gewalzten Vormaterials übernahm und die Produktion der Beschläge in Rheda grundlegend modernisierte. Die beiden Brüder blieben jedoch weiterhin Geschäftsführer, Paul Simons bis zu seinem Tod im Jahr 1931 und Rudolf Simons bis zum Jahr 1944. August Thyssen bevorzugte die dezentrale Unternehmenslenkung. Als er 1923 die Firma besichtigte, bescheinigte er ihr „eine gute Zukunft", war sie doch in der Produktion von Fitschen Marktführer und

113 Das Folgende nach: 100 Jahre jung geblieben, hrsg. von Simonswerk Baubeschlagtechnik, Rietberg 1989; freundliche Auskunft Dr. Josef Pauli, Mülheim/Ruhr.

Während die Fabriken und Zechen im Ruhrgebiet Ledigenwohnheime für Arbeiter errichteten, baute die Simonswerk GmbH in Rheda schon vor dem Ersten Weltkrieg nicht nur eine Arbeitersiedlung, sondern auch – aufgrund ihrer anderen Arbeitnehmerstruktur – ein „Arbeiterinnenheim".

schien auch in der Herstellung von Scharnieren eine vordere Position einnehmen zu wollen.[114]

Nach der Flucht von Fritz Thyssen 1939 und der damit verbundenen Enteignung seines inländischen Vermögens durch den NS-Staat wurde im Jahre 1940 der 80-prozentige Anteil an der Simonswerk GmbH auf die Thyssen'sche Handelsgesellschaft mbH übertragen. Diese war damals die Vermögensverwaltungsgesellschaft für die Familien von Joseph Thyssens Söhnen, Hans und Julius. Heute sind Inhaber der Thyssen'sche Handelsgesellschaft nur noch Mitglieder der Familie Julius Thyssen. Dr. jur. Anton Remmen, Schwiegersohn von Julius Thyssen, war von 1944 bis zu seinem Tod 1950 Geschäftsführer der Simonswerk GmbH. Danach hat dieser Familienzweig angestellten Managern die Unternehmensführung überlassen. Anton Remmen führte das Unternehmen durch die letzten Kriegsmonate, verhinderte eine Demontage und legte den Grundstein dafür, dass die Firma nach der Währungsreform seine alte Marktstellung wiedergewinnen konnte.

Wie schon in den Anfängen exportiert das Simonswerk heute einen Teil seiner Produkte, in den letzten Jahren in steigendem Maße. U. a. zum Aufbau neuer Exportmärkte vereinbarte die Simonswerk GmbH mit der Franz Schneider Brakel GmbH &

114 Siehe Schreiben August Thyssen an Heinrich Thyssen-Bornemisza vom 21.3.1923, Transkription in: TKA A/15805.

Co. KG, einem führenden Hersteller von Türdrückern, zum Jahreswechsel 2001/02 eine wechselseitige Beteiligung, durch die letztere mit 15 Prozent an der Simonswerk GmbH und diese ihrerseits mit sechs Prozent an der wesentlich größeren Firma beteiligt ist. Die Geschäftsanteile der Erben von Paul Simons hat die Thyssen'sche Handelsgesellschaft mbH mittlerweile übernommen; nur noch die beiden Enkel von Rudolf Simons sind mit insgesamt zehn Prozent am Unternehmen beteiligt.

Thyssen & Co. AG, Mülheim/Ruhr[115]

1871 Thyssen & Co.; 1918 Thyssen & Co. AG, Stahl- und Walzwerke; 1924 August Thyssen-Hütte, Gewerkschaft, Abteilung Stahl- und Walzwerke Mülheim; 1926 Vereinigte Stahlwerke AG, Werk Thyssen Mülheim; 1934 Deutsche Röhrenwerke AG, Werksgruppe Mülheim; 1948 Rheinische Röhrenwerke AG, Werksgruppe Mülheim; 1955 Phoenix-Rheinrohr AG Vereinigte Hütten- und Röhrenwerke, Werk Thyssen; 1966 Thyssen Röhrenwerke AG, Werk Thyssen; 1970 Mannesmannröhren-Werke AG, Betriebsabteilung Mülheim; ab ca. 1993 Mannesmannröhren-Werke AG, Betriebsabteilung Röhrenwerk Mülheim.

Im Alter von 28 Jahren gründete August Thyssen am 1. April 1871 zusammen mit seinem Vater Friedrich als Kommanditisten in Styrum bei Mülheim/Ruhr sein erstes eigenes Unternehmen, das Puddel- und Bandeisenwalzwerk Thyssen & Co. Bereits am 2. Oktober des selben Jahres nahmen 95 Mitarbeiter die Produktion auf und erzeugten im ersten Betriebsjahr 3.000 Tonnen Walzeisen. Bandeisen war ein besonderes flaches, zähes Walzeisen mit rechteckigem Querschnitt, das aus Puddeleisen gewonnen wurde. Es fand u. a. Verwendung bei Eisenkonstruktionen (Brücken, Dächer), im Waggon- und Schiffbau, in der Böttcherei (als Fassreifen) und in der Schlosserei.

Am 29. November 1872 heiratete Thyssen Hedwig Pelzer, die nicht nur eine stattliche Mitgift, sondern auch den Zugang zur protestantischen Oberschicht Mülheims mit in die Ehe einbrachte. Die Gründerkrise überstand das junge Unternehmen dank des kaufmännischen Geschicks von August Thyssen. Nach dem Tod des Vaters trat 1878 der Bruder Joseph Thyssen als Kompagnon in das Unternehmen ein. Er widmete sich bei Thyssen & Co. vornehmlich den innerbetrieblichen Angelegenheiten und verschaffte damit seinem Bruder die notwendige Zeit für die weitere unternehmerische Expansion. Zunächst wurden die Walzwerke in Mülheim um zusätzliche Walzstraßen erweitert, um Bandeisen in allen gewünschten Breiten liefern zu können. 1878 expan-

115 Für die Unternehmensgeschichte ab 1970 danke ich Horst A. Wessel, Leiter des Mannesmann-Archivs, für profunde Hinweise. Für die Frühzeit siehe Hatzfeld, Lutz: Thyssen & Co., Mülheim/Ruhr. Werks- und Firmengeschichte einer Familienunternehmung, in: Thyssen & Co. Mülheim a. d. Ruhr. Die Geschichte einer Familie und ihrer Unternehmung, hrsg. von Horst A. Wessel, Stuttgart 1991, S. 53–178, hier S. 131–158; siehe auch Rasch, Manfred: August Thyssen. Der katholische Großindustrielle der Wilhelminischen Epoche, a.a.O., S. 27–35.

dierte Thyssen in die nachgegliederte Röhrenfertigung. Röhren wurden nicht nur in den schnell wachsenden Städten des Ruhrgebiets für die neuen Infrastrukturen „fließend Wasser" und vor allem „Gas" benötigt, der Markt reichte über das Deutsche Reich hinaus. Innerhalb von zwei Jahrzehnten zählte Thyssen zu den größten deutschen Röhrenproduzenten. 1881 errichtete die Firma sowohl ein neues Puddel- als auch ein Siemens-Martin-Stahlwerk. Letzterem war kein Erfolg beschieden. Es musste 1884 abgerissen werden. 1882 gingen zeitgleich ein Universal- und Blechwalzwerk (bis 1.600 bzw. 1.900 mm Breite) in Betrieb. Ein neues Siemens-Martin-Stahlwerk wurde 1887 erfolgreich nach dem basischen Verfahren in Betrieb genommen. 1906/07 ließ Thyssen die damals größten Siemens-Martin-Öfen in Deutschland mit 55 Tonnen Fassungsvermögen bauen. Der Bau solcher Öfen brachte Personal- und Energiekosteneinsparungen und entsprach Thyssens Unternehmenskonzept, durch Massenproduktion Personal- und Herstellungskosten zu senken. Mit dem 1884 errichteten Pressbau und der 1883 übernommenen Maschinenfabrik (siehe Thyssen & Co. AG, Maschinenfabrik) erschloss sich das Mülheimer Werk neue Absatzmärkte der Weiterverarbeitung. 1893 wurde eine Abteilung Wasserwerk geschaffen, da die städtische Wasserversorgung nicht ausreichte. Drei Jahre später erfolgte die erste Wasserlieferung an Dritte. Aus der unselbstständigen Abteilung ging 1903 die Wasserwerk Thyssen & Cie. GmbH hervor, die 1904/05 auch die Lieferung von Kokereigas in den Gemeinden Hamborn und Walsum aufnahm (siehe Gasgesellschaft mbH). 1909 nahm man sogar ein eigenes Wasserkraftwerk an der Ruhr in Mülheim in Betrieb. 1912 konnte August Thyssen den Mülheimer Teil des Unternehmens Gewinn bringend an die Rheinisch-Westfälische Wasserwerk GmbH verkaufen.[116] In dieser Zeit war Thyssen & Co. schon seit mehreren Jahrzehnten sowohl Produktionsgesellschaft als auch Holding für August Thyssens zahlreichen Aktivitäten. Vor dem Ersten Weltkrieg entstand mit der Gewerkschaft Deutscher Kaiser eine parallele Produktions- und Holdinggesellschaft. August Thyssen veränderte die Organisationsstruktur seines Konzerns ständig, je nachdem, wie er ökonomische Vorteile wahrnehmen bzw. realisieren konnte.

Die Maschinenfabrik gliederte August Thyssen 1911 in eine Aktiengesellschaft mit dem Namen Maschinenfabrik Thyssen AG aus. Das Aktienkapital blieb in Familienbesitz. Nach dem Ende des Wilhelminischen Kaiserreichs fusionierte Thyssen die Maschinenfabrik mit Thyssen & Co. zur Thyssen & Co. AG mit den beiden Abteilungen Stahl- und Walzwerke sowie Maschinenfabrik (siehe Thyssen & Co. AG, Maschinenfabrik). Dem Aufsichtsrat gehörten bis 1926 an August und Fritz Thyssen, Heinrich Thyssen-Bornemisza sowie Hans Thyssen und bis 1919 auch Julius Thyssen.[117] 1919 übertrug August Thyssen seinen 75-prozentigen Geschäftsanteil auf seine beiden Söhne Fritz und Heinrich als ersten Schritt zur Bereinigung der seit Jahrzehnten

116 Siehe TKA F/Alb/27; Eiden, Christian: Von der Brunnengemeinschaft zur Wasserindustrie, a.a.O., S. 150–204.

117 Siehe Geschäftsbericht Thyssen & Co. AG, 1919–1921, in: Mannesmann-Archiv.

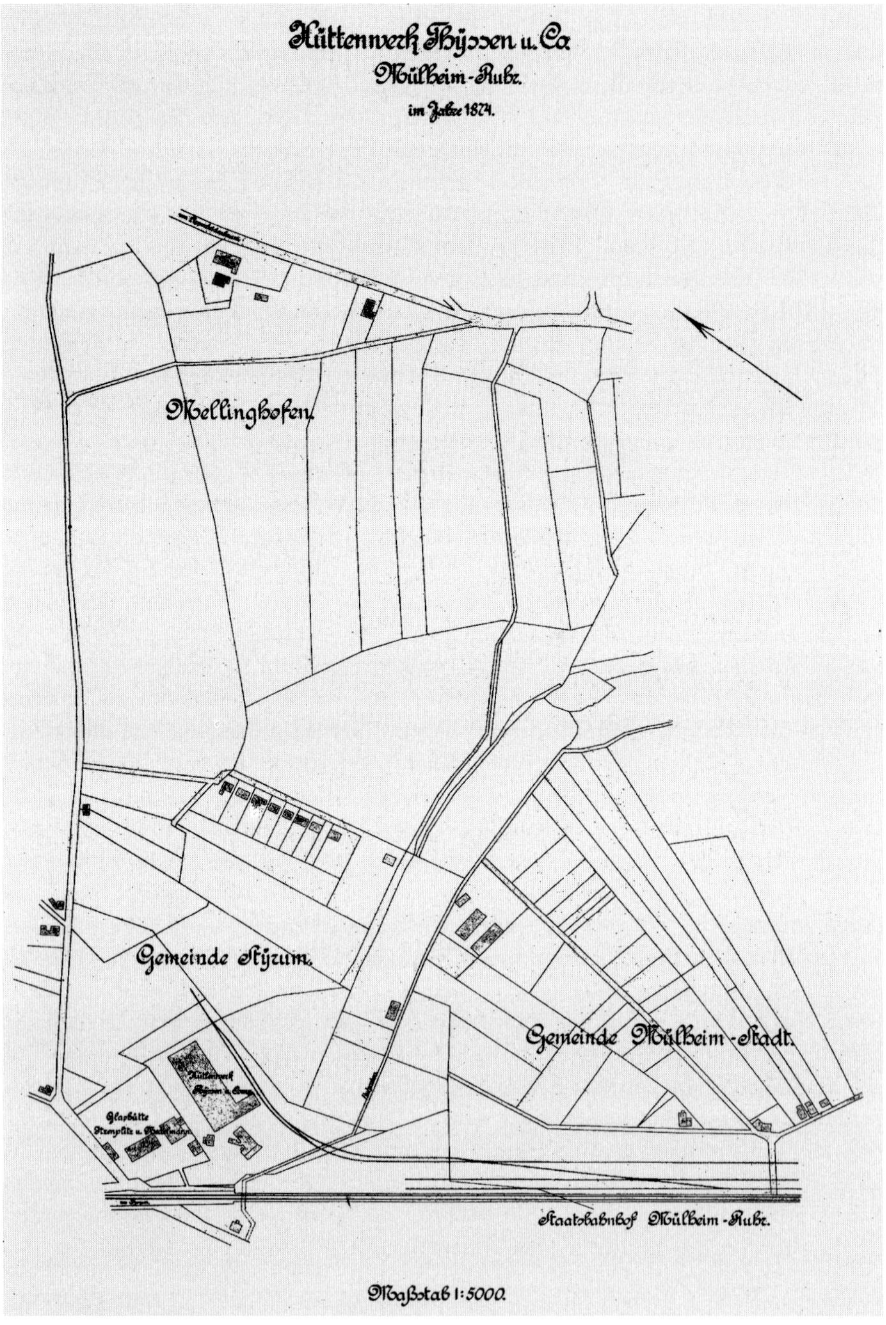
Hüttenwerk Thyssen u. Co
Mülheim-Ruhr.
im Jahre 1874.
Mellinghofen.
Gemeinde Styrum.
Gemeinde Mülheim-Stadt.
Staatsbahnhof Mülheim-Ruhr.
Maßstab 1:5000.

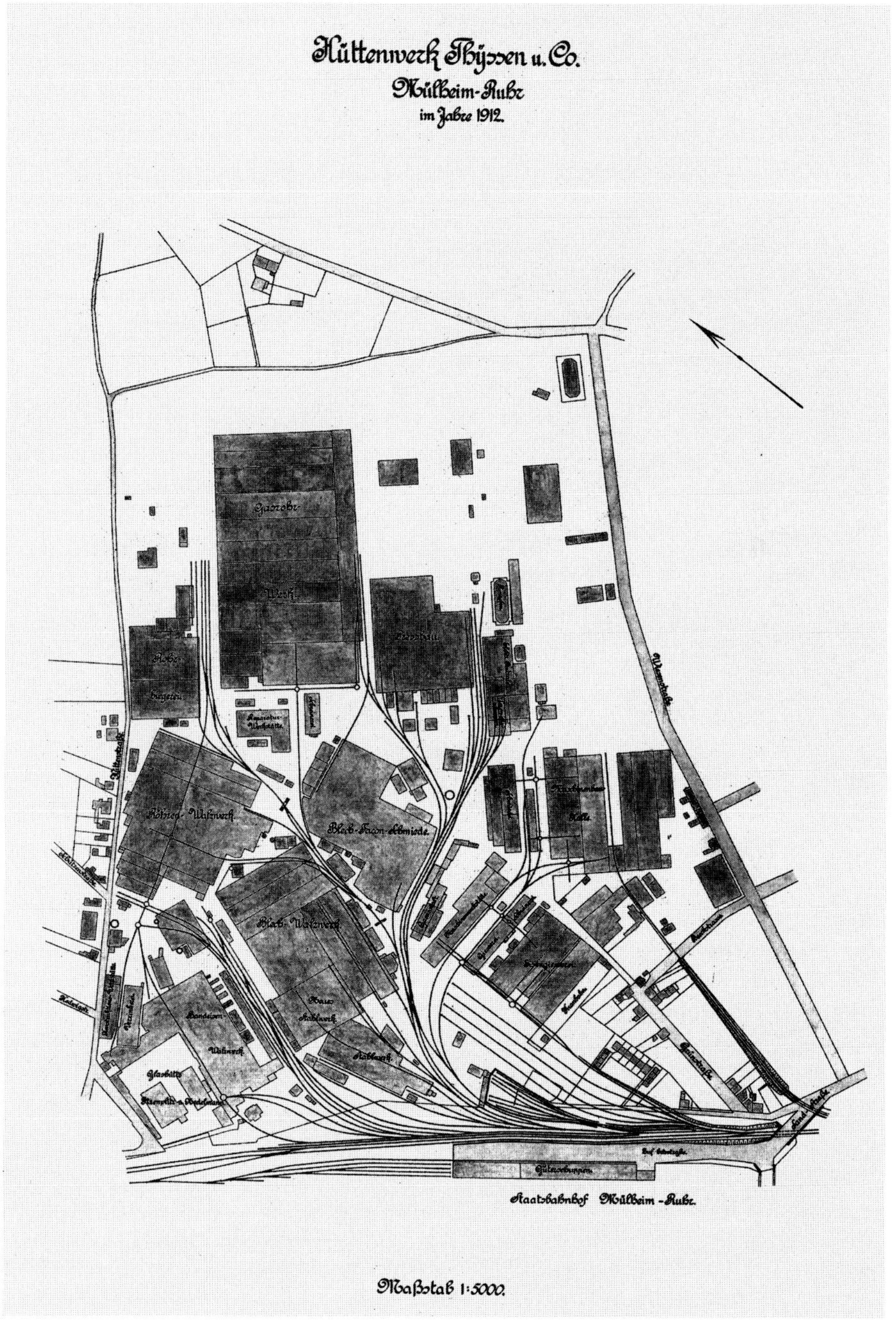

Nichts dokumentiert mehr die rasante räumliche Ausdehnung der Firma Thyssen & Co. in ihren ersten vier Jahrzehnten als die beiden Werkspläne von 1874 bzw. 1912.

schwelenden Erbstreitigkeiten mit seinen Kindern.[118] Eigentümer des restlichen Geschäftsanteils waren seit dem Tod ihrer Eltern Joseph Thyssen (1915) und Clara Thyssen (1918) zu gleichen Teilen deren Söhne Julius und Hans.

Die Keimzelle der Firma Thyssen & Co. in [Mülheim-]Styrum war das Bandeisenwalzwerk, hier im Bauzustand 1912. Bemerkenswert ist die Lagerung von Walzen im Freien.

Hans Thyssen war der Familienvertreter vor Ort, auch als die Thyssen-Gruppe 1924 reorganisiert wurde. Die Mülheimer Stahl- und Walzwerke wurden organisatorisch der August Thyssen-Hütte, Gewerkschaft unterstellt, während die Maschinenfabrik weiterhin als Produktionsbetrieb bei der Thyssen & Co. AG verblieb. Mit Gründung der Vereinigte Stahlwerke AG 1926 firmierten die Stahl- und Walzwerke nun als Vereinigte Stahlwerke AG, Werk Thyssen Mülheim. Die Thyssen & Co. AG beschränkte sich auf die Vermögensverwaltung der Familienzweige Fritz, Hans und Julius Thyssen, da die Maschinenfabrik auch veräußert worden war.

Mit Reorganisation der Vereinigte Stahlwerke AG 1933/34 wurden die Röhrenwerke von Poensgen in Düsseldorf-Oberbilk und in Lierenfeld, der ehemaligen Rheinischen Stahlwerke in Hilden, die Fittingswerke in Lierenfeld und in Immigrath, Stahl- und Walzwerke Thyssen in Mülheim/Ruhr, das Röhrenwerk der August Thys-

118 Rasch, Manfred: August Thyssen. Der katholische Großindustrielle der Wilhelminischen Epoche, a.a.O., S. 99–104.

Stahlwerk (links) und Blechwalzwerk (rechts) der Firma Thyssen & Co. im Jahr 1912.

sen-Hütte Walzwerk Dinslaken und das Röhrenwerk Höntrop des ehemaligen Bochumer Vereins für Bergbau und Gussstahlfabrikation zur Deutsche Röhrenwerke AG zusammengefasst. Zum Sitz der neuen Röhrengruppe innerhalb der Vereinigte Stahlwerke AG wurde das Mülheimer Werk gewählt. Damit war neben der Mannesmannröhren-Werke AG ein großer organisatorisch zusammengefasster Röhrenproduzent entstanden, auch wenn die einst zur Thyssen-Gruppe gehörende Press- und Walzwerke AG mit ihrer Röhrenproduktion nicht mehr zum Verbund zählte und das Röhrenwerk Höntrop schon in der Weltwirtschaftskrise stillgelegt worden war.

Den gesamten Werkskomplex in Mülheim mit Stahl- und Walzwerken (hinten links), Eisengießerei (Mittelgrund links), der 1909 bis 1911 errichteten Verwaltung (vorne rechts), Maschinenfabrik (Mittelgrund rechts) zeigt diese undatierte isometrische Ansicht, die auch noch nach dem Ersten Weltkrieg in firmeneigenen Fotoalben benutzt wurde.

In den 1930er/40er Jahren residierte die Deutsche Röhrenwerke AG in dem 1922 bis 1924 von dem Mülheimer Architekten Franz Hagen errichteten Verwaltungsgebäude der Firma Thyssen & Co. AG, das heute von der Mannesmannröhren-Werke AG genutzt wird, 1942.

Durch Entflechtung der Vereinigte Stahlwerke AG entstand im Februar 1948 die Rheinische Röhrenwerke AG mit Werken u. a. in Düsseldorf, Mülheim/Ruhr[119] und Dinslaken. Sitz dieser Firmengruppe war wieder das alte Thyssensche Verwaltungsgebäude in Mülheim/Ruhr. Nach der Fusion 1955 mit der Hüttenwerke Phoenix AG, Duisburg, firmierte das Unternehmen als Phoenix-Rheinrohr AG Vereinigte Hütten- und Röhrenwerke und verlegte seinen Sitz nach Düsseldorf, wo zwischen 1958 und 1962 in exponierter Innenstadtlage das neue Verwaltungshochhaus, auch Thyssen- oder Dreischeibenhaus genannt, errichtet wurde. Der schließlich umgesetzte Entwurf stammte von der renommierten Düsseldorfer Architektengemeinschaft Helmut Hentrich und Hubert Petschnigg (HPP). Als die Duisburger August Thyssen-Hütte AG 1965 die Phoenix-Rheinrohr AG Vereinigte Hütten- und Röhrenwerke übernahm, verlegte sie ihr Düsseldorfer Büro von der Steinstraße in das moderne Düsseldorfer Hochhaus.[120]

Zur Erinnerung an zwei bedeutende Persönlichkeiten der 1955 geformten Unternehmensgruppe Phoenix-Rheinrohr AG Vereinigte Hütten- und Röhrenwerke wur-

119 Wessel, Horst A.: Als der Krieg zu Ende war – Mülheim und sein Röhrenwerk vor 40 Jahren, in: Zeitschrift des Geschichtsvereins Mülheim a. d. Ruhr, Heft 59, 1985, S. 7–46.

120 Mittag, Martin: Thyssenhaus. Phoenix-Rheinrohr AG Düsseldorf, Detmold/Essen 1962.

Bau des Dreischeibenhauses durch die Phoenix-Rheinrohr AG Vereinigte Hütten- und Röhrenwerke als neues Düsseldorfer Verwaltungsgebäude des Konzerns, heute Verwaltungssitz der ThyssenKrupp AG, Sommer 1958.

den die Düsseldorfer Röhrenwerke als Werk Poensgen und das Mülheimer als Werk Thyssen bezeichnet.

Nach dem mehrere Anläufe der August Thyssen-Hütte AG zu einem Zusammenschluss mit der Phoenix-Rheinrohr AG Vereinigte Hütten- und Röhrenwerke an kartellrechtlichen Bedenken der Montanunion gescheitert waren, übernahm die August Thyssen-Hütte AG 1964 die Aktienmajorität und schloss am 17. Juli 1964 einen Organschaftsvertrag. Dieser beließ dem Unternehmen die aktienrechtliche Selbstständigkeit, verpflichtete es jedoch, ihren Handelsbilanzgewinn an die Muttergesellschaft abzuführen. 1965 schloss die August Thyssen-Hütte AG einen Betriebsüberlassungsvertrag für das Werk Ruhrort und das Hochofenwerk Hüttenbetrieb, die nun als Werke der August Thyssen-Hütte AG firmierten. Die verbleibenden Betriebe dienten vornehmlich der Röhrenproduktion, weshalb die Phoenix-Rheinrohr AG Vereinigte Hütten- und Röhrenwerke 1966 zur Thyssen Röhrenwerke AG umbenannt wurde, um ihre Zugehörigkeit zur Thyssen-Gruppe schon im Namen deutlich zu machen. Das Mülheimer Werk hieß jetzt wieder Werk Mülheim. Sitz der Röhrengruppe mit Werken in Mülheim, Düsseldorf-Oberbilk und -Lierenfeld, Dinslaken und Hilden sowie Langenfeld-Immigrath und Beteiligungen an der Wuragrohr GmbH in Wickede, an der Stahlform Berlin GmbH und an der Stahl- und Röhrenwerke Reinholz GmbH in Düsseldorf-Reinholz blieb Mülheim/Ruhr.

Im Februar 1969 trafen die Mannesmann AG und die August Thyssen-Hütte AG eine Grundsatzvereinbarung über die Neuordnung der Unternehmensbereiche im Sinne einer Arbeitsaufteilung. Die Röhrenwerke beider Unternehmen wurden in einer gemeinsamen, im Mehrheitsbesitz der Mannesmann AG stehenden Gesellschaft zusammengefasst. Nachdem die Kommission der Europäischen Gemeinschaft in Brüssel die Arbeitsteilung am 21. Januar 1970 genehmigt hatte, nahm die neue Röhrengesellschaft – zunächst als Mannesmannröhren-Werke GmbH – ihre Geschäftstätigkeit auf. Durch Gesellschafterbeschluss vom 11. November 1970 wurde das Unternehmen in eine Aktiengesellschaft umgewandelt. Diese Gesellschaft war einer der bedeutendsten Rohrhersteller und Stahlverarbeiter der Welt. Die Thyssen-Gruppe war zunächst mit einem Drittel, seit 1974 nur noch mit einem Viertel an dem neuen Unternehmen beteiligt und gab ihre Beteiligung 2002 ganz ab. Sitz der Gesellschaft war zunächst Düsseldorf, Mülheim war fortan nur noch Betriebsabteilung, allerdings eines der größten Röhrenwerke. 1993 wurden die Verwaltung und der Sitz der Gesellschaft nach Mülheim/Ruhr verlegt.

Im Herbst 1970 begannen die Arbeiten zur Errichtung der Rohrkontistraße 2 zur Erzeugung nahtloser Stahlrohre. Das Großrohrwerk wurde Mitte der 1970er Jahre mit hohem Investitionsaufwand mit neuen Pressen, die Drucke bis 60.000 Tonnen ausüben, und einer Unterpulverschweißanlage neu gebaut und am 21. Juni 1977 in Betrieb genommen. Im Sommer 1988 lieferte das Werk erstmals 18 Meter lange Rohre. Die Fertigung geschweißter Gewinderohre wurde auf die 1970 verbliebene und modernisierte Fretz-Moon-Anlage konzentriert. Ferner übernahm das Werk Mülheim 1973 vom Werk Lierenfeld die Fertigung nahtloser Dalben und vom Werk Rath die Rohrkonstruktion sowie im darauf folgenden Jahr vom Werk Lierenfeld die Rohrbiegerei. Dagegen legte die Unternehmensleitung in Mülheim das Presswerk, die Fertigung genormter Rohrbogen, die Acht-Meter-Großrohreinzelfertigung, die Bandverzinkerei und das Schweißwerk still. Die Abteilung Stahlbau wurde am 1. Juli 1975 als Mannesmann-Stahlform GmbH mit Sitz in Berlin ausgegliedert. Die Rohrbiegerei wurde zeitweise auf die neue Gesellschaft Kammerich-Reisholz GmbH Stahlweiterverarbeitung übertragen.

Im Rahmen einer europäischen Kooperation fassten mit Wirkung vom 1. Januar 1991 die GTS Industrie S. A., Dunkerque, die DHS Dillinger Hütte Saarstahl AG, Dillingen, beide Tochtergesellschaften der Usinor-Sacilor S. A., Paris, und die Mannesmannröhren-Werke AG Produktion und Vertrieb von Großrohren zusammen. Diese Aktivitäten wurden in zwei nationalen Produktionsgesellschaften und in einer

Das Streckreduzierteil des Mülheimer Rohr-Kontiwalzwerks, Anfang der 1990er Jahre.

Dachgesellschaft, nämlich Europipe GmbH, Ratingen, gebündelt; das Großrohrwerk in Mülheim gehörte fortan mit den Werken in Dillingen und Herne zur Europipe Deutschland GmbH. Das Blechwalzwerk verblieb bei der Mannesmannröhren-Werke AG und versorgt die Europipe GmbH anteilig mit Blechen.

Wegen des nachhaltigen Auftragsrückgangs und Preisverfalls bei nahtlosen Rohren mussten 1999 die Rohrkontistraße 1 und ein Adjustagebetrieb außer Betrieb genommen werden. Die zunächst demontierte und anschließend modernisierte Anlage ging im Werk Belo Horizonte in Brasilien wieder in Betrieb. Die Fertigung von bandgeschweißten Rohren wurde in den Werken Rath und Hamm konzentriert, die 20-Zoll-Anlage in Mülheim stillgelegt, dafür entstand in den Hallen der Rohrkontistraße eine neue Stahlbau-Hohlprofil-Fertigung.

Am 1. April 1995 nahm die neu gegründete Mannesmannrohr GmbH, Mülheim Ruhr, ihre Arbeit auf; sie fasste die Aktivitäten der Mannesmannröhren-Werke AG im Bereich warmgefertigter Stahlrohre zusammen. In diese Gesellschaft wurden die Rohrkontistraße und die Fretz-Moon-Anlage eingebracht. Bei der Mannesmannröhren-Werke AG verblieben im Produktionsbereich Mülheim nur noch die Betriebsabteilungen Blechwalzwerk und Rohrbiegewerk. Wegen der bestehenden Überkapazitäten, des Zusammenbruchs der Märkte in der ehemaligen Sowjetunion, des steigenden Angebotdrucks nach Öffnung der europäischen Märkte und des verstärkten internationalen Wettbewerbs beschlossen die Mannesmannröhren-Werke AG und Vallourec S. A., Frankreich, ihre Nahtlosrohraktivitäten zusammenzufassen. Dazu wurde 1997 die Vallourec & Mannesmann Tubes S.A., Boulogne-Billancourt, Frankreich, gegründet, an der die französische Gesellschaft mit 55 Prozent und die Mannesmannröhren-Werke AG mit 45 Prozent beteiligt sind; gleichzeitig erwarb die Mannesmannröhren-Werke AG 21 Prozent an der Vallourec S. A. und wurde dadurch zu deren maßgeblichem Anteilseigner.

Im gleichen Jahr entstanden die Mannesmannröhren Mülheim GmbH und die Mannesmannröhren Service GmbH, beide mit Sitz in Mülheim/Ruhr. Bei der Mannesmannröhren-Werke AG als geschäftsführender Holding verblieben die zur Führung des Unternehmensbereichs Rohre und Handel erforderlichen Funktionen. Die Mannesmannröhren Mülheim GmbH umfasste die vormaligen Betriebe der Mannesmannröhren-Werke Blechwalzwerk, Rohrbiegewerk und Sonderstahlfertigung sowie die Tribotechnik der Mannesmannrohr GmbH. In der Mannesmannröhren Service GmbH wurden aus den ehemaligen Mannesmannröhren-Werken bzw. Mannesmannrohr zugeordneten Bereichen die bereichsübergreifenden Dienstleistungsfunktionen Mannesmann Forschungsinstitut, Anlagentechnik, Gebäude- und Grundstücksmanagement, Organisation/Datenverarbeitung, Material- und Lagerwirtschaft, Werkdienste Mülheim (Werkschutz, Werkfeuerwehr, Post- und Fernmeldewesen) und Werkärztlicher Dienst zusammengefasst.

1998 gründete die Mannesmannröhren-Werke AG mit mehreren Partnern eine Gesellschaft zur Entwicklung und Vermarktung von nicht mehr benötigten Flächen. Ziel ist die Ansiedlung von mittelständischen Unternehmen und damit verbunden die Schaffung neuer Arbeitsplätze in Mülheim. Im einzelnen handelte es sich um das

Gelände der ehemaligen Pilgerwalzbetriebe und der Fretz-Moon-Anlage sowie um den Bereich an der Neustadtstraße/Dümptener Straße. Das Gelände wurde durch neue Straßen, u. a. die Mannesmann-Allee und die Pilgerstraße, erschlossen und wird heute weitgehend dementsprechend genutzt.[121] Nach der feindlichen Übernahme der Mannesmann AG durch den britischen Mobiltelefon-Betreiber Vodafone AirTouch Plc. und der anschließenden Zerschlagung des Konzerns erwarb die Salzgitter AG die Mannesmannröhren-Werke AG mit ihren zahlreichen Beteiligungen und Werken.

Thyssen & Co. AG, Maschinenfabrik, Mülheim/Ruhr[122]

1883 Thyssen & Co., Abteilung Maschinenreparaturwerkstatt bzw. Abt. V Maschinen-Fabrik; 1911 Maschinenfabrik Thyssen & Co. AG; 1919 Thyssen & Co. AG, Maschinenfabrik; 1926 DEMAG AG (Werk Thyssen) und 1931 Teilstilllegung/1927 Siemens-Schuckertwerke GmbH, Mülheimer Werk; 1966 Siemens AG, Werk Mülheim; 1969 Kraftwerk Union AG (KWU), Werk Wiesenstraße; 1987 Siemens AG Engineering Kraftwerk Union, Werk Mülheim; 1997 Siemens AG Power Generation, Standort Mülheim/Ruhr/Siemens Power Generation Systems Ltd., Werk Mülheim/Ruhr.

1883 erwarben August und Joseph Thyssen, ihr Schwager Friedrich Hoosemans und Franz Burgers, von August Thyssen berufenes Vorstandsmitglied der AG Schalker Gruben- und Hütten-Verein, mit 150.000 Mark die unmittelbar neben Thyssen & Co. gelegene Maschinenbauanstalt Jordan & Meyer, wandelten sie in die AG Mülheimer Maschinenfabrik um und gliederten diese im folgenden Jahr Thyssen & Co. an.[123] Diese vereinten sie mit der ein Jahr zuvor bei Thyssen & Co. eingerichteten Maschinenreparaturwerkstatt, um Maschinen und Walzwerkeinrichtungen für den Eigenbedarf zu bauen. Aus eigenem unternehmerischen Interesse hatte August Thyssen speziell den Bau leistungsfähiger Walzwerkseinrichtungen gefördert. So war er seit 1872 Aktionär der Duisburg Maschinenbau-Aktien-Gesellschaft vormals Bechem & Keetman.[124] Zunächst fertigte die eigene Maschinenfabrik in Lizenz, entwickelte dann aber auch eigene Konstruktionen, da ein enormer Bedarf an verschiedensten Maschinen nicht nur im Konzern, sondern im gesamten Ruhrgebiet bestand. 1895 wurde eine Großgasmaschinen- und Montagehalle errichtet. Für die Maschinenfabrik zeichnete von 1899 bis 1905 Rudolf Hoffmann als Direktor verantwortlich, den Thyssen als Ingenieur von der Elsässische Maschinenbau-Gesellschaft, Mülhausen, einer der technisch führenden Fabriken jener Region, abgeworben hatte. Unter seiner Leitung wurde 1903 der Bau von Walzwerken und Walzwerkshilfsmaschinen aufgenommen. 1905 gelang es August Thyssen, den Ingenieur und stellvertretenden Direktor der Ver-

121 Mannesmann-Archiv, M 14.006.1 und 2.

122 Für die Frühzeit allgemein: Hatzfeld, Lutz: Thyssen & Co., a.a.O., S. 131–158.

123 Matschoß, Conrad: Ein Jahrhundert deutscher Maschinenbau. Von der mechanischen Werkstätte bis zur deutschen Maschinenfabrik. 1819–1919, Berlin 1919, S. 219.

124 Ebd., S. 160, 162.

In weniger als drei Jahrzehnten hatte August Thyssen seine Abteilung Maschinenreparaturwerkstatt zu einer der führenden deutschen Maschinenfabriken entwickelt, u. a. durch den Bau von Großgasmaschinen. Blick in die Montagehalle, 1912.

einigte Maschinenfabrik Augsburg und Maschinenbaugesellschaft Nürnberg AG, Hans Richter, als Ersatz für den in das Elsass zurückgekehrten Hoffmann anzuwerben. Zusammen mit Hugo Stinnes plante August Thyssen 1905 eine Kooperation mit der Vereinigte Maschinenfabrik Augsburg und Maschinenbaugesellschaft Nürnberg AG. Thyssen wollte seine Maschinenfabrik, sich selbst als Vormateriallieferanten und seine Beziehungen zur rheinisch-westfälischen Montanindustrie einbringen. Wegen Unstimmigkeiten zwischen der Nürnberger und der Augsburger Aktionärsgruppe über die Fabrikationsprogramme der einzelnen Produktionsstandorte hoffte Thyssen, zusammen mit Stinnes die entscheidende Rolle im neuen Unternehmen spielen zu können. Ihn interessierte u. a. der Gasmotorenbau der Augsburger Maschinenfabrik sowie der Gaskraftgebläsemaschinenbau der Nürnberger Filiale.[125] Die Vereinigte Maschinenfabrik Augsburg und Maschinenbaugesellschaft Nürnberg AG hingegen wollte sich infolge des 1904 errichteten Kartells, der Stahlwerks-Verband AG, einen

125 Siehe Brief Carl Klönne an August Thyssen vom 4.8.1905, in: Archiv für Christlich-Demokratische Politik der Konrad-Adenauer-Stiftung ACDP 01–723 Ordner Consortium Quinto; 1907 wurde bei der Gewerkschaft Deutscher Kaiser die erste Gebläsemaschine aus Nürnberg aufgestellt, siehe TKA F/Alb/26.

Zeitweise die größten Gasmaschinen Europas zur Erzeugung von Strom standen in der so genannten Kraftzentrale der Gewerkschaft Deutscher Kaiser, sie waren von Thyssen & Co., Abteilung Maschinenfabrik, unter deren Logo (siehe links) geliefert worden, 1912.

kostengünstigen Eisen- und Stahlbezug im Ruhrgebiet sichern.[126] Trotz intensiver Verhandlungen entschloss sich Thyssen zum Alleingang in dem sich wandelnden Maschinenbaumarkt. Zwangsläufig wurde 1905 der Bau von Großgasmaschinen sowie Hochofen- und Stahlwerksgebläsen aufgenommen. Die erste Großgasmaschine (2.000 PS) konnte 1907 in Betrieb gesetzt werden.[127] Thyssen entwickelte seinen Maschinenbau in den nächsten beiden Jahrzehnten besonders in Richtung auf Energieerzeugungsmaschinen, da er neben Gewinnung und Verteilung von Kokereigas in Konkurrenz zu städtischen Gaswerken auch die Erzeugung von Elektrizität aus Gas als mögliches Gewinn bringendes Tätigkeitsfeld für seine Firma ansah.

Hans Richter, der als Leiter der Maschinenfabrik Thyssen u. a. die Fertigung von dampfmaschinenbetriebenen Walzwerksantrieben auf Elektromotoren umstellte und der vermutlich auf eine selbstständigere Rolle in einem größeren, fusionierten Maschinenbauunternehmen gehofft hatte, wechselte 1908 zur Germaniawerft der Fried.

126 Siehe Briefe August Thyssen an Hugo Stinnes vom 3.6.1905 und 15.1.1906, Transkriptionen in: Schmidt, Vera (Bearb.): August Thyssen und Hugo Stinnes, a.a.O., S. 296–297, 345–346.

127 Siehe TKA F/Alb/25.

Krupp AG. Offensichtlich fand August Thyssen nicht sofort einen geeigneten Nachfolger, weshalb er im Herbst 1908 mit einer der führenden deutschen Maschinenbaufirmen, der Ehrhardt & Sehmer GmbH in Saarbrücken, schließlich ergebnislos über eine Kooperation verhandelte. 1909 stellte Thyssen Edmund Roser[128] als technischen Direktor bzw. Vorstandsvorsitzenden (1911–1918) für die zeitweise rechtlich verselbstständigte Maschinenfabrik Thyssen & Co. AG ein. Übrigens bildeten August, Joseph und Fritz Thyssen den ersten Aufsichtsrat, während August, Fritz Thyssen, Heinrich Thyssen-Bornemisza sowie Julius und Hans Thyssen dem letzten Aufsichtsrat des Jahres 1918 angehörten. Roser nahm 1909 den Bau von Dampfturbinen auf und ließ vor dem Ersten Weltkrieg die größten Großgasmaschinen der Welt, unter anderem für die Gaskraftzentrale der Gewerkschaft Deutscher Kaiser in Hamborn, aber auch Dampfmaschinen, Dampffördermaschinen, Pumpen, Kompressoren, Turbinen, Kondensatoren, Kaminkühler, Gradierwerke, Walzwerksanlagen und 1912 auch Versuchs-Dieselmotoren für Lokomotiven in eigener Entwicklung bauen. Außerdem wurden Druckluftlokomotiven gefertigt, die zum kostengünstigen Untertage-Transport nicht nur in eigenen Bergwerken zum Einsatz gelangten.

Während des Ersten Weltkriegs stieg die Maschinenfabrik Thyssen & Co. AG nach den Firmen Fried. Krupp AG und Rheinische Metallwaaren- [!] und Maschinenfabrik zum drittgrößten Rüstungsproduzenten im Ruhrbezirk auf. Sie fertigte Minenwerfer-Munition, Geschützrohre, Lafetten, Munitionswagen, Feldprotzen u. a. m. Von 3.700 Mitarbeitern (1914) über 7.000 (1915) erreichte die Beschäftigtenzahl 1917 mit 28.000 ihren Höhepunkt. Zur Behebung des kriegsbedingten Mangels an flüssigen Treibstoffen versuchte die Maschinenfabrik Thyssen AG, die im Mülheimer Kaiser-Wilhelm-Institut für Kohlenforschung unter ihrem Direktor Franz Fischer entwickelte Steinkohlenschwelung in Drehofenanlagen – mit eingeschränktem Erfolg – industriell umzusetzen.[129]

Sie beteiligte sich in vielfältiger Weise an der Kriegsproduktion, u.a. auch durch Ausbildung von Praktikanten aus dem Osmanischen Reich zur Stärkung der Rüstungsproduktion der Mittelmächte. Das von der rheinisch-westfälischen Maschinenbauindustrie bis dahin vernachlässigte Arbeitsgebiet des Großturbinenbaus wurde im Ersten Weltkrieg aufgenommen. Die Maschinenfabrik Thyssen baute in den 1920er Jahren die ersten 3.000-tourigen Turbogeneratoren der Welt für 12.000 Kilowatt (1920) bzw. für 22.500 Kilowatt (1923). Um die dafür notwendigen Maschinen und das erforderliche Fachwissen zu bekommen, hatte die Maschinenfabrik Thyssen AG 1918 die elektrotechnische Fabrik Chr. Weuste & Overbeck GmbH, Duisburg, erworben, auf sich verschmolzen und den Betrieb nach Mülheim überführt. Nunmehr hielt die Elektrotechnik in großem Umfang Einzug in das Fabrikationsprogramm der Thyssen-Werke. Die Maschinenfabrik Thyssen wurde Komplettanbieter für Gasdy-

128 Rasch, Manfred: Roser, Edmund Friedrich, in: NDB, Bd. 22 (erscheint voraussichtlich in 2004).

129 Rasch, Manfred: Geschichte des Kaiser-Wilhelm-Instituts für Kohlenforschung 1913–1943, Weinheim 1989, S. 80.

Die Ablieferung der 1.000sten Feldlafette durch die Maschinenfabrik Thyssen & Co. AG am 19. Oktober 1917 wurde gefeiert u. a. von August Thyssen (5. v.r.) und dem Vorstand der Maschinenfabrik, Edmund Roser (6. v.r.).

Zu den Rüstungsanstrengungen der Maschinenfabrik Thyssen & Co. AG im Ersten Weltkrieg gehörte auch die Ausbildung von Praktikanten aus dem mit Deutschland verbündeten Osmanischen Reich, 1. November 1917.

namomaschinen und trat damit in Konkurrenz zur Allgemeine Elektricitäts-Gesellschaft und zur Siemens-Schuckertwerke GmbH. Sie war zudem ein ortsnaher Elektromaschinen-Reparaturbetrieb für die Montanindustrie des Ruhrgebiets.[130] Die in den 1920er Jahren entwickelte Thyssen-Röder-Turbine mit Turbogenerator wurde industriell eingesetzt, u. a. auf Schiffen, die u. a. auf der zum Konzern gehörenden Werft Bremer Vulkan Schiffbau- und Maschinenfabrik gebaut wurden.[131]

Montage einer Thyssen'schen Großgasmaschine bei der Eisenwerk-Gesellschaft Maximilianshütte im Werk Unterwellenborn, 1923.

In vier Jahrzehnten hatte sich die nachgegliederte Maschinenfabrik eines kleinen Puddelstahl- und Walzwerkunternehmens parallel zur Entwicklung der Stammfirma zu einer der führenden deutschen Maschinenbauanstalten mit hohem Ansehen und zahlreichen Innovationen entwickelt. Dieser Fabrikationszweig der Mülheimer Firma Thyssen & Co. AG sollte mit Gründung der Vereinigte Stahlwerke AG 1926 aus dem neuen Konzern ausscheiden. Zunächst hatte der designierte Vorstandsvorsitzende

130 Siehe Däbritz, Walther: Unternehmensgeschichte Thyssen, unveröffentlichtes Typoskript in 17 Heften, o.D., Heft 15, in: TKA A/15510.

131 Die Dampfturbinen. Bauart Thyssen-Röder, a.a.O.

Albert Vögler eine Zusammenfassung der verschiedenen Maschinenfabriken des Konzerns, dann einen Produktionstausch zwischen Friedrich Wilhelms-Hütte und Maschinenfabrik Thyssen erwogen, bis er schließlich am 21. Mai 1926 einem kleinen Kreis von Vorstandsmitgliedern der Vereinigte Stahlwerke AG in Anwesenheit von Fritz Thyssen vorschlug, entsprechend dem „amerikanischen Prinzip" den Maschinenbau ganz auszugliedern. Mit Oskar Schlitter und Wolfgang Reuter von der Deutsche Maschinenfabrik AG wurden entsprechende Gespräche geführt. Die Friedrich Wilhelms-Hütte musste ihr Fabrikationsprogramm (Fördermaschinen, Druckluftlokomotiven, Kompressoren, Pumpen, Gasmaschinen, Schiffsmaschinen, Walzwerksanlagen, Pressen und Hartzerkleinerungen) auf die benachbarte Maschinenfabrik Thyssen übertragen und fungierte diesbezüglich in der Folgezeit nur noch als Reparaturbetrieb innerhalb der Vereinigte Stahlwerke AG.

Die Deutsche Maschinenfabrik AG brachte ihre Werksanlagen in Benrath, Duisburg und Wetter ein, die Vereinigte Stahlwerke AG den erweiterten Maschinenbau von Thyssen. Letztere erhielt dafür 51 Prozent der Aktien des neuen, zum 1. Oktober 1926 gegründeten Gemeinschaftsunternehmens. Erstere konnte durchsetzen, dass der neue Firmenname nicht Demag-Thyssen AG, sondern nur DEMAG AG lautete. Die Vereinigte Stahlwerke AG verzichtete auf den eigenen Maschinenbau (mit Ausnahme der Maschinenfabrik Wagner & Co.). Dies wurde mit den deutschen Maschinenbaufirmen bzw. deren Verband vereinbart. Dafür wollte die DEMAG AG ihren Eisen- und Stahlguss von der Vereinigte Stahlwerke AG beziehen und die eigenen Gießereien stilllegen.[132] Vom Übergang der Maschinenfabrik Thyssen auf die DEMAG AG 1926 blieb die Mülheimer Gießerei mit 1.500 Mitarbeitern nicht unberührt. Sie wurde zum Jahresende stillgelegt. Das Werk Thyssen wurde die Zentrale des Getriebebaus. Der Unternehmenssitz der DEMAG AG war jedoch Duisburg.

Mit der Weltwirtschaftskrise setzte auch für das Mülheimer Werk der DEMAG AG ein starker Umsatzrückgang ein, der 1930 zur Stilllegung der Schmiede und schließlich zur Schließung des Werks zum 31. Dezember 1931 führte. Die Restfabrikation und die vorhandenen Spezialbearbeitungsmaschinen übernahm das Duisburger Werk der DEMAG AG. Im September 1937 wurde als letzte Produktionsstätte die Metallgießerei in das Werk Wetter der DEMAG AG verlegt.[133]

Zum 1. April 1927 vereinbarte die DEMAG AG mit der Siemens-Schuckertwerke GmbH den Übergang ihrer elektrischen Fabrikation und des Dampfturbinenbaus ihres Mülheimer Werks auf letztgenannte Gesellschaft.[134] So wurde aus der bisherigen Thyssen-Röder-Turbine eine Siemens-Röder-Turbine. Die Siemens-Schuckertwerke GmbH war an diesem Werk interessiert, obwohl sie seit Jahren komplette Turbosätze

132 Siehe TKA FWH/1157.

133 Siehe die Arbeitsmaterialien Däbritz aus Geschäfts- und Betriebsberichten der DEMAG AG, o. D., in: TKA A/1801.

134 Siehe Handbuch der deutschen Aktien-Gesellschaften, Darmstadt 1935, S. 4746. Für das Folgende siehe Faszination Kraftwerkstechnik. 75 Jahre Werk Mülheim 1927–2002, hrsg. von Siemens AG Power Generation, Leverkusen 2002.

lieferte, aber bisher die Turbinen von den im so genannten Zoelly-Syndikat zusammengeschlossenen Firmen beziehen musste. Nun trat die Siemens-Schuckertwerke GmbH in die Reihe der Turbinen bauenden Firmen ein und modernisierte in den folgenden Jahren das Werk, wobei sie besonderen Wert auf eine wissenschaftlich fundierte Versuchsanstalt legte.

Für die Berliner Elektrizitätswerke AG lieferte die Maschinenfabrik Thyssen Anfang der 1920er Jahre die größte Dampfturbine der Welt, einen 22.500 kW Dampfturbosatz bei 3.000 U/Min mit einem 400 kW-Gegendruckturbosatz bei 3.000 U/Min (links).

Im Zweiten Weltkrieg wurde das Werk nicht schwerwiegend zerstört und konnte deshalb an dem 1949 einsetzenden Aufschwung uneingeschränkt teilnehmen. 1966 wurden die drei bisher selbstständigen Gesellschaften Siemens & Halske AG, Siemens-Schuckertwerke GmbH und Siemens-Reinigerwerke GmbH zur Siemens AG verschmolzen. Zur Bündelung der Kraftwerksaktivitäten von Siemens AG und AEG-Telefunken AG entstand 1969 die Kraftwerk Union AG (KWU) als paritätisches Gemeinschaftsunternehmen. Die Siemens AG brachte die Turbinen- und Generatorfertigung ihres Mülheimer Werks, die AEG-Telefunken AG ihr nur wenige Meter entfernt liegendes, 1918 gegründetes Mülheimer Werk (Generatorfertigung) sowie die Turbinenfertigung in Berlin in das Gemeinschaftsunternehmen ein, das seinen Geschäftssitz in Mülheim/Ruhr nahm. 1970 wurde im Mülheimer Hafengebiet der Grundstein für den Werksteil Hafen gelegt, in dem Fertigung, Montage und Versand der Großmaschinen erfolgen sollten. 1977 übernahm die Siemens AG die KWU als 100-prozentige Tochtergesellschaft. Wegen mangelnder Auslastung des Kernkraftwerkbaus musste die KWU ihre Personalkapazitäten abbauen und verkaufte 1982 die Hälfte des Werksgeländes Aktienstraße an die Thyssen Schachtbau GmbH. Der Firmensitz wurde 1987 nach Erlangen verlegt und die Fertigung auf Gasturbinen ausgerichtet. Der Bereich Energieerzeugung der Siemens AG übernahm 1997 den größten Teil der Parson Power Generation Systems Ltd., Newcastle/Großbritannien, und brachte diese mit ca. 880 Mitarbeitern und ca. zwei Dritteln des Anlagevermögens in die Siemens Power Generation Ltd. ein. Es entstand ein Werksverbund aus Mülheim/ Ruhr, Erfurt, Newcastle und Budapest. Weiterer Personalabbau war notwendig. Frei werdende Flächen an der Wiesenstraße und der Mellinghofer Straße wurden ab 2000 als Siemens Technopark Mülheim vermarktet. Im Jahr 2003 musste auch das alte Verwaltungsgebäude, das 1911 für die Maschinenfabrik Thyssen & Co. AG und für Thyssen & Co. gebaut worden war,[135] aufgegeben werden. Eine neue Nutzung steht unmittelbar bevor.

August Thyssen-Hütte, Gewerkschaft, [Duisburg-]Hamborn

1867 Gewerkschaft Hamborn; 1871 Gewerkschaft Deutscher Kaiser; ca. 1894 Gewerkschaft Deutscher Kaiser, Abteilung Hüttenwerk Bruckhausen; 1919 August Thyssen-Hütte, Gewerkschaft; 1926 Vereinigte Stahlwerke AG, Thyssenhütte; 1934 August Thyssen-Hütte AG, Thyssenhütte; 1953 August Thyssen-Hütte AG (neu); 1977 Thyssen AG vorm. August Thyssen-Hütte AG; 1983 Thyssen Stahl AG; 1997 ThyssenKrupp Stahl AG.

Seit 1883 kaufte August Thyssen Kuxe der nicht sonderlich florierenden Zeche Gewerkschaft Deutscher Kaiser (zur Geschichte der Abteilung Bergbau siehe Gewerkschaft Friedrich Thyssen) und trat bald darauf mit nur fünf Kuxen im Besitz der Firma Thyssen & Co. in den Grubenvorstand ein. Die verkehrsgünstige Lage am Rhein mit eigenem Hafen (Alsum) sowie der Anschluss zur Staatsbahn und der unmittelbare Zugang zur Energie (Kohle) erschienen ihm als besondere Standortvorteile für seine weitergehenden unternehmerischen Vorstellungen bei der ansonsten technisch nicht interessanten Zechenanlage. Bis 1889 hatte er die Gewerkschaft für ca. 4,1 Mio. Mark bei einem Zubußekonto von ca. 3,9 Mio. Mark. in seinen Besitz gebracht. Im gleichen Jahr übernahm August Thyssen den Vorsitz im Grubenvorstand und kaufte für ca. 500.000 Mark systematisch Grundstücke von mehr als 1,2 Quadratkilometer und damit fast die gesamte Bauernschaft Bruckhausen in der Gemeinde Hamborn auf. 1891 besaßen die Brüder Thyssen und ihre Firma Thyssen & Co. sämtliche Kuxe der Gewerkschaft.[136] Joseph Thyssen gehörte – wie bei Thyssen & Co. – ein Viertel des Unternehmens. Er war vermutlich seit 1889 stellvertretender Vorsitzender des Grubenvorstands. Seit 1889 wurde er als erster nach dem Vorsitzenden genannt, 1893 mit dem Zusatz „stellvertretender Vorsitzender".[137] Dem Grubenvorstand gehörten neben

135 Schlüter, Brigitte: Verwaltungsbauten der rheinisch-westfälischen Stahlindustrie 1900–1930, a.a.O., S. 106–119.

136 Treue, Wilhelm: Die Feuer verlöschen nie, August Thyssen-Hütte 1890–1926, Bd. 1, Düsseldorf/Wien 1966, S. 16–20; Milkereit, Gertrud: Einige Überlegungen zum Verhältnis zwischen Industrie und Banken, in: Wirtschaftskräfte und Wirtschaftswege, hrsg. von Jürgen Schneider, Bamberg 1978, S. 521–528.

137 Angaben nach TKA A/812–814 und Jahrbuch für den Oberbergamtsbezirk Dortmund, Essen 1893.

Das dritte Walzwerk, welches August Thyssen bauen ließ, entstand 1890/91 in Bruckhausen bei Hamborn auf dem Gelände der Gewerkschaft Deutscher Kaiser. Diese angeschnittene Aufnahme von 1896 zeigt die Weiträumigkeit der Hallen.

dem Thyssen-Vertrauten Franz Burgers nur Familienmitglieder an. Erst nach der Jahrhundertwende waren auch einzelne Funktionsbereiche des Unternehmens vertreten: Bergbau, Hütte, Hauptverwaltung, Walzwerk Dinslaken sowie seit 1911 auch die Abteilung Hafen und Eisenbahnbauamt.[138] Bis zur Gründung der Vereinigte Stahlwerke AG sollten folgende Familienmitglieder dem Grubenvorstand angehören: August Thyssen (ca. 1885–1926), Joseph Thyssen (1889–1915), Fritz Thyssen (1897–1926), August Thyssen jun. (1902/03), Heinrich Thyssen-Bornemisza (1912–1926), Julius Thyssen (1916–1926) sowie Hans Thyssen (1918–1926).[139]

Am 14. August 1890 beschloss der Grubenvorstand die Erweiterung der Steinkohlenzeche um ein Stahl- (sieben Siemens-Martin–15-Tonnen-Öfen) und ein Walzwerk (vier Walzstraßen) in Hamborn-Bruckhausen unmittelbar neben dem in Förderung gegangenen Schacht 3. Der Ausbau der Gewerkschaft Deutscher Kaiser zum Hüttenwerk mit eigener Kohlenbasis begann. Der erste Abstich im Siemens-Martin-Stahlwerk fand am 17. Dezember 1891 statt. Dieses Datum wird allgemein als Gründungstag für den Hüttenbetrieb und die spätere August Thyssen-Hütte AG bzw. Thyssen AG genommen. Im folgenden Monat ging das erste Walzwerk in Betrieb.

138 Protokoll der Gewerkenversammlung der Gewerkschaft Deutscher Kaiser vom 23.12.1910, in: TKA A/786/2.

139 Angaben nach TKA A/812–814 und Jahrbuch für den Oberbergamtsbezirk Dortmund, Essen 1893–1931.

Blick vom Fördergerüst der Schachtanlage 3 der Gewerkschaft Deutscher Kaiser in Richtung Stahl- und Walzwerk. Im Mittelgrund werden die noch nicht erkennbaren Hochöfen gebaut, während links davon deutlich sichtbar das Überschwemmungsgebiet des Rheins zu sehen ist, Frühjahr 1896, angeschnitten.

Den Ausbau zum integrierten Hüttenwerk vollzog August Thyssen 1895, als er das Bruckhausener Stahl- und Walzwerk um ein eigenes Hochofenwerk mit zwei Hochöfen, eine Kokerei und ein Thomasstahlwerk erweiterte. Damit hatte sich August Thyssen für seine Mülheimer Werke von Vorlieferanten und entstehenden Syndikaten unabhängig gemacht. In diese Zeit fällt auch die Unterteilung der Gewerkschaft Deutscher Kaiser in die Abteilungen Hütte bzw. Bergbau, zu der um 1906 noch das Walzwerk Dinslaken als Produktionsbetrieb hinzukam.

Bis 1913 wurden bei der Gewerkschaft Deutscher Kaiser insgesamt sechs Hochöfen, sechs Walzstraßen sowie fünf Koksofenbatterien in Betrieb genommen und ständig modernisiert,[140] weshalb das Werk vor dem Ersten Weltkrieg zu den fünf großen Eisen- und Stahlunternehmen der Region gehörte. Zählt man jedoch alle zum Thyssen-Konzern gehörenden Beteiligungen inklusive AG für Hüttenbetrieb, Krefelder Stahlwerk, Press- und Walzwerk AG, Oberbilker Stahlwerk AG und die lothringische Stahlwerk Thyssen AG zusammen, so gehörte die Thyssen-Gruppe zu den größten deutschen Stahlkonzernen.[141]

140 Siehe TKA F/Alb/26.

141 Däbritz, Walther: Unternehmensgeschichte Thyssen, unveröffentlichtes Typoskript in 17 Heften, Heft 13, in: TKA A/15508.

Das Hochofenwerk der Gewerkschaft Deutscher Kaiser mit den Hochöfen 1, 5 und 6 (v.r.) mit Schrägaufzug sowie den Hochöfen 2, 3 und 4 mit Vertikalaufzug, Aufnahme nach 1912.

Im Ersten Weltkrieg mussten auch deutsche Frauen schwere körperliche Arbeit verrichten, wie hier in der 1917 errichteten neuen Schmiedehalle, wo u. a. Böden für 15- bis 21-Zentimeter-Granaten gepresst wurden. An der Presse stehen (v.l.) Christine Götzen und Margarete Falkus, Jahrgang 1897. Im Hintergrund sichtbar sind Öfen zum Erhitzen des Materials.

Hochofen-, Stahlwerks- und Walzwerksproduktion von rheinisch-westfälischen Montanunternehmen 1913/14 in 1.000 Tonnen[142]

Roheisen		Rohstahl		Walzwerksfabrikate	
GBAG	1.581	Fried. Krupp	1.589	Phoenix	1.549
Fried. Krupp	1.285	Thyssen-Konzern, davon GDK	1.558 839	Thyssen-Konzern, davon GDK	1.548 795
Phoenix	1.238	Phoenix	1.502	Deutsch-Lux	858
Thyssen-Konzern, davon GDK	1.139 765	Deutsch-Lux	1.064	Fried. Krupp	827
Deutsch-Lux	1.068	GBAG	996	GBAG	773
Gutehoffnungshütte	814	Gutehoffnungshütte	818	Gutehoffnungshütte	628
Rheinische Stahlwerke	648	Rheinische Stahlwerke	697	Eisen- und Stahlwerk Hoesch	606
Eisen- und Stahlwerk Hoesch	528	Eisen- und Stahlwerk Hoesch	600	Rheinische Stahlwerke	554
Bochumer Verein	327	Bochumer Verein	423	Bochumer Verein	334

Im Ersten Weltkrieg kam es nach anfänglich rapidem Rückgang der Industrieproduktion zu einer kriegsbedingten Ausweitung der Erzeugung. Die unmittelbaren Nachkriegsjahre waren bestimmt durch den Ruhrkampf 1920 und die Hyperinflation 1923 sowie die französische Ruhrbesetzung im gleichen Jahr. Um die mögliche Wirkung einer Sozialisierung in der Montanindustrie auf das integrierte Hüttenwerk in Hamborn einzugrenzen, wurde die Gewerkschaft Deutscher Kaiser 1919 in August Thyssen-Hütte, Gewerkschaft für die Hüttenbetriebe und in die Gewerkschaft Friedrich Thyssen für den Steinkohlenbergbau geteilt. 1921 übereignete August Thyssen seinen Söhnen Fritz und Heinrich seinen Anteil an den in Hamborn gelegenen Firmen des Konzerns. Fritz Thyssen, der schon 1897 dem Grubenvorstand der Gewerkschaft Deutscher Kaiser angehörte und der nach seiner Hochzeit mit Amélie zur Helle (auch Zurhelle) 1900 in unmittelbare Nähe zu den Bruckhausener Hochöfen in den Oberhof bei [Duisburg-]Beeck gezogen war, und der sich intensiv um das Hüttenwerk gekümmert hatte, sorgte auch nach dem Ersten Weltkrieg dafür, dass das Hüttenwerk nach den unterbliebenen Investitionen während des Kriegs technisch nicht ins Hintertreffen geriet. Über die Notwendigkeit von Investitionen für die August Thyssen-Hütte, Gewerkschaft, angesichts fehlendem Kapitalrückflusses kam es zu einem Dauerstreit zwischen Vater und Sohn, der, bedingt auch durch einen gewissen Altersstarrsinn August Thyssens, teilweise irreale Züge annahm.[143]

142 Nach Jahrbuch für den Oberbergamtsbezirk Dortmund, Essen 1913–1921; Feldenkirchen, Wilfried: Die Eisen- und Stahlindustrie des Ruhrgebiets 1879–1914. Wachstum, Finanzierung und Struktur ihrer Großunternehmen, Wiesbaden 1982; Historisches Archiv Krupp; Däbritz, Walther: Unternehmensgeschichte Thyssen, Heft 13, in: TKA A/15508. Die Zahlen für GBAG und Thyssen-Konzern sind aus dem Jahr 1913.

143 Baumann, Carl-Friedrich: Schloss Landsberg und Thyssen, a.a.O., S. 55f.

In den ersten Ehejahren wohnten Fritz und Amélie Thyssen im Oberhof in Duisburg-Beeck, direkt neben der evangelischen Kirche und in unmittelbarer Nähe zum Hüttenwerk der Gewerkschaft Deutscher Kaiser, dessen Schornsteine auf dieser Postkarte von ca. 1912 im Hintergrund rechts gut zu erkennen sind.

Kapitalbedarf und den Stahlmarkt belastende Überkapazitäten ließen August Thyssen 1925, damals schon 83 Jahre alt, grundsätzlich der Gründung eines neuen Konzerns zustimmen, dem außer Eisen- und Stahlwerk Hoesch AG, Gutehoffnungshütte Aktienverein für Bergbau und Hüttenbetrieb, Klöckner-Werke AG, Mannesmannröhren-Werke AG und Fried. Krupp AG alle Montankonzerne des Ruhrgebiets angehören sollten. Ziel der Fusion war es, die schwierige Lage der Eisen schaffenden Industrie – nämlich Überkapazitäten – von der Kosten- und Produktionsseite her zu lösen.

Am 4. April 1926 starb August Thyssen. Wenige Wochen später gaben sein Sohn Fritz und sein Neffe Hans die Zustimmung zur Einbringung wesentlicher Teile der Thyssen-Unternehmen in die Vereinigte Stahlwerke AG. Fritz Thyssen wurde Aufsichtsratsvorsitzender der neuen Gesellschaft. Der Wert der Thyssen'schen Montanwerke wurde bei Gründung der Vereinigte Stahlwerke AG mit 26 Prozent des Aktienkapitals von 800 Millionen RM bewertet. Fritz Thyssen behielt weiterhin sein Büro in Hamborn, auch wenn der Sitz der neuen Gesellschaft Düsseldorf wurde, wo er ebenfalls über ein Büro verfügte. Sein Hüttenwerk war nun ein unselbstständiges Werk der Vereinigte Stahlwerke AG mit dem Namen Thyssenhütte.

1934, bei der Dezentralisierung der Vereinigte Stahlwerke AG, entstand die August Thyssen-Hütte AG als eine Betriebsgesellschaft der Vereinigte Stahlwerke AG. Die Betriebsgesellschaften waren horizontale Zusammenschlüsse zur Schaffung von Produktionsschwerpunkten. Zur August Thyssen-Hütte AG gehörten die in Duisburg gelegenen Betriebe Thyssenhütte, Hütte Ruhrort-Meiderich, Hochöfen Hüttenbe-

Auf Veranlassung des Vorstandsvorsitzenden der August Thyssen-Hütte AG, Franz Bartscherer, ließ der Architekt Emil Fahrenkamp 1938 ein Modell des geplanten neuen Verwaltungskomplexes des Hüttenwerks fotografieren. Die Fassade der alten Hamborner Hauptverwaltung (links) sollte im Stil der Zeit umgestaltet werden, eine Versammlungshalle mit Turm und Aufmarschplatz (davor) und Sportplatz (dahinter) sowie ein überaus gewaltiger Werkseingang (Vordergrund) waren vorgesehen. Die öffentliche Kaiser-Wilhelm-Straße sollte mit in das Ensemble einbezogen werden.

trieb, Niederrheinische Hütte und Hütte Vulkan. Aufsichtsratsvorsitzender der größeren Betriebsgesellschaften war in der Regel der Vorstandsvorsitzende der Vereinigte Stahlwerke AG, Albert Vögler.[144] Nur bei der August Thyssen-Hütte AG war es anders. Hier übernahm Fritz Thyssen den Aufsichtsratsvorsitz, da er sich seit Jahrzehnten um das Hüttenwerk bemüht hatte und in der Verwaltung noch eigene Büroräume besaß. Dies dürfte auch erklären, warum der Vorstandsvorsitzende der August Thyssen-Hütte AG, Franz Bartscherer, Ende der 1930er Jahre einen umfangreichen Verwaltungskomplex mit Versammlungshalle und Sportanlage von dem renommierten Architekten Emil Fahrenkamp planen ließ. Der Zweite Weltkrieg und die Flucht Fritz Thyssens verhinderten die Ausführung dieser Pläne.[145] Nachdem sich Fritz Thyssen

144 Zu seinen verschiedenen Aufsichtsratsmandaten siehe: Rasch, Manfred: Über Albert Vögler und sein Verhältnis zur Politik, in: Mitteilungsblatt des Instituts für soziale Bewegungen. Forschungen und Forschungsberichte, Bd. 27, 2003, S. 127–156, hier S. 148–153.

145 Heuter, Christoph: Emil Fahrenkamp 1885–1966. Architekt im rheinisch-westfälischen Industriegebiet, Petersberg 2002; siehe auch Rasch, Manfred: Vom geplanten Bau eines Denkmals für August Thyssen in Hamborn, in: Duisburger Forschungen, Bd. 45, Duisburg 2000, S. 283–311, hier S. 303–308.

Dem 100. Geburtstag von August Thyssen am 17. Mai 1942 gedachte nur ein kleiner Kreis von ehemaligen Mitarbeitern, Enkeln und entfernten Verwandten auf Schloss Landsberg. Sohn Fritz Thyssen war von den NS-Machthabern inhaftiert, aber auch die anderen drei Kinder fehlten auf dieser Veranstaltung. Vor der Gruft versammelten sie sich zu einer Gruppenaufnahme:

Vordere Reihe (v.l.):
Werksjubilar Franz Büttgen von der Deutsche Röhrenwerke AG, Thyssenwerksjubilar Schöss, Bergwerksdirektor Peter Mommertz, Direktor Max Nantulle, Hüttendirektor Carl Wallmann, Hüttendirektor Wilhelm Scheifhacken, Hüttendirektor Fritz Winterhoff, Direktor Wilhelm Späing, Dechant August Heimbach, Generaldirektor Albert Vögler, Johanna Remmen, Jula Thyssen, Kunigunde Wegener, Ingeborg Baronin Thyssen-Bornemisza, Margaret (Margit) Gräfin Bathiany, Hans-Josef Thyssen, Generaldirektor Franz Dahl.

Mittlere Reihe (v.l.):
Alfred Wegener, Direktor Rudolf Krautheim, Direktor Heinrich Dinkelbach, Bergwerksdirektor Herbert Barking, Direktor Johann G. Gröninger, Walther Däbritz, Hans Heinrich Thyssen-Bornemisza, Stephan Thyssen-Bornemisza, Generaldirektor Wilhelm Roelen, Hüttendirektor Julius Kalle, Anton Remmen, Hüttendirektor Franz Bartscherer.

Hintere Reihe (v.l.):
Pfarrer Tochtrop, Bankdirektor Heinrich Lübke, Iwan Graf Batthyany, Direktor Carl Härle, Hüttendirektor Karl Schuh.

Im Hintergrund zu sehen ist eine Werkskapelle. Fotograf Richard Gerling, Duisburg.

öffentlich gegen Hitler, Göring und den Krieg mit Polen geäußert hatte, wurde er 1940 ausgebürgert, sein Vermögen in Deutschland beschlagnahmt und seine Büros in Hamborn durchsucht.[146] Das Land Preußen übernahm seinen Aktienbesitz an der Vereinigte Stahlwerke AG. Da der Aktienbesitz bei Holdinggesellschaften lag, an denen auch die Familien Julius und Hans Thyssen als Erben von Joseph Thyssen beteiligt waren, hatten diese Familienzweige zunächst auch unter der Vermögensbeschlagnahme von Fritz Thyssen zu leiden. Vichy-Frankreich lieferte Fritz Thyssen und seine Frau Amélie an das „Dritte Reich" aus. Das Ehepaar wurde in einer Nervenheilanstalt und dann in einem Konzentrationslager inhaftiert. So kam es, dass der 100. Geburtstag August Thyssens 1942 nicht groß gefeiert wurde, saß doch sein ältester Sohn im Konzentrationslager. Auch die drei anderen Kinder nahmen an der kleinen Feierlichkeit auf Schloss Landsberg nicht teil.

Im Zweiten Weltkrieg griffen alliierte Bomberverbände die Thyssenhütte 96 Mal an, aber erst nach dem Luftangriff vom 22. Januar 1945 stand das Hüttenwerk endgültig still. Während im Hüttenbetrieb Ruhrort-Meiderich schon am 26. Juni 1945 ein Hochofen wieder angeblasen wurde, durfte die Thyssenhütte nach einer einjährigen Produktion von bescheidenen ca. 15.000 Tonnen Blech nur Aufräumarbeiten durchführen. Der vor dem Krieg zu den größten und modernsten Hüttenwerken Europas zählende Betrieb sollte nach Beschluss der Alliierten vollständig demontiert werden. Die Alliierten wollten die deutsche Rüstungs- und Industriekapazität reduzieren, um so zukünftige Kriege zu verhindern. 1948 begannen die Demontagearbeiten; sie dauerten bis zum Demontage-Stopp durch das Petersberger Abkommen vom 22. November 1949. Der Abtransport von Demontagegut zog sich noch bis Dezember 1950 hin.

Schon ein halbes Jahr nach dem Petersberger Abkommen, im Mai 1950, begannen die Wiederaufbauarbeiten auf der Thyssenhütte. Der erste Hochofen wurde am 7. Mai 1951 angeblasen, das Siemens-Martin-Werk nahm im gleichen Jahr wieder seine Produktion auf. Mit Inkrafttreten der Montanunion fielen am 28. Juli 1952 sämtliche alliierten Produktionsbeschränkungen auch für das Bruckhausener Werk. Den Neuanfang in Hamborn hatte Fritz Thyssen, der am 8. Februar 1951 in Argentinien verstarb, kaum mehr wahrgenommen, denn nach seiner Befreiung durch alliierte Truppen war er erneut inhaftiert und anschließend in einem deutschen Spruchkammer-Verfahren entnazifiziert worden. Sein deutsches Vermögen blieb zunächst noch beschlagnahmt.

Am 2. Mai 1953 wurde die August Thyssen-Hütte AG (neu) als eine der 18 „Nachfolgegesellschaften" der Vereinigte Stahlwerke AG gegründet. Im Gegensatz zur gleichnamigen Betriebsgesellschaft der Vereinigte Stahlwerke AG war die neue August Thyssen-Hütte AG auch Eigentümerin der Produktionsanlagen. Die Erbinnen von Fritz Thyssen, seine Witwe Amélie Thyssen sowie ihre Tochter Anita Zichy-Thyssen, erhielten entsprechend ihrer Beteiligung an der in Liquidation befindlichen Vereinigte

146 Zu Fritz Thyssen siehe: Eglau, Hans Otto: Fritz Thyssen, a.a.O., Baumann, Carl-Friedrich: Fritz Thyssen und der Nationalsozialismus, in: Zeitschrift des Geschichtsvereins Mülheim a. d. Ruhr, Heft 70, 1998, S. 139–154.

In den letzten Kriegsmonaten des Jahres 1945 lag der Betrieb der Thyssenhütte in Hamborn still. Bombenangriffe sowie Artilleriebeschuss von der linken Rheinseite hatten die technischen Infrastrukturen des Werkes zum größten Teil zerstört. Blick vom Winderhitzer Hochofen 1 auf das Thomas- und Siemens-Martin-Stahlwerk sowie die Kokerei (im Vordergrund).

Stahlwerke AG Aktien der Nachfolgegesellschaften mit der Auflage der Alliierten, sich auf einzelne Nachfolgefirmen zu konzentrieren, um so eine erneute Machtkonzentration in der Montanindustrie zu verhindern. Amélie Thyssen sollte sich auf die Rheinische Röhrenwerke AG konzentrieren, ihre Tochter Anita auf die Deutsche Edelstahlwerke AG. Außerdem erhielten sie transitorische Beteiligungen, d. h. Beteiligungen, die sie innerhalb einer bestimmten Zeitspanne zu veräußern hatten, vornehmlich gegen Aktien der für sie vorgesehenen Unternehmen. Amélie Thyssen erhielt transitorische Beteiligungen an der Hüttenwerke Phoenix AG und der August Thyssen-Hütte AG, während Anita Zichy-Thyssen transitorische Beteiligungen der Handelsunion AG, der August Thyssen-Hütte AG sowie der Niederrheinische Hütte AG besaß.

In den der Neugründung folgenden Jahren fand unter einem Vorstand, dessen Mitglieder fast zwanzig Jahre lang das Unternehmen leiten sollten, der Ausbau der August Thyssen-Hütte AG zu einem Stahlkonzern statt, ohne dass noch ein Familienmitglied unmittelbar Einfluss auf die Unternehmenspolitik nahm. Mit Übernahme der Aktienmehrheit durch Beteiligungserwerb an der Niederrheinische Hütte AG (1956), der Deutsche Edelstahlwerke AG (1957), der Phoenix-Rheinrohr AG Vereinigte Hütten- und Röhrenwerke (1964) und der Hüttenwerk Oberhausen AG (1968) erfolgten

Der älteste Hochofenmann der Thyssenhütte, Steffen Siemieniak, durfte bei der feierlichen Wiederinbetriebnahme den Hochofen 7 am 7. Mai 1951 entzünden.

umfangreiche Rückverflechtungen zur alten Betriebsgesellschaft August Thyssen-Hütte AG mit ihren damaligen Werken sowie horizontale Neuerwerbungen. Mit Erwerb der Deutsche Edelstahlwerke AG 1957 kam das 1900 von August Thyssen mit begründete Krefelder Stahlwerk wieder in den Konzernverbund; 1964 folgten mit der Übernahme der Phoenix-Rheinrohr AG Vereinigte Hütten- und Röhrenwerke das Hochofenwerk Hüttenbetrieb Meiderich-Nord und das Mülheimer Gründungswerk. Letzteres jedoch nur für sechs Jahre, dann wurde es in die Mannesmannröhren-Werke AG eingebracht.

Aufgrund der Demontage war nach dem Krieg nicht wieder die alte Thyssenhütte mit ihrem Programmschwerpunkt Profilstahl entstanden, vielmehr lagen Mitte der 1950er Jahre die Produktionsschwerpunkte der August Thyssen-Hütte AG bei Halbzeug, Profil- und Flachstahl. Zudem hatte sich der Vorstand zum Bau einer in den USA entwickelten vollkontinuierlichen Warmbreitbandstraße – der ersten in Westdeutschland – entschlossen, die dem Unternehmen neue Möglichkeiten auf dem Gebiet des Flachstahls, vor allem der Feinbleche, verschaffte. Zur feierlichen Eröffnung dieser Warmbreitbandsstraße am 11. Juli 1955 kamen der damalige Bundeskanzler Konrad Adenauer, der Bundeswirtschaftsminister Ludwig Erhard sowie die Hauptaktionärin Amélie Thyssen.

Die Erbinnen von Fritz Thyssen entschieden sich 1959 dafür, einen wesentlichen Teil ihres Vermögens, nämlich Aktien der August Thyssen-Hütte AG im Nennwert

Am 11. Juli 1955 wurde die neue Warmbreitbandstraße der August Thyssen-Hütte AG in Anwesenheit von Bundeskanzler Konrad Adenauer (Mitte), Bundeswirtschaftsminister Ludwig Erhard (2. v.l.) und Bundesinnenminister Gerhard Schröder (rechts) sowie der Großaktionärin Amélie Thyssen feierlich in Betrieb genommen.

von 100 Mio. DM, das entsprach ca. 15,9 Prozent des damaligen Grundkapitals, in eine Stiftung zur Förderung der Wissenschaften einzubringen. Am 7. Juli 1959 wurde die gemeinnützige Fritz-Thyssen-Stiftung gegründet, die erste große wissenschaftsfördernde Stiftung der Bundesrepublik Deutschland. Schon Fritz Thyssen selbst hatte während der Demontagezeit erwogen, auf sein Eigentum zu verzichten, um so die Demontage „seines“ Hüttenwerks zu verhindern und den Mitarbeitern ihre Arbeit zu erhalten. Als seine Erbinnen die Stiftung errichteten, wollten sie an diese Zeit und an Fritz Thyssen erinnern. Die Stifterinnen verbanden mit ihrer Anerkennung gegenüber Unternehmensleitung und Mitarbeitern der August Thyssen-Hütte AG auch ausdrücklich den Dank an Bundes- und Landesregierung für deren Hilfe beim Wiederaufbau.[147]

In den 1950er und frühen 1960er Jahren ging es dem Vorstand der August Thyssen-Hütte AG zunächst um eine Diversifizierung des Unternehmens. Erst mit dem 1968 erfolgten Zusammenschluss von August Thyssen-Hütte AG und Hüttenwerk Oberhausen AG fand keine horizontale Erweiterung des Leistungsprogramms, sondern eine Kapazitätsaddition in den Bereichen Rohstoffbasis sowie Eisen- und Stahler-

147 Uebbing, Helmut: Wege und Wegmarken. 100 Jahre Thyssen, Berlin 1991, S. 298 f.

Die beiden Erbinnen von Fritz Thyssen, seine Witwe Amélie Thyssen, hier in ihrem Todesjahr 1965 vor einem Gemälde ihres Mannes im Dreischeibenhaus in Düsseldorf fotografiert von Bernd König, sowie ihre Tochter Anita Zichy-Thyssen, fotografiert am 10. Juni 1955 von Ernst Schroeder (Ausschnitt oben links), errichteten zur Erinnerung an Fritz Thyssen sowie die schwierige Demontage- und Wiederaufbauzeit die Fritz-Thyssen-Stiftung, die erste große, wissenschaftsfördernde Stiftung der Bundesrepublik Deutschland.

zeugung statt. Gegenseitige Produktionsprogrammabstimmungen ermöglichten zusätzlich Rationalisierungsgewinne durch eine Konzentration auf die kostengünstigen Anlagen an der Rheinschiene. Parallel dazu fand eine rasche Vergrößerung der als optimal erachteten Hüttenwerkseinheiten statt. Mitte der 1960er Jahre war die August Thyssen-Hütte AG der größte europäische Rohstahlerzeuger und stand mit seiner Rohstahlproduktion weltweit an fünfter Stelle.

In der Endphase der horizontalen Diversifizierung kam es bei der August Thyssen-Hütte AG zur Spezialisierung durch Kooperation. 1969 vereinbarten Mannesmann AG und August Thyssen-Hütte AG eine Arbeitsteilung, die sich mit der Kurzformel „Röhren zu Mannesmann, Walzstahl zu Thyssen“ umreißen lässt. Die durch Eingliederung der Phoenix-Rheinrohr AG Vereinigte Hütten- und Röhrenwerke zur August Thyssen-Hütte AG gekommene Produktion von Stahlrohren wurde gemeinsam mit der Mannesmann AG in der Mannesmannröhren-Werke AG betrieben, an der die August Thyssen-Hütte AG zunächst zu einem Drittel, Mannesmann AG zu zwei Drittel beteiligt war. Im Gegenzug übertrug Mannesmann AG einen Teil ihrer Erzeugung von Walzstahl auf die August Thyssen-Hütte AG.

In den ersten beiden Jahrzehnten ihres Bestehens hatte sich die August Thyssen-Hütte AG fast nur im Stahlbereich engagiert. Sie war ein monostrukturierter Stahlkonzern mit einem umfangreichen horizontalen Angebot von Massenstahl über Profil- und Flacherzeugnisse bis zum Edelstahl. Um einen Risikoausgleich zu schaffen, sollte die einseitige Stahlabhängigkeit der August Thyssen-Hütte AG reduziert und die Unternehmensbasis verbreitert werden. Die Neuorientierung setzte 1973/74 mit Erwerb der Rheinstahl AG ein. Die vertikale Diversifizierung fand also zeitlich vor dem Einsetzen der Stahlkrise Mitte der 1970er Jahre statt.

Mit dem Rheinstahl-Erwerb betrat die August Thyssen-Hütte AG den Weg zum Technologiekonzern. Die Programmschwerpunkte der Rheinstahl AG lagen eindeutig in der Weiterverarbeitung. Um auch nach außen zu dokumentieren, dass die Rheinstahl AG den Weiterverarbeitungsbereich der Thyssen-Gruppe repräsentierte, wurde sie 1976 in Thyssen Industrie AG umfirmiert.

Die August Thyssen-Hütte AG wandelte sich in den 1970er Jahren vom Stahl- zum Mischkonzern mit den Schwerpunkten Stahl, Investitionsgüter, Handel und Dienstleistungen. Folgerichtig änderte die August Thyssen-Hütte AG 1977 ihren Namen in Thyssen AG vorm. August Thyssen-Hütte, kurz Thyssen AG. Schon 1976 übernahm sie das von Rheinstahl genutzte moderne Logo, den Rheinstahlbogen, in den sie den Schriftzug „Thyssen“ integrierte.[148]

Der Stahlbereich einschließlich des 1890 gegründeten Stammhüttenwerks in [Duisburg-]Bruckhausen wurde zum 1. April 1983 in die Thyssen Stahl AG ausgegliedert, sodass sich die Thyssen AG ausschließlich auf Aufgaben der Konzernführung konzentrierte. Anlass für die Maßnahme waren die bald darauf erfolglos beendeten

148 Baumann, Carl-Friedrich: Die Entwicklung des Rheinstahl-Firmenzeichens, in: Beiträge zur Geschichte von Stadt und Stift Essen Heft 113, 2001, S. 397–407.

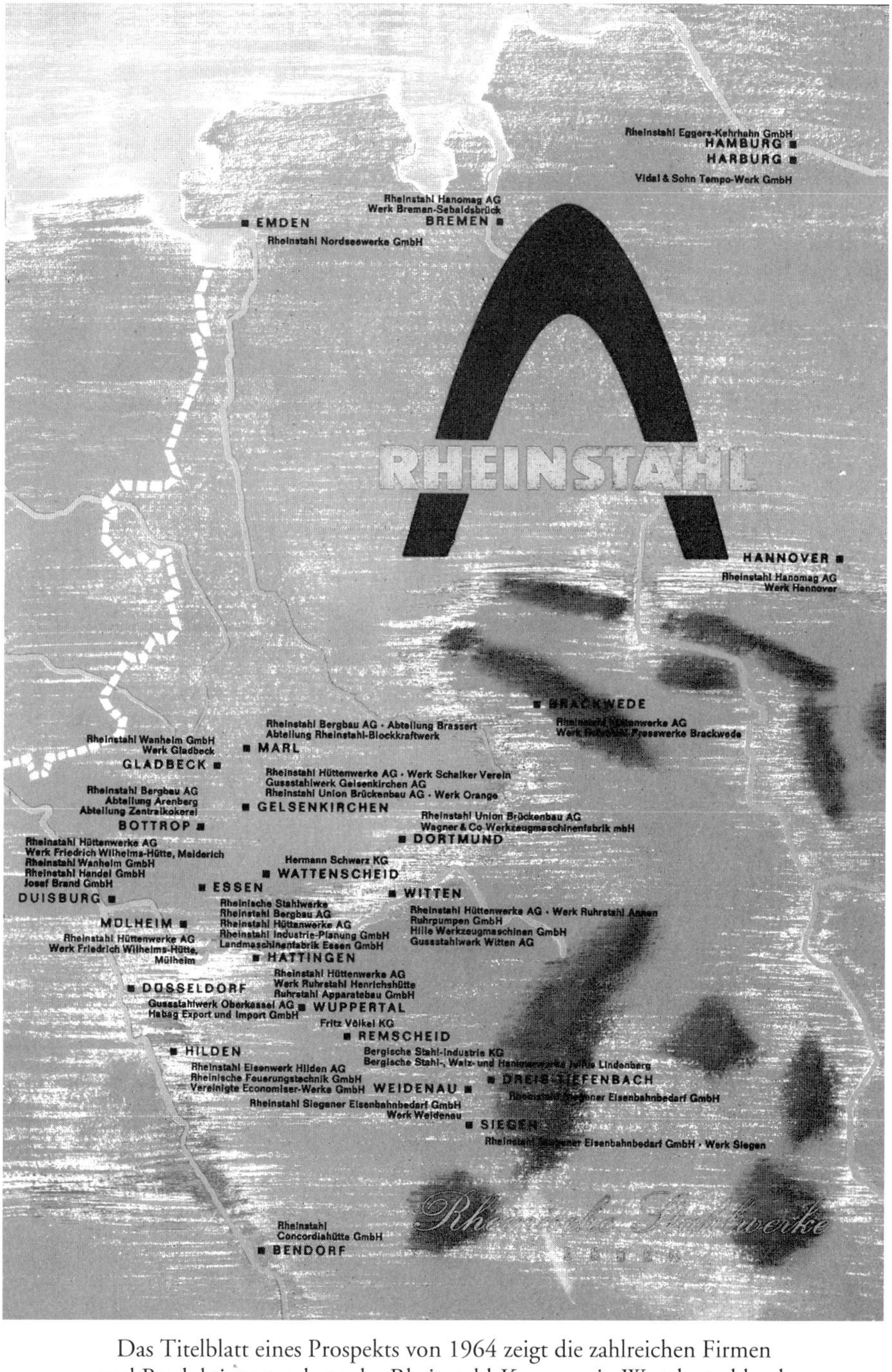

Das Titelblatt eines Prospekts von 1964 zeigt die zahlreichen Firmen und Produktionsstandorte des Rheinstahl-Konzerns in Westdeutschland.

Am 11. Juni 1991 feierte die Thyssen AG offiziell ihr 100-jähriges Bestehen. Unter den Gästen in der Mercatorhalle in Duisburg waren auch Urenkel der Firmengründer August und Joseph Thyssen, u. a. die beiden Söhne von Anita Zichy-Thyssen, Federico Zichy-Thyssen (links) und Claudio Zichy-Thyssen, sowie als Nachfahre von Joseph Thyssen Stephan Wegener (Mitte).

Gespräche über einen Zusammenschluss mit der Krupp Stahl AG. In den folgenden Jahren passte die Thyssen-Gruppe ihre Stahlproduktion dem Markt an und konzentrierte Verwaltung und Produktion in Duisburg-Hamborn. So wurde zum 1. Oktober 1992 die Thyssen Edelstahlwerke AG auf die Thyssen Stahl AG fusioniert. Das von August Thyssen mit gegründete Stahlwerk in Krefeld firmierte nun als Thyssen Stahl AG, Werk Krefeld (siehe Krefelder Stahlwerk).

Die Erben und Nacherben von Fritz Thyssen, seine Witwe Amélie und seine Tochter Anita sowie deren Kinder Federico und Claudio Zichy-Thyssen hatten bis Mitte der 1990er Jahre Anteil an der Entwicklung des Unternehmens genommen, auch wenn ihr Kapitalanteil wegen Nichtbeteiligung an Kapitalerhöhungen sank. Anita Zichy-Thyssen, die seit ihrer Jugend unter Kinderlähmung litt, hatte sich im Aufsichtsrat u. a. 1955 bis 1974 durch ihren Vertrauten, Julian von Godlewski, vertreten lassen. Fritz Thyssens Enkel, Claudio und Federico Zichy-Thyssen, waren zeitweise Mitglieder des Aufsichtsrats der Thyssen AG, und zwar Federico von 1974 bis 1981 und dann wieder von 1991 bis 1996 sowie Claudio von 1981 bis 1996. Im September 1995 kündigten Claudio und Federico Zichy-Thyssen ihren Rückzug aus dem Unternehmen Thyssen AG an und verkauften ihren Anteil (15,38 Prozent) an die Commerzbank AG. Seit dem Ausscheiden der beiden Brüder aus dem Aufsichtsrat der Thyssen AG am 22. März 1996 gab es keine nennenswerte Beteiligung mehr von Nachkommen des Unternehmensgründers am Unternehmen.

Zum 1. September 1997 erfolgte schließlich die Zusammenfassung der Flachstahlaktivitäten von Thyssen Stahl AG und Krupp Hoesch Stahl AG zur Thyssen Krupp Stahl AG, nachdem schon seit 1995 mit dem Krupp-Konzern Kooperationen in den Bereichen Weißblech (Rasselstein Hoesch GmbH), Elektroblech (EBG Elektroblech Bochum GmbH), Rostfrei-Flacherzeugnisse (Krupp Thyssen Nirosta GmbH) bestanden. An gleicher Stelle wie vor über 110 Jahren erzeugt das Stammwerk der Thyssen-Krupp Stahl AG noch heute Rohstahl. Es firmiert unter der Standortbezeichnung Duisburg-Nord und umfasst die Werke Bruckhausen, Beeckerwerth und Schwelgern.

Am 1. September 1997 wurde an der ehemaligen Hauptverwaltung der Thyssen Stahl AG in Duisburg-Bruckhausen ein großes Plakat enthüllt, um den Start des fusionierten Unternehmens ThyssenKrupp Stahl AG in eine neue Zukunft auch optisch sichtbar zu machen.

Der Kooperation im Stahlbereich folgte 1999 das Zusammengehen der beiden Traditionsfirmen Thyssen und Krupp. Am 17. März 1999 wurde die ThyssenKrupp AG in das Handelsregister eingetragen. Sie ist die Muttergesellschaft von ThyssenKrupp Stahl AG und ThyssenKrupp Steel AG. Nun sind die Hochöfen und Stahlwerke im Ruhrgebiet auf die beiden Firmen ThyssenKrupp Stahl AG und Hüttenwerke Krupp Mannesmann GmbH konzentriert, an letzterer ist die ThyssenKrupp Gruppe wiederum beteiligt.

August Thyssen-Hütte, Gewerkschaft, Walzwerk Dinslaken, [Duisburg-]Hamborn

1897 Thyssen & Co., (Bandeisen-)Walzwerk Dinslaken; 1906 Gewerkschaft Deutscher Kaiser, Walzwerk Dinslaken; 1919 August Thyssen-Hütte, Gewerkschaft, Bandeisenwalzwerk; 1926 Vereinigte Stahlwerke AG, August Thyssen-Hütte, (Walzwerk) Dinslaken; 1934 Bandeisenwalzwerke AG/Deutsche Röhrenwerke AG, Werk Thyssen, Dinslaken/ Westfälische Union AG für Eisen- und Drahtindustrie, Werk Dinslaken:
1934 Bandeisenwalzwerke AG; 1947 Demontage und anschließend Liquidation.
1934 Deutsche Röhrenwerke AG, Werk Thyssen; 1948 Rheinische Röhrenwerke AG, Werk Dinslaken; 1955 Phoenix-Rheinrohr AG Vereinigte Hütten- und Röhrenwerke, Werk (Thyssen) Dinslaken; 1965 Thyssen Röhrenwerke AG, Werk Dinslaken; 1970 Mannesmannröhren-Werke AG, Werk Dinslaken; 1990 Mannesmann Stahlflaschen GmbH; 1997 Mannesmann Cylinder Systems GmbH; 1999 MCS Cylinder Systems GmbH; 2003 MCS International GmbH.
1934 Westfälische Union AG für Eisen- und Drahtindustrie, Werk Dinslaken; 1960 Thyssen Industrie GmbH, Werk Dinslaken; 1975 Thyssen Bausysteme GmbH, Werk Dinslaken; 2003 Stilllegung.

1896 beschloss August Thyssen zur Ergänzung seiner Weiterverarbeitungskapazitäten für den bei der Gewerkschaft Deutscher Kaiser in [Duisburg-]Hamborn erzeugten Stahl den Bau eines Bandeisenwalzwerks im nahen Dinslaken. Für ihn war es das vierte Walzwerk, das er seit 1867 baute. Bau und Betrieb des Dinslakener Werks, zunächst fachlich und vor allem finanziell der Mülheimer Firma Thyssen & Co. zugeordnet, wurde bis 1942 von dem Walzwerksspezialisten Julius Kalle[149] geleitet.

Die ersten beiden Walzstraßen gingen 1898 in Betrieb, ein Jahr später die ersten Kaltbandstraßen. 1901 wurde nach dem Verfahren des von der Firma Mannesmann abgeworbenen Ingenieurs Aloys Fassl die Produktion nahtloser Röhren in Konkurrenz zur Deutsch-Österreichische Mannesmannröhren-Werke AG aufgenommen. 1904 baute Kalle nach den 1902 entwickelten Plänen der US-amerikanischen „Morgan Construction Company" aus Worcester/Massachusetts die erste kontinuierliche Walzstraße in Deutschland. Bis 1914 hatte Kalle das Unternehmen zu einem der wenigen

149 Milkereit, Gertrud: Julius Kalle, in: NDB 11 (1977), S. 65.

vertikal gegliederten Walzwerke in Deutschland ausgebaut mit Warm-, Kalt-, Rohr- und Drahtwalzstraßen, je einer Stahlflaschen- (1911) und Mastenfabrik (1914/21) sowie den dazugehörigen Nebenbetrieben. Das Kaltwalzwerk galt als größtes und leistungsfähigstes seiner Art in Europa. Zwischen 1906 und 1914 stellte Kalle den Antrieb der Walzstraßen von Dampfmaschinen auf Elektromotoren um. Dies entsprach der Entwicklung bei der Maschinenfabrik Thyssen, wo Hans Richter zwischen 1905 und 1908 die Walzwerksantriebe von Dampfmaschinen auf Elektromotore umstellte. Ohne wesentliche Änderungen sollte das Dinslakener Werk mit dieser Ausstattung die nächsten zwei Jahrzehnte produzieren.

Vor dem Ersten Weltkrieg waren knapp 2.500 Mitarbeiter in Dinslaken beschäftigt.[150] Im Ersten Weltkrieg wurde das Werk auf die Produktion von Kriegsmaterial umgestellt, so produzierte das Röhrenwerk ausschließlich 14- und 21-Zentimeter-

Die Schornsteine des Dinslakener Walzwerks der Gewerkschaft Deutscher Kaiser dominierten den ländlichen Niederrhein, um 1912, angeschnitten.

Minen für Minenwerfer, Stahlrohrachsen für Geschützlafetten, nahtlose Stahlrohre für Kriegs- und Luftschiffe sowie Stickstoffgewinnungsanlagen, das Warmwalzwerk Bandeisen für Zünder, Stielhandgranaten, Kartuschenböden, U-Boot-Teile u. a. m., das Kaltwalzwerk Bandeisen für Gewehrteile, Handgranaten, Seitengewehre, Militäressbesteck, die Flaschenfabrik Kampfgasbehälter und Druckbehälter für andere Zwecke sowie das Drahtwerk vor allem Stacheldraht, aber auch verzinkte Drähte als Ersatz für Kupferdraht.[151]

150 Rasch, Manfred: August Thyssen. Der katholische Großindustrielle der Wilhelminischen Epoche, a.a.O., S. 40–42; siehe auch TKA F/Alb/29.

151 Siehe Aktenvermerk Walther Däbritz über Besprechung mit den Herren Kalle und Gödel am 9.10.1942, in: TKA A/1784; Herrn Direktor Julius Kalle zur Erinnerung an seine

Schon 1901 ging in Dinslaken die Bandeisenstraße 3 mit einem 425er Doppel-Duo-Walzwerk in Betrieb, um Bandeisen und Bandstahl von 75 bis 305 mm Breite zu walzen, 1912, angeschnitten.

Seit ungefähr 1906 firmierte das Werk als Gewerkschaft Deutscher Kaiser, Walzwerk Dinslaken[152] bzw. seit 1919 als August Thyssen-Hütte, Gewerkschaft, Bandeisenwalzwerk. Mit Gründung der Vereinigte Stahlwerke AG 1926 und Einbringung der meisten Thyssen'schen Werke wurde es als Vereinigte Stahlwerke AG, August Thyssen-Hütte, (Walzwerk) Dinslaken geführt. Bei der Dezentralisation der Vereinigte Stahlwerke AG erfolgte die rechtliche Verselbstständigung der Walzwerke zum 1. Januar 1934 als Bandeisenwalzwerke AG, Dinslaken. Diese war eine Tochtergesellschaft der August Thyssen-Hütte AG, der vormaligen Duisburger Hüttengruppe der Vereinigte Stahlwerke AG. Die Dinslakener Fertigung von Stahlflaschen und Stahlmasten (Rohrproduktion) firmierte als Deutsche Röhrenwerke AG, Werk (Thyssen) Dinslaken bzw. Röhrenwerke Dinslaken.[153]

Die 1912 von der Gewerkschaft Deutscher Kaiser erworbene, in Dinslaken gelegene Draht- und Nagelwerke GmbH de Fries war zunächst vom Dinslakener Walzwerk als zweiter Dinslakener Produktionsstandort mitbetreut worden und wurde 1934 der Westfälische Union AG für Eisen- und Drahtindustrie als Werk Dinslaken

25-jährige Tätigkeit bei den Thyssenwerken hrsg. von Bandeisenwalzwerke AG, Dinslaken 1921, Exemplar vorhanden in: TKA.

152 Siehe Brief Edgar Küpper an Walther Däbritz vom 21.11.1939, in: TKA A/1784.

153 Angaben nach TKA VSt/5240.

Blick auf die 6-gerüstige Fertigstraße der 1936 errichteten ersten europäischen Warmbreitbandstraße im Werk Dinslaken der Bandeisenwalzwerke AG.

zugeteilt. Die alliierte Entflechtung überstand das kaum zerstörte Werk Dinslaken als Teil der Westfälische Union AG für Eisen- und Drahtindustrie. Aus der einstigen Tochtergesellschaft der Vereinigte Stahlwerke AG wurde 1952 eine Tochtergesellschaft der Niederrheinische Hütte AG, die wiederum 1956 von der August Thyssen-Hütte AG übernommen wurde. 1960 musste die Fertigung in Dinslaken aus Rationalisierungsgründen eingestellt werden. Stattdessen nutzte die am 28. November 1960 gegründete Thyssen Industrie GmbH als Tochtergesellschaft der August Thyssen-Hütte AG die dortigen Fertigungshallen, um aus Stahlblech verzinkte oder kunststoffbeschichtete Bauelemente in den verschiedensten Farben für Wände, Fassaden und Dächer zu produzieren. Weitere Produktionszweige stellten Sanitätskabinen, Paletten- und Stahl-Regale sowie Regale für Wohnungen und Büros und Behälter aller Art dar. 1975 wurde die Gesellschaft in Thyssen Bauelemente GmbH umbenannt.[154] Das Werk Dinslaken musste 2003 seine Produktion einstellen, da bedingt durch die Fusionen der Firmen Krupp, Hoesch und Thyssen bei der neu gebildeten ThyssenKrupp Hoesch Bausysteme GmbH Überkapazitäten vorhanden waren.

154 Stampfuß, Rudolf/Triller, Anneliese: Geschichte der Stadt Dinslaken 1273–1973, Neustadt/Aisch 1973, S. 601–603; Uebbing, Helmut: Wege und Wegmarken, a.a.O., S. 250; siehe auch TKA A/1944.

Montage von Stahl-Leitplanken, die 1959 bei der Armco-Thyssen Breitband-Verarbeitung GmbH in Dinslaken gefertigt wurden. Fotograf: Rolf Epha, Duisburg.

1936 errichtete die Bandeisenwalzwerke AG in Dinslaken die erste vollmechanisierte Warmbreitbandstraße Europas.[155] Sie wurde zusammen mit allen Einrichtungen der Dinslakener Fabrik nach dem Zweiten Weltkrieg demontiert und als Reparationsleistung in die Sowjetunion transportiert.[156] Am 22. Mai 1947 beschloss eine außerordentliche Hauptversammlung die Liquidation der Bandeisenwalzwerke AG.[157] Die August Thyssen-Hütte AG nahm nach 1945 nicht mehr die Produktion in den Dinslakener Hallen der Bandeisenwalzwerke AG auf, sondern errichtete von 1953 bis 1955 ihre neue Warmbreitbandstraße auf dem Bruckhausener Hüttenwerksgelände. In den folgenden Jahren wurden die wenigen von der Demontage verschont gebliebenen Hallen und Verwaltungsräume vermietet und 1950 das gesamte Grundstück zum Kauf an verschiedene Interessenten angeboten.[158] U. a. gründeten Ende 1949 Dr.-Ing. Georg Weddige, der frühere Betriebsleiter der Veredelungsbetriebe der Bandeisenwalzwerke AG, und Dr. Ernst Petermann aus Essen die Firma Metallwerk Dinslaken GmbH, eine Spezialverzinkerei. Sie nutzten ehemalige Werkshallen. Außerdem verlegte der Unter-

155 Rasch, Manfred: Vereinigte Stahlwerke AG – Bandeisenwalzwerke AG built the first wide strip mill in Europe, in: Ranieri, Ruggero/Aylen Jonathan: History of European Wide Strip Mills (erscheint voraussichtlich in 2005); Cramer, Hans: Die erste vollkontinuierliche europäische Breitbandstraße, in: Der Vierjahresplan 3, 1939, S. 972–975.

156 Siehe TKA VSt/1138; Mannesmann-Archiv MWR 7.7704–7.7832.

157 Beschluss vom 22.5.1947, Abschrift in: TKA VSt/3037; Mannesmann-Archiv MW 7.7701–7.7703.

158 Siehe TKA VSt/5545, 1136, 5254.

nehmer Wilhelm Rötzel seine Eisen- und Stahlwerke Rötzel GmbH 1950 von Breyell in Hallen der ehemaligen Bandeisenwalzwerke AG.[159]

1956 gründeten die August Thyssen-Hütte AG und die Armco International Corp., Middletown/Ohio, USA, auf dem Dinslakener Thyssen-Gelände das Gemeinschaftsunternehmen Armco-Thyssen Breitband-Verarbeitung GmbH, 1968 in Armco-Thyssen GmbH umbenannt, zur Verzinkung und Weiterverarbeitung von Warmbreitband u. a. zu Leitplanken für Autobahnen. 1982 zog sich die Thyssen-Gruppe, später auch Armco International Corp. aus dem Unternehmen zurück.[160]

Ab 1948 produzierte das 1911 errichtete Dinslakener Stahlflaschenwerk wieder. Der Betrieb wurde im Zuge der alliierten Entflechtungsmaßnahmen der Rheinische Röhrenwerke AG zugeordnet und erreichte mit einer Belegschaft von 400 Mitarbeitern im Jahr 1950 wieder eine Produktion von 10.000 Tonnen pro Jahr. Durch Fusion dieser Firma mit der Hüttenwerk Phoenix AG im Jahr 1955 entstand die Phoenix-Rheinrohr AG Vereinigte Hütten- und Röhrenwerke, die nicht nur das alte Stammwerk Thyssen in Mülheim betrieb, sondern auch das Werk Thyssen Dinslaken. 1964 erwarb die August Thyssen-Hütte AG dieses Unternehmen und nannte es 1965 in Thyssen Röhrenwerke AG um. Die Dinslakener Stahlflaschenfabrik firmierte nun als Thyssen Röhrenwerke AG Werk Dinslaken. Mit der Vereinbarung von 1970 zwischen der August Thyssen-Hütte AG und der Mannesmann AG, die eine Abstimmung der beiderseitigen Produktionsprogramme vorsah, kamen „Röhren“ zu Mannesmann und „Flachstahl“ zu Thyssen. Das Dinslakener Werk wurde seit 1970 von der Mannesmannröhren-Werke AG als Werk Dinslaken geführt.

Zum 1. April 1990 erwarb die Mannesmannröhren-Werke AG sämtliche Geschäftsanteile der IWKA Stahlflaschen GmbH, Homburg/Saar, firmierte diese in Mannesmann Stahlflaschen GmbH um und brachte ihre Stahlflaschen- und Druckbehälterproduktion in Dinslaken als Sacheinlage in die Gesellschaft ein. Der Gesellschaftssitz wurde nach Dinslaken verlegt. Der Geschäftsbetrieb umfasste die Herstellung und den Vertrieb von Zieh-, Press- und Stanzteilen, insbesondere Metallwaren, Druckgasflaschen, Groß- und Druckbehälter u. a. m. Die Gesellschaft war Komplettanbieter und europäischer Marktführer von Stahlflaschen und -behältern. Der internationalen Ausrichtung entsprechend wurde die Gesellschaft 1997 in Mannesmann Cylinder Systems GmbH umbenannt. Am 1. Oktober 1999 hat die Mannesmannröhren-Werke AG die Gesellschaft, die seitdem unter MCS Cylinder Systems firmiert, an die Investmentgesellschaft Bessemer Holding L. P., New York, deren Aktivitäten in Deutschland von der Bessemer Vogda Treichl GmbH wahrgenommen werden, veräußert. Am 10. März 2003 erfolgte die Übernahme durch die iranischen Gesellschaften Reyco GmbH und Dena International GmbH, beide mit Sitz in Kaarst, Deutschland, bei gleichzeitiger Umfirmierung in MCS International GmbH.[161]

159 Stampfuß, Rudolf/Triller, Anneliese: Geschichte der Stadt Dinslaken 1273–1973, a.a.O., S. 600.

160 Siehe TKA A/28082, A/11188.

161 Mannesmann-Archiv M 14.006; freundliche Auskunft Prof. Dr. Horst A. Wessel.

Literaturverzeichnis

#

„Aus Widersprüchen zusammengesetzt". Das Tagebuch der Gertrud Bleichröder aus dem Jahre 1888, hrsg. von Karin H. Grimme, Köln 2002

100 Jahre jung geblieben, hrsg. von Simonswerk Baubeschlagtechnik, Rietberg 1989

150 Jahre Stahlerzeugung und -verarbeitung in Geisweid. Rückschau auf eine wechselvolle Geschichte, hrsg. von Krupp Edelstahlprofile GmbH, Geisweid 1996

200-jährige Geschichte der Firma Franz Haniel & Cie. GmbH, Duisburg-Ruhrort 1956

25 Jahre Arbeitnordwest 1914–1929, Festschrift, Düsseldorf 1929

90 Jahre im Dienste des Schiffbaus, hrsg. von Flensburger Schiffsbau-Gesellschaft, o. O. 1962

A

Architekten- und Ingenieurverein zu Düsseldorf: Düsseldorf und seine Bauten, Düsseldorf 1904

Arnst, Paul: August Thyssen und sein Werk (Ergänzungsbände zur Zeitschrift für Handelswissenschaftliche Forschung, Bd. 7), Leipzig 1925

Arnst, Paul: August Thyssen. 1842–1926. (Rheinisch-Westfälische Wirtschaftsbiographien, Bd. 2), Münster 1934, S. 102ff.

August Thyssen und Hugo Stinnes. Ein Briefwechsel 1898–1922, hrsg. von Manfred Rasch und Gerald Feldman, bearb. von Vera Schmidt, München 2002

B

Bagel, Julius: Stammtafel der Familie Julius Bagel, Mülheim/Ruhr 1893

Bassier, Friedrich-Karl/Kallrath, Egon: Walsum. Die Geschichte eines Bergwerkes. Zusammenstellung aus Anlaß der 50-jährigen Wiederkehr der Aufnahmen der Kohlenförderung 1939, Duisburg-Walsum 1989

Baumann, Carl-Friedrich: 175 Jahre Henschel. Der ständige Weg in die Zukunft, Moers 1985

Baumann, Carl-Friedrich: August Thyssen. Ein Bürger Mülheims, Sonderdruck der Zeitschrift des Geschichtsvereins Mülheim a. d. R., Heft 61, 1989

Baumann, Carl-Friedrich: Die Entwicklung des Rheinstahl-Firmenzeichens, in: Beiträge zur Geschichte von Stadt und Stift Essen, Heft 113, 2001, S. 397–407

Baumann, Carl-Friedrich: Die Familie Bicheroux und die Anfänge der Stahlindustrie in Duisburg, in: Niederrheinkammer. Zeitschrift der Niederrheinischen Industrie- und Handelskammer Duisburg-Wesel-Kleve zu Duisburg, April-Nr., 45. Jg., 1989, S. 236

Baumann, Carl-Friedrich: Fritz Thyssen und der Nationalsozialismus, in: Zeitschrift des Geschichtsvereins Mülheim a. d. Ruhr, Heft 70, 1998, S. 139–154

Baumann, Carl-Friedrich: Schloss Landsberg und Thyssen, hrsg. von Thyssen Aktiengesellschaft, Duisburg, und August-Thyssen-Stiftung Schloss Landsberg, Mülheim/Ruhr 1993

Baumann, Carl-Friedrich: Schloss Landsberg und Thyssen, o.O. 2003[3]

Bernhard, Josef: Erinnerungsblätter aus dem 25-jährigen Bestehen des St. Marien-Hospitals, Mülheim/Ruhr 1912

Beyer, Andreas: Das Porträt in der Malerei, München 2002

Bessel, Georg: 150 Jahre Werftbau in Vegesack. Geschichte der Werften, Bremen 1955

Bräutigam, Heinrich: Das Bankgewerbe im Regierungsbezirk Aachen vom Beginn des 19. Jahrhunderts bis zum Jahre 1933, Köln 1933 (Diss.)

Bruckner, Clemens: Zur Wirtschaftsgeschichte des Regierungsbezirks Aachen, (Schriftenreihe zur Rheinisch-Westfälischen Wirtschaftsgeschichte, Bd. 16), Köln 1967

Buchstab, Günter: Fritz Thyssen (1873–1951) in: Zeitgeschichte in Lebensbildern, hrsg. von Rudolf Morsey, Bd. 9, Münster, 1999, S. 115–132
Bürger und Bürgerlichkeit im 19. Jahrhundert, hrsg. von Jürgen Kocka, Göttingen 1987
Bürgertum im 19. Jahrhundert. Deutschland im europäischen Vergleich, hrsg. von Jürgen Kocka und Ute Frevert, Bd. 1, Göttingen 1995; Bd. 2, München 1988
Burghardt, Uwe: Wilhelm Roelen (1889–1958), in: Ingenieure im Ruhrgebiet, hrsg. von Wolfhard Weber, (Rheinisch-Westfälische Wirtschaftsbiographien, Bd. 17), Münster 1999, S. 423–450

C

Collins Cobuild English Dictionary. Helping learners with real English, London 1998
Cramer, Hans: Die erste vollkontinuierliche europäische Breitbandstraße, in: Der Vierjahresplan 3, 1939, S. 972–975
Czellitzer, Fritz: Rittergut Rüdersdorf in der Mark, in: Berliner Architekturwelt, 11. Jg., Berlin 1909, S. 423–438
Cullen, Michael: Der Reichstag. Geschichte eines Monuments, Stuttgart 1990

D

Däbritz, Walther: August Thyssen, in: Stahl und Eisen, 62. Jg., 1942, S. 664ff.
Däbritz, Walther: Bochumer Verein für Bergbau und Gussstahlfabrikation in Bochum. Neun Jahrzehnte seiner Geschichte im Rahmen der Wirtschaft des Ruhrbezirks, Düsseldorf 1934
Däbritz, Walther: David Hansemann. (Rheinisch-Westfälische Wirtschaftsbiographien, Bd. 7), Münster 1960
Dahlmann, Dittmar/Scheide, Carmen (Hrsg.): „... das einzige Land in Europa, das eine große Zukunft vor sich hat." Deutsche Unternehmen und Unternehmer im Russischen Reich im 19. und frühen 20. Jahrhundert, Essen 1998
Denkschrift zur Hundertjahrfeier der Stadt Mülheim an der Ruhr, Mülheim/Ruhr 1908, Reprint 1983
Der bürgerliche Wertehimmel. Innenansichten des 19. Jahrhunderts, hrsg. von Manfred Hettling und Stefan-Ludwig Hoffmann, Göttingen 2000
Detlefsen, Gert Uwe: Flensburger Schiffbau-Gesellschaft 1872–1982. 110 Jahre Schiffbau in Flensburg, Hamburg 1982
Die Dampfturbinen. Bauart Thyssen-Röder, hrsg. von Thyssen & Co AG Maschinenfabrik, Mülheim/Ruhr 1922
Die Geschichte der Geisweider Eisenwerke. Zum 150-jährigen Firmenjubiläum, in: KEP Profil Extra Nr. 2, hrsg. von Krupp Edelstahlprofile GmbH, Siegen 1996
Döcker, Ulrike: Die Ordnung der bürgerlichen Welt. Verhaltensideale und soziale Praktiken im 19. Jahrhundert. Frankfurt/M. 1994
dtv-Lexikon der Antike, Geschichte, Bd. 1, München 1971
Dulles, Allen Welsh: Unternehmen Sunrise. Die geheime Geschichte des Kriegsendes in Italien, Düsseldorf 1967

E

Eglau, Hans O.: Fritz Thyssen. Hitlers Gönner und Geisel, 2003
Eiden, Christian: Von der Brunnengemeinschaft zur Wasserindustrie. Die Wasserversorgung der Stadt Mülheim a. d. Ruhr 1870–1930, in: Zeitschrift des Geschichtsvereins Mülheim a. d. Ruhr, Heft 68, 1996, S. 150–204

Entwicklung eines deutschen Grundriss und Dielen-Motives, in: Deutsche Bauzeitung, Nr. 81 vom 7.10.1908, XLII Jg., 1908
Das evangelische Rheinland. Ein rheinisches Gemeinde- und Pfarrerbuch, hrsg. von Albert Rosenkranz, Bd. 1: Die Gemeinden, Mülheim a. d. R. 1956, S. 507f. (Broich), S. 511f. (Mülheim)
Evangelisches Soziallexikon, Stuttgart 1954, Sp. 207–212
Eyll, Klara von: Der Aachener Wirtschaftsraum in der ersten Hälfte des 19. Jahrhunderts, Aachen 1980

F

Faszination Kraftwerkstechnik. 75 Jahre Werk Mülheim 1927–2002, hrsg. von Siemens AG Power Generation, Leverkusen 2002
Fear, Jeffrey: Thyssen & Co. Mülheim a. d. Ruhr (1871–1934). The Institutionalisation of the Cooperation, Bd. 2, August 1993
Fear, Jeffrey: Thyssen & Co. Mülheim a. d. Ruhr. Blaupause für die Umorganisation der Vereinigten Stahlwerke, in: 900 Jahre Mülheim an der Ruhr, Zeitschrift des Geschichtsvereins Mülheim a. d. R., Heft 66, 1993
Feldenkirchen, Wilfried: Die Eisen- und Stahlindustrie des Ruhrgebiets 1879–1914. Wachstum, Finanzierung und Struktur ihrer Großunternehmen, Wiesbaden 1982
Feldenkirchen, Wilfried: Werner von Siemens. Erfinder und internationaler Unternehmer, München 1996
Feldman, Gerald D.: Die Deutsche Bank vom Ersten Weltkrieg bis zur Weltwirtschaftskrise 1914–1933, in: Die Deutsche Bank 1870–1995, hrsg. von Lothar Gall, München 1995
Feldman, Gerald D.: Hugo Stinnes. Biographie eines Industriellen 1870–1924, München 1998
Ferguson, Niall: Die Geschichte der Rothschilds. Propheten des Geldes, Stuttgart 2002
Festschrift zum Firmenjubiläum Kerstiens am 23.9.1966: Bad Tönisstein und der Tönissteiner Sprudel, 1966
Findbuch zu den Beständen Vereinigte Stahlwerke AG und Bergbau- und Industriewerte GmbH, bearb. von Ralf Stremmel und Manfred Rasch, Bd. 1, Duisburg 1996
Fischer, Hans: Die Bürgermeisterei Styrum 1878–1904, in: Mülheimer Jahrbuch, 53. Jg., 1998, S. 99–123
Fischer, Wolfram: Herz des Reviers. 125 Industrie- und Handelskammer Essen, Mülheim und Oberhausen, Essen 1965
Fondation de L'Herimitage (Hg.): La collection Bentick-Thyssen. De Breughel à Guardi, Lausanne 1986

G

Gebhardt, Gerhard: Ruhrbergbau. Geschichte, Aufbau und Verflechtung seiner Gesellschaften und Organisationen, Essen 1957
Grimm, Friedrich: Der Mainzer Kriegsgerichtsprozess gegen die rheinisch-westfälischen Bergwerksvertreter Fritz Thyssen, Generaldirektor Kesten, Generaldirektor Wüstenhofer, Generaldirektor Tengelmann, Bergassessor Olfe, Generaldirektor Spindler, Berlin 1923
Grimm, Friedrich: Vom Krieg zur Rheinlandräumung, Hamburg 1930

H

Haffner, Sebastian: Anmerkungen zu Hitler, Frankfurt/M. 2001[23]
Hagspiel, Wolfram: Das Architektur-Büro Kayser & von Groszheim und sein Wirken in den Rheinlanden, in: Polis, Heft 1, 2000

Handbuch der Beteiligungen, hrsg. von Vereinigte Stahlwerke AG, Düsseldorf 1940–1944
Handbuch der deutschen Aktien-Gesellschaften, Darmstadt 1935, S. 4746
Hashagen, Justus: Geschichte der Familie Hoesch, 2 Bde, Köln 1911, 1916
Hatzfeld, Lutz: Albert Poensgen, in: Düsseldorfer Jahrbuch, 57./58. Jg., 1980
Hatzfeld, Lutz: Der Anfang der deutschen Drahtindustrie, in: Tradition, Zeitschrift für Firmengeschichte und Unternehmerbiographie, H. 6, 1961, S. 241ff.
Hatzfeld, Lutz: Schwester Balbina und August Thyssen, in: Thyssenrohr, Nr. 97, 1966, S. 25
Hatzfeld, Lutz: Thyssen & Co., Mülheim/Ruhr. Werks- und Firmengeschichte einer Familienunternehmung, in: Thyssen & Co. Mülheim a. d. Ruhr. Die Geschichte einer Familie und ihrer Unternehmung, hrsg. von Horst A. Wessel, Stuttgart 1991, S. 53–178
Heinemann-Fleischmann, Rudolf: Sammlung Schloß Rohoncz. Gemälde. Ausstellung Neue Pinakothek München, München 1930
Herzog, Bodo/Mattheier, Klaus J.: Franz Haniel (1779–1868). Materialien, Dokumente und Untersuchungen zu Leben und Werk des Industriepioniers Franz Haniel, Bonn 1979
Herzogliche Technische Hochschule Carolo-Wilhelmina zu Braunschweig: Programm für das Studienjahr 1913–1914, Braunschweig 1913
Hetsch, Rolf: Ruth-Schaumann-Buch, Berlin 1933
Heuter, Christoph: Emil Fahrenkamp (1885–1966). Architekt im rheinisch-westfälischen Industriegebiet, (Arbeitsheft der rheinischen Denkmalpflege 59), Petersberg 2002
Heyl, Gertraud: August Thyssen. Eine Unternehmergestalt, Berlin 1950 (Diss.)
Hildebrand, Dietrich von: Memoiren und Aufsätze gegen den Nationalsozialismus 1933–1938, (Kommission für Zeitgeschichte, Reihe A, Bd. 43), Mainz 1994
Hoffmann, Dietrich: Acht Jahrzehnte Gefrierverfahren nach Poetsch. Ein Beitrag zur Geschichte des Schachtabteufens in schwierigen Fällen, Essen 1962
Hopmann, Maria Victoria: Pastor Jakobs, Freiburg 1955
Huret, Jules: In Deutschland, Teil 1: Rheinland und Westfalen, Leipzig 1907

J

Jahrbuch für den Oberbergamtsbezirk Dortmund, Essen 1893
Jahrbuch für den Oberbergamtsbezirk Dortmund, Essen 1912/1913, S. LXVI–LXIX
Jahrbuch für den Oberbergamtsbezirk Dortmund, Essen 1913–1921
Jungbluth, Hermann: Stammtafel der Familie Thyssen-Thissen, Aachen 1934

K

Kielinger, Thomas: Amélie Thyssen, in: Die großen Stifter. Lebensbilder als Zeitbilder, hrsg. von Joachim Fest, Berlin 1997
Kielinger, Thomas: Dauerhafter als Erz. Amélie Thyssen in ihrer Zeit. Ein Beitrag zur Entstehungsgeschichte der Fritz-Thyssen-Stiftung, Vortrag, unveröffentlichtes Manuskript
Kierdorf, Alexander: Industriewohnsitze im Ruhrgebiet 1900–1914 (59. Veröff. d. Abt. Architekturgeschichte des Kunsthist. Instituts der Univ. Köln), Köln 1996
Knepper, Gustav/Oberste-Brink, Karl/Haak, Werner: Die Steinkohlebergwerke der Vereinigte Stahlwerke AG. Die Schachtanlage Lohberg in Dinslaken, Essen 1935
Knepper, Gustav/Oberste-Brink, Karl/Haak, Werner: Die Steinkohlenbergwerke der Vereinigte Stahlwerke AG. Die Schachtanlage Friedrich Thyssen 4/8 in Duisburg-Hamborn, Essen 1930
Knopp, Gisbert: Schloss Landsberg in Ratingen, (Rheinische Kunststätten, Heft 291), Köln 1986
Knopp, Gisbert: Schloss Landsberg, hrsg. von der Thyssen Aktiengesellschaft und der August Thyssen-Stiftung Schloss Landsberg, Duisburg 1993

Kocka, Jürgen: Das europäische Muster und der deutsche Fall, in: Bürgertum im 19. Jahrhundert. Deutschland im europäischen Vergleich, hrsg. von Jürgen Kocka und Ute Frevert, Bd. 1, Göttingen 1995

Köhne-Lindenlaub, Renate: Die Villa Hügel. Unternehmerwohnsitz im Wandel der Zeit (Kleine Reihe Villa Hügel), München/Berlin 2002

Kraume, Hans-Georg: Daniel Morian. Wegbereiter der Hamborner Industrie, in: Niederrheinische Unternehmer. 111 Persönlichkeiten und ihr Werk. Biographische Skizzen als Spiegelbild der Vielfalt und Dynamik einer Region in ihrer geschichtlichen Entwicklung, hrsg. von Wolfgang Burkhard, Duisburg 1990

Krefelder Stahlwerk, A.-G., Krefeld, in: Stahl und Eisen 44 (1924), Heft 51, Sonderbeilage Edelstahl

Kuckuk, Peter/Roder, Hartmut/Scharf, Günter: Spanten und Sektionen. Werften und Schiffbau in Bremen und der Unterweserregion im 20. Jahrhundert, Bremen 1986

Kuckuk, Peter: Die Deschimag in der Weltwirtschaftskrise, in: Spanten und Sektionen. Werften und Schiffbau in Bremen und der Unterweserregion im 20. Jahrhundert, Bremen 1986, S. 71–102

Kühnemann, Fritz: Erinnerungsbilder meines Lebens, Privatdruck o.O. und J.

Kunstsammeln und Geschmack im 18. Jahrhundert, hrsg. von Michael North, Berlin 2002

L

Leobold, Hans: Chinas Familienkreis, in: DB mobil 10/02, S. 60–65

Lepper, Herbert (Hg.): Laurensberg in seiner Geschichte, Aachen 1995

Lesczenski, Jörg/Wörner, Birgit: „Ich werde mir Mühe geben ... den entrückten, liebenden Ehemann zu markieren ...“ Moritz von Metzler und August Thyssen: Ideale und Alltagspraktiken wirtschaftsbürgerlicher Lebensführung zwischen Kaiserreich und Weltwirtschaftskrise (Paper für die Tagung „Die deutsche Wirtschaftselite im 20. Jahrhundert: Kontinuität und Mentalität“, Bochum, 11.–13.10.2001)

M

Maas, Barbara: Im Hause des Kommerzienrates, Mülheim 1990

Maas, Jaques: August Thyssen und die luxemburgische Minen Konzessionsaffaire von 1912, in: 900 Jahre Mülheim an der Ruhr 1093–1993, Zeitschrift des Geschichtsvereins Mülheim a. d. Ruhr, Nr. 66, 65. Jg., 1993

Macco, Hermann Friedrich: Beiträge zur Genealogie rheinischer Adels- und Patrizierfamilien, Bd. 3: Geschichte und Genealogie der Familie Pelzer, Aachen 1901

Maréchal, Jean R.: La contribution des Belges et des Francais à l'Essor de la grande Industrie Allemende, in: Revue universelle des Mines, de la Métallurgique et des Traveaux publiques, Bd. 13, Paris 1937

Martin, Rudolf: Jahrbuch des Vermögens und Einkommens der Millionäre in Preußen, Berlin 1912

Maschke, Erich: Es entsteht ein Konzern. Paul Reusch und die GHH, Tübingen 1969

Mathieu, Jon: Verwandtschaft als historischer Faktor. Schweizer Fallstudien und Trends, 1500–1900, in: Historische Antropologie 10, Heft 2, 2002

Matschoß, Conrad: August Thyssen und sein Werk, in: Zeitschrift des Vereins Deutscher Ingenieure, Nr. 14, 65. Jg., 1921

Matschoß, Conrad: August Thyssen und sein Werk. Zur Erinnerung an die Begründung des ersten Werkes am 1. April 1871, in: Zeitschrift des VDI (1921), Nr. 14, S. 333–345

Matschoß, Conrad: Ein Jahrhundert deutscher Maschinenbau. Von der mechanischen Werkstätte bis zur deutschen Maschinenfabrik. 1819–1919, Berlin 1919

Meißner, Wolfgang: Vom Adlerhorst bis Zwischen den Gärten. Straßennamen in Mülheim an der Ruhr, in: Zeitschrift des Geschichtsvereins Mülheim a. d. Ruhr, Heft 71, 1999

Mengeler, Jürgen: Werkskolonien in Mülheim a. d. R., in: Zeitschrift des Geschichtsvereins Mülheim a. d. R., Heft 57, 54. Jg., 1982

Milkereit, Gertrud: Als Balbina Thyssen Désiré Bicheroux heiratete, in: Unsere August-Thyssen-Hütte, 13. Jg., 1967, S. 21ff.

Milkereit, Gertrud: August Thyssen und Auguste Rodin, in: Unsere August-Thyssen-Hütte, 12. Jg., 1966, S. 20–21

Milkereit, Gertrud: Einige Überlegungen zum Verhältnis zwischen Industrie und Banken, in: Wirtschaftskräfte und Wirtschaftswege. Festschrift für Hermann Kellenbenz, Bd. 3 (Beiträge zur Wirtschaftsgeschichte, Bd. 5), Stuttgart 1979

Milkereit, Gertrud: Franz Lenze. Der Fachmann für Gas und Wasser, in: Niederrheinische Unternehmer. 111 Persönlichkeiten und ihr Werk. Biographische Skizzen als Spiegelbild der Vielfalt und Dynamik einer Region in ihrer geschichtlichen Entwicklung, hrsg. von Wolfgang Burkhard, Duisburg 1990, S. 108f.

Milkereit, Gertrud: Julius Kalle, in: NDB 11 (1977), S. 65

Mittag, Martin: Thyssenhaus. Phoenix-Rheinrohr AG Düsseldorf, Detmold/Essen 1962

Molthan, Heinrich: Damit Energie und Wasser fließen. Zielsetzungen, Leistungen, Entwicklungen, Essen 1995

Müller, Josef: Rheinisches Wörterbuch, Bd. 1, Bonn 1928

Muthesius, Volkmar/Sachsisthal, Kraft: Welt des Stahls. 100 Jahre Hüttenwerke Ruhrort-Meiderich AG, Darmstadt 1952

N

Neebe, Reinhard: Großindustrie, Staat und NSDAP 1930–1933. Paul Silverberg und der Reichsverband der Deutschen Industrie in der Krise der Weimarer Republik, (Kritische Studien zur Geschichtswissenschaft, Bd. 45), Göttingen 1981

Nievelstein, Markus: Der Zug nach der Minette. Deutsche Unternehmen in Lothringen 1871–1918. Handlungsspielräume und Strategien im Spannungsfeld des deutsch-französischen Grenzgebietes, Bochum 1993

Nyssen, Robert: Das Röhrensyndikat und seine Entwicklung, Düsseldorf 1949

O

Ortmanns, Kurt (Bearb.): Mülheim a .d. Ruhr. Rheinischer Städteatlas, hrsg. vom Landschaftsverband Rheinland/Amt für Rheinische Landeskunde, Heft 50, 1989

P

Pawlowski-Grütz, Thomas: Aus den Gründertagen von Thyssengas, (Thyssengas intern. Informationen für die Mitarbeiter der Thyssengas GmbH), Duisburg 1991

Pieper, Wolfgang: Theodor Wuppermann und die Vereinigten Rheinisch-Westfälischen Bandeisenwalzwerke, (Schriften zur Rheinisch-Westfälischen Wirtschaftsgeschichte, Bd. 9), Köln 1963

Pinner, Felix: August Thyssen, in: Deutsche Wirtschaftsführer, Charlottenburg 1925

Pinner, Felix: Deutsche Wirtschaftsführer, Berlin 1924

Pollok, Ralf: Nothilfeprogramme im rheinischen Industriegebiet in der Zeit der Weltwirtschaftskrise (1929–1933), Magisterarbeit (Heinrich-Heine-Universität), Düsseldorf 2001

Pörtner, Rudolf (Hg.): Kindheit im Kaiserreich. Erinnerungen an vergangene Zeiten, Düsseldorf 1987

Pritzkoleit, Kurt: Die Thyssens. Werk und Familie, in: Tüffers Wirtschaftsberichte, Nr. 23, 39. Jg., 1963

Prosic, Michel: L'Usine Creatrice. L'Usine de Hagondange: Naissance de la vie ouvrière (1910–1938), Hagondange 1996

R

Racine, Hugo: Heinrich E(h)rhardt, in: NDB 4 (1959), S. 579f.

Raphaël, Gaston: Krupp et Thyssen, Paris 1925

Rasch, Manfred: August Thyssen (1842–1926), in: Das Kaiserreich. Portrait einer Epoche in Biographien, hrsg. von Michael Fröhlich, Darmstadt 2001

Rasch, Manfred: August Thyssen: Der katholische Großindustrielle der wilhelminischen Epoche, in: August Thyssen und Hugo Stinnes. Ein Briefwechsel 1898–1922, hrsg. von Manfred Rasch und Gerald Feldman, bearb. von Vera Schmidt, München 2003

Rasch, Manfred: Bürgerliches Selbstbewußtsein und bürgerliche Selbstdarstellung. Zur Musealisierung von Industrie- und Technikgeschichte in Duisburg zu Beginn des 20. Jahrhunderts, in: Duisburger Forschungen, Bd. 48, 2002

Rasch, Manfred: Geschichte des Kaiser-Wilhelm-Instituts für Kohlenforschung 1913–1943, Weinheim 1989

Rasch, Manfred: Roser, Edmund Friedrich, in: NDB, Bd. 22 (erscheint voraussichtlich in 2004)

Rasch, Manfred: Techniker und Ingenieure im Ruhrgebiet. Biografische Anmerkungen zu den Anfängen der Eisen-, Stahl- und Metall verarbeitenden Industrie im Raum Gelsenkirchen bis zum Ersten Weltkrieg, in: 100 Jahre Bismarck. Ein Stadtteil „mit besonderem Erneuerungsbedarf", hrsg. von Stefan Goch und Lutz Heidemann, Essen 2001, S. 91–115, 173–178

Rasch, Manfred: Über Albert Vögler und sein Verhältnis zur Politik, in: Mitteilungsblatt des Instituts für soziale Bewegungen. Forschungen und Forschungsberichte, Bd. 27, 2003, S. 127–156

Rasch, Manfred: Unternehmungen des Thyssens Konzerns im zarischen Russland, in: „... das einzige Land in Europa, das eine große Zukunft vor sich hat." Deutsche Unternehmen und Unternehmer im Russischen Reich im 19. und frühen 20. Jahrhundert, hrsg. von Dittmar Dahlmann und Carmen Scheide, Essen 1998, S. 225–271

Rasch, Manfred: Vereinigte Stahlwerke AG – Bandeisenwalzwerke AG built the first wide strip mill in Europe, in: Ranieri, Ruggero/Aylen Jonathan: History of European Wide Strip Mills (erscheint voraussichtlich in 2005)

Rasch, Manfred: Vom geplanten Bau eines Denkmals für August Thyssen in Hamborn, in: Duisburger Forschungen, Bd. 45, 2002, S. 283–311

Reckendrees, Alfred: Das „Stahltrust"-Projekt. Die Gründung der Vereinigte Stahlwerke A.G. und ihre Unternehmensentwicklung 1926–1933/34, München 2000

Reif, Heinz: Die verspätete Stadt. Industrialisierung, städtischer Raum und Politik in Oberhausen 1846–1929, Köln 1993

Reininghaus, Wilfried: 125 Thyssen Maschinenbau Wagner Dortmund. Die Geschichte der Werkzeugmaschinenfabrik Wagner Dortmund, Dortmund o.J. [1991]

Reuß, Jürgen: Nicolaus August Otto (Kölner Biographien 11), Köln 1979

Rintelen, Paul/Rintelen, Joost: Das Geschlecht der Rintelen, Freising 1977

Roder, Hartmut: Der Bremer Vulkan. Schiffbau und Werftarbeit in Vegesack 1914–1933, Bremen 1987

Roland von Berlin. Eine Wochenschrift für das Berliner Leben, vom 24.11. und 8.12.1904; vom 12.1., 2.2., 2.3. und 13.7.1905
Rother, Thomas: Die Thyssens. Tragödie der Stahlbarone, Frankfurt 2003
Rüsges, Wolfgang: August Thyssen und Eschweiler. (Schriftenreihe des Eschweiler Geschichtsvereins, Heft 5), 1983

S

Sammlung Fritz Thyssen. Ausgewählte Meisterwerke, hrsg. vom Bayerischen Nationalmuseum, München 1986
Sandgathe, Hanswerner: Styrum. Grafen, Untertanen, Bürger, Oberhausen 2001
Schlüter, Brigitte Ingeborg: Verwaltungsbauten der rheinisch-westfälischen Stahlindustrie 1900–1930, Bonn 1991 (Diss.)
Schmid-Scharrer, Auguste: Zur Geschichte unserer Familie, unveröffentlichtes Manuskript, o.J.
Schmitz, Ferdinand: Richard Zanders (1826–1870), in: Rheinisch-Westfälische Wirtschaftsbiographien, Bd. 4, Münster 1974, S. 103–108
Scholl, Lars U.: Victor Nawatzki, in: NDB 19 (1999), S. 3f.
Schrader, Fred: Die Formierung der bürgerlichen Gesellschaft 1550–1850, Frankfurt/M. 1996
Schröder, Ernst: Krupp. Geschichte einer Unternehmerfamilie (Persönlichkeit und Geschichte, Bd. 5), Berlin/Frankfurt/M. 1984[3]
Schwanke, Hans Peter: Das Landhaus Thyssen, in: Zeitschrift des Geschichtsvereins Mülheim a. d. R, Heft 61, 70. Jg., 1998
Seeling, Hans: Télémaque Fortune Michiels, der Phoenix und Charles Détillieux. Belgiens Einflüsse auf die wirtschaftliche Entwicklung Deutschlands im 19. Jahrhundert, Köln 1996
Serlo, Walter: Bergmannsfamilien in Rheinland und Westfalen, in: Rheinisch-Westfälische Wirtschaftsbiographien, Bd. 3, Münster 1936, S. 115–130
Sozial- und Kulturgeschichte des Bürgertums. Eine Bilanz des Bielefelder Sonderforschungsbereichs (1986–1997), hrsg. von Peter Lundgreen, Göttingen 2000
Spethmann, Hans: Franz Haniel. Sein Leben und seine Werke, Duisburg-Ruhrort 1956
Stammbaum der Familie Hardt und seine Ergänzungen 1560-1978, Remscheid-Lennep 1979
Stampfuß, Rudolf/Triller, Anneliese: Geschichte der Stadt Dinslaken 1273–1973, Neustadt/Aisch 1973
Statistisches Jahrbuch der Stadt Mülheim a. d. Ruhr, Mülheim/Ruhr 1949
Stremmel, Ralf: „Ein gesundes Gebilde von gemäßigter Größe"? Notizen zur Geschichte der Vereinigte Stahlwerke AG, in: Findbuch zu den Beständen Vereinigte Stahlwerke AG und Bergbau- und Industriewerte GmbH, bearb. von Ralf Stremmel und Manfred Rasch, Bd. 1, Duisburg 1996, S. 3–46

T

Tempelhoff, Karl Wilhelm: Die Ehrenbürger der Stadt Mülheim a. d. R. (Mülheimer Jahrbuch), Mülheim/Ruhr 1965
Thissen, Anton: Aus vergangenen Tagen. Die Festlichkeiten bei der Feier der Taufe des Königs von Rom im Juni 1818 in Aachen, (Oecher Platt, Sondernummer 11/12), Aachen 1911
Thyssen & Co. Mülheim a. d. Ruhr. Die Geschichte einer Familie und ihrer Unternehmung, hrsg. von Horst A. Wessel, Stuttgart 1991
Thyssen, Eberhard: Erinnerungen, unveröffentlichtes Manuskript, Herrsching 1999
Thyssen, Jakob: Darstellung der Einrichtung und der Wirksamkeit des Aachener Vereins zur Beförderung der Arbeitsamkeit, Aachen 1845
Thyssen-Bergbau am Niederrhein 1871–1921, Hamborn 1922

The Thyssen-Bornemisza Group, hrsg. Thyssen-Bornemisza Group N. V., o.O. 1964
Tischert, Georg: Männer und Werke, Berlin 1930
Treue, Wilhelm: Das Privatbankwesen im 19. Jahrhundert, in: Unternehmens- und Unternehmergeschichte aus fünf Jahrzehnten, hrsg. von Hans Pohl, (Zeitschrift für Unternehmensgeschichte, Beiheft 50), Wiesbaden/Stuttgart 1989, S. 533–566
Treue, Wilhelm: Das Verhältnis des Unternehmers zur Politik und zum Staat, in: Unternehmens- und Unternehmergeschichte aus fünf Jahrzehnten, hrsg. von Hans Pohl, (Zeitschrift für Unternehmensgeschichte, Beiheft 50), Wiesbaden/Stuttgart 1989, S. 54–81
Treue, Wilhelm: Der Unternehmer und die Differenzierung der deutschen Gesellschaft im 19. Jahrhundert. Ein erster Versuch, in: ZUG. Zeitschrift für Unternehmensgeschichte, H. 1, 22. Jg., 1977, S. 9–25
Treue, Wilhelm: Die Bankiers Simon und Abraham Oppenheim 1928–1880, in: Unternehmens- und Unternehmergeschichte aus fünf Jahrzehnten, hrsg. von Hans Pohl, (Zeitschrift für Unternehmensgeschichte, Beiheft 50), Wiesbaden/Stuttgart 1989, S. 578–618
Treue, Wilhelm: Die Feuer verlöschen nie, Bd. 1: August Thyssen-Hütte 1860–1926, Düsseldorf/Wien 1966
Treue, Wilhelm: Die Geschichte der Ilseder Hütte, Peine 1969
Treue, Wilhelm: Eine preußische „technologische“ Reise in die besetzten Gebiete im Jahre 1814, in: Unternehmens- und Unternehmergeschichte aus fünf Jahrzehnten, hrsg. von Hans Pohl, (Zeitschrift für Unternehmensgeschichte, Beiheft 50), Wiesbaden/Stuttgart 1989, S. 180–205
Treue, Wilhelm: Unternehmens- und Unternehmergeschichte aus fünf Jahrzehnten, hrsg. von Hans Pohl, (Zeitschrift für Unternehmensgeschichte, Beiheft 50), Wiesbaden/Stuttgart 1989
Turner, Henry Ashby jr.: Faschismus und Kapitalismus in Deutschland, Göttingen 1980[2]

U

Uebbing, Helmut: Wege und Wegmarken. 100 Jahre Thyssen, Berlin 1991
Underberg, gegründet im Jahre 1846, hrsg. von Underberg AG, Dietlikon/Zürich, Rheinberg, 2001

V

Vermehren, Isa: Reise durch den letzten Akt. Ein Bericht, Hamburg 1946
Von der Mühle im Ruhrtal zum modernen Industriewerk. Thyssen-Umformtechnik, Werk Lenschede, Lengschede o.J. [1991]
Voß, Karlheinz: Absturz der Überflieger. Aufstieg und Fall renommierter Industrieunternehmen, Frankfurt am Main 2002[2]

W

Wallichs, A.: Die Entwicklung der Maschinenfabrik Thyssen & Co. AG in Mülheim/Ruhr, in: Stahl und Eisen, Nr. 12, 1912
Walter Borbet (1881–1942), in: Ingenieure im Ruhrgebiet, hrsg. von Wolfhard Weber, (Rheinisch-Westfälische Wirtschaftsbiographien, Bd. 17), Münster 1999
Wege zur Geschichte des Bürgertums. Vierzehn Beiträge, hrsg. von Hans-Ulrich Wehler und Klaus Tenfelde, Göttingen 1994
Wegener, Stephan: Cäsar Ferdinand Rintelen, ein Leben im Mülheim des 19. Jahrhunderts, in: Zeitschrift des Geschichtsvereins Mülheim a. d. R., Heft 74, 2003, S. 45–53

Wegener, Stephan: Die Familie Thyssen. Aachen-Eschweiler-Mülheim a. d. Ruhr, in: Thyssen & Co. Die Geschichte einer Familie und ihrer Unternehmung, hrsg. von Horst A. Wessel, Mülheim/Ruhr, Stuttgart 1991, S. 26

Wehrle[, Hugo]-Eggers [, Hans]: Deutscher Wortschatz 1: Ein Wegweiser zum treffenden Ausdruck, Systematischer Teil, S. 3 u. 51/Bd. 2: Alphabetischer Teil, S. 438, Frankfurt/M. und Hamburg 1968

Weiß, Hermann: Adolf-Hitler-Spende der deutschen Wirtschaft, in: Enzyklopädie des Nationalsozialismus, hrsg. von Wolfgang Benz, Hermann Graml, Hermann Weiß, München 1997

Wellhöner, Volker: Großbanken und Großindustrie im Kaiserreich, (Kritische Studien zur Geschichtswissenschaft, Bd. 85), Göttingen 1989

Wer, wo, was bei Thyssengas, Essen [ca. 1959]

Werksmitteilungen Stahl- und Röhrenwerke Reisholz AG Nr. 5, April 1953

Werksmitteilungen Stahl- und Röhrenwerke Reisholz AG Nr. 6, Juni 1953

Wessel, Horst A.: 100 Jahre Stahlrohre aus Reisholz 1899–1999. Eine Chronik in Stichworten, Düsseldorf 1999

Wessel, Horst A.: Als der Krieg zu Ende war – Mülheim und sein Röhrenwerk vor 40 Jahren, in: Zeitschrift des Geschichtsvereins Mülheim a. d. Ruhr, Heft 59, 1985, S. 7–46

Wessel, Horst A.: Das Röhrenwerk Reisholz 1899–1993, in: Düsseldorfer Jahrbuch 65, Düsseldorf 1994, S. 99–139

Wessel, Horst A.: Das Werk Mülheim. Eine Chronik in Stichworten, hrsg. von der Mannesmann AG, Düsseldorf 1984

Wessel, Horst A.: Die Entwicklung des elektrischen Nachrichtenwesens in Deutschland und die rheinische Industrie. Von den Anfängen bis zum Ausbruch des Ersten Weltkrieges (ZUG, Zeitschrift für Unternehmensgeschichte, Beiheft 25), Wiesbaden 1983

Wessel, Horst A.: Die Familie Felten & Guilleaume, in: Lebensbilder Kölner Unternehmer, hrsg. von Friedrich-Wilhelm Henning, Bd. 2 (Rheinisch-Westfälische Wirtschaftsbiographien, Bd. 13), Münster 1986, S. 1–112

Wessel, Horst A.: Die Techniker der Familie Mannesmann, in: Ingenieure im Ruhrgebiet, hrsg. von Wolfhard Weber, (Rheinisch-Westfälische Wirtschaftsbiographien, Bd. 17), Münster 1999, S. 123–148

Wessel, Horst A.: Emil Guilleaume und Siemens Brothers in London, Köln 1982

Wessel, Horst A.: Kontinuität im Wandel. 100 Jahre Mannesmann. 1890–1990, hrsg. von der Mannesmann AG, Gütersloh 1990

Wessel, Horst A.: Verzinkter Telegraphendraht. Ein Preisausschreiben aus der Mitte des vorigen Jahrhunderts, in: Galvanotechnik, Heft 7, 75. Jg., 1982, S. 750–752

Wilsberg, Klaus: „Terrible ami – aimable ennemi“. Kooperation und Konflikt in den deutsch-französischen Beziehungen 1911–1914, Bonn 1998

Wilsberg, Klaus: Die Unternehmungen August Thyssens in Frankreich und die Kooperation mit französischen Unternehmern vor dem Ersten Weltkrieg 1910–1914, in: Zeitschrift des Geschichtsvereins Mülheim a. d. R., Heft 68, 1996, S. 106–139

Winschuh, Josef: Männer, Traditionen, Signale, Berlin 1940

Wisotzky, Klaus: Vom Kaiserbesuch zum Euro-Gipfel. 100 Jahre Essener Geschichte im Überblick, Essen 1996

Wixforth, Harald: Der Thyssen-Konzern, in: Banken und Schwerindustrie in der Weimarer Republik, Köln/Weimar/Wien 1995

Z

Zwei Männer – Ein Stern. Gottlieb Daimler und Karl Benz in Bildern, Daten und Dokumenten, hrsg. von Hans Christoph von Seherr-Thoss, Düsseldorf 1984

Autorinnen und Autoren

Ortmanns, Dr. Kurt
Jahrgang 1941; 1963–1968 Studium der Geschichte, Germanistik, Philosophie und Pädagogik an der Universität Köln; 1968 Staatsexamen; 1971 Promotion zum Dr. phil.; 1969–1971 Referendar des Archivwesens; 1971 Staatsexamen; seit 1972 Leiter des Stadtarchivs Mülheim/Ruhr; 1997–2003 Vorsitzender der Arbeitsgemeinschaft nordrhein-westfälischer Stadtarchivare; seit 2003 Vorsitzender der Arbeitsgemeinschaft des Städtetages NRW

Rasch, Prof. Dr. Manfred
Jahrgang 1955; 1975–1981 Studium der Geschichte, Mathematik und Pädagogik; 1984–1986 Referendariat; 1986–1992 Wissenschaftlicher Mitarbeiter am Max-Planck-Institut für Kohlenforschung; 1989 Promotion, seit 1992 Leiter des heutigen ThyssenKrupp Konzernarchivs; 2003 Honorarprofessor der Ruhr-Universität Bochum

Siekmann, Dr. Birgit
Jahrgang 1963, Studium der Germanistik und Geschichte; M. A.; Wissenschaftliche Mitarbeiterin am Lehrstuhl für Neuere und Neueste Geschichte an der Bergischen Gesamthochschule Universität Wuppertal; 1996 Promotion zum Dr. phil., Historikerin und Lektorin, Archivarin des HOCHTIEF Unternehmensarchivs

Wegener, Dr. Stephan
Jahrgang 1936; Studium der politischen Wissenschaften und Soziologie (Lehrstuhl Prof. Bergsträsser) in Freiburg; 1964 Promotion zum Dr. phil.; 1964–1966 Assistent bei Prof. Oberndörfer im Bereich Entwicklungshilfe, langjährige Tätigkeit bei diversen staatlichen und Non-Governmental-Organizations-(NGO-)Agenturen, 1974–1984 bei der Konrad-Adenauer-Stiftung, seit 1984 historische Forschungen zur Familie des Urgroßvaters Joseph Thyssen

Wessel, Prof. Dr. Horst A.
Jahrgang 1943; Studium der Germanistik und Geschichte; Promotion zum Dr. phil.; Habilitation für Wirtschaftsgeschichte unter besonderer Berücksichtigung der Unternehmensgeschichte; 1976–1983 Geschäftsführer der Gesellschaft für Unternehmensgeschichte e. V.; seit 1983 Leiter des Mannesmann-Archivs, apl. Professor für Wirtschaftsgeschichte an der Heinrich-Heine-Universität Düsseldorf

Register

N

O

P

R

S

T

Abbildungsverzeichnis

Friedrich und Katharina

*1.10.1804, †25.5.1877

*28.9.1814, †11.2.1868

Maria
*13.12.1839, †6.3.1912
Matthias Rüsges
*23.7.1826, †4.12.1881

August
*17.5.1842, †4.4.1926
Hedwig Pelzer
*29.9.1854, †21.4.1940

Luise (Mère Catarina)
*21.12.1840, †22.11.1902

Joseph
*14.12.1844, †15.7.1915
Clara Bagel
*19.12.1856, †2.5.1918

Balbina
*3.10.1846, †15.4.1935
Désiré Bicheroux
*28.3.1839, †14.3.1875

Julius
*??.??.1848, †??.??.1849

Wilhelmine
*??.??.1850, †??.??.1858

Friedrich (Fritz)
*20.2.1854, †22.12.1916

Therese (Thre´schen)
*24.4.1854, †23.1.1920
Fritz Hoosemans
*31.5.1850, †27.10.1917

August und Hedwig

Fritz
*9.11.1873, †8.2.1951
Amélie Zurhelle
*11.12.1877, †25.8.1965

August
*25.9.1874, †13.6.1943

Heinrich
*31.10.1875, †26.6.1947
(1) Margareta von Bornemisza de Kaszon
*23.7.1887, †18.4.1971
(2) Maud Else Zarske
*17.4.1909, †??.??.????
(3) Gunhild von Fabrice
*5.3.1908

Hedwig
*19.12.1878, †31.7.1960
(1) Ferdinand von Neufforge
*30.8.1869, †7.9.1942
(2) Maximilian von Berg
*1.5.1859, †25.3.1925

Joseph und Clara

Julius
*10.4.1881, †29.5.1946
Juliana (Jula) Rintelen
*26.9.1888, †24.2.1981

Johanna
*24.6.1884, †6.10.1887

Hans
*1.2.1890, †20.4.1943
Gertrud Schmitz
*3.4.1893, †1.2.1969